Optimized C++

C++ 최적화

| 표지 설명 |

표지 그림은 사슴영양(cape hartebeest, 학명 *alcelaphus buselaphus caama*)입니다. 아프리카 남서부의 평원과 관목지에 서식하는 사슴영양은 솟과(bovidae)에 속하는 큰 영양입니다. 수컷과 암컷 모두 구불구불 독특한 뿔이 있는데 그 길이는 60cm에 이릅니다. 사슴영양은 청각과 후각이 뛰어납니다. 도망칠 때는 지그재그로 모양으로 최고 55km까지 속도를 낼 수 있습니다. 사자, 표범, 치타가 사슴영양을 잡아먹기도 하지만, 이 상위 포식자들은 먹이를 구하러 멀리 떠나야할 때가 많습니다. 사슴영양이 어설퍼보여도 잘 잡히지 않도록 신중하게 최적화되었기 때문입니다.

오라일리 표지에 등장하는 동물은 대부분 멸종 위기종입니다. 이 동물들은 모두 소중한 존재입니다. 이들을 돕는 방법을 알고 싶다면 animals.oreilly.com을 방문해주세요. 표지 그림은 『The Riverside Natural History』에서 가져왔습니다.

C++ 최적화

최고 성능을 구현하는 10가지 검증된 기법

초판 1쇄 발행 2019년 7월 5일
초판 2쇄 발행 2021년 5월 7일

지은이 커트 건서로스 / **옮긴이** 옥찬호 / **감수자** 박수현 / **펴낸이** 김태헌
펴낸곳 한빛미디어(주) / **주소** 서울시 서대문구 연희로2길 62 한빛미디어(주) IT출판부
전화 02-325-5544 / **팩스** 02-336-7124
등록 1999년 6월 24일 제25100-2017-000058호 / **ISBN** 979-11-6224-198-1 93000

총괄 전정아 / **책임편집** 이상복 / **기획** 이상복 / **편집** 윤나리
디자인 표지 고충열, 박정화 내지 김연정 전산편집 백지선
영업 김형진, 김진불, 조유미 / **마케팅** 박상용, 송경석, 조수현, 이행은, 고광일 / **제작** 박성우, 김정우

이 책에 대한 의견이나 오탈자 및 잘못된 내용에 대한 수정 정보는 한빛미디어(주)의 홈페이지나 아래 이메일로 알려주십시오. 잘못된 책은 구입하신 서점에서 교환해드립니다. 책값은 뒤표지에 표시되어 있습니다.

한빛미디어 홈페이지 www.hanbit.co.kr / **이메일** ask@hanbit.co.kr

지금 하지 않으면 할 수 없는 일이 있습니다.
책으로 펴내고 싶은 아이디어나 원고를 메일(writer@hanbit.co.kr)로 보내주세요.
한빛미디어(주)는 여러분의 소중한 경험과 지식을 기다리고 있습니다.

Optimized C++

C++ 최적화

O'REILLY®   B 한빛미디어 Hanbit Media, Inc.

지은이 · 옮긴이 소개

지은이 **커트 건서로스** Kurt Guntheroth

35년 경력 소프트웨어 개발자. 25년 동안 윈도우, 리눅스, 임베디드 장치에서 C++ 코드를 개발했다. 업무 시간 외에는 아내 그리고 네 아들과 함께 지내며, 현재 워싱턴 주 시애틀에 산다.

옮긴이 **옥찬호** utilforever@gmail.com

넥슨 코리아에서 근무하는 게임 프로그래머. C++과 게임 개발, 컴퓨터 그래픽스, 오픈 소스, 강화 학습에 관심이 많으며 페이스북 C++ Korea 그룹의 운영자 및 마이크로소프트 MVP로 활동하고 있다. 남는 시간엔 학생들과 다양한 오픈 소스 프로젝트를 진행하며 더 나은 미래를 꿈꾸고 있다. 옮긴 책으로는 『러스트 핵심 노트』(한빛미디어, 2017), 『게임샐러드로 코드 한 줄 없이 게임 만들기』, 『유니티 Shader와 Effect 제작』, 『2D 게임 프로그래밍』(이상 에이콘출판사), 『모던 C++ 입문』 (길벗, 2018)가 있다.

옮긴이의 말

제가 C++을 사용한 지도 어느덧 10년이 되어갑니다. 사람들은 C++이 어렵고 잘하기 매우 힘든 언어라고 생각합니다. 여러 이유가 있겠지만 그중에는 '배워야 할 것이 너무 많아서'라고 말하는 사람들이 있습니다. 실제로 C++은 언어 차원에서 지원하는 기능이 상당히 많습니다. C++을 보고 있자면 '필요한 기능은 모두 구현해놓을테니 여러분이 만들고 싶은 코드를 원하는 대로 만들어 보세요'라는 말하는 것 같은 느낌을 받습니다. 한편으로 C++은 마치 맥가이버 칼과 같아서 코드를 어떻게 작성하느냐에 따라 작성한 사람의 실력이 적나라하게 드러납니다. 어떤 사람은 최적화된 코드를 작성해 뛰어난 성능을 내고 코드 가독성도 높이지만, 어떤 사람은 메모리 누수가 있고 최적화되지 않은 코드를 작성합니다. 최적화된 코드와 최적화되지 않은 코드는 어떻게 다를까요?

시중에 C++ 입문서가 많이 있지만 C++ 최적화를 다루는 책은 거의 없습니다. 게다가 2011년 이후의 C++ 표준을 통칭하는 모던 C++ 최적화를 다루는 책은 더욱더 없습니다. 우리는 프로그래밍 언어를 배우고 나서 무언가를 만들 때 '내가 코드를 잘 작성하고 있는 걸까? 좀 더 좋은 방법은 없을까?'라는 질문을 항상 하곤 합니다. 이 책은 질문에 정확한 답을 제공하지는 않지만 슬기롭게 헤쳐나갈 수 있는 지혜를 줍니다. 최적화된 코드를 작성하는 방법과 경우에 따라 어떤 코드를 사용해야 하는지를 알려줍니다.

이 책은 모던 C++ 최적화를 다룹니다. 하지만 C++뿐만 아니라 컴퓨터 공학과 관련된 전반적인 지식도 설명합니다. 암달의 법칙, 캐시 지역성 등 우리가 대학에서 배웠던 지식을 실제로 코드에 어떻게 반영할 수 있는지 확인할 수 있습니다. 또한 당연하다고 생각했던 지식을 다시 생각해보게 합니다. 예를 들어 퀵 정렬은 항상 빠른 알고리즘이 아닙니다. 이에 대한 자세한 내용은 책을 참고하시기 바랍니다.

C++에는 책에서 다루는 최적화 기법 외에도 다양한 관용구와 최적화 기법, 흑마법이 존재합니다. 미처 언급하지 못한 내용은 깃허브 저장소에 따로 정리해둘 예정이니 관심 있는 분들은 살펴보시기 바랍니다. 여러분이 알고 계신 최적화 기법이 있다면 저장소 내 이슈를 통해 알려주세요.

- *https://github.com/utilForever/ModernCpp*

이 책으로 여러분의 C++ 실력이 한 단계 앞으로 나아갔으면 합니다. 그리고 다양한 C++ 프로젝트를 해보며 경험치를 쌓으시길 바랍니다. 프로그래밍에선 '백견이 불여일타'니깐요.

옥찬호 드림

이 책에 대하여

안녕하세요. 제 이름은 커트입니다. 코드 중독자죠.

저는 35년 넘게 소프트웨어 개발을 하고 있습니다. 마이크로소프트, 구글, 페이스북, 애플처럼 유명한 대기업에서 일한 적은 없습니다. 하지만 짧은 휴가 몇 번을 제외하고는 매일 꾸준히 코드를 작성해왔습니다. 저는 지난 20년 동안 대부분 C++만 쓰면서 똑똑한 개발자들과 함께 C++에 관해 이야기를 나눴습니다. C++ 코드 최적화에 관한 책을 쓸 수 있는 자격을 갖췄다고 생각합니다. 또한 표준 문서, 댓글, 매뉴얼, 노트, 블로그 게시물(*http://oldhandsblog. blogspot.com*) 등 글을 많이 쓰기도 했습니다. 그러면서 똑똑한 개발자 중 절반만이 영어 문장 둘을 문법에 맞게 이어 쓸 수 있다는 사실에 놀랐습니다.

아이작 뉴턴이 쓴 편지에 제가 가장 좋아하는 인용구가 있습니다. 바로 "내가 멀리 볼 수 있었던 것은 거인의 어깨 위에 있었기 때문"입니다. 저 역시 거인의 어깨 위에 있었고 그들이 쓴 책을 읽었습니다. 브라이언 커니핸과 데니스 리치의 『C언어 프로그래밍』(대영사, 2005)처럼 분량이 적지만 명쾌한 책, 스콧 마이어스의 이펙티브 C++ 시리즈 『Effective C++』(프로텍미디어, 2015), 『More Effective C++』(정보문화사, 2007), 『Effective Modern C++』(인사이트, 2015)처럼 똑똑하고 시대를 앞서 나가는 책, 안드레 알렉산드레스쿠의 『Modern C++ Design』(인포북, 2003)처럼 도전적이면서 마음을 넓게 만드는 책, 비야네 스트롭스트룹과 마거릿 엘리스의 『The Annotated C++ Reference Manual』(Addison Wesley, 1990)처럼 세심하고 정확한 책 등을 말이죠. 저는 경력을 쌓는 동안 언젠가 책을 쓸 거라는 생각은 전혀 하지 않았습니다. 그러던 어느 날 갑자기 책을 써야겠다는 생각이 들었습니다.

저는 왜 C++ 성능 향상에 관한 책을 쓰게 되었을까요?

21세기 초 C++은 공격을 받았습니다. C 언어의 팬들은 C++ 프로그램이 C로 똑같이 만든 프로그램보다 성능이 좋지 않다고 지적했습니다. 마케팅 예산이 많은 유명 기업들은 독점 객체지향 언어를 홍보하면서 C++은 사용하기 너무 어려우며 자신들이 만든 언어가 미래라고 주장했습니다. 대학에서는 무료 툴체인을 제공한다는 이유로 자바로 강의를 진행했습니다. 이런 소문이 모두 모인 결과 대기업은 웹사이트와 운영체제를 자바, C#, PHP로 만드는 데 많은 돈을 투

자했습니다. C++은 약해지는 것 같았고, C++이 강력하고 유용한 도구라고 믿던 사람에게는 불편한 시대였습니다.

그때 재밌는 일이 일어났습니다. 프로세서 코어의 속도는 더 빨라지지 않았고 작업량은 계속 늘어났습니다. 대기업들은 확장성 문제를 해결하기 위해 C++ 프로그래머를 고용하기 시작했습니다. C++로 코드를 다시 작성하는 비용이 데이터 센터에 들어가는 전기 비용보다 적었기 때문입니다. 갑자기 C++이 다시 인기를 끌기 시작했습니다.

2016년 초 현재 많이 사용되는 프로그래밍 언어 중, C++은 개발자에게 핸드오프, 자동화 지원, 미세한 수동 제어 등 다양한 구현 옵션을 제공하는 유일한 언어입니다. 개발자는 C++로 성능을 제어할 수 있으며 최적화할 수 있습니다.

C++ 코드 최적화를 다루는 책은 많지 않습니다. 그중 하나로 지금은 오래된 책이지만 도브 불카와 데이비드 메이휴가 꼼꼼하게 연구한 『Efficient C++』(인포북, 2004)가 있습니다. 두 저자는 저와 비슷한 경력을 가지고 있으며 같은 원칙을 많이 발견한 것 같습니다. 이 책에 나오는 주제에 대해 다른 의견에 관심이 있는 분이라면 읽어보길 권합니다. 또한 스콧 마이어스는 복사 생성을 피하는 방법을 광범위하게 잘 다루고 있습니다.

최적화에 대해 알아야 할 내용은 책 10권을 채울 수 있을 정도로 많습니다. 책에서는 제 작업 중에 자주 발생한 사례나 성능 향상을 가장 많이 본 내용을 선택해 기술하려고 노력했습니다. 극적인 성능 향상을 이룬 전략에 대해 왜 말하지 않았는지 궁금해하는 여러분에게 제가 할 수 있는 말은 '**시간 없고 할 말은 너무 많다**'는 것입니다.

오탈자, 의견, 선호하는 최적화 전략이 있다면 *antelope_book@guntheroth.com*으로 보내주세요.

저는 소프트웨어 개발 기술을 좋아합니다. 새로운 반복문이나 인터페이스 하나하나의 가타[kata][1]

---

1 옮긴이_ 일본 무술에서 실전에 대비해 미리 정한 기술을 연습하는 훈련. *https://ko.wikipedia.org/wiki/카타*

를 끝없이 연습하는 것을 즐깁니다. 소네트^{sonnet}[2]와 과학의 모퉁이에서 코드를 작성하는 것은 너무 난해하며 내적인 예술 형태이기 때문에 소프트웨어를 개발하는 사람 외에는 거의 알지 못합니다. 우아하게 코드화된 함수에는 아름다움이 있고 잘 사용하는 강력한 관용구에는 지혜가 있습니다. 하지만 슬프게도 스테파노프의 표준 템플릿 라이브러리와 같은 소프트웨어 서사시에는 평범한 코드가 들어 있는 재미없는 책이 너무 많습니다.

이 책의 근본적인 목적은 모든 독자에게 잘 튜닝된 소프트웨어의 아름다움을 조금 더 깊이 생각할 수 있도록 해주는 것입니다. 이 책과 함께 실행해보고 더 멀리 내다보세요!

코드에 대한 양해

저는 C++ 코드를 20년 넘게 사용하며 최적화 작업을 했습니다. 하지만 이해를 돕기 위해 이 책에 나오는 코드 대부분은 특별히 작성했습니다. 모든 새로운 코드가 그렇겠지만 분명히 결함이 있을 것입니다. 미리 양해를 구합니다.

저는 수년간 윈도우, 리눅스, 다양한 임베디드 시스템에서 개발했습니다. 이 책에 나오는 코드는 윈도우에서 개발했으므로 윈도우에 편향되어 있다고 말할 수 있습니다. C++ 코드를 최적화하는 방법에 대한 내용은 리눅스, 맥OS X, 기타 C++ 환경에도 똑같이 적용됩니다. 그러나 서로 다른 최적화에서 최적의 타이밍은 컴파일러와 표준 라이브러리 구현, 그리고 코드를 테스트하는 프로세서에 따라 달라집니다. 최적화는 실험 과학입니다. 최적화에 관한 조언을 의심 없이 받아들이면 좋지 않은 결과로 이어질 수 있습니다.

저는 다양한 컴파일러와 유닉스/임베디드 시스템 사이에 호환성을 확보하는 게 어렵다는 점을 잘 알고 있습니다. 코드가 여러분이 선호하는 시스템에서 컴파일되지 않을 수도 있기에 미리 양해를 구합니다. 이 책이 시스템 간 호환성에 관한 내용이 아니기 때문에 단순한 코드를 제시

---

2 옮긴이_ 유럽의 정형시의 한 가지

하는 실수를 저지르고 말았습니다.

다음의 중괄호 들여쓰기는 제가 선호하는 방식은 아닙니다.

```
if (bool_condition) {
    controlled_statement();
}
```

하지만 인쇄본에 가장 많은 줄을 넣을 수 있다는 장점 때문에 예제에 사용하기로 결정했습니다.

예제 소스 내려받기

이 책에서 사용한 코드 예제는 필자의 웹사이트에서 다운로드할 수 있습니다.

- *www.guntheroth.com*

감사의 말

저자들은 항상 배우자에게 책을 집필할 수 있게 도와줘서 고맙다는 말합니다. 진부하죠. 저도 압니다. 저도 제 아내 러네이 아슬러[Renee Ostler] 덕분에 이 책을 쓸 수 있었습니다. 책을 위해 몇 달 동안 일을 쉴 수 있게 허락해주었을 뿐만 아니라, 집필에 전념할 수 있는 시간과 공간을 확보해주고, 늦은 밤까지 저와 함께 깨어 있으면서 C++ 최적화 코드에 대한 질문도 해주었습니다. 아내가 C++ 최적화와 특별히 관련이 있지도 않으면서 말입니다. 모두 저를 지지하기 위한 일이었습니다. 이 책이 제게 중요했기 때문에 아내도 이 책을 자신에게 중요한 일로 삼았습니다. 그 어떤 저자도 제 아내만큼 많은 질문을 해주지는 못했을 겁니다.

커트 건서로스

CONTENTS

CHAPTER 1 최적화란

CHAPTER 2 컴퓨터 하드웨어와 최적화

CHAPTER 3 성능 측정

CONTENTS

CHAPTER **4** 문자열 최적화

CHAPTER **5** 알고리즘 최적화

CONTENTS

CHAPTER 7 문장 최적화

CONTENTS

CHAPTER 8 라이브러리 최적화

CHAPTER 9 검색 및 정렬 최적화

CONTENTS

CHAPTER 10 자료구조 최적화

CONTENTS

CONTENTS

최적화란

세상은 계산에 대한 욕구로 가득 차 있습니다. 여러분이 작성한 코드는 시계, 전화, 태블릿, 워크스테이션, 슈퍼컴퓨터나 데이터 센터 등 세계 네트워크 어디에서든 올바르게 작동해야 합니다. 머릿속에 있는 멋진 아이디어를 코드로 정확하게 표현하거나, 프로그램이 항상 올바르게 실행되도록 결함을 찾아내 다듬는 것만으로는 충분하지 않을 수 있습니다. 고객이 사용하는 하드웨어 종류에 따라 프로그램이 느려질 수도 있고, 전력 소비량을 줄이려고 하드웨어 팀이 컴퓨터를 저사양 프로세서로 바꿀 수도 있으니까요. 초당 처리량이나 프레임 수를 놓고 다른 업체와 경쟁해야 할지도 모릅니다. 세계적인 규모의 코드를 구축하며 불가능한 작업을 해야 한다는 사실에 긴장하고 있나요? 자 그렇다면, 여러분은 이미 최적화 세상에 진입했습니다.

이 책에서는 최적화를 설명합니다. 특히 C++ 코드의 행동 패턴을 참조해 C++ 프로그램을 최적화하는 내용을 다룹니다. 이 책에 나오는 기법 중 일부는 다른 프로그래밍 언어에도 적용할 수 있지만, 그런 기법을 보편적인 방법으로 설명하려고 시도하지는 않았습니다. C++ 코드에서 효과 있는 최적화 기법 중 일부는 다른 프로그래밍 언어에서 효과가 없거나 사용할 수 없습니다.

이 책은 C++ 설계의 모범 사례를 올바른 코드로 구현하는 방법을 다룹니다. 또한 C++ 설계를 훌륭하게 구현하면서도 올바른 코드를 작성하여 거의 모든 컴퓨터에서 실행 속도가 더 빠르며 자원을 더 적게 사용하게 바꾸는 방법을 설명합니다. 우리가 흔히 사용하는 C++ 기능 중 일부는 속도가 느리며 많은 자원을 소비하기 때문에 최적화할 여지가 많이 있습니다. 이런 코드가 틀리지는 않더라도, 최신 마이크로프로세서나 C++의 다양한 구성 요소를 깊이 고민하지 않고 만들었을 수는 있습니다. 하지만 C++은 우수한 메모리 관리와 복사 기능 덕분에 최적화 기법을 사용할 수 있습니다.

이 책에서는 어셈블리 언어의 서브루틴 작성, 클럭 사이클 계산, 인텔의 최신 프로세서의 동시 명령어 처리 수 등은 다루지 **않습니다.** 단일 플랫폼(좋은 예로 Xbox가 있습니다)으로 수년간 일했던 개발자가 있다고 합시다. 수년이라면 해당 플랫폼에서 통하는 흑마법을 익히기에 충분합니다. 하지만 오늘날 대다수 개발자는 스마트폰, 태블릿, PC에서 구동될 프로그램을 만들며 무수히 다양한 마이크로프로세서 칩을 염두에 둬야 합니다. 심지어 아직 설계되지 않은 것까지 포함해서 말입니다. 임베디드 소프트웨어 개발자는 다양한 아키텍처의 수많은 프로세서에 직면해 있습니다. 이런 모든 프로세서의 비밀을 배워야 한다면 대부분의 개발자는 정신을 잃거나 좌절할 것입니다. 따라서 필자는 이 길을 추천하지 않습니다. 프로세서에 종속적인 최적화는 본질적으로 다양한 프로세서에서 실행되어야 하는 대부분의 프로그램에서 효과적이지 않습니다.

또한 운영체제(윈도우, 리눅스, 맥OS, 임베디드 운영체제)별로 특화된 기능의 최적화를 다루지는 **않습니다.** 이 책은 C++ 표준 라이브러리를 포함해 C++에서 할 수 있는 작동에 관한 내용을 다룹니다. 프로세나 특정 운영체제에 종속된 최적화 코드는 C++ 표준에서 벗어나서 코드 리뷰를 요청하고 의견을 받기가 어렵습니다. 표준에서 벗어나는 최적화는 가볍게 할 일이 아닙니다.

정리하자면 이 책에서는 '**어떻게**' 최적화하는지를 배울 것입니다. 새로운 알고리즘을 발견하거나 언어에서 새로운 기능을 사용할 수 있게 되면, 기법이나 기능을 나열하기만 한 예전의 문서는 쓸모가 없어질 겁니다. 이 책은 점진적으로 코드를 개선하는 방법을 익히기 위한 실행 예제를 제공합니다. 독자는 책을 읽어가면서 코드 수정 과정에 익숙해지고 효과적인 최적화로 이어지는 사고방식을 개발할 수 있습니다.

또한 코딩 과정을 최적화하는 방법도 설명합니다. 코드 실행 시간을 염두에 두면 처음부터 효율적인 코드를 작성할 수 있습니다. 그리고 연습하면 빠른 코드를 작성하는 시간이 느린 코드를 작성하는 시간보다 더 오래 걸리지 않게 됩니다.

이 책의 독자는 곧 기적을 만들고 변화를 체험하게 될 것입니다. 동료가 놀라면서 "와, 무슨 일이 일어난 거죠? 방금 시작했는데 벌써 끝나다니요. 누가 무언가를 고쳤나요?"라고 외치는 소리를 듣게 될 것입니다. 최적화가 개발자의 지위와 기술에 대한 자부심을 갖게 해줄 것입니다.

1.1 최적화는 소프트웨어 개발의 일부입니다

최적화 역시 코딩에 속합니다. 전통적인 소프트웨어 개발 프로세스에서, 최적화는 코드 완성code complete 다음 단계인 프로젝트 통합 및 테스트 단계(프로그램의 전체 성능을 관찰할 수 있는 단계)에서 수행됩니다. 애자일 프로세스에서는 프로토타입으로 빠르게 기능을 구현한 후에 최적화에 스프린트를 할애할 수 있습니다.

최적화 목표는 올바른 프로그램을 개선해 속도, 메모리 사용량, 전력 소비 등에 대한 고객의 요구를 충족하는 것입니다. 따라서 개발 프로세스에서는 기능적인 코딩뿐만 아니라 최적화도 중요합니다. 성능 저하는 버그나 기능 누락처럼 용납할 수 없는 문제일 수도 있습니다.

버그 수정과 성능 향상의 중요한 차이점은 '있다/없다'로 판단하는 기능이나 버그와 달리 성능은 지속해서 이어지는 범위에 있다는 것입니다. 성능은 매우 나쁘거나 매우 좋거나의 사이에 있습니다. 또한 최적화는 프로그램에서 가장 느린 곳을 개선하면 그다음으로 느린 곳이 다시 가장 느린 곳이 되어 성능을 좌우하게 되는 반복 과정입니다.

최적화는 다른 코딩 작업보다 과학적 사고방식을 더 많이 요구하는 실험과학입니다. 최적화를 성공적으로 수행하려면 행동을 관찰하고, 관찰을 기반으로 검증 가능한 가설을 세우고, 가설을 지지하거나 반박하는 측정 실험을 수행해야 합니다. 경험 많은 개발자는 종종 최적화 코드에 대한 올바른 경험과 직관을 갖고 있다고 자신합니다. 그러나 자주 테스트하지 않으면 자주 틀리게 됩니다. 필자가 이 책에 쓸 테스트 프로그램을 작성하면서도 직관과 상충하는 결과를 여러 번 마주했습니다. 이 책의 주제는 직감보다는 실험입니다.

1.2 최적화는 효과적입니다

개발자는 코딩하며 내린 각 결정이 대규모 프로그램의 전반적인 성능에 어떤 영향을 미치는지 추정하기가 어렵습니다. 따라서 완성된 모든 프로그램에는 실제로 최적화할 여지가 많이 있습니다. 숙련된 팀이 많은 시간을 들여 작성한 코드조차도 보통 30%~100%의 속도 향상을 이룰 수 있습니다. 코드를 급하게 작성한 경우나 덜 숙련된 팀의 경우에는 3배에서 10배까지 속도 향상을 이루는 것을 본 적도 있습니다. 하지만 코드를 아무리 열심히 고친다고 해도 성능을 10배 이상 올리기는 쉽지 않습니다. 그러나 더 나은 알고리즘이나 자료구조를 선택하면 실행 불가능할 정도로 느린 프로그램을 배포해도 될 정도로 빠르게 바꿀 수도 있습니다.

1.3 최적화해도 괜찮습니다

많은 사람이 최적화를 말할 때 엄격한 경고로 시작합니다. "**하지 마라!** 하지 말고, 해야 한다면 프로젝트가 끝날 때 하고, 반드시 해야 하는 최적화를 제외하고는 더는 최적화하지 마라!" 예를 들어 유명한 컴퓨터 과학자인 도널드 커누스는 최적화에 대해 다음과 같이 말했습니다.

> 작은 효율(어림잡아 97% 정도)은 잊어버리세요. 섣부른 최적화는 만악의 근원입니다.[1]

윌리엄 울프William A. Wulf는 다음과 같이 말했습니다.

> 우리는 맹목적인 어리석음을 포함한 다른 어떤 이유보다도 효율성이라는 이름 아래서 더 많은 죄
> 악을 저질렀습니다. 반드시 효율성을 달성하는 것도 아니면서요.[2]

'최적화하지 마라'는 조언에는 경험 많은 개발자들조차도 의문을 보이지 않습니다. 그들은 대화 주제가 성능 향상으로 바뀔 때 거의 반사적으로 반응합니다. 필자는 앞서 인용한 조언이 나약한 개발 습관에 대한 변명과 훨씬 더 빠른 코드를 구현하는 노력을 조금도 하지 않으려는 게으름에 대한 핑계로 너무 자주 사용되었다고 생각합니다. 또한 이런 조언을 비판 없이 받아들이면 CPU 사이클이 많이 낭비되고, 사용자의 불편을 초래하며, 코드를 다시 수정하는 데에도 너무 많은 시간이 들게 된다고 생각합니다.

필자의 주장은 독단적이지 않습니다. 최적화해도 괜찮습니다. 어느 코드가 성능에 민감한지 몰라도 효율적인 프로그래밍 구문을 배워서 열심히 적용해봐도 괜찮습니다. 이러한 프로그래밍 구문들은 좋은 C++ 코드이며, 사용한다고 하더라도 동료가 경멸하지 않을 것입니다. 왜 '간단'하고 비효율적인 코드를 작성하지 않았는지 누군가 묻는다면 "효율적인 코드를 작성하는 시간과 느리고 낭비되는 코드를 작성하는 시간은 같습니다. 누가 비효율적인 코드를 의도적으로 작성할까요?"라고 대답하면 됩니다.

----

1 Donald Knuth, *Structured Programming with go to Statements*, ACM Computing Surveys 6(4), December 1974, p268. CiteSeerX: 10.1.1.103.6084 (*http://bit.ly/knuth-1974*)

2 "A Case Against the GOTO," *Proceedings of the 25th National ACM Conference* (1972): 796

물론 최적화를 잘못 적용할 수도 있습니다. 어떤 알고리즘이 더 나을지 결정하지 못해서 며칠 동안 진전을 이루지 못하는 경우입니다. 또는 시간에 민감하다고 **짐작되는** 곳을 어셈블러로 구현하느라 몇 주 동안 시간을 보내고, 그 코드를 C++ 컴파일러가 알아서 인라인[3] 함수로 사용하게 하는 대신 함수로 호출함으로써 모든 노력을 망쳐버리는 것입니다. 또한 실제로 C가 더 빠른지 C++이 빠른지 사실을 확인하지도 않고 'C가 더 빠르다는 건 누구나 안다'는 이유로 팀원에게 프로그램의 절반을 C로 코딩하도록 요구하기도 합니다. 하지만 그런데도 소프트웨어 개발의 모범 사례들은 여전히 유효합니다. 최적화가 이를 회피하려는 핑계가 될 수는 없습니다.

성능 문제가 발생하는 곳을 모르면서 최적화에 많은 시간을 들이는 것은 좋지 않습니다. 3장에서는 프로그램 코드 중 약 10%만이 성능에 결정적인 영향을 준다는 개념인 90/10 규칙을 소개합니다. 따라서 프로그램의 성능을 향상하려고 모든 코드를 변경할 필요도 없으며, 변경하더라도 그다지 도움이 되지 않습니다. 아무 데서 최적화를 시작해 좋은 성과를 낼 확률은 낮습니다. 3장에서는 성능에 중요한 영향을 미치는 코드가 어디에 있는지를 찾는 데 도움이 되는 도구를 소개합니다.

필자가 대학을 다니던 시절 교수님들은 최적의 알고리즘이 간단한 알고리즘보다 시작 비용이 높으니, 큰 데이터 집합에서만 사용해야 한다고 경고했습니다. 어떤 난해한 알고리즘에서는 사실일지도 모르지만, 경험상 간단한 검색 및 정렬 작업을 위한 최적의 알고리즘을 구성하는 데는 약간의 시간이 걸릴 뿐이며 작은 데이터 집합에서도 성능이 향상되었습니다.

또한 코딩하기 쉬운 알고리즘을 사용해 프로그램을 개발한 다음, 프로그램의 실행 속도가 너무 느리면 되돌아가서 다시 최적화하는 게 좋다는 조언도 들었습니다. 물론 지속해서 고치면서 성장하라는 말이 좋은 충고인 것은 분명하지만, 일단 최적 검색 및 정렬 코딩을 몇 번만 해보면 느린 알고리즘을 구현하는 것보다 특별히 어렵지는 않습니다. 차라리 처음부터 올바른 방법을 사용하고 하나의 알고리즘만 디버깅하는 편이 낫습니다.

사실 성능을 개선하려는 노력의 가장 큰 적은 사회 통념입니다. 예를 들어 최적의 정렬 알고리즘의 시간 복잡도가 $O(n\log n)$이라는 점은 '누구나 알고' 있습니다. 여기서 n은 데이터 집합의 크기입니다(big-O 표기법과 시간 복잡도에 대한 간단한 설명은 5.1절 알고리즘의 시간 비용 참고). 이 사회 통념은 우리가 시간 복잡도가 $O(n^2)$인 삽입 정렬이 최적이라고 생각하

---

3 감수자_ 인라인 함수는 코드상에서 함수를 호출하는 경우, 컴파일러가 함수 호출을 함수 코드로 채워넣어 바꾸는 것을 의미합니다. 인라인 함수는 함수 호출이 발생하지 않는다는 장점이 있으나, 함수 호출 부분을 전부 실제 함수 코드로 대체하기 때문에 코드의 실제 크기가 증가합니다.

지 못하게 한다는 점에서는 가치가 있지만, 기수 정렬이 시간 복잡도 $O(n\log_r n)$으로 더 빠르다는 사실을 찾아보지 않게 한다는 점에서는 좋지 않습니다(여기서 r은 기수 또는 정렬하는 버킷의 개수입니다). 플래시 정렬은 무작위로 분포된 데이터에서는 훨씬 빠른 시간 복잡도인 $O(n)$의 성능을 보이는 반면, 사회 통념상 다른 정렬 알고리즘과의 성능을 비교하는 기준으로 많이 사용하는 정렬 알고리즘인 퀵 정렬은 최악의 경우에 시간 복잡도가 $O(n^2)$입니다. 아리스토텔레스는 여자가 남자보다 더 적은 치아를 가진다고 말했는데,[4] 이 말은 호기심 많은 누군가가 사람의 치아 개수를 직접 헤아려보기 전까지 1,500년 동안 통념으로 여겨졌습니다. 사회 통념을 깨기 위해서는 실험의 형태를 갖춘 과학적 방법이 필요합니다. 3장에서 소프트웨어 성능을 측정하는 도구와 최적화를 검증하는 실험을 다룰 것입니다.

또한 소프트웨어 개발 세계에는 최적화가 무의미하다는 통념도 있습니다. 코드 실행 속도가 느리더라도 시간이 지날수록 프로세서가 빨라지기 때문에 성능 문제를 공짜로 해결할 수 있다는 겁니다. 이런 생각은 대부분의 다른 통념과 마찬가지로 결코 사실이 아닙니다. 데스크톱 컴퓨터와 독립 실행형 프로그램이 개발 환경을 지배하고, 단일 코어 프로세서가 18개월마다 2배 속도로 증가하던 1980년대와 1990년대에는 사실처럼 보였을지도 모릅니다. 오늘날의 멀티 코어 프로세서는 계속해서 더 강력해지고 있긴 하지만 개별 코어의 성능은 천천히 증가하거나 때로는 감소하기도 합니다. 오늘날의 프로그램은 배터리 수명과 방열로 명령 실행 속도를 제한하는 모바일 플랫폼에서도 실행되어야 합니다. 또한 시간이 지남에 따라 새로운 고객의 컴퓨터 속도는 빨라질 수 있지만, 기존 하드웨어에서의 성능을 향상하는 데는 아무런 도움이 되지 않습니다. 기존 고객의 작업 부하는 갈수록 증가할 겁니다. 기존 고객이 당신에게서 얻을 수 있는 유일한 속도 업그레이드는 후속 버전 최적화에서 비롯됩니다. 최적화가 프로그램을 방금 만든 것처럼 유지해주니까요.

---

4 *The History of Animals, Book II, Part 1* (http://bit.ly/aristotle-animals)

1.4 여기에 나노초, 저기에 나노초

> 여기에 10억 저기에 10억, 조만간 여러분은 진짜 돈을 이야기하게 될 것입니다.
>
> — 상원의원 에버렛 더크슨이 했다고 알려진 말

더크슨은 이런 말을 한 적이 없다고 주장했지만, 비슷한 말을 많이 했다고 인정했습니다.

데스크톱 컴퓨터는 놀라울 정도로 빠릅니다. 데스크톱 컴퓨터는 나노초(또는 더 짧은 시간)마다 새로운 명령어를 전달할 수 있습니다. 나노초는 10^{-9}초입니다! 컴퓨터가 매우 빠르다면 최적화가 별로 중요하지 않다고 생각할 수도 있습니다.

이런 사고방식의 문제점은 프로세서가 빠를수록 낭비되는 명령이 더 많이 쌓이게 된다는 점입니다. 프로그램에서 실행된 코드의 50%가 불필요하다고 생각해봅시다. 불필요한 코드의 실행 속도가 제아무리 빨라도 이를 삭제하는 것보다는 느릴겁니다. 코드를 제거하면 2배 빠르게 실행할 수 있을테니까요.

"효율성은 중요하지 않습니다"라고 말하는 동료는 이미 응답 속도가 빠른 데스크톱 컴퓨터에서 실행되는 특정 프로그램에서 중요하지 않다는 의미로 말했을 수도 있습니다. 메모리, 전력, 속도 제한이 있는 소형 임베디드와 모바일 프로세서에서는 효율성이 매우 중요합니다. 또한 대형 컴퓨터에서 전속력으로 실행되는 서버에서도 중요합니다. 다르게 표현하자면 제한된 자원(메모리, 전력, CPU 사이클)을 차지하려고 경쟁하는 모든 프로그램에서 효율성은 중요한 요소입니다. 효율성은 작업 부하가 여러 대의 컴퓨터에 분산될 만큼 클 때도 중요합니다. 이때 효율성은 서버(혹은 클라우드 인스턴스)를 100대 쓸지, 500대 쓸지, 1000대 쓸지를 결정짓는 차이일 수도 있습니다.

컴퓨터 성능은 50년 만에 6백만 배 정도 향상되었습니다. 그럼에도 여전히 우리는 최적화를 논합니다. 과거에서 배운다면 최적화는 미래에도 중요성을 잃지 않을 거라고 생각할 수 있습니다.

1.5 C++ 코드 최적화 전략 요약

유력 용의자들을 검거하라.

— 루이 르노 대위(클로드 레인스 분), 〈카사블랑카〉, 1942

C++은 자동화와 표현력부터 성능 향상을 위한 세밀한 제어까지 다양한 기능 구현 옵션을 제공합니다. 바로 이러한 폭넓은 선택 가능성 덕분에 성능 요구 사항을 충족하기 위해 C++ 프로그램을 향상할 수 있습니다.

C++에는 함수 호출, 메모리 할당, 루프 등 최적화 대상이 되는 '유력 용의자'들이 있습니다. 이절에서는 C++ 프로그램의 성능을 향상하는 방법을 요약합니다. 조언은 놀라울 정도로 간단합니다. 모두 기존에 어딘가에서 발표된 내용입니다. 물론 골치 아픈 건 세부 사항에 있습니다. 이 책에서 소개하는 예제들과 어림짐작법으로 여러분은 코드에서 최적화할 기회를 더 잘 포착하게 될 것입니다.

1.5.1 더 좋은 컴파일러를 더 잘 사용하세요

C++ 컴파일러는 복잡한 소프트웨어입니다. 컴파일러마다 C++ 문장에 대응하는 조금씩 다른 기계어를 만들어냅니다. 각 컴파일러는 최적화를 위한 기회를 서로 다르게 봅니다. 따라서 동일한 소스 코드에서 서로 다른 실행 파일을 생성합니다. 코드에서 성능을 마지막 한 방울까지 짜내고 싶다면 어떤 컴파일러가 더 빠른 실행 파일을 만드는지 직접 사용해보면 좋습니다.

C++ 컴파일러를 선택할 때 가장 중요하게 고려해야 할 사항은 **C++ 표준을 준수하는 컴파일러**를 사용하라는 점입니다. C++11[5]에서는 우측값 참조rvalue reference와 이동 문법move semantic을 구현해 이전 C++ 버전에서 불가피했던 많은 복사 연산을 제거했습니다(이동 문법은 6.6절을 참고).

더 좋은 컴파일러를 사용하라는 말은 곧 **컴파일러를 더 잘 사용하라**는 의미이기도 합니다. 예를 들어 프로그램이 느려 보인다면 컴파일러를 살펴보고 최적화 설정이 켜져 있는지 확인해봐야 합니다. 당연히 최적화 설정이 켜져 있을 것 같지만, 필자가 사람들에게 이 조언을 해준 횟수는 셀수 없을 정도로 많았습니다. 사람들은 조언을 들은 후 최적화 설정이 꺼져 있다는 사실을 마지

---

5 이 책을 집필할 당시 C++ 표준은 C++11이었습니다. C++17이 출시된 지금도 이 책으로 최적화를 학습하는 데에는 무리가 없습니다.

못해 인정했습니다. 그렇습니다. 최적화가 설정된 상태에서 컴파일했을 때 코드의 실행 속도가 훨씬 빨랐습니다. 많은 경우 여러분은 이 이상 무언가를 할 필요가 없습니다. 컴파일러만으로도 프로그램을 몇 배 빠르게 만들 수 있습니다. 컴파일러에게 정중히 요청하기만 한다면요.

기본적으로 대부분의 컴파일러는 최적화를 실행하지 않습니다. 최적화 단계가 없으면 컴파일하는 데 걸리는 시간이 약간 짧아집니다. 이 시간은 1990년대까지는 큰 문제였지만 요즘은 컴파일러와 컴퓨터의 속도가 매우 빠르기 때문에 컴파일 시간은 그리 중요하지 않습니다. 최적화 설정을 끄면 실행 흐름이 소스 코드를 정확히 따르기 때문에 디버깅도 더 간단해집니다. 최적화 설정은 코드를 루프 밖으로 옮기고 일부 함수 호출을 제거하고 일부 변수를 모두 제거할 수도 있습니다. 일부 컴파일러는 최적화가 켜져 있으면 디버그 심볼을 전혀 표시하지 않습니다. 더 관대한 컴파일러도 있긴 하지만, 디버거에서 실행 흐름을 관찰해 프로그램이 수행하는 작업을 이해하는 데 어려움이 따를 수 있습니다. 컴파일러는 대부분 디버깅에 큰 영향을 주지 않는 선에서 디버그 빌드 시 개별 최적화를 켜고 끌 수 있습니다. 좋은 C++ 스타일은 각 클래스의 멤버 변수에 접근하기 위해 작은 멤버 함수를 많이 작성하기 때문에 함수 인라이닝을 켜기만 해도 C++ 프로그램에 상당한 영향을 줄 수 있습니다.

C++ 컴파일러와 함께 제공되는 설명서에는 사용 가능한 최적화 플래그와 프래그마pragma[6]의 자세한 설명이 들어 있습니다. 마치 차와 함께 제공되는 사용 설명서와 같습니다. 설명서를 읽지 않아도 차를 타고 운전할 수 있지만, 설명서는 크고 복잡한 도구를 더 효과적으로 사용하는 데 도움이 되는 많은 정보를 담고 있습니다.

운 좋게도 윈도우나 리눅스에서 x86 아키텍처용으로 프로그램을 개발 중이라면 매우 활발하게 발전하는 우수한 컴파일러를 여럿 선택할 수 있습니다. 마이크로소프트는 이 책을 쓰기 5년 전, 3가지 버전의 비주얼 C++을 발표했습니다. GCC는 한 해에 여러 가지 버전을 출시합니다.

2016년 초 기준으로 인텔 C++ 컴파일러는 리눅스와 윈도우 모두에서 가장 엄격한 코드를 생성하고, GNU C++ 컴파일러인 GCC는 성능은 낮지만 표준을 잘 준수하며, 마이크로소프트의 비주얼 C++이 그 사이에 존재한다는 게 중론입니다. 필자는 인텔 C++이 GCC보다 훨씬 더 빠른 코드를 생성한다는 작은 차트를 작성해 여러분의 의사 결정을 돕고 싶지만, 이는 코드에 따라 다르며 성능을 높인 릴리스가 발표되면 달라질 수 있습니다. 인텔 C++은 1,000달러 이상의 비용을 지불해야 하지만 30일 무료 평가판을 제공합니다. 비주얼 C++은 무료인 커뮤

---

6 감수자_ 프래그마란 컴파일러의 특정 기능을 사용할 수 있도록 하는 지시어입니다.

니티 버전이 있습니다. 리눅스에서 GCC는 항상 무료입니다. 각 컴파일러에서 여러분의 코드를 컴파일해 성능상의 이점이 있는지 직접 확인하기 바랍니다.

1.5.2 더 좋은 알고리즘을 사용하세요

최적화의 빅뱅은 최적의 알고리즘 선택에서 비롯됩니다. 최적화를 위한 노력이 프로그램의 성능을 극적으로 개선할 수 있습니다. PC를 업그레이드하면 프로그램이 더 빨리 작동하는 것처럼 최적화를 하면 이전에는 느려 보이던 코드가 훨씬 빠르게 느껴질 것입니다. 유감스럽게도 대부분의 최적화는 PC 업그레이드와 마찬가지로 성능 향상의 폭이 아주 크지는 않습니다. 최적화를 위한 노력을 많이 들여야 30%~100%의 성능 향상을 이룰 수 있습니다. 운이 좋으면 성능을 3배로 높일 수도 있습니다. 그러나 더 효율적인 알고리즘을 찾을 수 없다면 엄청난 성능 향상을 기대하기는 어렵습니다.

최적화 전쟁 이야기

8인치 플로피 디스켓과 1MHz 프로세서 시대에 어떤 개발자가 라디오 방송국을 관리하는 프로그램을 설계했습니다. 이 프로그램의 한 기능은 매일 연주된 노래를 정렬하여 로그를 생성하는 것이었습니다. 문제는 1일 분량의 데이터를 정렬하는 데 약 27시간이 걸렸다는 점입니다. 분명히 참기 힘든 시간이었습니다. 개발자는 데이터를 정렬하는 시간을 줄이기 위해 엄청나게 노력했습니다. 문서화되지 않은 방법으로 컴퓨터를 역공학하고 해킹해서 마이크로코드를 얻었습니다. 마이크로코드를 수정해 메모리 내 정렬 수행 시간을 17시간까지 줄였지만 여전히 용인할 수 없었습니다. 결국 그는 자포자기하고 제가 근무하던 컴퓨터 제조 업체에 도움을 요청했습니다.

저는 그에게 무슨 정렬 알고리즘을 사용하는지 물었습니다. 그는 "병합 정렬"이라고 답했습니다. 병합 정렬은 최적 비교 정렬 알고리즘 중 하나입니다. 그에게 얼마나 많은 레코드를 정렬하는지 물었습니다. 그는 "몇천 개"라고 답했습니다. 이해가 되질 않았습니다. 그가 사용하고 있던 시스템은 1시간 이내에 데이터를 정렬할 수 있어야 했습니다.

저는 개발자에게 정렬 알고리즘을 자세히 설명해달라고 했습니다. 그가 했던 고문과 같은 말들이 기억나지는 않지만, 그 개발자는 삽입 정렬을 구현한 것으로 밝혀졌습니다. 삽입 정렬은 정렬

할 레코드 수의 제곱에 비례해 시간을 소비하는 좋지 못한 선택입니다(5.1절 알고리즘의 시간 비용 참고). 그는 병합 정렬이 최적의 알고리즘이라는 점은 알고 있었습니다. 다만 자신의 삽입 정렬을 설명하면서 '병합'과 '정렬'이라는 단어를 사용했던 것입니다.

저는 이 고객을 위해 진짜 병합 정렬을 사용하는 아주 흔한 정렬 루틴을 코딩했습니다. 이 방법으로 데이터를 정렬하는 데 45분이 채 걸리지 않았습니다.

나쁜 알고리즘을 최적화하려고 필사적으로 투쟁하는 건 어리석은 행동입니다. 최적의 검색 및 정렬 알고리즘을 학습하고 사용하는 것이야말로 최적의 코드를 얻을 수 있는 빠른 길이라고 할 수 있습니다. 비효율적인 검색이나 정렬 루틴이 프로그램의 실행 시간 전체를 차지할 수도 있습니다. 코드를 개선하면 딱 그만큼만의 실행 시간을 줄일 수 있습니다. 더 최적화된 알고리즘으로 전환하면 데이터 집합이 커질수록 커지는 항 자체를 줄여 그만큼 실행 시간을 줄일 수도 있습니다. 열 개 정도 항목으로 구성된 작은 데이터 집합이라도 자주 검색한다면, 최적의 검색 또는 정렬 알고리즘으로 많은 시간을 절약할 수 있습니다. 5장에서는 최적의 알고리즘이 어떤 것인지 알기 위한 몇 가지 지침을 소개합니다.

최적의 알고리즘을 사용할 기회는 소규모 닫힌 형태 계산부터 엄격한 키워드 검색 기능, 복잡한 자료구조 및 방대한 프로그램에 이르기까지 모든 규모로 제공됩니다. 이러한 주제를 다루는 훌륭한 책이 많습니다. 이 내용을 공부하는 데 여러분의 커리어를 모두 쏟아부을 수도 있습니다. 이처럼 중요한 최적의 알고리즘이라는 주제를 이 책의 일부로 할애해 다뤄야 한다니 정말 아쉽습니다.

'5.5절 최적화 패턴'에서는 성능을 향상하는 몇 가지 중요한 기법을 다룹니다. 여기에는 **사전 계산**(실행 중 수행할 계산을 링크, 컴파일, 설계 시점으로 이동하는 기법), **지연 계산**(결과가 실제 필요한 곳으로 계산을 이동하는 기법), **캐싱**(비용이 많은 계산을 미리 저장하고 재사용하는 기법)을 포함합니다. 7장에서는 실제로 이러한 기법을 다루는 많은 예제를 살펴봅니다.

1.5.3 더 좋은 라이브러리를 사용하세요

C++ 컴파일러와 함께 제공되는 표준 C++ 템플릿 및 런타임 라이브러리는 유지 보수 가능해야 하며, 범용적이면서도 매우 견고해야 합니다. 이런 라이브러리들이 실행 속도를 크게 신경

쓰지 않는다는 점을 들으면 개발자들은 깜짝 놀라곤 합니다. C++이 나온 지 30년이 지났지만 상업용 C++ 컴파일러와 함께 제공되는 라이브러리에는 여전히 버그가 포함되어 있으며, 현재 C++ 표준 혹은 심지어 컴파일러가 릴리스되었을 당시 표준을 준수하지 않을 수도 있다는 사실을 안다면 더욱 놀랄 것입니다. 이는 최적화한 결과를 측정하거나 최적화를 권장하는 일을 어렵게 하며, 개발자의 과거 최적화 경험을 적용할 수 없게 합니다. 8장에서 이러한 문제를 다룰겁니다.

최적화 담당 개발자에게 C++ 표준 라이브러리는 매우 중요한 기술입니다. 이 책에서는 검색 및 정렬을 위한 알고리즘(9장), 컨테이너 클래스 사용법(10장), 입출력(I/O)(11장), 동시성(12장), 메모리 관리(13장)에 대한 권장 사항을 설명합니다.

메모리 관리 같은 중요한 기능을 위해서는 특정 제작사의 C++ 런타임 라이브러리보다 더 빠르고 정교한 오픈 소스 라이브러리도 있습니다(13.2절 고성능 메모리 관리자 참고). 이러한 대체 라이브러리의 장점은 기존 프로젝트에도 쉽게 가져오고 즉각적으로 속도를 향상하는 것입니다.

부스트Boost 프로젝트(*http://www.boost.org*)나 구글 코드(*http://code.google.com*) 등에 공개된 라이브러리가 많이 있으며 I/O, 윈도우 처리, 문자열 처리(4.3.3절), 동시성(12.5절) 등에 사용할 수 있습니다. 이러한 라이브러리는 표준 라이브러리를 대체하는 것은 아니지만, 더 향상된 성능과 추가 기능을 제공합니다. 이들은 표준 라이브러리와는 다른 설계상 절충점을 취함으로써 일부 속도 우위를 갖습니다.

마지막으로, 속도 우위를 얻기 위해 표준 라이브러리의 안정성과 견고성 제약을 일부 희생하고 프로젝트별 라이브러리를 개발할 수도 있습니다. 이 모든 주제는 8장에서 다룹니다.

함수 호출에는 여러 가지 이유로 비용이 많이 듭니다(7.2.1절 함수 호출 비용 참고). 잘 만든 라이브러리는 함수를 사용하는 다양한 방법을 제공하므로, 사용자가 가장 기본적인 함수를 불필요하게 자주 호출할 필요가 없습니다. 예를 들어 API가 문자를 가져오는 함수를 get_char()만 제공한다면 문자열을 읽을 때 모든 문자에 이 함수를 호출해야 합니다. API가 get_buffer() 함수도 제공한다면 문자마다 함수를 호출할 필요가 없습니다.

함수 및 클래스 라이브러리는 고도로 향상된 프로그램에서 발생하기 마련인 복잡성을 숨길 수 있는 좋은 장소입니다. 라이브러리는 최대한의 효율로 작업을 수행함으로써 함수 호출로 발생된 비용을 상쇄해야 합니다. 라이브러리 함수는 성능 향상 효과가 극대화되는 깊이 중첩된 호출 체인의 맨 아래에 있을 가능성이 큽니다.

1.5.4 메모리 할당과 복사 줄이기

메모리 관리자를 호출하는 횟수를 줄이는 방법은, 개발자가 이 방법 하나만을 알고 있더라도 성공적으로 최적화를 할 수 있다고 말할 수 있을 정도로 효과적인 최적화 방법입니다. C++ 언어 기능은 대부분 비용이 많이 들어봐야 명령 몇 줄에 불과하지만 메모리 관리자 호출 비용은 명령이 수천 줄에 달합니다.

많은 C++ 프로그램에서 문자열은 중요하고 (대부분) 비용이 많이 들기 부분이기 때문에, 필자는 최적화에 대한 사례 연구로 한 장 전체를 문자열에 할애했습니다. 4장에서는 우리에게 익숙한 문자열 처리를 예로 들어 여러 최적화 개념을 소개하고 동기를 부여합니다. 6장에서는 문자열 및 표준 라이브러리 컨테이너와 같이 유용한 C++ 프로그래밍 기법을 포기하지 않으면서도 동적 메모리 할당 비용을 줄이는 데 중점을 둡니다.

버퍼 복사 함수 또한 한 번의 호출로 수천 개의 사이클을 소비할 수 있습니다. 따라서 복사 횟수를 줄이면 코드 속도를 확실히 높일 수 있습니다. 많은 복사가 메모리 할당과 관련해 발생하기 때문에 하나를 고치면 종종 나머지 하나의 문제도 사라집니다. 복사와 관련된 다른 최적화가 가능한 부분으로는 생성자, 대입 연산자, I/O가 있습니다. 6장에서 이 주제를 다룹니다.

1.5.5 계산 제거하기

할당과 함수 호출을 제외하면 단일 C++문의 비용은 일반적으로 중요하지 않습니다. 그러나 루프 내에서 또는 프로그램이 이벤트를 처리할 때마다 동일한 코드를 백만 번 실행한다면 갑자기 큰 문제가 됩니다. 프로그램에는 대부분 하나 이상의 메인 이벤트 처리 루프와 문자를 처리하는 하나 이상의 함수가 있습니다. 이러한 루프를 식별하고 최적화하는 것은 거의 항상 효과적입니다. 7장에서는 자주 실행되는 코드를 찾는 방법을 알아봅니다. 자주 실행되는 코드는 항상 루프에 있다고 생각해도 좋습니다.

최적화에 관한 문헌에는 각 C++문을 효율적으로 사용하기 위한 다양한 기법이 포함되어 있습니다. 많은 프로그래머는 이러한 트릭이 최적화의 핵심 요소라고 믿습니다. 하지만 이 사고의 문제는 해당 코드가 극도로 자주 실행되지 않는 이상 한두 개의 메모리 접근을 제거하더라도 전반적인 성능에는 큰 차이가 없다는 점입니다. 3장에서는 이러한 곳에서 계산량을 줄이기 위해 먼저 프로그램의 어떤 부분이 자주 실행되는지 판별하는 기법을 소개합니다.

최근의 C++ 컴파일러는 이런 자질구레한 향상점을 찾는 데 정말 탁월합니다. 따라서 개발자는 거대한 코드 기반에서 모든 i++를 ++i로 바꾸고, 모든 반복문을 풀어쓰고, 동료에게 더프의 기법Duff's device[7]이 무엇인지 얼마나 멋진지를 설명하는 등의 강박을 느낄 필요가 없습니다. 그래도 7장에서 이 부분을 간단히 살펴보겠습니다.

1.5.6 더 좋은 자료구조 사용하기

가장 적절한 자료구조를 선택하는 것은 성능에 큰 영향을 미칩니다. 항목의 삽입, 반복, 정렬, 검색을 위한 알고리즘이 자료구조에 의존하는 런타임 비용을 갖기 때문이기도 합니다. 또한 서로 다른 자료구조는 서로 다른 방법으로 메모리 관리자를 사용합니다. 자료구조에 따라 캐시 지역성이 좋을 수도 있고 나쁠 수도 있기 때문입니다. 10장에서는 C++ 표준 라이브러리가 제공하는 자료구조 간의 성능, 작동, 절충을 탐구합니다. 9장에서는 단순 벡터와 C 배열로 테이블 자료구조를 구현해보며 표준 라이브러리 알고리즘 사용법을 논합니다.

1.5.7 동시성 증가시키기

대부분의 프로그램은 완료될 때까지 성가시고 느릿느릿한 물리적 현실 세계에서 어떤 행위가 일어나길 기다려야 합니다. 기계적 방법의 디스크에서 파일을 다 읽을 때까지 기다리고, 인터넷에서 페이지 응답을 기다리고, 사용자의 느린 손가락이 기계 키 스위치를 누르는 것을 기다려야 합니다. 이러한 일을 기다리려고 프로그램의 진행이 중단될 때마다 다른 계산을 수행할 기회가 날아갑니다.

최신 컴퓨터에는 명령을 실행하는 데 사용할 수 있는 프로세서 코어가 두 개 이상 있습니다. 작업을 여러 프로세서로 나눌 수 있다면 더 빨리 완료할 수 있습니다.

---

7 옮긴이_ loop문을 변형하여 코드 길이(바이너리 크기)를 희생하는 대신 실행 속도를 높이는 루프 풀기(loop unrolling) 기법의 하나. 1983년 루카스필름의 톰 더프(Tom Duff)가 고안한 것으로 알려져 있습니다. *https://en.wikipedia.org/wiki/Duff's_device*

동시 실행과 함께, 데이터를 공유할 수 있도록 동시 스레드를 동기화하는 도구도 생겼습니다. 이러한 도구들을 잘 사용할 수도, 잘못 사용할 수도 있습니다. 12장에서는 제어의 동시 스레드를 효율적으로 동기화할 때 고려해야 할 사항을 설명합니다.

1.5.8 메모리 관리자 최적화하기

C++ 런타임 라이브러리의 일부인 메모리 관리자는 동적 메모리 할당을 관리하며 많은 C++ 프로그램에서 자주 실행되는 코드입니다. C++에는 메모리 관리를 위한 수많은 API가 있지만 대부분의 개발자는 이 API를 사용하지 않습니다. 13장에서는 메모리 관리 성능을 향상하기 위한 몇 가지 기법을 보여줍니다.

1.6 마치며

이 책은 개발자가 최적화 기회를 알아보고 최대한 잘 활용하여 코드 성능을 향상하는 데 도움이 될 것입니다.

- 더 좋은 컴파일러를 사용하고 최적화 설정을 사용하세요.

- 최적의 알고리즘을 사용하세요.

- 더 좋은 라이브러리를 더 잘 사용하세요.

- 메모리 할당을 줄이세요.

- 복사를 줄이세요.

- 계산을 제거하세요.

- 최적의 자료구조를 사용하세요.

- 동시성을 증가시키세요.

- 메모리 관리를 최적화하세요.

앞에서도 말했듯이 골치 아픈 건 세부 사항에 있습니다. 분발합시다!

CHAPTER 2

컴퓨터 하드웨어와 최적화

거짓말, 아름다운 거짓말이야말로 예술의 목표다.

— 오스카 와일드, 「거짓말의 쇠퇴」, 『의향』 (1891)

이 장에서는 컴퓨터 하드웨어와 관련된 최소한의 배경지식을 다룹니다. 2장을 읽고 나면 최적화를 왜 배워야 하는지 600쪽이 넘는 프로세서 매뉴얼을 읽지 않고도 알 수 있을 것입니다. 프로세서의 구조를 대략 살펴보고 어떤 방법으로 최적화해야 하는지 유추하는 방법을 알아볼 것입니다. 여기에서 다루는 정보가 중요하고 유용하긴 하지만, 마음이 급한 독자라면 지금 이 장을 건너뛰어도 괜찮습니다. 다른 장에서 내용을 참조할 때 돌아와서 읽어도 좋습니다.

오늘날 사용하는 마이크로프로세서 장치는 수천 개 게이트에 클록 속도가 1MHz 미만인 1달러 이하 임베디드 장치부터 수십억 개 게이트에 클록 속도가 GHz급인 데스크톱 장치에 이르기까지 매우 다양합니다. 메인프레임 컴퓨터는 크기가 커다란 방 하나에 이르고, 독립 실행 유닛 수천 개를 포함하며, 작은 도시 하나를 비출 수 있는 전력을 끌어다 쓸 수 있습니다. 이렇게 다양한 컴퓨터 장치를 연결해 이어주는 존재는 없을 거라고 생각하기 쉽지만 이는 성급한 일반화입니다. 실제로 컴퓨터 장치들은 유용한 유사성을 공유합니다. 유사성이 없다면 수많은 프로세서마다 컴파일러가 다를 테니 C++ 코드를 컴파일하는 건 불가능할 것입니다.

오늘날 널리 사용되는 모든 컴퓨터는 메모리에 저장된 명령을 실행하는 방법으로 작동합니다. 이때 메모리에 저장되어 있는 데이터에 명령을 실행합니다. 메모리는 각각 몇 비트의 여러 작은 **워드**word로 나눕니다. 몇 가지 특별한 메모리 워드를 **레지스터**register라고 하는데, 이들은 기계어에서 직접 그 이름을 사용합니다. 대부분의 메모리 워드는 **숫자 주소**address로 지정됩니다. 각 컴퓨터의 특정 레지스터에는 실행할 다음 명령의 주소가 들어 있습니다. 메모리를 책으로 비유하자면, **실행 주소**execution address는 다음에 읽을 단어를 가리키는 손가락과 같습니다(프로그램 카운터program counter). 그러면 (프로세서, 코어, CPU, 컴퓨터 등 여러 이름으로도 부르는) **실행 유닛**execution unit은 메모리에서 명령의 흐름을 판독하고 작동합니다. 각 명령은 메모리에서 무슨 데이터를 읽을지read(load, fetch와 동의어), 데이터를 어떻게 처리할지, 무슨 결과를 메모리에 쓸지write(store, save와 동의어)를 실행 유닛에 알려줍니다. 컴퓨터 역시 물리법칙을 준수하는 장치들로 구성됩니다. 각 메모리 주소를 읽거나 쓰는 데에는 시간이 걸리고, 명령이 작동할 데이터를 변환하는 데에도 시간이 걸립니다.

이러한 (컴퓨터 과학 전공 1학년 수준의) 기초 지식 너머로, 컴퓨터 구조의 족보는 다채롭고 풍성하게 뻗어 나갑니다. 컴퓨터 구조는 매우 다양하기 때문에 하드웨어 작동에 관한 엄격한 수치 규칙은 정하기 어렵습니다. 현대 프로세서는 명령 실행 속도를 높이려고 서로 다른 많은 작업을 수행하므로, 명령의 수행 시간은 의도나 목적과 다르게 예상하기 어려워집니다. 많은 개발자는 자신의 코드가 어떤 프로세서에 의해 실행될지조차 정확하게 알지 못하며 경험에 비추어 어림짐작할 수밖에 없습니다.

2.1 C++은 컴퓨터의 거짓말을 믿습니다

적어도 C++ 프로그램은 바로 앞에서 설명했던 단순한 컴퓨터 모델을 믿는 척합니다. 컴퓨터에는 기본적으로 무한한 char 크기를 갖는 주소를 지정할 수 있는 메모리가 있습니다. 또한 유효한 메모리 주소와는 다른 nullptr이라는 특수 주소가 있습니다. nullptr이 무조건 0번째 주소에 있다고 할 수는 없지만 정수 0은 nullptr로 변환됩니다. 여기에는 현재 실행 중인 소스코드를 가리키는 개념적 단일 실행 주소가 있습니다. 명령문은 C++ 제어 흐름의 영향을 받기 쉽도록 작성한 순서대로 실행됩니다.

사실 C++은 컴퓨터가 이런 단순한 모델보다 훨씬 복잡하다는 사실을 알고 있습니다. 여기서 우리는 눈부신 기계장치 아래 숨겨진 몇 가지 사실을 알 수 있습니다.

- C++ 프로그램은 '마치' 명령문을 순서대로 실행하는 것처럼 작동하기만 하면 됩니다.

C++ 컴파일러와 컴퓨터 자체는 계산의 의미가 변경되지 않은 선에서 실행 순서를 변경하여 프로그램 실행을 빠르게 할 수도 있습니다.

- C++11부터는 단일 실행 주소만 있다고 믿지 않습니다. 이제 C++ 표준 라이브러리는 스레드를 시작 및 중지하고 스레드 간에 메모리 접근을 동기화하는 기능을 제공합니다. C++11 이전에 프로그래머는 C++ 컴파일러에 스레드에 관한 거짓말을 했기 때문에 디버깅하기 어려운 문제가 발생했습니다.

- 특정 메모리 주소는 일반 메모리가 아닌 장치 레지스터가 될 수 있습니다. 이 주소의 값은 동일한 스레드가 두 번 연속해서 읽는 사이에 변할 수 있으며, 이는 하드웨어에 일부 변경이 있었음을 나타냅니다. C++에서는 이러한 위치를 volatile로 나타냅니다. 변수를 volatile로 선언하면 레지스터에 값을 저장하고 재사용함으로써 프로그램을 최적화하는 대신, 컴파일러가 사용할 때마다 변수의 새 복사본을 가져옵니다. volatile 메모리를 가리키는 포인터도 선언할 수 있습니다.

- C++11은 std::atomic<>이라는 마법 주문을 제공합니다. std::atomic<>은 메모리를 잠시 동안 마치 단순한 선형 바이트 저장소인 것처럼 작동하게 만들고, 멀티스레드 실행, 멀티 레이어 메모리 캐시 등으로 현대 마이크로프로세서의 모든 복잡성을 제거하려고 합니다. 일부 개발자는 volatile이 이러한 일을 한다고 생각하지만 잘못 알고 있는 겁니다.

운영체제도 프로그램과 사용자에게 거짓말을 합니다. 실제로 운영체제의 모든 목적은 각 프로그램에게 납득할 만한 거짓말을 하는 것입니다. 운영체제가 프로그램이 믿길 바라는 중요한 거짓말은 프로그램이 컴퓨터에서 단독으로 사용되고, 물리 메모리는 무한하며, 프로그램의 스레드를 실행할 수 있는 프로세서가 무한으로 있다는 것입니다.

운영체제는 컴퓨터의 하드웨어를 사용해 거짓말을 숨기므로, C++ 프로그램 입장에서는 실제로 선택의 여지 없이 거짓말을 믿는 수밖에 없습니다. 일반적으로 이러한 거짓말은 프로그램을 느리게 실행할 때를 제외하고는 큰 영향을 미치지 않습니다. 물론 성능 측정을 복잡하게 만들 수는 있습니다.

2.2 컴퓨터의 진실

정말 단순한 마이크로프로세서와 구시대의 몇몇 메인프레임 컴퓨터만이 C++ 모델에 직접 대응합니다. 최적화에서 중요한 점은 실제 컴퓨터의 메모리 하드웨어는 명령 실행 속도보다 매우 느리고, 메모리는 실제로 바이트 단위로 접근되지 않으며 동일한 셀로 구성된 간단한 선형 배열이 아니며 유한한 용량을 갖는다는 것입니다. 실제로 컴퓨터에는 둘 이상의 명령 주소가 있을 수 있습니다. 컴퓨터는 각 명령을 신속하게 실행해서가 아니라 여러 명령을 겹쳐서 실행하고 복잡한 회로로 겹쳐진 명령이 마치 순차적으로 실행되는 것처럼 작동하게 합니다.[1]

2.2.1 메모리는 느립니다

컴퓨터의 메인 메모리는 마이크로프로세서에 있는 게이트와 레지스터보다 매우 느립니다. 마이크로프로세서 칩에서 전자를 꺼내 상대적으로 광활한 구리 회로판 트레이스[trace2]에 쏟아 넣고 그 트레이스를 몇 센티미터 아래 있는 메모리 칩으로 미는 일은, 마이크로프로세서 내부에서 트랜지스터를 분리하며 전자를 이동하는 작업보다 수천 배의 시간이 걸립니다. 메인 메모리가 얼마나 느린가 하면 데스크톱 프로세서가 메인 메모리에서 단일 데이터 워드를 가져오는 시간에 명령어 수백 개를 실행할 수 있을 정도입니다.

메모리에 접근하는 비용은 (명령 실행 비용을 포함해) **프로세서의 다른 비용들을 압도합니다.** 이 역시 최적화의 중요성을 보여주는 대목입니다.

폰 노이만 병목현상

메인 메모리 인터페이스는 실행 속도가 제한되는 요충지입니다. 이곳에서 속도가 제한되는 현상을 **폰 노이만 병목현상**[Von Neumann bottleneck]이라고 합니다. 유명한 컴퓨터 아키텍처의 선구자이자 수학자인 존 폰 노이만(1903~1957)의 이름을 딴 용어입니다.

---

1 감수자_ 최신 프로세서는 하나의 명령어를 여러 개의 단계로 나누어서 실행하는데, 예를 들어 '명령어 읽어오기 – 명령어 해석 – 명령어 실행 – 결과 반영'의 네 단계를 들 수 있습니다. 이렇게 단계를 나누게 되면, 하나의 CPU는 단계 수만큼의 명령어를 동시에 실행할 수 있습니다. 1번 명령어가 '명령어 읽어오기' 단계를 끝내고 '명령어 해석' 단계로 넘어가면, 2번 명령어가 곧바로 '명령어 읽어오기' 단계로 진입하는 방식입니다. 그렇게 때문에 CPU는 두 개 이상의 명령어 주소를 가지고 있으며, 두 개 이상의 명령어를 겹쳐서 실행이 가능합니다.

2 회로판에서 점과 점을 연결하는 선. 주로 전자부품과 회로판을 연결합니다.

예를 들어 1000MHz로 실행되는 DDR2 메모리를 사용하는 PC(몇 년 전에 일반적인 컴퓨터 사양이었습니다)는 이론적인 대역폭이 초당 20억 워드 또는 워드당 500피코초(ps)였습니다. 그렇다고 해서 컴퓨터가 500피코초마다 데이터를 읽거나 쓸 수 있는 것은 아닙니다.

먼저, 순차 접근만 보자면 한 사이클 안에(1000MHz 클록에서 1틱의 절반) 완료될 수 있습니다. 비순차적 위치로의 접근은 6~10 사이클 사이에 완료됩니다.

메모리 버스로 접근하려고 몇 가지 작동이 서로 다투게 됩니다. 프로세서는 실행될 다음 명령어가 들어 있는 메모리를 계속 가져옵니다. 캐시 메모리 컨트롤러는 캐시 데이터 메모리 블록을 불러오고, 작성된 캐시 라인을 비웁니다. DRAM 컨트롤러 역시 메모리 장치의 동적 RAM 셀을 충전하는 데 버스 사이클을 사용합니다. 여기에 멀티 코어 프로세서는 코어까지 여러 개이므로 메모리 버스는 트래픽으로 포화되기 충분합니다. 메인 메모리에서 특정 코어로 데이터가 읽히는 실제 속도는 워드당 20~80나노초(ns) 정도입니다.

무어의 법칙에 따라 매년 마이크로프로세서에 더 많은 코어를 집어넣고 있습니다. 그러나 메인 메모리 인터페이스의 속도를 더 빠르게 만드는 경우는 거의 없습니다. 따라서 향후에는 코어 수를 2배로 늘려도 성능에 미치는 영향은 점점 줄어들 것입니다. 코어 간에 버스 사이클을 얻으려고 더 많은 경쟁이 일어나게 될 것입니다. 이러한 성능의 한계를 **메모리 장벽**(memory wall)이라고 합니다.

2.2.2 메모리는 워드 단위로 접근합니다

C++은 모든 바이트에 하나씩 접근할 수 있다고 생각하지만, 실제 컴퓨터는 대용량의 데이터를 한꺼번에 가져와 속도가 느린 물리 메모리를 보완하는 일이 많습니다. 저사양 프로세서는 메인 메모리에서 한 번에 1바이트만 가져올 수 있을지도 모릅니다. 데스크톱급 프로세서는 한 번에 64바이트를 가져올 수 있습니다. 일부 슈퍼컴퓨터와 그래픽 프로세서는 더 많은 바이트를 가져올 수 있습니다.

C++에서 int, double, 포인터처럼 여러 바이트를 갖는 자료형을 가져올 때, 해당 데이터를 구성하는 바이트가 실제 메모리에서는 두 워드에 걸쳐 있을 수 있습니다. 이를 **정렬되지 않은 메모리 접근**(unaligned memory access)이라고 합니다. 두 워드를 읽어야 하기 때문에 **정렬되지 않은 접근은 모든 바이트가 같은 워드에 있을 때보다 시간이 2배로 걸립니다.** 이 역시 최적화의 중요성을 보여줍니

다. C++ 컴파일러는 구조체 내 각 필드의 시작 주소가 필드 크기의 배수인 바이트 주소가 되도록 정렬합니다. 그러나 이는 사용되지 않는 데이터가 구조체에 포함되어 '구멍'이 생기는 문제를 초래합니다. 구조체에서 데이터 필드의 크기와 순서에 주의를 기울인다면, 구조체의 크기를 최소로 하면서도 정렬된 상태로 유지할 수 있습니다.

2.2.3 메모리마다 접근 속도가 다릅니다

속도가 느린 메인 메모리를 보완하기 위해 많은 컴퓨터에는 프로세서와 매우 가까운 곳에 속도가 빠른 일종의 임시 저장소인 **캐시 메모리**cache memory가 있습니다. 캐시 메모리는 자주 사용하는 메모리 워드에 빠르게 접근할 수 있습니다. 어떤 컴퓨터는 캐시가 없습니다. 또 어떤 컴퓨터는 하나 혹은 여러 레벨의 캐시를 갖습니다. 캐시 레벨이 높을수록 속도가 빠르지만 크기가 작고 가격이 더 비쌉니다.[3] 어떤 실행 유닛이 캐시된 메모리 워드 바이트가 필요하다고 요청하면 메인 메모리에 다시 접근하지 않고 빠르게 가져올 수 있습니다. 캐시 메모리는 얼마나 빠를까요? 경험으로 보자면 캐시 메모리의 각 레벨은 메모리 계층상 아래 단계보다 약 10배 빠릅니다. 데스크톱 프로세서는 접근되는 데이터가 L1/L2/L3 캐시, 메인 메모리, 디스크상 가상 메모리 페이지 중 어디에 있는지에 따라 메모리에 접근하는 데 드는 시간을 5단계로 나눌 수 있습니다. 명령 클록 사이클이나 기타 최적화 비법에 집착하는 게 도움이 되지 않고 성가신 이유 중 하나는 캐시 상태가 명령의 실행 시간을 크게 결정하지 못하기 때문입니다.

실행 유닛에서 캐시에 없는 데이터를 가져와야 하는 경우에 현재 캐시에 있는 데이터 중 일부를 삭제해야 합니다. 일반적으로 가장 오래전에 사용된 데이터를 삭제합니다. 이러한 **정책은 적게 사용하는 메모리 위치보다 많이 사용하는 메모리 위치에 더 빠르게 접근할 수 있다는 뜻**이기 때문에 최적화에서 매우 중요한 요소라고 할 수 있습니다.

캐시에 없는 데이터를 1바이트만 읽어도 근처에 있는 바이트가 함께 캐싱됩니다(물론 이는 현재 캐시에 있는 접근한 지 가장 오래된 데이터 역시 삭제됨을 의미합니다). **인접한 위치의 메모리가 멀리 떨어진 곳의 메모리보다 (평균적으로) 더 빨리 접근할 수 있으므로** 이 역시 최적화에서 매우 중요한 요소라고 할 수 있습니다.[4]

---

3 캐시의 레벨은 약자 L로 표기합니다. L1은 1차 캐시를 말하며 숫자를 따라 캐시 레벨이 올라갑니다.

4 옮긴이_ 이를 공간 지역성(spatial locality)이라고 합니다. *https://en.wikipedia.org/wiki/Locality_of_reference*

C++에서 반복문 코드 블록은 반복문을 구성하는 명령어들이 자주 사용되며 서로 근처에 있기 때문에 더 빠르게 실행되고, 캐시에 남아 있을 가능성이 높습니다. 반면 함수 호출 코드 블록이나 여기저기 돌아다니며 작업을 수행하는 if문은 코드의 각 부분이 적게 사용되고 데이터가 서로 근처에 있지 않기 때문에 더 느리게 실행될 가능성이 높습니다. 이러한 코드 블록은 캐시 공간을 빽빽하게 사용하는 반복문보다 많은 캐시 공간을 사용합니다. 반복문, 코드, if문 코드가 캐싱되어 있고 이때 남은 캐시 메모리 공간이 없다고 합시다. 이어서 사용할 코드가 메모리에 있다면, 이 코드를 캐시 메모리에 저장하기 위해 상대적으로 드물게 사용되는 if문 코드를 캐시 메모리에서 삭제해 공간을 확보하게 됩니다. 마찬가지로 배열이나 벡터처럼 연속된 공간으로 구성된 자료구조는 캐시상에서 연속된 공간에 존재하며 캐시 공간을 차지하는 개수가 적기 때문에 포인터로 연결된 자료구조보다 접근 속도가 빠릅니다. 포인터로 연결된 레코드로 구성된 자료구조(예를 들어 리스트나 트리)는 각 노드의 데이터를 메인 메모리에서 새로운 캐시 라인cache line으로 읽어야 하기 때문에 접근 속도가 느릴 가능성이 높습니다.

2.2.4 워드를 저장하는 방법에는 빅 엔디언과 리틀 엔디언이 있습니다

메모리에서 딱 1바이트 데이터만 가져올 수도 있지만, 보통은 연속된 몇 바이트를 가져와 하나의 숫자를 만듭니다. 예를 들어 마이크로소프트의 비주얼 C++에서는 4바이트를 가져와 int 숫자 하나를 만듭니다. 동일한 메모리에 접근하는 방법으로 빅 엔디언과 리틀 엔디언이 있습니다. 컴퓨터를 설계한다면 다음과 같은 질문에 대한 대답으로 두 방법 중 하나를 선택하게 됩니다.

"첫 번째 바이트(주솟값이 가장 작은 바이트)를 int의 최상위 비트(MSB)로 정할 것인가, 최하위 비트(LSB)로 정할 것인가?"

언뜻 보면 중요한 질문이 아니라고 생각할 수 있습니다. 하지만 컴퓨터의 모든 부분에서 첫 번째 바이트가 int의 어느 쪽 끝인지 통일하는 것은 당연히 중요한 일입니다. 그렇지 않다면 혼란이 생깁니다. 물론 두 방법은 차이가 있습니다. int 값 0x01234567이 1000~1003번지의 주소에 저장되어 있고 최하위 비트를 먼저 저장한다면, 1000번지에는 바이트 0x01을 저장하고 1003번지에는 바이트 0x67을 저장할 겁니다. 한편 최상위 비트를 먼저 저장한다면 1000번지 주소에는 바이트 0x67을 저장하고 1003번지 주소에는 바이트 0x01을 저장합니다. 첫 번째 바이트 주소에 최상위 비트가 오는 방법을 빅 엔디언big-endian이라고 합니다. 반면 최하위 비트가 먼저 오는 방법을 리틀 엔디언little-endian이라고 합니다. 정수(또는 포인터)를 저장하는 방법은 이렇게 두 가지가 있으며 둘 중 어느 것을 선택해도 상관없기 때문에 회사, 프로세서, 팀마다 서로 다른 방법을 선택할 수 있습니다.

하지만 데이터를 디스크에 기록하거나 한 컴퓨터에서 전송한 데이터를 네트워크를 통해 다른 컴퓨터에서 읽을 때에는 문제가 발생합니다. 디스크와 네트워크는 한 번에 1바이트씩 보냅니다. 한 번에 int 데이터 전체를 보내지 않습니다. 따라서 어느 비트가 먼저 저장되는지, 또는 먼저 전송되는지가 중요합니다. 보내는 컴퓨터와 받는 컴퓨터에서 엔디언 방법이 서로 일치하지 않으면, 0x01234567으로 보낸 값을 매우 다른 값인 0x67452301로 받게 될 수도 있습니다.

엔디언endian-ness은 C++이 비트 데이터를 int로 어떻게 배치할 것인지, 또는 다른 필드에 영향을 미치는 공용체의 한 필드를 어떻게 설정할 것인지 정하지 못하는 이유 중 하나일 뿐입니다. 이는 한 종류의 컴퓨터에서는 잘 작동하지만 이기종 시스템 아키텍처 컴퓨터에서는 크래시가 나는 이유이기도 합니다.

2.2.5 메모리는 한정된 자원입니다

실제로 컴퓨터의 메모리는 무한하지 않습니다. 운영체제는 무한한 메모리라는 환상을 유지하기 위해 캐시 메모리 같은 휘발성 물리 메모리를 사용할 수 있으며, 크기에 맞지 않는 데이터를 디스크의 파일로 저장하기도 합니다. 이를 가상 메모리virtual memory라고 합니다. 가상 메모리는 물리 메모리가 더 많이 있다는 환상을 만들어줍니다.

하지만 가상 메모리는 디스크에서 메모리 블록을 검색하는 데 수십 밀리초가 걸립니다. 이 정도면 현대 컴퓨터에서는 영겁의 시간이라고 할 수 있습니다.

캐시 메모리 용량을 늘려 속도를 높이기에는 비용이 너무 많이 듭니다. 데스크톱 컴퓨터나 스마트폰은 기가바이트 크기의 메인 메모리를 가질 수 있지만, 캐시의 크기는 수백만 바이트에 불과합니다. 일반적으로 프로그램 및 프로그램에서 사용하는 데이터는 캐시 메모리보다 큽니다.

캐싱과 가상 메모리 때문에 생기는 영향 중 하나가 바로 이것입니다. 캐싱 때문에 프로그램의 콘텍스트에서 특정 기능을 실행하는 것보다, 성능을 측정하기 위해 테스트 하네스test harness[5]에

---

5 옮긴이_ 테스트용 소프트웨어와 데이터의 집합. 프로그램을 다양한 조건에서 실행하고, 작동과 출력을 모니터링할 수 있게 구성하고 자동화한 테스트 프레임워크라고 이해하면 됩니다.

서 1만 번 실행하는 시간이 더 오래 걸릴 수 있습니다. 전체 프로그램 콘텍스트에서 보면 함수와 해당 데이터는 캐시에 존재하지 않을 것입니다. 테스트 콘텍스트에서 보면 함수와 해당 데이터는 캐시에 존재할 것입니다. 이러한 영향은 메모리나 디스크의 사용을 줄이는 최적화의 이점을 부각합니다. 코드 크기를 줄이는 이점은 그대로 유지하면서 말이죠.

캐싱의 두 번째 영향은 크기가 큰 프로그램이 여러 메모리 위치에서 분산 접근을 하는 경우, 프로그램에 즉시 사용할 데이터를 보유하기에 충분한 캐시 메모리가 없을 수도 있다는 점입니다. 이 때문에 페이지 스래싱page thrashing**6**이라는 일종의 성능 붕괴가 일어납니다. 마이크로프로세서 내부 캐시에서 페이지 스래싱이 발생하면 성능이 저하됩니다. 운영체제의 가상 메모리 파일에서 발생하면 성능이 천 배 저하됩니다. 이 문제는 물리 메모리가 적던 시절에 많이 발생했지만, 지금도 여전히 발생할 수 있는 문제입니다.

2.2.6 명령 실행은 느립니다

커피 메이커와 전자레인지에 내장된 간단한 마이크로프로세서는 메모리에서 가져올 수 있는 속도로 명령을 실행하도록 설계되었습니다. 데스크톱 마이크로프로세서는 많은 명령어를 동시에 처리할 수 있는 추가 자원이 있어서 메인 메모리에서 가져오는 속도보다 빠른 속도로 여러 명령을 실행할 수 있습니다. 따라서 대부분의 경우 실행 유닛에 빠른 캐시 메모리를 사용합니다. 메모리에 접근하는 비용이 계산 비용을 압도한다는 점은 최적화의 중요성을 보여주는 대목입니다.

현대의 데스크톱 컴퓨터는 아무 방해도 받지 않을 경우 놀라운 속도로 명령을 실행합니다. 완료하는 데 몇백 피코초(피코초는 10^{-12}초이므로 엄청나게 짧은 시간이죠)밖에 걸리지 않습니다. 하지만 그렇다고 해서 각 명령을 수행하는 시간이 피코초 단위라는 것은 아닙니다. 프로세서에는 동시 작업 중인 명령 '파이프라인'이 포함되어 있습니다. 파이프라인으로 명령이 작동하고, 디코드되고, 인수를 취하고, 계산을 수행하고, 결과를 저장합니다. 프로세서가 강력할수록 파이프라인이 복잡해져 명령 실행을 십수 단계로 나누기 때문에 더 많은 명령을 동시에 처리할 수 있습니다.

---

6 감수자_ 실제 필요한 데이터가 물리 메모리에 없을 경우 이를 가상 메모리에서 가져오는데, 이 상황을 페이지 폴트(page fault)라고 합니다. 페이지 스래싱은 CPU가 실제 수행해야 할 작업보다 페이지 폴트를 처리하는 데 더 많은 시간을 할애하는 문제를 뜻합니다.

명령 A가 명령 B에 필요한 값을 계산한다고 가정하면, 명령 B는 명령 A가 결과를 생성할 때까지 값을 계산할 수 없습니다. 이 때문에 파이프라인 스톨pipeline stall이 발생하며, 두 명령의 실행이 완전히 겹치지 않기 때문에 명령의 실행이 잠시 중단됩니다. 특히 명령 A가 메모리에서 값을 가져온 다음 명령 B에 필요한 값을 생성하는 계산을 수행할 때, 파이프라인 스톨이 길어질 수 있습니다. 파이프라인 스톨은 마이크로프로세서의 복잡한 기계장치를 모두 무산시키는 것과 다름없어서 가끔은 토스터의 마이크로프로세서만큼 느려지게 합니다.

2.2.7 컴퓨터는 의사 결정을 잘 하지 못합니다

컴퓨터가 결정을 내릴 때도 파이프라인 스톨을 초래할 수 있습니다. 컴퓨터는 대부분 명령을 수행한 후에 다음 메모리 주소의 명령을 수행하며 실행을 계속합니다. 보통 다음 명령어는 이미 캐시에 있습니다. 첫 번째 파이프라인 단계가 사용 가능해지면 파이프라인에 명령을 연속해서 바로 공급할 수 있습니다.

하지만 실행의 흐름을 변경하는transfer-of-control 명령은 다릅니다. 점프나 함수 호출 같은 명령어들은 실행 주소를 임의의 새 값으로 변경합니다. '다음' 명령은 점프 명령을 처리하는 중 실행 주소가 갱신될 때까지 메모리에서 잠시 동안 읽을 수 없으며 파이프라인에 놓일 수도 없습니다. 새 실행 주소의 메모리 워드는 캐시에 있을 가능성이 적습니다. 실행 주소가 갱신되고 새 '다음' 명령을 파이프라인으로 불러오는 동안, 파이프라인은 스톨됩니다.

조건부 분기 명령 다음에는 서로 다른 위치 중 한 곳에서 실행을 계속하는데, 해당 위치는 이전 명령의 결과에 따라 다음 명령 또는 분기 대상 주소의 명령 중 한 곳이 됩니다. 파이프라인은 이전 계산과 관련된 모든 명령이 완료될 때까지 스톨되고, 다음 실행 주소가 결정되고 해당 주소의 값을 가져오는 동안 스톨된 상태로 유지됩니다.[7]

계산이 의사 결정보다 빠르다는 점은 최적화의 중요성을 보여줍니다.

---

7 감수자_ 대부분의 프로세서는 이렇게 실행 흐름이 변경되는 부분(특히 조건 분기문이나 반복문)에서 실행이 예측되는 지점의 명령어를 미리 가져와서 실행하는 분기 예측(branch prediction)과 예측 실행(speculative execution)을 지원합니다.

2.2.8 프로그램 실행에는 여러 스트림이 있습니다

오늘날 운영체제에서 실행되는 모든 프로그램은 동시에 실행 중인 다른 프로그램, 예를 들어 정기적으로 디스크를 읽고 자바나 플래시 업데이트를 확인하는 유지 관리 프로세스들과 네트워크 인터페이스, 디스크, 사운드 장치, 가속도계, 온도계와 같은 주변장치 및 컴퓨터를 공유합니다. 모든 프로그램은 컴퓨터 자원을 차지하려고 다른 프로그램과 경쟁합니다.

일반적으로 프로그램은 다른 프로그램과 경쟁한다는 사실에 관해 많이 알려주지 않습니다. 그저 조금 느리게 실행될 뿐입니다. 그러나 많은 프로그램이 동시에 시작되어 메모리와 디스크를 놓고 경쟁하면 예외가 발생합니다. 따라서 성능 향상을 위해서는, 프로그램이 컴퓨터의 시동 시간이나 최고 부하 시간에 실행될 때, 즉 부하 상태에서 성능을 측정해야 합니다.

2016년 초 기준, 데스크톱 컴퓨터에는 프로세서 코어가 최대 16개 있습니다. 휴대폰과 태블릿에 사용되는 마이크로프로세서는 프로세서 코어가 최대 8개 있습니다. 윈도우의 작업 관리자, 리눅스의 프로세스 상태, 안드로이드의 실행 중인 앱을 살펴보면 일반적으로 이보다 훨씬 많은 소프트웨어 프로세스가 있음을 알 수 있으며 프로세스에는 실행 중인 스레드가 대부분 여러 개 있습니다. 운영체제는 짧은 시간 동안 각 스레드를 실행한 다음 다른 스레드나 다른 프로세스로 콘텍스트를 전환합니다. 프로그램의 입장에서 하나의 명령어 실행에 나노초밖에 걸리지 않지만 그다음 명령어를 실행하는 데는 60밀리초나 걸리는 것입니다.

콘텍스트를 전환한다는 건 무슨 의미일까요? 운영체제가 어떤 프로그램의 스레드에서 동일한 프로그램의 다른 스레드로 전환한다면, 일시 중단할 스레드의 프로세서 레지스터를 저장하고, 실행을 다시 시작할 스레드의 저장된 레지스터를 불러옵니다. 현대 프로세서의 레지스터는 수백 바이트의 데이터를 포함합니다. 새 스레드가 다시 실행을 시작하면, 해당 데이터가 캐시에 저장되지 않을 수 있으므로 새 콘텍스트를 캐시로 불러오는 동안 초기에 실행 속도가 잠시 느려질 수 있습니다. 따라서 스레드 콘텍스트를 전환하는 데 상당한 비용이 듭니다.

운영체제가 한 프로그램에서 다른 프로그램으로 콘텍스트를 전환하면 비용이 훨씬 더 높습니다. 모든 더티 캐시 페이지(기록된 데이터가 메인 메모리에 도달하지 않은 페이지)는 물리 메모리로 전송되어야flush 합니다. 그리고 모든 프로세서 레지스터가 저장됩니다. 그런 다음 메모리 관리자의 물리-가상 메모리 페이지 레지스터가 저장됩니다. 그 뒤 새 프로세스의 물리-가상 메모리 페이지 레지스터를 다시 불러오고 새 프로세스의 프로세서 레지스터를 불러옵니다. 그다음에야 마침내 다시 실행을 시작할 수 있습니다. 그러나 캐시는 비어 있으므로 캐시를 채우는 동안 초기에 실행 속도가 잠시 느려질 수 있으며 메모리 경합이 발생합니다.

프로그램이 어떤 이벤트가 발생하기를 기다리는 경우, 실제로 이벤트가 발생했는데도 운영체제가 프로세서를 사용할 수 있게 만들 때까지 기다려야 할 수도 있습니다. 이렇게 컴퓨터 자원을 놓고 경쟁하는 다른 프로그램의 콘텍스트에서 프로그램을 실행하면 실행 시간이 더 길어지고 변동이 심해집니다.

멀티 코어 프로세서의 실행 유닛과 연관된 캐시 메모리는 성능을 향상하기 위해 거의 서로 독립적으로 작동합니다. 그러나 모든 실행 유닛은 동일한 메인 메모리를 공유합니다. 실행 유닛은 하드웨어를 메인 메모리에 연결하기 위해 경쟁해야 하므로 여러 실행 유닛이 있는 컴퓨터에서는 폰 노이만 병목현상을 더욱 심하게 만듭니다.

실행 유닛이 값을 쓸 때, 이 값은 먼저 캐시 메모리로 이동합니다. 결국 캐시를 통해 메인 메모리에 써야 하기 때문에 다른 실행 유닛에서도 그 값을 볼 수 있습니다. 그러나 실행 유닛 간 메인 메모리 접근 경쟁으로, 값을 변경한 후 수백 개의 명령이 발생할 때까지 메인 메모리가 갱신되지 않을 수도 있습니다.

컴퓨터에 여러 실행 유닛이 있는 경우, 하나의 실행 유닛은 메인 메모리에서 다른 실행 유닛의 값 변경 때문에 기록된 데이터를 장시간 동안 볼 수 없을 수 있으며, 메인 메모리의 변화가 명령 실행 순서와 동일한 순서로 발생하지 않을 수도 있습니다. 실행 유닛은 예측할 수 없는 시간 측정 요소에 따라 공유 메모리 워드의 기존 값을 볼 수도 있고, 갱신된 값을 볼 수도 있습니다. 다른 실행 유닛으로 실행되는 스레드도 일관되게 메모리를 보게 하려면, 특수한 동기화 명령을 사용해야 합니다. 스레드 간 공유하지 않는 데이터에 접근하는 속도보다 스레드 간 공유하는 데이터에 접근하는 속도가 훨씬 느리다는 점은 최적화의 중요성을 보여줍니다.

2.2.9 운영체제 기능을 호출하는 비용은 높습니다

가장 작은 프로세서를 제외하면 모든 프로세서에는 프로그램 사이를 격리하는 하드웨어가 있기 때문에 프로그램 A는 프로그램 B에 속하는 물리 메모리를 읽거나, 쓰거나, 실행할 수 없습니다. 이 하드웨어는 프로그램이 운영체제의 커널을 덮어쓰지 않도록 보호하는 역할도 합니다. 반면 OS 커널은 프로그램이 운영체제에 시스템 호출을 할 수 있도록 모든 프로그램이 속한 메모리에 접근할 수 있어야 합니다. 일부 운영체제에서는 프로그램이 메모리를 공유하도록 요청할 수 있습니다. 시스템 호출을 발생하고 공유 메모리를 정리하는 방법은 다양하며 신비롭습니다. 시스템 호출 비용이 한 프로그램의 단일 스레드 내에서 함수를 호출하는 것보다 수백 배 더 크다는 점은 최적화의 중요성을 보여줍니다.

2.3 C++도 거짓말을 합니다

C++에서 가장 큰 거짓말은 사용자가 실행하는 컴퓨터가 간단하고 일관된 구조를 가졌다는 말입니다. C++은 이 거짓말을 믿는 척하는 대가로 사용자가 마이크로프로세서 장치의 모든 세부 사항을 몰라도 프로그래밍할 수 있게 해줍니다. 무지막지하게 정직한 어셈블리 언어로 프로그래밍한다면 모든 걸 알아야 하겠죠.

2.3.1 문장의 비용이 똑같이 높지는 않습니다

브라이언 커니핸과 데니스 리치가 평화롭게 C 프로그래밍을 하던 시절에는 모든 문장의 비용이 똑같이 컸습니다. 함수 호출은 임의의 복잡한 계산을 포함할 수 있었습니다. 하지만 대입문은 일반적으로 기계 레지스터에 알맞은 무언가를 기계 레지스터에 알맞은 다른 무언가로 복사했습니다. 따라서 다음 문장은 2 또는 4바이트를 j에서 i로 복사합니다.

```
int i, j;
...
i = j;
```

변수 타입은 `int`, `float`, `struct big struct *` 등 어떤 것으로든 선언할 수 있지만, 대입문은 거의 동일한 양의 작업을 수행했습니다.

하지만 더는 사실이 아닙니다. C++에서 한 `int`를 다른 `int`로 대입하는 대입문은 C의 대입문과 동일한 작업을 수행합니다. 그러나 `BigInstance i = OtherObject;`와 같은 문장은 구조체 전체를 복사합니다. 더 중요한 점은 이런 종류의 대입문이 `BigInstance`의 생성자 멤버 함수를 호출한다는 건데 여기에 임의의 복잡한 계산이 숨겨질 수 있습니다. 함수의 형식 인수에 전달된 각 표현식의 생성자를 호출하고, 함수가 값을 반환할 때마다 생성자를 다시 한번 호출합니다. 게다가 산술 연산자와 비교 연산자도 오버로드될 수 있으므로, A = B * C;가 n차원 행렬을 곱하는 데 사용될 수도 있고 if (x<y) ...가 임의의 복잡도를 갖는 유향 그래프의 경로를 비교하는 데 사용될 수도 있습니다. **어떤 문장은 많은 양의 계산을 숨기며, 문장의 형태만으로는 비용이 얼마나 드는지 알 수 없다**는 점은 최적화의 중요성을 보여줍니다.

C++을 먼저 배운 개발자는 이 규칙이 놀랍지 않을 수도 있습니다. 하지만 C를 먼저 배운 개발자라면 익숙하게 본능만 따르다가는 비참한 결과를 맞이할 수도 있습니다.

2.3.2 문장은 순서대로 실행되지 않습니다

C++ 프로그램은 C++ 제어문의 흐름에 따라 마치 순서대로 실행되는 것처럼 작동합니다. 이 문장에서 '마치'라는 애매모호한 말은 수많은 컴파일러 최적화와 현대 컴퓨터 하드웨어의 트릭이 만들어지는 토대가 됩니다.

물론 컴파일러는 성능을 향상하려고 내부에서 문장을 재정렬하고 때로는 순서를 변경합니다. 그러나 컴파일러는 어떤 변수를 검사하거나 다른 변수에 대입하기 전에, 앞서 대입한 계산의 최신 결과가 그 변수에 담겨 있어야 한다는 점을 알고 있습니다. 현대의 마이크로프로세서는 명령을 비순차적으로 실행할 수도 있지만, 순서에 따라 동일한 위치의 메모리를 읽기 전에 쓰기를 먼저 수행하는 로직도 포함합니다. 심지어 마이크로프로세서의 메모리 제어 로직은 메모리 버스를 최적으로 사용하기 위해 메모리 쓰기를 지연하기도 합니다. 그러나 메모리 컨트롤러는 캐시 메모리를 통해 실행 유닛에서 메인 메모리로 현재 어떤 쓰기 작업이 '진행 중'인지를 알아내고, 쓰기 명령 이후 동일한 주소를 읽으려 할 때 진행 중인 값을 사용할 수 있게 보장합니다.

동시성은 이 그림을 복잡하게 만듭니다. C++ 프로그램은 동시에 실행될 수 있는 다른 스레드에 대한 정보 없이 컴파일됩니다. C++ 컴파일러는 개발자가 지정한 스레드 간에 공유되는 변수가 있는지조차 알지 못합니다. 문장의 순서를 재정렬하는 컴파일러와 메인 메모리에 대한 쓰기 작업을 지연하는 컴퓨터의 결합 효과는 프로그램에 데이터를 공유하며 동시에 실행 가능한 스레드가 포함되어 있을 경우 문장이 순서대로 실행된다는 환상에 타격을 줍니다. 개발자는 예측 가능한 작동을 일관되게 보장하려면 다중 스레드 프로그램에 명시적인 동기화 코드를 추가해야 합니다. **동기화 코드는 동시에 실행될 수 있는 스레드가 데이터를 공유함으로써 얻을 수 있는 동시성의 양을 줄입니다.**

2.4 마치며

- 메모리 접근 비용은 프로세서의 다른 비용을 압도합니다.

- 정렬되지 않은 메모리에 접근하는 시간은 모든 바이트가 동일한 워드에 있을 때보다 2배 오래 걸립니다.

- 많이 사용하는 메모리 위치는 적게 사용하는 메모리 위치보다 빨리 접근할 수 있습니다.

- 인접한 위치에 있는 메모리는 인접하지 않은 위치에 있는 메모리보다 더 빨리 접근할 수 있습니다.

- 캐싱 때문에 전체 프로그램의 콘텍스트에서 실행되는 함수는 테스트 하네스에서 실행되는 동일한 함수보다 느리게 실행될 수 있습니다.

- 실행 스레드 간 공유하는 데이터에 접근하는 속도는 공유하지 않는 데이터에 접근하는 것보다 훨씬 느립니다.

- 계산은 의사 결정보다 빠릅니다.

- 모든 프로그램은 다른 프로그램들과 컴퓨터 자원을 놓고 경쟁합니다.

- 프로그램이 시동 시간이나 최고 부하 시간에 실행되어야 한다면, 해당 프로그램의 성능은 해당 부하 상태에서 측정해야 합니다.

- 모든 대입문, 함수 인수 초기화, 함수 반환문은 생성자를 호출하며, 그 생성자가 얼마나 많은 코드를 가지고 있는지는 알 수 없습니다

- 일부 문장은 많은 양의 계산을 숨깁니다. 문장의 형태로는 비용이 얼마나 드는지 알 수 없습니다.

- 동기화 코드는 동시에 실행 가능한 스레드가 데이터를 공유할 때 얻을 수 있는 동시성을 줄입니다.

CHAPTER 3

성능 측정

> 측정할 수 있는 것은 측정하고, 측정할 수 없는 것은 측정할 수 있게 만들라.
>
> — 갈릴레오 갈릴레이

측정과 실험은 프로그램의 성능을 향상하려고 다양한 시도를 할 때, 결과를 비교할 수 있는 기반을 만들어줍니다. 이 장에서는 성능을 측정하는 두 가지 소프트웨어 도구인 프로파일러와 소프트웨어 타이머를 소개합니다. 아울러 성능을 측정하기 위한 실험 설계 방법과 성능 측정으로 나온 결과가 오해의 소지 없는 의미를 갖게 하는 방법을 설명합니다.

가장 기본적이면서 자주 수행되는 소프트웨어 성능 측정은 "얼마나 걸리나요?"라는 질문에 대답하는 것입니다. "함수 실행에 얼마나 걸리나요?", "디스크에서 구성을 가져오는 데 얼마나 걸리나요?", "시작하거나 종료하는 데 얼마나 걸리나요?"와 같은 질문 말입니다.

이러한 질문들은 아주 단순한 도구만으로도 (어설프게나마) 대처할 수 있습니다. 아이작 뉴턴은 심장 박동에 맞춰 떨어지는 물체의 시간을 측정함으로써 중력가속도 상수를 측정했습니다. 필자는 모든 개발자가 큰 소리로 시간을 세는 임시방편으로 시간을 측정한 적이 있다고 확신합니다. 미국에서는 초를 대략적으로 셀 때 "미시시피 하나, 미시시피 둘, 미시시피 셋…"이라고 말합니다. 한때 스톱워치 기능이 있는 디지털 손목시계는 독특한 액세서리일 뿐만 아니라 컴퓨터 괴짜를 위한 필수품이었습니다. 임베디드 세계에서 하드웨어에 정통한 개발자는 주파수 카운터와 오실로스코프oscilloscope를 포함해 매우 짧은 루틴이더라도 시간을 정확하게 측정할 수 있는 훌륭한 장비를 갖추고 있습니다. 소프트웨어 제작사들은 여기서 나열하기엔 너무 많을 정도로 다양한 특수 도구를 판매합니다.

이 장에서는 널리 사용할 수 있으면서도 유용하며 비용이 저렴한 두 도구에 초점을 맞춥니다. 첫 번째 도구인 **프로파일러**profiler는 일반적으로 컴파일러 제작사가 컴파일러와 함께 제공하는데, 프로그램 실행 중에 호출된 각 함수를 수행하는 데 걸린 누적 시간을 표로 정리한 뒤 보고서를 작성해줍니다. 프로그램에서 가장 오랜 시간 동안 실행되는 함수 목록을 생성하기 때문에 소프트웨어 최적화를 위한 도구라고 할 수 있습니다.

두 번째 도구인 **소프트웨어 타이머**software timer는 개발자가 만들 수 있는 도구입니다. 마치 제다이가 직접 쓸 라이트세이버를 만드는 것처럼 말이죠. 프로파일러를 포함한 컴파일러가 너무 터무니없는 가격이거나 컴파일러 제작사가 일부 임베디드 플랫폼에서 프로파일러를 제공하지 않더라도 개발자는 오래 실행되는 작업 시간을 측정하기 위해 소프트웨어 타이머로 실험을 수행해 볼 수 있습니다. 또한 소프트웨어 타이머는 계산에 구속되지 않는 시간 측정에도 유용합니다.

세 번째 도구인 실험실 **노트**는 너무 구식이라서 많은 개발자가 완전히 유행이 지난 도구라고 생각할 수 있습니다. 그러나 실험실 노트나 이와 동등한 텍스트 파일은 최적화 툴킷에서 없어서는 안 될 중요한 도구입니다.

3.1 사고방식 최적화

최적화를 위한 측정과 실험에 돌입하기 전에 몇 가지 최적화 철학을 살펴보겠습니다.

3.1.1 성능은 반드시 측정해야 합니다

일반적으로 여러분의 감각은 성능의 점진적 변화를 알아챌 정도로 민감하지 않습니다. 여러분의 머리는 수많은 실험의 결과를 모두 정확하게 기억할 정도로 좋지 않습니다. 책으로만 공부하다 보면 항상 사실이 아닐 수도 있는 것을 사실이라고 맹신하게 될 수도 있습니다. 개발자는 코드의 어떤 부분을 최적화해야 할지에 대해 종종 잘못된 직감을 갖곤 합니다. 자신이 작성한 함수 사용법은 알아도 코드의 비중이나 구조는 거의 생각하지 않습니다. 그래서 비효율적인 작은 코드가 수천 번 호출되는 중요한 컴포넌트에 영향을 미치기에 이릅니다. 경험 또한 여러분을 속일 수 있습니다. 프로그래밍 언어, 컴파일러, 라이브러리, 프로세서는 모두 발전하고 진화합니다. 최적화가 끝났다고 생각했던 코드를 더 효율적인 코드로 바꿀 수도 있고 반대로 최적화가 제대로 되지 않았다고 생각했는데 사실은 가장 최적화가 잘된 코드였을 수도 있습니다. 오직 측정만이 최적화 게임의 승패를 알려줍니다.

필자는 숙련된 최적화 기술을 갖춘 개발자를 가장 존경하는데 이들은 보통 모든 최적화 작업에 다음과 같이 체계적으로 접근합니다.

- 테스트 가능한 예측^{prediction}을 만들고, 적어둔다.

- 코드 변경 사항을 기록한다.

- 사용 가능한 최고의 측정기로 측정한다.

- 실험 결과의 자세한 내용을 보관한다.

잠시 멈추고 생각해봅시다

앞부분을 다시 읽어보세요. 이 책에서 가장 중요한 조언이 담겨 있습니다. (필자를 포함한) 개발자는 대부분 체계적인 방법으로 작업하지 않습니다. 이는 연습이 필요한 기술입니다.

3.1.2 최적화를 하는 사람은 맹수 사냥꾼입니다

탈출하고 핵폭탄으로 모든 설비를 파괴하자. 그게 유일한 방법이야.

— 엘런 리플리(시고니 위버 분), 〈에이리언 2〉, (1986)

최적화 작업을 하는 사람들은 맹수 사냥꾼입니다. 프로그램의 실행 속도를 1% 빠르게 하는 작업의 가치는 개발 중인 프로그램을 수정하는 바람에 생길 수 있는 버그의 위험보다 크지는 않습니다. 적어도 일부분에서나마 극적인 효과가 있어야 수정한 보람을 얻을 수 있을 겁니다. 또한 실행 속도를 1% 빠르게 하는 작업은 성능 개선으로 위장한 측정 오차^{artifact}일 수도 있습니다. 실제로 실행 속도가 빨라졌다고 말하려면 무작위화, 샘플링, 신뢰 수준으로 **입증해야 합니다**. 효과는 적은데 너무 많은 일을 해야 합니다. 이 책에서 다룰 내용은 아닙니다.

실행 속도를 20% 빠르게 하는 작업이라면 이야기가 다릅니다. 반대할 이유가 없습니다. 이 책에는 통계 자료가 많지 않지만 크게 문제되지는 않습니다. 이 책의 요점은 개발자가 어떤 의문도 제기하지 못할 만큼 크고 극적인 성능 개선점을 찾게 하는 데 있기 때문입니다. 물론 성능 개선은 운영체제나 컴파일러 같은 요소에 따라 달라질 수 있으므로 시스템이 바뀌거나 시간이 흐르면서 큰 영향을 미치지 않을 수도 있습니다. 그러나 극적으로 개선된 성능은 코드를 새로운 시스템으로 이식하더라도 거의 저하되는 일이 없습니다.

3.1.3 90/10 규칙

최적화 기본 규칙에는 **'프로그램 코드의 10%가 실행 시간의 90%를 소비한다'**는 90/10 규칙이 있습니다. 이는 자연법칙이라기 보다는 사고와 계획을 돕기 위해 일반화한 일종의 개념입니다. '80/20 규칙'이라고도 하는 규칙과 아이디어는 동일합니다. '90/10 규칙'은 특정 코드 블록이 **매우 빈번하게 실행되며** 코드의 다른 부분은 거의 실행되지 않는다는 점을 알려줍니다. 이러한 코드 블록이 최적화 작업의 대상이 됩니다.

최적화 전쟁 이야기

필자는 전문 개발자로서 첫 번째 프로젝트를 진행하던 중 90/10 규칙을 처음 접했습니다. 해당 프로젝트는 우연하게도 9010A라는 키보드 인터페이스가 내장된 임베디드 장치였습니다(그림 3-1).

그림 3-1 Fluke 9010A(영국 컴퓨터 역사 박물관)

이 장치에는 키보드의 STOP 키가 눌렸는지 여부를 지속해서 확인하는 함수가 있고, 이는 모든 루틴에서 자주 실행하는 함수였습니다. 이 하나의 함수를 위해 C 컴파일러의 Z80 어셈블리 언어 출력 코드를 수동으로 최적화하자(45분 걸렸습니다) 전체 처리량이 7% 향상되었습니다. 이 장치에서는 매우 큰 성과였습니다.

이 일화는 전형적인 최적화 과정을 보여줍니다. 최적화를 시작하자 프로그램 한 곳에서 실행 시간이 많이 소요된다는 사실이 밝혀졌습니다. 원인은 분명했습니다. 모든 반복문에서 각 반복마다 수행하는 정리 작업 때문이었죠. 이 작업을 최적화하려면 C 대신 어셈블리 언어로 코딩하는 고통스러운 선택을 해야만 했습니다. 다만 어셈블리 언어의 범위를 극도로 제한해 어셈블리 언어를 사용할 때 발생할 수 있는 위험을 줄였습니다.

또한 한 코드 블록이 매우 자주 실행되었다는 점에서도 전형적이었습니다. 해당 코드를 개선하고 나서 두 번째로 자주 실행되던 코드 블록을 살펴봤습니다. 이 코드는 전체 실행 시간에 미치는 영향이 매우 적었습니다. 너무 적어서 한 번의 수정 작업 이후 더 작업을 할 필요가 없었습니다. 심지어 1%의 속도 향상을 가져다줄 부분도 발견하지 못했습니다.

90/10 규칙에서 얻을 수 있는 교훈은 프로그램의 모든 루틴을 최적화하는 것이 능사가 아니라는 점입니다. 코드의 작은 부분만 최적화해도 실제로 얻을 수 있는 성능 향상을 모두 이룰 수도 있습니다. 시간을 잘 사용하려면 가장 자주 실행되는 10%가 어딘지 찾아야 합니다. 추측에 의존해 최적화할 코드를 선택하는 건 시간 낭비입니다.

1장에서 본 도널드 커누스의 말로 돌아가보죠. 다음은 동일한 인용구의 긴 버전입니다.

프로그래머는 프로그램의 중요하지 않은 부분을 생각하거나 걱정하는 데 수많은 시간을 낭비합니다. 효율성을 위한 이러한 시도는 디버깅과 유지 보수를 고려할 때 부정적인 영향을 크게 미칩니다. 작은 효율들(어림잡아 97% 정도)은 잊어버리세요. 섣부른 최적화는 만악의 근원입니다.[1]

일부 사람의 오해와 달리 커누스 박사는 최적화가 일반 악이라고 경고하지는 않았습니다. 그는 프로그램의 중요하지 않은 90%를 최적화하려고 시간을 낭비하는 게 악이라고 말했습니다. 분명히 그도 90/10 규칙을 알고 있었습니다.

---

1 Donald Knuth, *Structured Programming with go to Statements*, ACM Computing Surveys 6(4), December 1974, p268. CiteSeerX: 10.1.1.103.6084 (*http://bit.ly/knuth-1974*)

3.1.4 암달의 법칙

암달의 법칙Amdahl's law은 컴퓨터 공학의 선구자인 진 암달이 만들었으며 코드의 일부를 최적화할 때 전반적인 성능이 얼마나 향상되는지 설명합니다. 암달의 법칙을 표현하는 방법에는 여러 가지가 있지만 최적화와 관련해서는 다음 방정식을 사용합니다.

$$S_T = \frac{1}{(1-P) + \dfrac{P}{S_P}}$$

여기서 S_T는 최적화로 프로그램 전체 실행 시간이 얼마나 개선되었는지를 나타내는 비율, P는 최적화할 부분이 기존 프로그램 전체 실행 시간에서 얼마나 차지하는지를 나타내는 비율, S_P는 P에서 최적화로 얼마나 개선되었는지를 나타내는 비율입니다.

예를 들어 프로그램의 실행 시간이 100초라고 가정해봅시다. 프로파일링(3.3절 프로그램 실행 파일 참고)으로 프로그램의 한 함수 f가 여러 호출을 수행하는 데 80초를 소비한다는 사실을 알아냈다고 합시다. 이제 f의 속도를 30% 더 빠르게 하기 위해 다시 코딩하려 합니다. 프로그램의 전체 실행 시간은 얼마나 빨라질까요?

P는 함수 f가 기존 프로그램 전체 실행 시간에서 얼마나 차지하는지를 나타내는 비율이므로 0.8이 됩니다. S_P는 1.3입니다. 암달의 법칙에 이 값을 대입하면 다음과 같은 결과가 나오게 됩니다.

$$S_T = \frac{1}{(1-0.8) + \dfrac{0.8}{1.3}} = \frac{1}{0.2 + 0.62} = 1.22$$

함수 f의 속도를 30% 향상하면 전체 프로그램의 실행 시간이 22% 줄어듭니다. 여기서 암달의 법칙은 90/10 규칙의 예를 보여줍니다. 즉 코드에서 자주 사용하는 10%를 개선하면 평범한 성능 향상조차 얼마나 강력한 결과를 가져오는지 보여주는 예가 됩니다.

두 번째 예제를 살펴보겠습니다. 다시 프로그램의 실행 시간이 100초라고 가정해봅시다. 프로파일링을 통해 프로그램의 한 함수 g가 프로그램의 실행 시간 중 10초를 소비한다는 사실을 알아냈습니다. 이제 g를 다시 코딩해 실행 속도를 100배 빠르게 한다고 가정해봅시다. 프로그램의 전체 실행 시간은 얼마나 빨라질까요?

P는 함수 g가 기존 프로그램 전체 실행 시간에서 얼마나 차지하는지를 나타내는 비율이므로 0.1이 됩니다. S_P는 100입니다. 암달의 법칙에 이 값을 대입하면 다음과 같은 결과가 나오게 됩니다.

$$S_T = \frac{1}{(1-P)+\dfrac{0.1}{100}} = \frac{1}{0.9+0.001} = 1.11$$

이 예제로 암달의 법칙에서 얻을 수 있는 교훈이 있습니다. 어디선가 영웅이 나타나 코딩 또는 흑마법으로 함수 g의 실행 시간을 0초로 줄이더라도 함수 g는 여전히 중요하지 않은 90%에 속합니다. 전체 프로그램의 실행 시간은 **여전히** 11%밖에 줄어들지 않습니다. 암달의 법칙에 따르면 최적화된 코드가 전체 프로그램 실행 시간의 상당 부분을 차지하지 않으면, 아무리 성공적인 최적화라도 가치가 없다고 말합니다. 여러분이 암달의 법칙에서 얻을 수 있는 교훈은 여러분의 동료가 어떤 계산을 10배 빠르게 수행하는 방법을 알고 있다는 사실에 흥분한다고 해서 모든 성능 문제가 해결되지는 않는다는 점입니다.

3.2 실험 수행

소프트웨어를 개발하는 것은 프로그램이 어떤 작업을 할 것인지 예상하고 실제로 작업이 수행되는 걸 관찰한다는 점에서 실험과 같습니다. 성능 개선은 더 공식적인 의미에서 실험과 같다고 말할 수 있습니다. 우선 원하는 것을 정확하게 수행하는 코드로 시작해야 합니다. 그리고 새로운 시각으로 코드를 살펴보며 다음과 같은 질문을 던집니다. "이 코드가 자주 실행되는 이유가 뭘까?" "이 특정 함수가 수백 개의 함수 중 프로파일러의 말썽꾸러기 목록 맨 위에 있는 이유는 무엇일까?" "함수가 시간을 낭비하고 무언가를 중복해서 수행하는가?" "같은 계산을 더 빠르게 수행할 방법이 있을까?" "비용이 높은 자원을 사용하는 함수인가?" "함수 자체는 최대한 효율적으로 만들었지만, 호출 횟수가 워낙 많아서 성능 개선의 여지가 없는 걸까?"

'이 코드가 자주 실행되는 이유가 뭘까?'라는 질문의 적절한 대답은 테스트할 가설을 만드는 것입니다. 실험은 실행 중인 프로그램의 실행 시간을 두 번 측정하는 형태를 가집니다. 한 번은 프로그램을 수정하기 전에 측정하고, 한 번은 수정한 후에 측정합니다. 만약 두 번째 시간이 첫 번째 시간보다 짧다면 여러분의 실험으로 가설이 **검증**^{validate}되었다고 말할 수 있습니다.

용어에 유의합시다. 실험이 무엇인가를 반드시 **증명**^{prove}하지는 않습니다. 여러분이 수정한 코드는 변경 사항과 관련이 없는 다양한 이유로 더 빠르거나 느리게 실행될 수 있습니다. 몇 가지 예를 들면 다음과 같습니다.

- 실행 시간을 측정하는 동안 컴퓨터가 전자 메일을 받거나 자바 업데이트를 확인했을 수 있다.

- 여러분이 다시 컴파일하기 직전에 동료가 향상된 라이브러리를 적용했을 수도 있다.

- 수정 내용이 올바르지 않아 더 빨리 실행되는 것일 수도 있다.

훌륭한 과학자는 회의론자입니다. 항상 무언가를 의심합니다. 회의론자는 개선되지 않거나 개선 결과가 예상보다 너무 좋으면 실험을 다시 하거나, 가정에 의문을 제기하거나, 버그를 찾습니다.

훌륭한 과학자는 새로운 지식에 열려있습니다. 머릿속에 있는 지식과 모순된다고 할지라도 말입니다. 필자는 이 책을 쓰는 과정에서 최적화에 관한 몇 가지 예기치 않은 것을 배웠습니다. 이 책의 기술 감수를 본 사람도 뭔가를 배웠습니다. 훌륭한 과학자는 배우는 것을 결코 멈추지 않습니다.

최적화 전쟁 이야기

5장에서 키워드 검색을 위한 예제를 살펴보기 위해, 필자는 두 가지 버전으로 예제 프로그램을 만들었습니다. 하나는 선형 검색이고 다른 하나는 이진 검색입니다. 필자가 두 함수의 성능을 측정했을 때, 선형 검색이 이진 검색보다 항상 몇 퍼센트 **더 빨랐습니다.** 필자는 이러한 결과가 비이상하다고 느꼈습니다. 이진 검색이 더 빨라야 **했습니다.** 그러나 측정 시간은 다른 결과를 보여줬습니다.

인터넷에서 누군가가 선형 검색이 이진 검색보다 캐시 지역성이 더 좋기 때문에 빠르다고 말했습니다. 실제로 필자가 구현한 선형 검색 코드는 캐시 지역성이 우수했습니다. 그러나 이 결과는 검색 성능에 대한 경험과 책에서 배운 지식과는 반대였습니다.

조금 더 깊이 조사하면서 테이블에 있는 샘플 단어만 테스트에 사용했다는 사실을 깨달았습니다. 테이블에 항목이 8개 있는 경우, 선형 검색은 결과를 반환하기 전에 평균적으로 절반(4번)을

검사했습니다. 이진 검색은 키워드를 발견할 때까지 테이블 항목의 개수를 절반으로 나눴습니다. 따라서 두 알고리즘은 작은 키워드 집합에서 정확히 동일한 평균 성능을 보였습니다. 이러한 현실은 이진 검색이 '항상' 더 낫다는 필자의 직감과 반대였습니다.

이는 필자가 의도했던 결과가 아니었습니다! 그래서 테이블을 더 크게 만들었습니다. 이진 검색이 선형 검색보다 빨라지는 최소 크기가 있을 거라고 생각했고, 테이블에 들어 있지 않던 더 많은 단어를 테스트에 추가했습니다. 하지만 이전과 마찬가지로 선형 검색이 더 빨랐습니다. 필자는 며칠 동안 이 작업을 미뤄두기도 했습니다. 하지만 결과가 계속 눈에 밟혔습니다.

여전히 이진 검색이 더 빨라야 한다고 확신했기 때문에, 두 검색에 대한 유닛 테스트를 다시 검토했습니다. 그 결과 선형 검색이 첫 번째 비교 후에 항상 성공한다는 사실을 발견했습니다. 필자의 테스트 케이스는 올바른 값을 반환하는지 검사하는 게 아니라 0이 아닌 값을 반환하는지 검사했던 것입니다. 필자는 멋쩍어하며 선형 검색 코드와 테스트 케이스를 수정했습니다. 드디어 이진 검색이 더 빠르다는 예상된 실험 결과를 볼 수 있었습니다.

이 사례에서 실험 결과는 처음에는 가설과 반대됐지만 결국에는 가설을 검증했습니다. 그리고 모든 과정에서 줄곧 필자의 가정은 위협을 받았습니다.

3.2.1 연구 노트를 보관하세요

(모든 훌륭한 과학자와 마찬가지로) 최적화를 잘하는 사람은 반복의 정도repeatability에 관심이 있습니다. 그리고 바로 이럴 때 연구 노트를 사용합니다. 각 테스트는 가설을 정하고, 하나 이상의 작은 코드를 조정하고, 데이터 집합을 입력함으로써 시작되고, 아주 짧은 시간(몇 밀리초) 만에 끝납니다. 이전 테스트의 실행 시간을 다음 테스트의 실행 시간과 비교할 수 있도록 기억하는 것은 그리 어려운 일이 아닙니다. 각 코드를 성공적으로 변경하기만 하면 충분하겠죠.

그러나 개발자가 잘못 생각할 수도 있기 때문에 가장 최근 테스트의 실행 시간이 이전 테스트의 실행 시간보다 더 나빠지는 일이 생길 수 있습니다. 갑자기 개발자는 의문으로 가득 차게 됩니다. '실행 #5가 실행 #4보다는 느리지만 그래도 실행 #3보다는 빨랐던가?' '실행 #3에서 어떤 코드를 변경했었지?' '속도가 차이나는 건 측정 오류 때문일까 아니면 정말로 느려진 걸까?'

각 테스트를 문서화하면 반복 수행을 빠르게 할 수 있습니다. 문서화를 하면 사소한 질문에 대답할 수 있습니다. 문서화하지 않았다면 개발자는 이전 실험을 다시 수행해 실행 결과를 얻어야 합니다. 물론 그때 코드에서 무엇을 변경했는지 정확하게 기억할 수 **있다면** 말이죠. 운 좋게도 실행 시간이 짧고 개발자의 기억력이 뛰어나면 시간을 조금만 낭비하면 됩니다. 하지만 운이 나쁠 수도 있고, 담당 개발자가 바뀔 수도 있으며, 그다음 날에도 불필요한 테스트를 반복해야 할 수도 있습니다.

필자가 이런 충고를 하면 항상 종이 없이도 할 수 있다고 말하는 사람이 있습니다. "나는 종이가 없어도 괜찮아요! 체크인 도구의 명령을 수정해 변경 사항마다 테스트 결과를 저장하는 펄Perl 스크립트를 작성하면 돼요. 테스트 결과를 파일에 저장하면... 미리 구성된 디렉터리 안에서 테스트를 실행하면..."

필자는 소프트웨어 개발자들 사이에서 일어나는 이런 혁신을 방해하고 싶지는 않습니다. 여러분이 모범 사례를 전파하는 수석 관리자라면 그렇게 해도 됩니다. 하지만 종이에 적는 방법은 강력하고 배우기도 엄청 쉬운 기술입니다. 종이는 팀이 리비전 매니저revision manager[2]나 테스트 스위트test suite[3]의 버전을 업데이트하더라도 계속 쓸 수 있습니다. 개발자가 직장을 바꾸더라도 계속 쓸 수 있습니다. 구식이긴 하지만 개발자의 시간 사용을 최적화할 수도 있습니다.

3.2.2 성능 측정 기준과 목표 설정

혼자 일하는 개발자라면 성능이 '충분히 좋아졌다고 느껴질 때까지' 반복하며 최적화 과정을 편안하게 할 수도 있습니다. 하지만 팀으로 일하는 개발자라면 관리자와 이해 당사자 모두를 만족하게 해야 합니다. 최적화와 관련한 지표는 두 가지 수치에 따라 결정되는데, 바로 '최적화 이전의 성능 측정 기준'과 '성능 목표'입니다. 성능 측정 기준은 성능 개선을 시도할 때마다 성공 여부를 가려줄 뿐만 아니라 이해 당사자에게 최적화에 쓰이는 비용의 정당성을 이해시키는데 중요한 지표가 됩니다.

최적화는 노력에 대한 보상이 점점 줄어드는 과정이므로 성능 목표를 설정하는 것이 중요합니다. 처음에는 '낮게 매달린 과일'을 쉽게 잡을 수 있습니다. '낮게 매달린 과일'이란 최적화했을 때 큰 성능 개선을 보이는 개별 프로세스나 대충 코딩된 함수를 말합니다. 하지만 일단 쉬운 작

---

2 옮긴이_ 버전 매니저(version manager)라고도 하며, 여러 버전을 관리하는 소프트웨어
3 옮긴이_ 검증 스위트(validation suite)라고도 하며, 테스트하는 데 사용되는 테스트 케이스의 모음

업이 끝나고 나면, 다음 최적화 작업에서 좋은 결과를 내기 위해서는 훨씬 더 많은 노력이 필요합니다.

많은 팀이 초기에 성능이나 응답성에 관한 설계 목표를 정해야 한다고 생각하지 않습니다. 설계 목표를 설정하는 데 익숙하지 않기 때문입니다. 다행히 일반적으로 성능 저하는 명백하게 나타납니다(오랫동안 반응이 없는 UI, 확장되지 않는 서버, CPU 시간에 따른 과도한 호스팅 비용 등). 일단 팀이 성능을 살펴보기 시작하면 수치 목표를 쉽게 설정할 수 있습니다. UX 디자인 분야에서는 사용자가 대기 시간을 어떻게 인식하는지를 중심으로 생각합니다. 여기에서는 일반적으로 측정하는 성능 수치와 여러분이 언뜻 보기에도 좋지 않다고 생각할 만한 UX 관련 수치를 살펴보겠습니다.

시작 시간

엔터 키를 누른 후에 프로그램이 메인 입력 처리 루프에 들어가기까지 걸리는 시간. 항상 가능하지는 않지만 보통은 `main()` 프로시저에 들어가는 시점부터 메인 루프에 들어가는 시점까지의 경과 시간을 측정할 수 있습니다. 프로그램 인증을 제공하는 운영체제 제작사는 컴퓨터의 전원을 켤 때 또는 사용자가 로그온할 때마다 실행되는 프로그램에 엄격한 요구 사항을 정해놓습니다. 예를 들어 마이크로소프트는 하드웨어 제조사에게 윈도우 셸이 시작한 뒤 10초 이내에 메인 루프에 들어가야 한다는 요구 사항을 제시합니다. 따라서 제조사들은 바쁜 시작 환경에서 미리 불러오고 실행할 프로그램의 수를 제한합니다. 마이크로소프트는 시작 시간을 측정하는 특수 도구를 제공합니다.

종료 시간

사용자가 닫기 아이콘을 클릭하거나 명령을 입력한 후부터 프로세스가 실제로 종료될 때까지 걸린 시간. 보통은 메인 윈도우가 종료 명령을 받는 시점부터 `main()` 함수를 빠져나오는 시점까지의 경과 시간을 측정할 수 있습니다. 종료 시간에는 모든 스레드와 종속 프로세스를 중지하는 데 필요한 시간도 포함됩니다. 프로그램 인증을 제공하는 운영체제 제작사는 시스템 종료 시간 역시 엄격하게 요구합니다. 또한 서비스 또는 장기간 실행해야 하는 프로그램을 다시 시작하는 데 걸리는 시간은 종료 시간과 시작 시간을 더한 값이라는 점에서도 종료 시간은 중요합니다.

응답 시간

명령을 수행하는 데 걸리는 평균 시간 또는 최악의 경우를 고려한 시간. 웹사이트의 경우 평균 응답 시간과 최악의 경우를 고려한 응답 시간 모두 사용자 만족도에 영향을 주는 중요한 요소입니다. 응답 시간은 다음과 같이 10의 거듭제곱 단위로 분류할 수 있습니다.

- **0.1초 미만: 사용자가 직접적인 제어권을 가짐**

  응답 시간이 0.1초 미만이라면 사용자는 UI를 직접 제어하는 것처럼 느낍니다. 사용자의 작동으로 UI는 바로바로 변합니다. 이 시간은 사용자가 드래그를 시작한 뒤 드래그된 오브젝트를 움직이기까지 또는 사용자가 필드를 클릭한 뒤 하이라이트하기까지 최대 지연 시간을 뜻합니다. 사용자는 컴퓨터에게 명령을 내리는 것처럼 느낍니다.

- **0.1초~1초: 사용자가 제어권을 가짐**

  응답 시간이 0.1초에서 1초 사이라면 사용자는 자신에게 제어권이 있다고 느끼긴 하겠지만 컴퓨터가 명령을 실행하고 UI를 변경하는 데 잠시 지연이 있다고 받아들입니다. 사용자는 하던 일에 집중하면서 이 정도의 지연 시간은 참을 수 있습니다.

- **1초~10초: 컴퓨터에 제어권이 있음**

  응답 시간이 1초에서 10초 사이라면 사용자는 명령을 실행한 뒤 컴퓨터가 명령을 처리하는 동안 자신에게 제어권이 없다고 느낍니다. 사용자는 집중력을 잃고 업무를 끝내는 데 필요한 단기 기억을 상실할 수 있습니다. 10초는 사용자가 집중할 수 있는 최대 시간입니다. 명령을 처리하는 동안 기다리는 시간이 길어지면 UI에 대한 사용자 만족도가 급격하게 떨어집니다.

- **10초 이상: 커피 마실 시간**

  응답 시간이 10초보다 길면 사용자는 다른 작업을 수행할 충분한 시간이 있다고 생각합니다. UI를 사용해야 하는 작업이라면 컴퓨터가 열심히 일하는 동안 커피를 마실 것입니다. UI를 사용하지 않아도 된다면 사용자는 프로그램을 닫고 다른 작업으로 만족감을 얻으려 할 것입니다.

제이콥 닐슨은 사용자 경험의 시간 척도에 대한 흥미로운 글을 썼습니다(*http://bit.ly/powers-10*). 학문적 호기심이 왕성한 분은 읽어보기 바랍니다.

처리량

응답 시간의 역수. 처리량은 일반적으로 테스트 작업량 일부에 대한 단위 시간당 평균 작업 수로 표현할 수 있습니다. 처리량은 응답 시간과 동일하지만 데이터베이스 및 웹 서비스와 같은 배치 지향 프로그램에 더 적합합니다. 보통 처리량은 가능하면 큰 값일수록 좋습니다.

최적화를 필요 이상으로 할 수도 있습니다. 예를 들어 사용자는 0.1초 미만의 응답 시간을 즉각적인 응답이라고 느낄 때가 많습니다. 이런 상황에서 응답 시간을 0.1초(100밀리초)에서 1밀리초로 최적화한다고 합시다. 응답 시간은 100배 빨라지는 셈이지만 실용적으로는 사실상 아무 의미가 없습니다.

3.2.3 측정한 것만 개선할 수 있습니다

단일 함수, 서브시스템, 태스크, 테스트 케이스를 최적화하는 것과 전체 프로그램의 성능을 향상하는 것은 전혀 다른 작업입니다. 고객의 컴퓨터에서 실행하는 제품 버전에 따라 테스트 설정이 여러모로 달라지기 때문에 테스트에서 성능 향상을 보았다고 하더라도 실전에서 동일한 성능 향상을 장담하는 경우는 거의 없습니다. 단일 태스크를 더 빨리 수행한다고 해서 전체 프로그램을 더 빠르게 만들 수는 없습니다. 해당 태스크가 프로그램 로직의 많은 부분을 차지하더라도 말입니다.

예를 들어 데이터베이스 개발자가 특정 select 쿼리를 1,000번 수행하는 데이터베이스를 프로파일링하고 그 결과를 기반으로 최적화하면, 데이터베이스 전체의 속도가 빨라지는 게 아니라 특정 select 쿼리를 수행하는 데이터베이스의 속도가 빨라지게 됩니다. 이 때문에 다른 select 쿼리의 성능이 향상될 수도 있습니다. 하지만 delete나 update 쿼리, 그리고 데이터베이스가 수행하는 다른 모든 작업에서의 효과를 예측하기는 어렵습니다.

3.3 프로그램 실행 프로파일

프로파일러는 어떤 프로그램이 어디에 시간을 쓰는지 통계 자료를 생성하는 프로그램입니다. 프로파일러는 각각의 문장이나 함수의 실행 빈도, 각 함수 실행에 걸린 누적 시간을 보여주는 보고서를 만듭니다.

윈도우의 비주얼 스튜디오와 리눅스의 GCC를 포함한 많은 컴파일러 제품에는 가장 실행이 빈번한 코드를 찾는 데 도움이 되는 프로파일러를 함께 제공합니다. 마이크로소프트는 예전에는 비주얼 스튜디오 유료 버전에서만 프로파일러를 제공했지만 비주얼 스튜디오 2015 커뮤니티 에디션부터는 매우 광범위한 프로파일러를 제공합니다. 이전 버전의 비주얼 스튜디오를 위한 오픈 소스 프로파일러도 있습니다.

프로파일러를 구현하는 방법은 여러 가지 있습니다. 윈도우와 리눅스에서 모두 사용하는 한 가지 방법은 다음과 같습니다.

1. 프로파일링할 프로그램에 모든 함수를 **측정**instrument하라고 지시하는 특수한 컴파일러 플래그를 붙여 다시 컴파일합니다. 이 플래그를 붙이면 각 함수의 시작과 끝에 몇 가지 어셈블리 언어 명령을 추가합니다.

2. 측정할 프로그램과 프로파일링 라이브러리를 링크합니다.

3. 측정할 프로그램을 실행할 때마다 프로파일링 테이블을 디스크에 파일로 저장합니다.

4. 프로파일러는 프로파일링 테이블을 입력으로 사용해 텍스트 또는 그래픽 보고서를 생성합니다.

다른 프로파일링 방법은 다음과 같이 작동합니다.

1. 수정하지 않은 프로그램을 프로파일링 라이브러리와 링크해 측정합니다. 라이브러리에서는 프로그램 실행을 빠른 속도로 중단하고 명령 포인터의 값을 기록하는 루틴이 들어 있습니다.

2. 측정할 프로그램을 실행할 때마다 프로파일링 테이블을 디스크에 파일로 저장합니다.

3. 프로파일러는 프로파일링 테이블을 입력으로 사용해 텍스트 또는 그래픽 보고서를 생성합니다.

프로파일러는 보고서를 여러 가지 형식으로 생성할 수 있습니다. 각 행이 실행된 횟수를 주석으로 나타낸 소스 목록 형식, 각 함수의 이름과 호출된 횟수를 함께 나타낸 함수 목록 형식, 함수 목록 형식에 각 함수 내에서 누적된 총 시간과 해당 함수에서 호출한 모든 함수를 추가한 목록 형식, 함수 목록 형식에 각 함수에서 소요된 시간에 호출된 함수, 시스템 코드 또는 이벤트 대기에 소비된 시간을 뺀 결과를 추가한 목록 형식 등이 있습니다.

프로파일러는 가능한 저렴한 비용으로 측정할 수 있도록 설계되었습니다. 전체 실행 시간에 미치는 영향은 적으며 일반적으로 모든 작업에 대해 단 몇 퍼센트의 속도 저하만 발생합니다. 첫 번째 방법은 정확한 결과를 제공하지만 오버헤드 비용이 많고 특정 최적화를 비활성화합니다. 두 번째 방법은 근사 결과를 제공하고 자주 호출되지 않는 함수를 몇 개 놓칠 수도 있지만 프로덕션 코드[4]를 실행할 수 있다는 장점이 있습니다.

프로파일러의 최대 장점은 코드에서 가장 자주 실행되는 함수 목록을 표시해준다는 점입니다. 최적화는 조사해야 할 '말썽꾸러기 함수 목록'을 작성하고, 각 함수를 최적화할 수 있는지 검사하고, 변화를 가하고, 새로운 프로파일러 결과를 얻으려고 코드를 재실행하는 과정을 거칩니다. 특별히 최적화할 만한 함수가 없거나 아이디어가 고갈될 때까지 이 과정을 반복합니다. 일반적으로 그리 복잡한 과정은 아닌데, 프로파일러가 찾아낸 최적화 지역은 정의상 계산을 많이 하는 곳이기 때문입니다.

필자의 경험에 비추어보면 프로그램을 디버그 빌드에서 프로파일링한 결과와 릴리스 빌드에서 프로파일링한 결과는 서로 같습니다. 디버그 빌드는 인라인 함수를 포함한 모든 함수 정보를 포함하기 때문에 프로파일링하기 더 쉽습니다. 반면 릴리스 빌드는 인라인 함수를 매우 자주 숨깁니다.

최적화 프로 팁

윈도우에서 디버그 빌드를 프로파일링할 때 한 가지 문제점은 디버그 빌드가 런타임 라이브러리의 디버그 버전과 연결된다는 점입니다. 디버그 버전의 메모리 관리자 함수는 여러 테스트를 추가로 수행하므로 저장 공간의 이중 해제와 메모리 누수를 더 잘 보고합니다. 이러한 추가 테스트

---

4 감수자_ 개발 단계에서 컴파일/빌드되는 프로그램은 일반적으로 디버그나 성능 측정 등을 위해 함수나 변수 등의 정보를 가진 디버깅 섹션 등 추가 정보를 가지고 있는 경우가 많습니다. 프로그램 실행에 꼭 필요하지 않더라도 말입니다. 프로덕션 코드는 이런 불필요한 정보가 없는 프로그램을 통칭합니다.

비용 때문에 특정 함수의 비용이 증가할 수 있습니다. 추가 테스트를 하고 싶지 않다면 디버그 메모리 관리자를 사용하지 않도록 환경 변수를 설정하면 됩니다. 비주얼 스튜디오의 '제어판 → 시스템 → 고급 시스템 설정 → 환경 변수 → 시스템 변수'로 이동해 _NO_DEBUG_HEAP이라는 이름으로 변수를 새로 만든 뒤 변숫값을 1로 설정하면 됩니다.

프로파일러를 사용하면 최적화할 여지가 있는 후보를 탁월하게 찾을 수 있지만 완벽하지는 않습니다.

- 프로파일러는 현재 계산 문제를 해결할 더 효율적인 알고리즘이 있는지 여부를 알지 못합니다. 나쁜 알고리즘을 개선하는 건 시간 낭비일 뿐입니다.

- 프로파일러는 다양한 작업을 수행하는 입력에 대해서는 뚜렷한 결과를 제공하지 못합니다. 예를 들어 SQL 데이터베이스는 select 쿼리를 수행할 때와 insert 쿼리를 수행할 때 매우 다른 코드를 실행할 수 있습니다. 따라서 insert 쿼리로 데이터베이스에 삽입할 때는 자주 실행되던 코드가 select 쿼리를 사용해 데이터베이스에서 데이터를 읽을 때에는 실행되지 않을 수도 있습니다. 데이터베이스를 불러오는 작업과 데이터베이스 쿼리 작업이 혼합된 테스트를 실행한다면, 많은 계산을 수행하지 않는 한 프로파일러 보고서에서 이번에 수정한 코드가 차지하는 비중을 알기 어렵습니다.

- 따라서 가장 많이 실행되는 함수를 더 쉽게 알아내고 싶다면 한 번에 한 작업씩 최적화하기 바랍니다. 테스트 하네스 내부에서 전체 프로그램 중 서브시스템만 프로파일링하는 것도 유용한 방법입니다. 물론 한 번에 하나의 작업만 최적화하면 또 다른 불확실성이 생기긴 합니다. 그렇게 해서 시스템 전체의 성능이 향상된다는 보장이 없기 때문입니다. 혼합된 작업을 수행하는 입력에 대해서는 성능 향상이 더 적을 수 있습니다.

- 프로파일러는 시스템 콜이나 이벤트를 기다리는 시간을 제외하기 때문에, 프로그램이 I/O 바인딩을 하거나 멀티스레드로 실행하면 잘못된 정보를 제공하게 됩니다. 이론적으로는 시스템 콜이나 이벤트를 기다리는 시간을 제외하는 게 합리적입니다. 프로그램이 이런 대기 시간을 책임질 수 없기 때문입니다. 즉 프로파일러는 프로그램 수행 시 얼마나 많은 작업을 하는지는 알려주지만 작업 수행에 필요한 '벽시계 시간wall-clock time'[5]이 얼마인지는 알

---

5 옮긴이_ 컴퓨터 프로그램을 실행하기 시작할 때부터 끝날 때까지 걸리는 실제 시간. 자세한 내용은 다음 문서를 참고하세요. _https://en.wikipedia.org/wiki/Elapsed_real_time_

려줄 수 없습니다. 일부 프로파일러는 각 함수 내에서 걸린 시간뿐만 아니라 함수 호출 횟수도 알려줍니다. 호출 횟수가 아주 많다는 정보는 벽시계 시간을 알아낼 단서가 될 수 있습니다.

프로파일러는 한 분야에서만 능력을 발휘합니다. 프로파일러가 알아내지 못한 최적화 기회가 있을 수 있으며 프로파일러 출력을 해석할 때도 문제가 있을 수 있습니다. 그럼에도 프로파일러는 대부분의 경우에서 다른 방법을 사용하지 않아도 될 만큼 좋은 결과를 내놓습니다.

3.4 시간이 오래 걸리는 코드

프로그램이 계산 위주의 한 가지 작업을 수행하면 프로파일러가 자동으로 최적화해야 할 코드를 표시해줍니다. 그러나 프로그램이 여러 가지 작업을 수행하는 경우라면 특별히 자주 실행되는 함수를 찾을 수 없을 겁니다. 또한 프로그램은 I/O 또는 외부 이벤트를 기다리느라 많은 시간을 소비해 벽시계 시간이 길어질 수도 있습니다. 이 경우 스톱워치를 사용해 프로그램 일부의 시간을 측정하고, 느린 부분의 실행 시간을 줄이기 위해 노력해야 합니다.

개발자는 실행 시간을 측정해 시간이 오래 걸리는 작업이 어디인지 계속해서 좁혀나가며 최적화가 필요한 곳을 찾습니다. 직관으로 알아내기는 어려운 부분이죠. 개발자는 의심스러운 코드 부분을 확인한 뒤 테스트 하네스에서 작은 서브시스템이나 개별 함수를 대상으로 실험을 진행합니다.

실행 시간을 측정하는 것은 특정 함수의 비용을 줄이는 가설을 테스트하는 효과적인 방법입니다.

프로그래밍으로 컴퓨터가 스톱워치처럼 작동하게 만드는 건 거의 불가능합니다. 전화나 노트북은 간단한 작업으로 평일 오전 6시 45분에 여러분을 깨우거나 10시 미팅 5분 전에 알림을 울리게 할 수 있습니다. 그러나 현대 컴퓨터에서 함수 실행 시간을 마이크로초보다 작은 단위로 측정하는 건 매우 어렵습니다. 특히 일반적인 윈도우/PC 플랫폼은 측정하기 더 어렵습니다. 하드웨어 모델과 소프트웨어 버전 간에 일관되게 작동하는 고해상도 클록을 제공하는 데 아주 오래전부터 문제가 있었기 때문입니다.

따라서 개발자는 앞으로 '자신만의' 소프트웨어 스톱워치를 실행할 준비를 해야 합니다. 이를 위해 시간을 측정하는 방법과 시간 측정을 지원하는 도구에 대해 설명하겠습니다.

3.4.1 측정 시간 '조금' 배우기

　선무당이 사람 잡는다.

측정을 완벽하게 하면 크기, 무게, 또는 (이 책에서 다루는 주제에서) 매번 함수의 실행 시간을 정확하게 알 수 있습니다. 측정을 완벽하게 한다는 건 궁수가 화살을 쏠 때마다 믿기 어려울 정도로 정확하게 과녁의 정중앙을 맞힌다는 것과 같습니다. 이런 활쏘기는 동화책에서나 벌어지는 일이며 측정 또한 마찬가지입니다.

실제로 측정 실험을 할 때는 (궁수와 마찬가지로) 완벽함을 망치는 여러 **편차**variation에 맞서 싸워야 합니다. 편차에는 **불규칙**random 편차와 **체계적**systematic 편차, 두 가지 유형이 있습니다. 불규칙 편차는 화살이 날아가는 경로를 바꾸는 한 줄기 바람처럼 측정할 때마다 서로 다른 영향을 미칩니다. 체계적 편차는 궁수의 자세가 기울어져 있으면 화살이 목표 지점보다 항상 약간 왼쪽에 맞는 것처럼 모든 측정에 유사한 영향을 미칩니다.

편차는 자체적으로 측정할 수 있습니다. 편차의 측정 지표는 **정밀도**precision와 **진도**trueness라는 측정의 특성을 형성합니다. 이 두 특성은 함께 **정확도**accuracy라는 직관적인 특성을 형성합니다.

정밀도, 진도, 정확도

측정을 연구하는 과학자들은 끊임없이 용어에 대해 논쟁해왔습니다. 합의된 개념을 어떤 단어로 설명할 것인지 정하는 과정에서 논란이 많았는데, 이를 확인하고 싶다면 위키백과에서 '정확도'를 찾아보기 바랍니다.[6] 이 책에서는 1994년 표준 ISO 5725-1 (*http://bit.ly/iso-57251*) 「측정 방법과 결과의 정확도 – 제1부: 일반적인 원칙과 정의」에 따라 용어를 사용하겠습니다.

불규칙 편차가 없는 측정은 **정밀**precise합니다. 즉 동일한 현상이 반복적으로 측정 가능하며, 측정한 값이 서로 가깝다면 측정은 정밀합니다. 물론 일련의 정밀한 측정 속에도 여전히 체계적 편차가 있을 수는 있습니다. 궁수가 여러 번 화살을 쏴서 정중앙에서 떨어진 곳에 맞혔는데 화살이 모두 근처에 있어 그룹화할 수 있다면, 매우 정확하지는 않더라도 매우 정밀하다고 말할 수 있습니다. 이때 과녁은 [그림 3-2]와 같을 것입니다.

---

6 옮긴이_ *https://en.wikipedia.org/wiki/Accuracy_and_precision*

그림 3-2 정밀도는 높지만 정확도는 낮은 사격

어떤 현상(예를 들어 함수의 실행 시간)을 10번 측정했는데 10번 모두 동일한 결과를 얻었다면, 측정이 정밀하다고 가설을 세울 수 있습니다(어떤 실험에서든 많은 증거를 얻기 전까지는 회의적이어야 합니다). 동일한 결과를 6번, 약간 다른 결과를 3번, 매우 다른 결과를 1번 얻었다면 측정의 정밀도가 떨어집니다.

체계적 편차가 없는 측정은 **충실**^{true}합니다(진도가 높습니다). 즉 동일한 현상을 반복적으로 측정하며 모든 결과의 평균이 실제 값에 가깝다면, 측정은 충실하다고 믿을 수 있습니다. 각각의 측정치는 불규칙 편차의 영향을 받아 실제 값에 가까워지거나 멀어질 수 있습니다. 양궁에서는 진도가 높다고 좋은 점수를 받는 것은 아닙니다. 궁수가 화살을 4발 쏴서 결과가 [그림 3-3]처럼 나왔을 때 평균은 과녁의 정중앙이지만 정중앙에 해당하는 점수를 주는 것은 아닙니다. 이때 4발은 모두 정중앙을 둘러싸고 원을 그리며 동일한 거리에 있으므로 동일한 정확도를 갖습니다.

그림 3-3 겨냥이 충실한 궁수의 사격

측정의 **정확도**accuracy는 각각의 측정이 실제 값에 얼마나 근접한가에 따라 결정되는 느슨한 개념입니다. 실제 값에서의 거리는 불규칙 편차와 체계적 편차로 구성됩니다. 정확한 측정을 위해서는 정밀하면서 동시에 충실해야 합니다.

시간 측정

이 책에서는 소프트웨어 성능의 측정 지표로 **소요 시간**duration(두 이벤트 사이에 경과한 시간)과 **비율**rate(시간 단위당 이벤트 수, 소요 시간의 역수)을 다룹니다. 이때 **시계**clock를 사용해 소요 시간을 측정합니다.

모든 시계는 주기적인 변동을 계산하는 방법으로 작동합니다. 어떤 시계는 수치를 시/분/초로 나눠 표시합니다. 또 어떤 시계는 수치를 틱 수로 직접 표시합니다. 그러나 시계는 시/분/초를 직접 측정하는 것이 아닙니다(해시계는 제외). 틱을 계산한 뒤 제2의 기준 시계와 비교해 시/분/초를 나타냅니다.

이 모든 주기적인 변동도 편차의 영향을 받기에 완벽한 시계를 만들 수는 없습니다. 편차에는 불규칙한 것도 있고 체계적인 것도 있습니다.

- 해시계는 지구의 주기적인 회전을 이용합니다. 지구가 한 번 회전하는 데에는 하루가 걸립니다. 하지만 주기가 길고 지구 표면에서 대륙이 천천히 움직이고 있어 (마이크로초 단위에서는) 속도가 빨라졌다 느려졌다 하므로 해시계는 불완전합니다. 이는 불규칙 편차

입니다. 또한 달과 태양의 조석력은 지구 자전 속도를 전반적으로 느리게 만듭니다. 이는 체계적 편차입니다.

- 진자시계는 진자의 규칙적인 움직임을 계산합니다. 톱니바퀴 장치는 진자의 움직임을 분할하여 시간을 나타내는 바늘을 움직입니다. 진자의 주기는 시간이 지구의 회전과 동기화되도록 수동으로 조정할 수 있습니다. 진자의 움직임 주기는 진자의 길이에 따라 달라지므로 모든 움직임은 원하는 주기보다 빠르거나 느릴 수 있습니다. 이는 체계적 편차입니다. 처음에 완벽하게 설정했더라도 마찰, 대기압, 먼지 쌓임 등이 진자에 영향을 줄 수 있습니다. 이는 불규칙 편차의 근원입니다.

- 전기 시계는 AC 전원 공급 장치의 주기적인 60Hz 사인파를 사용해 동기 모터를 구동합니다. 톱니바퀴 장치는 이 기본 진동을 분할하여 시간을 나타내는 바늘을 움직입니다. 전기 시계 역시 불완전한 시계인데 AC 전원은 자연법칙으로 정한 게 아니라 협약을 통해 (미국에서만) 60Hz라고 정한 것이기 때문입니다. 전력 회사는 전력을 과도하게 사용하는 기간에는 진동을 느리게 하고, 전기 시계가 느리게 작동하지 않도록 나중에 다시 속도를 빠르게 합니다. 따라서 전기 시계로 측정한 1초는 (항상 의심했던 것처럼) 온화한 저녁보다 더운 여름 오후에 길 수 있습니다. 이는 불규칙 편차입니다. 미국에서 사용하려고 만든 전기 시계를 유럽의 50Hz AC 콘센트에 연결하면 느리게 작동합니다. 온도에서 오는 불규칙 편차와 달리 유럽의 전원 콘센트를 사용해 발생하는 편차는 체계적 편차입니다.

- 디지털 손목시계는 기본 진동으로 수정 진동자의 유발 진동을 사용합니다. 논리 회로는 이 기본 진동을 분할하여 디스플레이 장치를 구동합니다. 수정의 주기적 진동은 크기, 온도, 적용하는 전압에 따라 달라집니다. 수정의 크기에 따른 영향은 체계적 편차이며, 온도와 전압에 따른 영향은 불규칙 편차입니다.

틱 수는 본질적으로 부호가 없는 값입니다. −5라는 값을 갖는 틱 이벤트는 없습니다. 이렇게 뻔한 사실을 언급하는 이유는 시간 기록 기능을 구현하는 많은 개발자들이 소요 시간에 부호가 있는 자료형을 선택하기 때문입니다. 필자는 왜 그렇게 쓰는지 모르겠습니다. 10대인 필자의 아들은 "그냥 그런 거야"라고 말할 것 같네요.

측정 해상도

측정 **해상도**resolution는 측정을 나타내는 크기의 단위입니다.

궁수가 과녁을 향해 화살을 쏠 때는 특정 링의 어느 곳을 맞히더라도 같은 점수를 얻습니다. 정
중앙은 아주 작은 점이 아니라 일정한 지름을 갖는 원입니다(그림 3-4). 화살을 쏘면 정중앙,
첫 번째 링, 두 번째 링... 중 한 곳에 맞을 것입니다. 이때 링의 폭은 양궁 기록의 해상도라고
할 수 있습니다.

그림 3-4 해상도: 같은 링의 어느 곳을 맞히더라도 같은 점수를 얻습니다.

시간 측정 시 유효useful 해상도는 내부 상황 변화에 따른 소요 시간의 제약을 받습니다. 시간 측
정은 1틱 또는 2틱일 수 있지만 그 사이에는 아무것도 없습니다. 이 틱 사이의 주기가 바로 시
계의 유효 해상도입니다.

관찰자는 진자시계처럼 느리게 움직이는 시계의 두 틱 사이에 일어나는 이벤트들을 **인지**perceive
할 수 있습니다. 비격식적으로 비교하자면 사람들이 머릿속에 진자시계보다 더 빠른 (그러나
덜 정확한) 시계를 가진다는 말입니다. 하지만 관찰자가 밀리초 같이 인지할 수 없는 소요 시
간을 측정하려 한다면 시계의 틱에 의지할 수밖에 없습니다.

측정의 정확도와 해상도 사이에 반드시 연결점이 있어야 할 필요는 없습니다. 일상 활동을 기
록하는 용도라면, 이 절을 집필하는 데 2일이 걸렸다고 보고해도 될 것입니다. 이 경우 유효 해
상도는 1일이라고 할 수 있습니다. 필자는 이 시간을 초로 바꿔 172,800초가 걸린다고 말할

수도 있습니다. 하지만 필자가 스톱워치를 차고 있는 게 아닌 이상 초 단위로 보고하는 방법은 측정값이 실제보다 정확하다는 잘못된 인식을 주거나, 이 기간 동안 먹지도 자지도 않았다는 잘못된 인상을 줄 수 있습니다.

단위는 표준화되어 있으므로 측정값은 유효 해상도보다 작은 단위로 보고될 수 있습니다. 필자는 온도를 화씨 단위로 표시하는 오븐이 있는데, 오븐을 제어하는 온도 조절기의 유효 해상도가 5℉라서 온도가 올라가면 300℉, 305℉, 310℉, 315℉ 식으로 표시가 됩니다. 오븐의 온도 조절기는 화씨보다는 익숙한 온도 단위로 표시하면 더 좋았을 것입니다. 이 경우에는 측정값의 최하위 유효 단위가 0과 5만 있다고 가정해야 합니다.

값싼 온도계, 저울, 기타 싸구려 측정 장치들의 유효 해상도가 측정 단위의 1 또는 0.1 수준에 불과하다는 것을 안다면, 여러분은 아마 놀라움과 실망감을 금치 못할 것입니다.

여러 시계로 측정하기

> 시계가 있으면 몇 시인지 알 수 있습니다. 시계가 두 개 있으면 몇 시인지 결코 확신할 수 없습니다.
>
> — 리 시걸Lee Segall이 했다고 알려진 말

같은 장소에서 두 이벤트가 발생하면 하나의 시계로 타이머 틱의 소요 시간을 쉽게 측정할 수 있습니다. 두 이벤트가 서로 멀리 떨어진 곳에서 발생하면 시계를 두 개 사용해야 할 수도 있습니다. 이때 서로 다른 시계 사이에서 틱 수를 직접 비교할 수는 없습니다.

인류는 협정 세계시Coordinated Universal Time(UTC)로 시계를 동기화해 이 문제를 해결하려 했습니다. 협정 세계시는 영국 그리니치에 있는 왕립 천문대의 명판을 통과하는 임의의 선(경도 0)에서의 천문학적 자정에 맞춰 동기화됩니다(그림 3-5). 이렇게 하면 틱 단위의 시간을 UTC 자정을 기준으로 시/분/초 단위로 변환할 수 있습니다.

두 개의 시계를 UTC로 완벽하게 동기화하면 시계 하나의 UTC 시간을 다른 시계와 직접 비교할 수 있습니다. 물론 동기화를 완벽하게 할 수는 없습니다. 두 개의 시계에는 UTC 시간과 맞지 않게 되는 독립적인 편차가 포함되어 있기 때문입니다.

그림 3-5 영국 그리니치 왕립 천문대에 표시된 본초자오선(사진: Ævar Arnfjörð Bjarmason, CC BY-SA 3.0)

3.4.2 컴퓨터로 시간 측정하기

컴퓨터에 시계를 구축하려면 주기적 변동이 있는 소스가 필요합니다. 이때 정밀도와 진도가 좋은 소스를 사용하는 게 좋습니다. 또한 소프트웨어가 해당 소스에서 틱을 얻는 방법도 알아야 합니다. 시간을 알려주는 목적으로 설계된 컴퓨터라면 시계를 쉽게 만들 수 있습니다. 그러나 현재 가장 보편적인 컴퓨터 아키텍처는 좋은 시계를 제공하려 큰 노력을 기울여 설계된 편이 아닙니다. 여기서는 PC 아키텍처와 윈도우 기준으로 이 문제를 살펴보겠습니다. 리눅스와 임베디드 플랫폼에서도 문제점은 비슷합니다.

PC 클록 회로의 심장부에 있는 수정 발진기^{crystal oscillator}는 기본 정확도가 100ppm[7]으로 백분율

---

7 옮긴이_ ppm(parts per million)은 10^{-6}을 뜻하는 비격식적인 단위입니다.

로 나타내면 0.01%이고 하루 기준으로는 약 8초에 해당합니다. 이 정확도는 디지털 손목시계가 제공하는 정확도보다 약간 나을 뿐이지만 성능 측정은 몇 퍼센트 단위만 정확한 결과를 얻어도 유효하므로 충분하고도 남습니다. 싸구려 임베디드 프로세서의 클록 회로는 덜 정확하지만 더 심각한 문제는 주기적 변동보다는 프로그램에서 사용할 만큼 신뢰할 수 있는 틱 수를 얻기 어렵다는 데 있습니다.

틱 카운터 하드웨어 진화

원래 IBM PC에는 하드웨어 틱 카운터가 없었습니다. 대신 소프트웨어가 읽을 수 있는 시각 계시기time-of-day clock가 있었습니다. 최초의 마이크로소프트 C 런타임 라이브러리는 ANSI C 라이브러리를 복사했는데, 여기에는 1970년 1월 1일 0시 0분을 기준으로 경과한 초 수를 반환하는 함수 time_t time(time_t*)가 들어 있었습니다. 원래 time() 함수는 32비트의 부호 있는 정수를 반환했지만, Y2K 사태를 겪은 이후 64비트의 부호 있는 정수를 반환하도록 변경되었습니다.

원래 IBM PC는 AC 전원 공급 장치에서 오는 주기적인 인터럽트를 사용해 커널을 깨우거나 작업을 전환하고 다른 커널 작동을 수행했습니다. AC 전원이 60Hz인 북미에서 이 틱의 주기는 16.67밀리초였습니다. AC 전원이 50Hz이라면 이 틱의 주기는 10밀리초가 됩니다.

윈도우 98과 그 이전 버전에서 마이크로소프트 C는 틱 카운터를 부호 있는 형식으로 반환하는 ANSI C 함수인 clock_t clock()을 제공했습니다. 상수 CLOCKS_PER_SEC은 초당 틱 수를 나타냅니다. 반환값이 −1이라면 clock()을 사용할 수 없다는 것을 의미합니다. 원래 clock()은 주기적인 AC 인터럽트를 기반으로 한 틱을 보고했습니다. 윈도우에서 구현된 clock()은 ANSI 사양과 달리 CPU 시간이 아닌 경과한 벽시계 시간을 측정합니다. 최근 clock()은 GetSystemTimeAsFileTime()의 측면에서 다시 구현되었으며[8] 2015년에는 1밀리초 해상도로 1밀리초 틱을 반환하게 바뀌었으므로 윈도우에서 좋은 밀리초 시계로 사용할 수 있게 되었습니다.[9]

윈도우 2000부터는 DWORD GetTickCount()를 호출해 AC 전원 인터럽트를 기반으로 하는 소

---

8 옮긴이_ GetSystemTimeAsFileTime()은 현재 시스템의 날짜와 시간을 UTC 형식으로 가져오는 함수로서 기존의 clock() 함수와는 달리 가능한 가장 높은 수준의 정밀도(〈1마이크로초)로 측정합니다(윈도우에서 clock() 함수의 정밀도는 1밀리초). 윈도우 8 이상에서 사용할 수 있습니다.

9 자세한 내용은 다음 문서를 참고하세요. *https://msdn.microsoft.com/en-US/library/4e2ess30.aspx*, *https://msdn.microsoft.com/en-us/library/windows/desktop/hh706895%28v=vs.85%29.aspx*

프트웨어 틱 카운터를 사용할 수 있게 되었습니다. GetTickCount()로 세는 틱은 PC의 하드웨어에 따라 다르며 1밀리초보다 상당히 길 수도 있습니다. GetTickCount()는 이 모호함을 부분적으로 완화하기 위해 틱을 밀리초로 변환하는 계산을 수행합니다. 이 함수를 업데이트한 버전인 ULONGLONG GetTickCount64()는 더 긴 소요 시간을 측정할 수 있도록 똑같은 틱 카운트를 64비트의 부호 없는 정수로 반환합니다. 현재 인터럽트 주기를 검사할 방법은 없지만 다음 두 함수로 인터럽트 주기를 줄이고 복원할 수 있습니다.

```
MMRESULT timeBeginPeriod(UINT)
MMRESULT timeEndPeriod(UINT)
```

두 함수는 AC 인터럽트에 의존하는 Sleep()과 마찬가지로 모든 프로세스와 함수에 영향을 주는 전역 변수에 작용합니다. 또 다른 함수인 DWORD timeGetTime()을 호출하면 다른 방법으로 동일한 틱 카운터를 얻을 수 있습니다.

인텔은 펜티엄^Pentium 아키텍처를 시작으로 타임 스탬프 카운터^time stamp counter(TSC)라는 하드웨어 레지스터를 제공했습니다. TSC는 프로세서 클록으로부터 틱을 세는 64비트 레지스터이며 RDTSC 명령으로 이 카운터에 매우 빠르게 접근할 수 있습니다.

윈도우 2000부터는 BOOL QueryPerformanceCounter(LARGE_INTEGER*) 함수로 TSC를 읽을 수 있습니다. 이 함수는 특정 해상도가 없는 틱 수를 반환합니다. 해상도는 BOOL QueryPerformanceFrequency(LARGE_INTEGER*)를 호출해 얻을 수 있습니다. 이 함수는 빈도를 초당 틱으로 반환합니다. LARGE_INTEGER는 부호 있는 64비트 정수를 담는 구조체입니다. 이러한 호출이 도입된 시점의 비주얼 스튜디오 버전에는 부호 있는 64비트 정수에 대한 네이티브 타입이 없었기 때문입니다.

초기 버전의 QueryPerformanceCounter() 함수는 틱 속도가 프로세서의 클록에 달려 있다는 문제가 있었습니다. 프로세서의 클록은 프로세서와 마더 보드에 따라 다릅니다. 당시 오래된 PC, 특히 AMD 프로세서를 장착한 PC에는 TSC가 없었습니다. TSC를 사용할 수 없다면 QueryPerformanceCounter()가 반환하는 값은 GetTickCount()가 반환하는 저해상도 틱 수준으로 떨어지게 됩니다.

머지않아 QueryPerformanceCounter()가 가진 많은 문제가 나타났습니다. 일부 프로세서는 전력 소비를 관리하기 위해 다양한 클록 속도를 구현했습니다. 이 때문에 틱 주기가 바뀌었습니다. 프로세서를 여러 개 사용하는 멀티프로세서 시스템에서 QueryPerformanceCounter()가 반환하는 값은 스레드를 실행한 프로세서에 따라 다릅니다. 프로세서들은 명령 재배치를 구현하기 시작했고, RDTSC 명령이 지연되어 TSC를 사용하는 소프트웨어의 정확도가 떨어지게 되었습니다.

이러한 문제를 해결하기 위해 윈도우 비스타에서는 QueryPerformanceCounter()에 ACPI^{advanced configuration and power interface} 전원 관리 타이머와 같은 다른 카운터를 사용했습니다. 이 카운터를 사용하면 멀티프로세서의 동기화 문제를 해결할 수는 있지만 지연 시간은 크게 늘어납니다. 한편 인텔은 TSC의 스펙을 변경되지 않는 클록 주파수의 최댓값으로 재정의했습니다. 인텔 또한 재배열이 불가능한 RDTSCP 명령을 추가했습니다.

윈도우 8부터는 TSC를 기반으로 한 신뢰 가능한 고해상도 하드웨어 틱 수를 사용할 수 있습니다. 윈도우 8 이상의 운영체제에서 void GetSystemTimePreciesAsFileTime(FILETIME*)은 현재 시스템의 고정 주파수 및 마이크로초의 정확도를 유지한 상태에서 고해상도 틱을 생성합니다.

이 역사적인 교훈을 요약하면 다음과 같습니다. PC는 시계로 설계된 적이 없으므로 PC가 제공하는 틱 카운터를 신뢰할 수 없습니다. 지난 35년을 돌아보면 미래의 프로세서와 미래의 운영체제 역시 견고하면서도 고해상도인 틱 수를 제공할 가망은 전혀 없어 보입니다.

모든 세대의 PC에서 안정적으로 사용할 수 있는 유일한 틱 카운터는 여러 문제점이 있긴 하지만 GetTickCount()가 반환하는 틱 카운터뿐입니다. clock()이 반환하는 1밀리초 틱은 더 좋은 틱 카운터이며 지난 10년 내 제조한 PC에서 사용할 수 있습니다. 윈도우 8 이상과 새로운 프로세서로 한정하면 GetSystemTimePreciseAsFileTime()이 반환하는 100나노초 틱 카운터는 매우 정확합니다. 그러나 필자의 경험에 따르면 밀리초 수준의 정확도도 타이밍 실험을 하기에는 충분합니다.

순환

순환^{wraparound}은 시계의 틱 카운터가 최댓값을 얻은 다음 0으로 증가할 때 발생합니다. 12시간을 표시하는 아날로그 시계는 매일 정오와 자정에 순환합니다. 윈도우 98은 32비트 밀리초 틱 카운터의 순환 때문에 49일 동안 계속 실행하면 멈추는 문제가 있었습니다(Q216641 참조, *http://bit.ly/windows-49*). Y2K 버그는 연도를 두 자리로 순환하는 것으로 표현해서 발생했던 문제였습니다. 마야 달력은 2012년에 순환하는데 이는 세상의 종말을 예언하는 것이었습니다. 2038년 1월에는 유닉스 에폭^{epoch}(1970년 1월 1일 00:00 UTC를 시작으로 하는 부호 있는 32비트 밀리초 틱 카운터)이 순환되어 일부 오래된 임베디드 시스템이 종말을 맞을 수도 있습니다. 순환의 문제점은 틱 카운터를 기록할 여분의 비트가 없기 때문에 순환 이후의 시각이 이전 시각보다 수치적으로 **작다**는 데 있습니다. 따라서 순환하는 시계는 순환 간격보다 작은 소요 시간을 측정할 때만 의미가 있습니다.

예를 들어 윈도우에서 GetTickCount() 함수는 1밀리초 해상도의 틱 카운트를 부호 없는 32비트 정수로 반환합니다. GetTickCount()로 반환된 값은 약 49일마다 순환합니다. 49일보다 훨씬 짧은 시간 동안 작동하는 타이밍 작업이라면 GetTickCount()를 걱정 없이 사용할 수 있습니다. 프로그램을 시작할 때와 끝낼 때 GetTickCount()를 호출해 반환된 값의 차를 구하면 작업에 걸린 시간을 밀리초로 구할 수 있습니다. 예를 들면 다음과 같습니다.

```
DWORD start = GetTickCount();
DoBigTask();
DWORD end = GetTickCount();
cout << "Startup took " << end - start << " ms" << endl;
```

C++은 부호 없는 수치를 계산할 때 순환이 있더라도 올바른 답을 산출하도록 구현되었습니다.

GetTickCount()는 프로그램을 시작한 이후 시간을 기억하는 데 그다지 효과적인 방법이 아닙니다. 수명이 긴 서버는 수개월 또는 수년 동안 계속 켜져 있습니다. 순환의 문제점은 순환 횟수를 기록할 비트가 없으면 시작부터 끝까지 순환을 몇 번 했는지 알 수 없다는 점입니다.

마이크로소프트는 윈도우 비스타부터 1밀리초 디스플레이 해상도의 틱 수를 부호 없는 64비트 정수로 반환하는 GetTickCount64() 함수를 추가했습니다. GetTickCount64()는 순환하는 데 수백만 년의 시간이 걸리므로 문제를 일으킬 가능성이 매우 적습니다.

해상도는 정확도가 아닙니다

윈도우에서 GetTickCount() 함수는 부호 없는 32비트 정수를 반환합니다. 프로그램을 시작할 때와 끝낼 때 GetTickCount()를 호출해 반환된 값의 차를 구하면 작업하는 데 걸린 시간을 밀리초로 구할 수 있습니다. 따라서 GetTickCount()의 해상도는 1밀리초입니다.

예를 들어 다음 코드 블록은 반복문에서 Foo()를 호출해 윈도우에서 Foo()를 호출하는 임의의 함수의 상대적 성능을 측정합니다. 반복문의 시작과 끝에서 얻은 틱 수는 반복문에 걸리는 시간을 밀리초 단위로 나타냅니다.

```
DWORD start = GetTickCount();
for (unsigned i = 0; i < 1000; ++i) {
    Foo();
}
DWORD end = GetTickCount();
cout << "1000 calls to Foo() took " << end - start << "ms" << endl;
```

만약 **Foo()**의 계산량이 많았다면 이 결과는 다음과 같을 것입니다.

```
1000 calls to Foo() took 16ms
```

마이크로소프트 웹 페이지(*http://bit.ly/gettickcount*)에 설명되어 있듯이 아쉽게도 GetTickCount()를 호출했을 때의 정확도는 10밀리초 또는 15.67밀리초일 수 있습니다. 즉 한 행에서 **GetTickCount()**를 두 번 호출하면 차이는 0, 1밀리초 또는 10, 15, 16밀리초가 될 수 있습니다. 따라서 측정의 기본 정밀도는 15밀리초이며 여분의 해상도는 가치가 없습니다. 이전 코드 블록의 출력 결과는 10밀리초이거나 20밀리초 또는 정확하게 16밀리초일 수 있습니다.

해상도가 1밀리초라는 점 말고도 **GetTickCount()**의 특이나 실망스러운 점은 이 함수가 두 윈도우 컴퓨터에서 특정한 또는 동일한 방법으로 구현되었다고 보장할 수 없다는 점입니다.

필자는 윈도우에서 다양한 타이밍 함수를 테스트해 특정 컴퓨터(i7 기반 서피스 3)와 운영체제(윈도우 8.1)에서 사용 가능한 해상도가 얼마인지 확인해봤습니다. [예제 3-1] 테스트는 반복적으로 타이밍 함수를 호출하고 연속 호출로 반환된 값의 차이를 확인합니다. 사용 가능한 틱 해상도가 함수 호출의 지연 시간보다 크다면, 연속 호출 시 기본 틱의 크기와 함수의 해상도만큼 다르거나 동일한 값을 반환해야 합니다. 필자는 운영체제가 다른 작업을 위해 CPU를 점유하는 경우를 대비해 0이 아닌 차이의 평균을 구했습니다.

예제 3-1 GetTickCount()의 틱 소요 시간 측정하기

```
unsigned nz_count = 0, nz_sum = 0;
ULONG last, next;
```

```
for (last = GetTickCount(); nz_count < 100; last = next) {
    next = GetTickCount();
    if (next != last) {
        nz_count += 1;
        nz_sum += (next - last);
    }
}
std::cout << "GetTickCount() mean resolution "
    << (double)nz_sum / nz_count
    << " ticks" << std::endl;
```

이 테스트의 결과는 [표 3-1]에 요약되어 있습니다.

표 **3-1** 측정된 틱 소요 시간(i7 서피스 프로 3, 윈도우 8.1)

함수	틱 소요 시간
time()	1초
GetTickCount()	15.6밀리초
GetTickCount64()	15.6밀리초
timeGetTime()	15.6밀리초
clock()	1.0밀리초
GetSystemTimeAsFileTime()	0.9밀리초
GetSystemTimePerciseAsFileTime()	~450나노초
QueryPerformanceCounter()	~450나노초

100나노초의 디스플레이 해상도를 갖는 GetSystemTimeAsFileTime()은 clock()과 동일하게 느린 1밀리초 눈금을 기반으로 하는 것처럼 보이고 GetSystemTimePreciseAsFileTime()은 QueryPerformanceCounter()를 사용해 구현된 것처럼 보입니다.

현대 컴퓨터의 근본적인 클록 주기는 수백 피코초(100피코초는 10^{-10}초)입니다. 현대 컴퓨터는 각각의 명령을 수 나노초 단위로 실행합니다. 그러나 피코초 또는 나노초 해상도를 갖는 PC에는 접근 가능한 틱 카운터가 없습니다. PC에서 사용 가능한 가장 빠른 틱 카운터는 100나노초 해상도를 가지며 기본 정확도는 해상도보다 훨씬 더 낮을 수 있습니다. 결과적으로 많

은 함수에서 한 번 호출하는 데 걸리는 시간을 측정할 수 없습니다. 이 문제를 극복하는 방법은
'3.4.3절 측정 장애물 극복하기'를 참조하길 바랍니다.

지연 시간

지연 시간latency은 작업을 시작하라고 명령을 내린 시점부터 실제로 명령을 시작하는 시점까지의
경과 시간을 말합니다. 비유하자면 동전을 우물에 떨어뜨린 뒤, 첨벙 하는 소리를 들을 때까지
의 시간을 말합니다(그림 3-6). 또 다르게 비유하자면 출발 신호원이 총을 발사한 뒤 주자가
앞으로 뛰기 시작할 때까지의 시간을 말합니다.

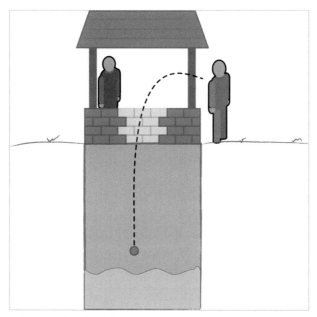

그림 3-6 지연 시간: 동전을 우물에 떨어뜨린 뒤 첨벙 하는 소리를 들을 때까지의 시간

컴퓨터의 시간 측정에서 지연 시간이 발생하는 이유는 시계를 시작하고, 실험을 실행하고, 시
계를 멈추는 작업을 순차적으로 수행하기 때문입니다. 측정 작업은 다섯 단계로 나눌 수 있습
니다.

1. '시계를 시작하려면' 운영체제에서 틱 수를 반환하는 함수를 호출해야 합니다. 이 함수
   호출에 시간이 걸립니다. 함수를 호출하는 과정에서 프로세서 레지스터에서 틱 수 값

을 읽습니다. 이 값은 시작 시간이 됩니다. 이 간격을 t_1이라고 합시다.

2. 틱 카운터의 값을 읽은 후 그 값을 반환하고 변수에 대입해야 합니다. 이 작업을 하려면 시간이 필요합니다. 실제로 시계는 똑딱거리고 있지만 시작 틱 카운터는 증가하지 않습니다. 이 간격을 t_2라고 합시다

3. 측정 실험을 시작하고 끝냅니다. 이 간격을 t_3라고 합시다.

4. '시계를 멈추려면' 틱 수를 반환하는 또 다른 함수를 호출해야 합니다. 실험이 끝났지만 함수를 호출해 틱 카운터 값을 읽을 동안 타이머는 계속 똑딱거리고 있습니다. 이 간격을 t_4라고 합시다.

5. 틱 카운터의 값을 읽은 후 그 값을 반환하고 변수에 대입해야 합니다. 틱 카운터를 읽은 후에는 시계가 계속 똑딱거리고 있어도 오류가 누적되지 않습니다. 이 간격을 t_5라고 합시다.

따라서 측정 실험에서 실제 소요 시간은 t_3이지만 측정된 소요 시간은 더 큰 값인 $t_2 + t_3 + t_4$입니다. 따라서 지연 시간은 $t_2 + t_4$입니다. 지연 시간이 측정 실험 시간의 대부분을 차지한다면 실험자는 지연 시간을 빼야 합니다.

예를 들어 틱 수를 얻는 데 1마이크로초(μs)가 걸리며 해당 시간에 실행된 마지막 명령을 통해 틱 수를 얻는다고 가정해봅시다. 다음의 의사코드^{pseudocode}에서는 첫 번째 get_tick() 호출의 마지막 명령부터 시간 측정을 시작하므로 측정하기 전 지연 시간은 없습니다. 테스트가 끝날 때 get_tick()을 호출하는 동안의 지연 시간이 측정된 소요 시간에 추가됩니다.

```
start = get_tick()      // 측정 시작 전에 1마이크로초 지연, 그다지 중요하지 않습니다.
do_activity()
stop = get_tick()       // 측정 시작 후에 1마이크로초 지연, 측정된 소요 시간에 더해집니다.
duration = stop - start
```

측정 실험에 1마이크로초가 걸렸다면 측정된 소요 시간은 2마이크로초, 즉 100%의 오차가 납니다. 측정 실험에 1밀리초가 걸렸다면 측정된 소요 시간은 1.001밀리초, 즉 0.1%의 오차가 납니다.

실험 전후에 동일한 함수를 호출한다면 $t_1 = t_4$ 및 $t_2 = t_5$입니다. 지연 시간은 단지 타이머 함

수 호출의 소요 시간일 뿐입니다.

필자는 윈도우 타이밍 함수의 호출 지연 시간을 측정했습니다. 즉 이 시간은 바로 타이밍 함수의 소요 시간입니다. [예제 3-2]는 GetSystemTimeAsFileTime() 함수의 타이밍을 재는 전형적인 테스트 하네스를 보여줍니다.

예제 3-2 윈도우 타이밍 함수의 지연 시간

```
ULONG start = GetTickCount();
LARGE_INTEGER count;
for (counter_t i = 0; i < nCalls; ++i)
    QueryPerformanceCounter(&count);
ULONG stop = GetTickCount();
std::cout << stop - start
    << "ms for 100m QueryPerformanceCounter() calls"
    << std::endl;
```

이 테스트의 결과는 [표 3-2]에 요약되어 있습니다.

표 3-2 윈도우 타이밍 함수의 지연 시간, VS 2013, i7, 윈도우 8.1

함수	호출 소요 시간
GetSystemTimeAsFileTime()	2.8나노초
GetTickCount()	3.8나노초
GetTickCount64()	6.7나노초
QueryPerformanceCounter()	8.0나노초
clock()	13나노초
time()	15나노초
TimeGetTime();	17나노초
GetSystemTimePreciseAsFileTime()	22나노초

여기서 주목해야 할 흥미로운 점은 필자의 i7 태블릿에서 지연 시간이 몇 나노초 범위 내에 있다는 점입니다. 따라서 이 모든 호출은 비교적 효율적이라고 할 수 있습니다. 즉 함수를 호출하

는 데 1초 정도 걸리는 반복문에서 시간을 측정하면 지연 시간은 측정 정확도에 영향을 미치지 않습니다. 그러나 동일한 저해상도 틱을 읽는 함수의 경우 비용은 10배 정도까지 차이 날 수 있습니다. GetSystemTimePreciseAsFileTime()은 지연 시간이 가장 크고 함수의 틱보다 지연 시간이 약 5%로 가장 큽니다. 지연 시간은 속도가 느린 프로세서에서 훨씬 더 큰 문제가 될 수 있습니다.

비결정적 행동

컴퓨터는 엄청난 양의 내부 상태를 갖는 매우 복잡한 장치이며 대부분의 개발자는 내부 상태를 볼 수 없습니다. 함수를 실행하면 컴퓨터의 상태(예를 들어 캐시 메모리의 내용)가 변하므로 이전 반복문과 다른 조건에서 반복문을 실행합니다. 따라서 제어할 수 없는 내부 상태의 변화 때문에 측정할 때 무작위적인 편차가 발생하게 됩니다.

또한 운영체제는 예측할 수 없는 방법으로 작업을 예약하므로 측정하는 도중에 프로세서와 메모리 버스의 활동이 달라질 수 있습니다. 이 또한 모든 측정의 정확도를 떨어트립니다.

심지어 운영체제는 다른 프로그램이 CPU를 사용할 수 있도록 측정 중인 코드를 중단할 수도 있습니다. 틱 카운터는 일시 중단된 상태에도 계속 실행되므로, 운영체제가 다른 프로그램이 CPU를 사용하지 못하도록 했을 때보다 측정된 소요 시간이 길어집니다. 그리고 측정에 영향을 줄 수 있는 다소 큰 무작위적인 편차가 발생하게 됩니다.

3.4.3 측정 장애물 극복하기

그래서 상황이 얼마나 나쁜 걸까요? 컴퓨터를 사용해 시간을 측정할 수 있기는 한 걸까요? 시간을 제대로 측정하려면 대체 어떻게 해야 할까요? 스톱워치 클래스를 사용해 이 책에 나오는 함수들을 테스트했던 필자의 경험을 살펴보겠습니다.

별거 아닌 걸로 속 태우지 마세요

좋은 소식이 있습니다. 최적화를 이끌어나가기 위해서 1%~2% 정도의 정확도만으로도 충분하다는 점입니다. 달리 말하면 최적화에서 보통 기대하는 선형적 개선에 필요한 유효숫자는 두 자리면 충분합니다. 여기서 두 자리의 유효숫자라는 건 함수를 반복하는 실험이 1,000밀리초가 걸린다고 했을 때 약 10밀리초 오차를 말합니다. 이러한 오차의 원인은 [표 3-3]과 같습니다.

표 3-3 윈도우에서 1초 동안 시간 측정을 했을 때의 편차

편차	기여도(%)
틱 카운터 함수의 지연 시간	〈 0.00001
기본적인 시계 안정도	〈 0.01
틱 카운터의 사용 가능한 해상도	〈 0.1

상대적 성능을 측정하세요

최적화된 코드의 실행 시간 대 원래 코드의 실행 시간의 비율을 **상대적 성능**relative performance이라고 합니다. 상대적 측정의 좋은 점 중 하나는 편차가 똑같이 적용되므로 체계적 편차를 배제할수 있다는 점입니다. 또한 백분율로 표시한 비율은 밀리초보다 직관적으로 파악하기 쉽습니다.

모듈 테스트를 측정해 반복성을 향상하세요

모듈 테스트module test는 준비된 입력 데이터를 사용해 단계별로 수행하는 서브시스템 테스트입니다. 프로파일 실행이나 성능 측정에 적합한 반복 가능한 작업의 바탕이 되는 경우가 많습니다. 많은 조직에서는 광범위한 모듈 테스트 라이브러리를 보유하며 특히 성능 향상을 위해 새로운 테스트를 추가하기도 합니다.

성능 향상에 대한 공통된 관심사는 다음과 같습니다. "저의 코드는 거대한 실뭉치인데 테스트 케이스가 없습니다. 입력한 데이터 또는 데이터베이스의 성능을 라이브에서 테스트해야 합니다. 즉 끊임없이 변하는 환경에서 테스트합니다. 실제 사용시에는 일관되거나 반복 가능한 결과를 얻지 못합니다. 저는 어떻게 해야 되나요?"

필자는 이렇게 까다로운 짐승을 죽일 수 있는 마법 탄환이 없습니다. 반복 가능한 모의 입력 데이터 집합을 사용해 모듈 또는 서브시스템을 테스트한다면, 테스트의 성능이 향상될 경우 일반적으로 실제로 사용할 때의 성능도 향상됩니다. 아주 크고 반복할 수 없는 한 번의 테스트에서 최적화해야 할 함수를 알아낸다면 모듈 테스트 케이스를 사용해 이 함수의 성능을 향상하는 것만으로도 대개 실제 실행 시의 성능도 향상할 수 있습니다. 모든 개발자는 왜 느슨하게 결합된 모듈로 소프트웨어 시스템을 구축해야 하는지 그 이유를 알고 있습니다. 훌륭한 테스트 케이스 라이브러리를 유지해야 하는 이유도 알고 있습니다. 최적화는 또 하나의 이유일 뿐입니다.

측정 기준을 사용해 성능을 튜닝하세요

예측할 수 없는 실제 실행 환경에서의 성능을 튜닝해야 하는 개발자에게 한 줄기 희망의 빛이 있습니다. 예를 들어 개발자는 중요한 응답 시간의 값을 측정하는 대신 측정 기준, 평균, 분산과 같은 모집단 통계, 또는 지수평활법exponential smoothing을 거친 응답 시간의 평균을 수집할 수 있습니다. 이러한 통계는 수많은 개별 사건에서 값을 얻으므로, 통계를 계속해서 개선한다면 코드를 성공적으로 변경했다고 말할 수 있을 것입니다.

다음은 측정 기준으로 최적화할 때 발생할 수 있는 몇 가지 문제를 보여줍니다.

- 모집단 통계는 수많은 사건을 기반으로 해야 의미가 있습니다. 측정 기준으로 변경/테스트/평가하는 반복은 고정된 입력으로 직접 측정하는 경우보다 훨씬 더 많은 시간이 걸립니다.

- 측정 기준을 수집하려면 프로파일링 또는 실행 시간 측정보다 훨씬 많은 인프라가 필요합니다. 일반적으로 통계 데이터를 보관하려면 영구 저장소가 필요합니다. 이런 저장소에 데이터를 보관하는 비용은 성능에 영향을 줄 정도로 높습니다. 측정 기준 수집 시스템은 여러 실험을 지원할 수 있도록 유연하게 설계해야 합니다.

- 통계를 기반으로 가설을 검증하거나 반박하는 잘 정립된 방법론이 있지만, 개발자가 이를 올바르게 수행하려면 통계학적인 정교함이 필요합니다.

여러 차례 반복한 결과의 평균으로 정확도를 높이세요

여러 차례 실험을 측정한 결과의 평균을 구하면 단일 측정의 정확도를 향상할 수 있습니다. 이는 개발자가 반복문으로 함수를 호출하는 시간을 측정하거나, 프로그램에 입력을 주고 실행해 특정 함수를 여러 번 호출할 때 이뤄집니다.

함수 호출을 여러 차례 반복해가며 측정할 때의 한 가지 장점은 불규칙 편차를 배제할 수 있다는 점입니다. 캐시의 상태는 단일 값으로 수렴하는 경향이 있으므로 각각의 반복은 비슷한 값을 비교할 뿐입니다. 충분히 긴 시간이 주어진다면 임의의 스케줄러 작동 역시 원본 함수와 최적화된 함수의 시간 측정에 거의 동일한 영향을 미칩니다. 대규모 프로그램에서는 절대 시간이 동일한 함수를 대표하지는 않지만 상대적 성능은 여전히 개선 정도를 정확하게 측정합니다.

또 다른 장점은 더 상세하고 얻기 쉬운 틱 카운터를 사용할 수 있다는 점입니다. 컴퓨터는 속도가 매우 빨라 1초에 수천 또는 수백만 번의 반복을 수행할 수 있습니다.

우선순위를 높여 운영체제의 비결정적 행동을 줄이세요

측정 프로세스의 우선순위를 높이면 운영체제가 측정 프로그램이 사용 중인 CPU를 다른 프로그램이 점유하도록 측정 프로그램을 멈출 가능성을 줄일 수 있습니다. 윈도우에서 SetPriorityClass() 함수는 프로세서의 우선순위를 조작합니다. SetThreadPriority() 함수는 스레드의 우선순위를 조작합니다. 다음 코드는 현재 프로세스와 스레드의 우선순위를 높입니다.

```
SetPriorityClass(GetCurrentProcess(), ABOVE_NORMAL_PRIORITY_CLASS);
SetThreadPriority(GetCurrentThread(), THREAD_PRIORITY_HIGHEST);
```

측정이 끝나면 프로세스와 스레드의 우선순위를 보통 수준으로 되돌려야 합니다.

```
SetPriorityClass(GetCurrentProcess(), NORMAL_PRIORITY_CLASS);
SetThreadPriority(GetCurrentThread(), THREAD_PRIORITY_NORMAL);
```

비결정적인 무언가가 발생해도 앞으로 나아가세요

최적화를 위해 필자가 성능을 측정하는 방법은 매우 간단합니다. 통계를 잘 몰라도 됩니다. 필자의 테스트는 몇 시간이 아닌 몇 초 동안 실행됩니다. 필자는 이런 간단한 접근 방법도 충분하다고 느낍니다. 전반적인 프로그램 실행 시간이 눈으로 확인할 수 있을 만큼 개선되고 있다면 올바른 방향으로 나아가고 있다고 할 수 있습니다.

서로 다른 날에 똑같은 프로그램의 실행 시간을 측정하면, 결과는 0.1%~1% 정도 차이가 날 수 있습니다. 의심할 여지없이 필자의 PC 상태 때문에 이런 오차가 발생한 것입니다. 필자는 이 조건을 통제할 방법이 없으므로 걱정하지 않습니다. 물론 더 큰 편차가 난다면 더 오랜 시간을 들여 시간을 측정할 수도 있습니다. 하지만 테스트/디버그 주기가 길어지기 때문에, 필자는 꼭 필요할 때가 아니라면 그러지 않습니다.

여러 번 실행하는 동안 몇 퍼센트의 차이가 있더라도, 각 실행마다 발생하는 상대적 차이는 1%보다 훨씬 작은 것으로 보입니다. 이는 곧 한 번의 테스트 실행 환경에서 함수의 편차를 두 번 측정하면 상대적으로 미묘한 변화를 확인할 수 있다는 말입니다.

필자는 동영상 스트리밍이나 자바 업데이트, 큰 압축 파일 해제 등을 하지 않는 조용한 컴퓨터에서 실행 시간을 측정하려 노력합니다. 실행 시간을 측정하는 도중 마우스를 움직이거나 창을 전환하지도 않으려고 합니다. PC에 오직 하나의 프로세서 코어만 있었을 때는 이런 유의 사항이 정말 중요했습니다. 하지만 현대 멀티 코어 프로세서에서는 유튜브 같은 스트리밍 서비스를 끄지 않아도 변화를 크게 느끼지 못합니다.

시간 측정 테스트에서 함수를 10,000번 호출하면, 해당 코드와 관련 데이터가 캐시에 남아 있게 됩니다. 매우 바쁜 실시간 시스템에서 최악의 경우를 가정하는 절대 시간 테스트를 수행할 때는 문제가 될 수 있습니다. 그러나 이때는 이미 커널 자체가 비결정적인 시스템에서 상대적 시간을 측정합니다. 게다가 이미 프로파일러가 최적화할 수 있다고 알려준 함수만 테스트하지요. 그리고 이 함수들은 프로그램 실행 시 캐시에 저장되므로, 반복 테스트는 실제로 현실적인 조건을 반영한다고 할 수 있습니다.

일반적으로 수정된 함수가 1% 더 빨라졌다면 수정한 보람이 없습니다. 암달의 법칙은 전체 실행 시간에 작은 영향을 주는 함수들을 아예 무의미하게 만듭니다. 10%의 향상은 약간 가치가 있습니다. 100%의 변화라면 훨씬 더 흥미롭습니다. **개발자가 큰 성능 변화를 가져오는 부분만 받아들인다면, 방법론에 크게 신경 쓸 필요가 없어집니다.**

3.4.4 스톱워치 클래스 만들기

프로그램 일부의 실행 시간을 측정하고 싶다면, 코드에 스톱워치 클래스를 추가하면 됩니다. 이 클래스는 스톱워치 기계와 똑같이 작동합니다. 스톱워치를 인스턴스화하거나 start() 멤버 함수를 호출하면, 스톱워치가 틱 카운트를 증가하기 시작합니다. 스톱워치의 stop() 멤버 함수를 호출하거나 스톱워치 클래스의 인스턴스를 파괴하면 틱 카운트를 증가하는 작동을 멈추고 경과 시간을 표시합니다.

스톱워치 클래스를 만드는 건 어렵지 않습니다. 인터넷에 관련 코드도 많이 있습니다. 필자가 사용했던 스톱워치 클래스 코드는 [예제 3-3]과 같습니다.

예제 3-3 스톱워치 클래스

```
template <typename T> class basic_stopwatch : T {
typedef typename T BaseTimer;
public:
```

```cpp
    // 생성자. 활동(activity)의 시작 타이밍을 정합니다(선택적).
    explicit basic_stopwatch(bool start);
    explicit basic_stopwatch(char const* activity = "stopwatch", bool start = true);
    basic_stopwatch(std::ostream& log, char const* activity = "stopwatch",
                    bool start = true);

    // 스톱워치를 멈추고 파괴합니다.
    ~basic_stopwatch();

    // 마지막 랩 타임(마지막으로 멈춘 시간)을 얻습니다.
    unsigned LapGet() const;

    // 스톱워치가 실행 중이라면 true를 반환합니다.
    bool IsStarted() const;

    // 누적된 시간을 보여주되 실행을 멈추지 않고 랩 타임을 설정/반환합니다.
    unsigned Show(char const* event = "show");

    // 스톱워치를 (다시) 시작하고, 랩 타임을 설정/반환합니다.
    unsigned Start(char const* event_name = "start");

    // 실행 중인 스톱워치를 멈추고, 랩 타임을 설정/반환합니다.
    unsigned Stop(char const* event_name = "stop");

private:     // 멤버
    char const*      m_activity; // "활동" 문자열
    unsigned         m_lap;      // 랩 타임(마지막으로 멈춘 시각)
    std::ostream&    m_log;      // 이벤트를 기록할 스트림
};
```

이 코드는 클래스의 정의를 그대로 코드로 옮긴 것에 불과합니다. 성능을 최대로 내기 위해 멤버 함수를 인라인화합니다.

Stopwatch의 템플릿 매개변수 T의 값을 갖는 클래스는 틱 카운터에 접근하기 위해 운영체제 및 C++ 표준에 종속적인 함수를 제공하는 더 단순한 종류의 타이머입니다. 필자는 다른 틱 카운터 구현을 테스트하려고 여러 버전의 TimerBase 클래스를 만들었습니다. T의 값을 갖는 클래스는 사용 중인 C++ 컴파일러의 지원 여부에 따라 C++ <chrono> 라이브러리를 사용하거나 운영체제에서 직접 틱을 얻을 수 있습니다. [예제 3-4]는 C++ 11 이상에서 사용 가능한 <chrono> 라이브러리를 쓴 TimerBase 클래스입니다.

```cpp
#include <chrono>
using namespace std::chrono;
class TimerBase {
public:
    // 타이머를 지웁니다.
    TimerBase() : m_start(system_clock::time_point::min()) { }

    // 타이머를 지웁니다.
    void Clear() {
        m_start = system_clock::time_point::min();
    }

    // 타이머가 실행 중이라면 true를 반환합니다.
    bool IsStarted() const {
        return (m_start.time_since_epoch() != system_clock::duration(0));
    }

    // 타이머를 시작합니다.
    void Start() {
        m_start = system_clock::now();
    }

    // 타이머가 시작한 이후 경과한 밀리초를 얻습니다.
    unsigned long GetMs() {
        if (IsStarted()) {
            system_clock::duration diff;
            diff = system_clock::now() - m_start;
            return (unsigned)(duration_cast<milliseconds>(diff).count());
        }
        return 0;
    }
private:
    system_clock::time_point m_start;
};
```

이 클래스는 운영체제 간에 이식이 가능하다는 장점이 있지만 C++11이 필요합니다.

[예제 3-5]는 리눅스 및 윈도우에서 사용 가능한 clock() 함수와 기능이 동일한 TimerBase 클래스를 보여줍니다.

```cpp
class TimerBaseClock {
public:
    // 타이머를 지웁니다.
    TimerBaseClock()        { m_start = -1; }

    // 타이머를 지웁니다.
    void Clear();           { m_start = -1; }

    // 타이머가 실행 중이라면 true를 반환합니다.
    bool IsStarted() const  { return (m_start != -1); }

    // 타이머를 시작합니다.
    void Start()            { m_start = clock(); }

    // 타이머가 시작한 이후 경과한 밀리초를 얻습니다.
    unsigned long GetMs() {
        clock_t now;
        if (IsStarted()) {
            now = clock();
            clock_t dt = (now - m_start);
            return (unsigned long)(dt * 1000 / CLOCKS_PER_SEC);
        }
        return 0;
    }
private:
    clock_t m_start;
};
```

이 클래스는 C++ 버전과 운영체제에 상관없이 이식성이 있다는 장점이 있지만, 윈도우와 리눅스에서 clock() 함수가 약간 다르게 측정된다는 단점이 있습니다.

[예제 3-6]은 이전 버전의 윈도우 및 리눅스에서 작동하는 TimerBase 클래스를 보여줍니다. 윈도우에서 gettimeofday() 함수는 윈도우 API나 C 표준 라이브러리의 일부가 아니므로 명시적으로 지정해야 합니다.

```
class TimerBaseGetTimeOfDay {
public:
    // 타이머를 지웁니다.
    TimerBaseGetTimeOfDay() { m_start.tv_sec = m_start.tv_usec = 0; }

    // 타이머를 지웁니다.
    void Clear() { m_start.tv_sec = m_start.tv_usec = 0; }

    // 타이머가 실행 중이라면 true를 반환합니다.
    bool IsStarted() const  {
        return (m_start.tv_sec != 0) | (m_start.tv_usec != 0);
    }

    // 타이머를 시작합니다.
    void Start()             { gettimeofday(&m_start, NULL); }

    // 타이머가 시작한 이후 경과한 밀리초를 얻습니다.
    unsigned GetMs() {
        timeval now;
        if (IsStarted()) {
            gettimeofday(&now, NULL);
            long dt = (now.tv_sec * 1000000 + now.tv_usec) - (m_start.tv_sec * 1000000
+ m_start.tv_usec);
            return (unsigned long)(dt + 500) / 1000; // round to mSec
        }
        return 0;
    }
private:
    timeval m_start;
};
```

이 클래스는 C++ 버전과 운영체제에 상관없이 이식이 가능하다는 장점이 있지만, 윈도우에서
사용할 때는 gettimeofday() 함수를 구현해야 합니다.

스톱워치 클래스를 가장 간단하게 사용하는 방법은 RAII$^{\text{resource acquisition is initialization}}$ (자원 획득은 초기화)[10]를 사용하는 방법입니다. 프로그램에서 중괄호로 묶인 문장 집합의 시작 부분에 스톱워치 클래스를 인스턴스화합니다. 스톱워치가 인스턴스화되면, 시간 측정을 시작하는 게 기본 작동입니다. 중괄호를 닫아 스톱워치를 파괴하면 누적된 시간을 출력합니다. 프로그램은 스톱워치의 show() 멤버 함수를 호출해 프로그램을 실행하는 동안 누적된 시간을 출력할 수 있습니다. 이로써 개발자는 하나의 타이머로 몇 개의 연결된 코드 영역에 스톱워치 클래스를 추가할 수 있습니다. 예를 들어 다음과 같은 식입니다.

```
{
    Stopwatch sw("activity");
    DoActivity();
}
```

이 코드를 실행하면 표준 출력에 다음 두 줄을 출력합니다.

```
activity: start
activity: stop 1234ms
```

스톱워치는 실행하는 동안에는 오버헤드가 없습니다. 시작 및 정지 시 지연 시간은 현재 시각을 얻기 위한 시스템 호출 비용과 show() 멤버 함수가 호출될 경우 출력을 생성하는 비용으로 구성됩니다. 이 지연 시간은 수십 밀리초 이상 걸리는 작업의 시간을 측정할 때에는 중요하지 않습니다. 개발자가 마이크로초 걸리는 작업의 시간을 측정할 때에는 오버헤드가 중요해지고 따라서 시간 측정의 정확도가 떨어지게 됩니다.

실행 시간 측정의 가장 큰 약점은 결과를 해석하는 데 직관과 경험이 필요하다는 점입니다. 개발자는 반복된 측정을 거쳐 특정 영역으로 범위를 좁힌 뒤, 실행 시간을 많이 잡아먹는 부분을 식별하고 제거하기 위해 코드를 검사하거나 실험을 수행해야 합니다. 코드를 검사할 때는 개발자 자신의 경험이나 이 책에서 다루는 어림짐작 방법을 사용합니다. 어림짐작 방법, 즉 경험 법칙은 런타임 비용이 높은 코드를 식별하는 것을 도와준다는 장점이 있습니다. 반면 가장 많은 실행 시간을 소요하는 곳을 명확하게 가리키지 않는 것은 단점입니다.

---

10 감수자_ C++에서 생성자로 생성이 완료된 객체(자원)는 필요한 모든 초기화를 포함한 유효한 자원이어야 한다는 의미로 주로 사용됩니다. 또한 생성자가 모든 자원을 획득하고 초기화한다면, 반대로 소멸자에서 모든 자원을 해제하고, 정리하고, 반환해야 한다는 의미도 내포합니다.

3.4.5 테스트 하네스에서 실행 시간이 긴 함수 측정하기

일단 프로파일러 또는 런타임 분석으로 하나의 함수를 최적화 후보로 지정했다면, 함수를 여러 번 호출하는 테스트 하네스를 구축해 쉽게 작업할 수 있습니다. 또한 백그라운드 작업, 콘텍스트 전환 등으로 발생한 런타임에서의 편차를 제거합니다. 독립적으로 함수의 편집/컴파일/실행 주기를 측정하는 것이 편집/컴파일/실행 후 프로파일러를 실행하고 출력을 검사하는 것보다 빠릅니다. 이 책의 많은 예제는 이 기법을 사용합니다.

시간을 측정하는 테스트 하네스는 단순히 반복문에서 함수를 여러 번, 예를 들어 10,000번 호출하는 식이며 이 반복문을 감싸서 스톱워치를 호출합니다(예제 3-7).

예제 3-7 시간을 측정하는 테스트 하네스

```
typedef unsigned counter_t;
counter_t const iterations = 10000;
    ...
{
    Stopwatch sw("function_to_be_timed()");
    for (counter_t i = 0; i < iterations; ++i) {
        result = function_to_be_timed();
    }
}
```

반복 횟수는 추측해야 합니다. 스톱워치에서 사용하는 틱 카운터가 약 10밀리초의 유효 해상도를 갖는다면, 데스크톱 프로세서에서 총 실행 시간은 수백에서 수천 밀리초가 되어야 합니다.

예제와 같이 간단한 함수라면 변수가 64비트 `unsigned long long` 타입이어야 시간을 측정할 수 있으므로 `unsigned` 또는 `unsigned long` 대신 `counter_t` 타입을 사용했습니다. 타입을 바꿔야 할 경우 모든 타입 이름을 다시 입력하는 방법보다는 `typedef`를 사용하는 방법이 훨씬 편합니다. 이는 최적화 과정의 최적화라고 말할 수 있겠습니다.

중요한 것은 가장 바깥쪽에 있는 중괄호 집합입니다. 중괄호는 `Stopwatch` 클래스의 인스턴스인 `sw`가 존재하는 범위를 정의합니다. `Stopwatch`는 RAII를 사용하기 때문에, `sw` 생성자는 시작 틱 수를 가져오고 소멸자는 마지막 틱 수를 가져와 결과를 표준 출력 스트림에 넣습니다.

3.5 코드 비용 추정하기

필자는 경험으로 프로파일링과 런타임 측정이 최적화 후보를 찾는 효과적인 방법이라는 것을 알게 되었습니다. 프로파일러는 자주 호출되거나 전체 처리 시간 중 상당 부분을 차지하는 함수를 가리킬 수도 있습니다. 하지만 특정 C++ 문장을 콕 집어 범인으로 지목하기는 어렵습니다. 프로파일링을 위해 시간을 측정하는 코드의 비용이 매우 높은 경우도 있기 때문입니다. 또한 실행 시간을 측정할 때, 특정한 한 문제가 아니라 커다란 코드 블록 전체가 지목될 수도 있습니다.

개발자가 취할 다음 단계는 식별된 블록에서 각 문장의 비용을 추정estimate하는 것입니다. 이 단계는 정리를 증명하는 것처럼 정밀한 작업은 아닙니다. 대부분 코드 비용을 높이는 고비용 문장이나 구조체를 찾는 약식 검사로 얻을 수 있습니다.

3.5.1 C++ 문장의 비용 추정하기

'2.2.1절 메모리는 느립니다'에서 설명했듯이, 메모리에 접근하는 시간 비용은 다른 모든 명령을 실행하는 비용을 압도합니다. 토스터나 커피 메이커에서 사용하는 간단한 마이크로프로세서에서 명령을 가져오는 시간은 말 그대로 메모리에서 명령의 각 바이트를 읽는 시간과 명령의 입력으로 필요한 데이터를 읽는 시간, 그리고 명령의 결과인 데이터를 쓰는 시간을 모두 더한 시간과 같습니다. 명령 자체를 디코딩해서 실행하는 시간은 메모리에 접근하는 시간 아래에 숨겨져 있는 비교적 짧은 시간에 불과합니다.

데스크톱급 마이크로프로세서에서 상황은 더욱 복잡해집니다. 데스크톱급 마이크로프로세서는 다양한 단계에서 많은 명령을 동시에 실행합니다. 메모리에서 명령어들을 읽어오는 비용은 숨겨져 있습니다. 그러나 명령이 작동하는 데이터에 접근하는 비용은 숨기기 어렵습니다. 이러한 이유로 데이터를 읽고 쓰는 비용은 모든 종류의 마이크로프로세서에서 명령을 실행하는 상대적인 비용을 추정하는 데 사용할 수 있습니다.

C++ 문장의 비용이 얼마나 높은지 추정할 때 유용한 경험 법칙이 있습니다. 문장이 **메모리를 몇 번 읽고 썼는지 세는 것**입니다. 예를 들어 문장 a = b + c; (여기서 a, b, c는 정수)은 b와 c 위치에 해당하는 메모리에서 값을 읽어야 하고, 합계는 a 위치에 해당하는 메모리에 값을 써야 합니다. 따라서 이 문장은 메모리 접근 비용이 3번 듭니다. 메모리 접근 횟수는 마이크로프로세서 명령 집합에 따라 달라지지 않습니다. 이 비용은 문장에서 피할 수 없는 비용입니다.

r = *p + a[i];의 비용은 다음과 같이 계산할 수 있습니다. i를 읽으려고 1번, a[i]를 읽으려고 1번, p를 읽으려고 1번, *p가 가리키는 데이터를 읽으려고 1번, 결과를 r에 쓰려 1번 접근해 총 5번의 메모리 접근 비용이 듭니다. 메모리 접근 시 함수 호출 비용은 '7.2.1절 함수 호출 비용'에서 설명합니다.

이러한 방법은 경험 법칙이 중요합니다. 실제 하드웨어에서는 문장을 수행하는 명령을 가져오려면 메모리 접근이 추가로 필요합니다. 그러나 이러한 접근은 순차적이므로 대부분 효율이 매우 높고, 어차피 데이터 접근 비용에 비례합니다. 컴파일러는 이전 계산을 재사용하거나 코드의 정적 분석을 활용해 일부 접근을 최적화하기도 합니다. 또한 단위 시간 비용은 C++ 문장이 접근하는 메모리가 캐시에 있는지에 따라 달라집니다.

하지만 다른 요인이 모두 같다면 문장에서 사용하는 데이터에 접근하려고 메모리를 얼마나 많이 읽고 쓰는지가 문제입니다. 경험 법칙은 완벽하지는 않지만, 컴파일러의 중간 언어인 어셈블리 언어(지루한데다 배우는 보람도 없습니다)를 읽고 싶지 않다면 이게 최선입니다.

3.5.2 반복문의 비용 추정하기

C++ 문장은 일반적으로 메모리에 몇 번만 접근하기 때문에, 매우 자주 실행하게 만드는 다른 요인이 없다면 단독으로 실행하는 문장은 실행 시간을 그다지 소요하지 않을 것입니다. 매우 자주 실행하게 만드는 요인 중 하나는 문장이 반복문 안에 있는 것입니다. 이때 문장의 비용은

실행 횟수만큼 곱해집니다.

운이 좋으면 자신이 얼마나 많이 실행되는지 대놓고 외치는 코드를 쉽게 찾을 때도 있습니다. 프로파일러는 백만 번 호출되는 단일 함수나, 다음과 같이 반복문에 포함된 함수를 지목할 것입니다.

```
for (int i = 1; i < 1000000; ++i) {
    do_something_expensive();
    if (mostly_true) {
        do_more_suff();
        even_more();
    }
}
```

이 반복문은 명백하게 백만 번 실행되므로 매우 많이 실행된다는 걸 알 수 있습니다. 이 반복문을 최적화하려면 작업을 약간 해야 합니다.

중첩 반복문에서 반복 횟수 추정하기

반복문이 다른 반복문 안에 중첩되어 있을 경우, 코드 블록의 반복 횟수는 내부 반복문의 반복 횟수와 외부 반복문의 반복 횟수를 곱한 값입니다. 예를 들어 다음 코드를 봅시다.

```
for (int i = 0; i < 100; ++i) {
    for (int j = 0; j < 50; ++j) {
        fiddle(a[i][j]);
    }
}
```

이 코드 블록의 반복 횟수는 $100 \times 50 = 5,000$번입니다.

이 코드는 매우 직설적이지만 무한히 변형될 수 있습니다. 한 예로 행렬의 위 또는 아래 삼각형 부분의 원소만 반복하는 코드가 있습니다. 코딩 습관이 좋지 않아 중첩 반복문의 윤곽을 식별하기 어려운 경우도 있습니다.

중첩 반복문을 한눈에 파악하기 어려울 수도 있습니다. 반복문에서 함수를 호출하고 그 함수가 다른 반복문을 포함한다면 내부 반복문은 중첩 반복문이 됩니다. '7.1.8절 반복문을 함수 안에 넣어 호출 오버헤드를 줄이세요'에서 설명하겠지만 때로는 외부 반복문에서 함수를 반복 호출하는 비용을 제거할 수 있습니다.

표준 라이브러리 함수, 특히 문자열 처리나 문자 I/O 함수 내에 내부 반복문을 포함할 수 있습니다. 반복 횟수가 충분히 크다면 표준 라이브러리 함수의 내용을 다시 코딩해 호출 비용을 없애는 게 좋습니다.

변수의 반복 횟수로 반복문 추정하기

모든 반복문이 반복 횟수를 명확하게 제공하지는 않습니다. 많은 반복문은 어떤 조건이 발생할 때까지 반복합니다. 공백을 찾을 때까지 문자를 처리하거나 숫자가 아닌 문자를 찾을 때까지 숫자를 처리하는 반복문이 그 예입니다. 이러한 반복문의 반복 횟수도 추정할 수 있습니다. 숫자는 다섯 자리, 단어는 여섯 글자 등 대략적으로 추정하면 됩니다. 목표는 어디까지나 최적화 후보를 찾는 것입니다.

묵시적 반복문 인식하기

이벤트를 처리하는 프로그램(예를 들어 윈도우 UI 프로그램)은 최상위 수준에서 묵시적 루프를 돌립니다. 이 반복문은 프레임워크에 숨겨져 있어 프로그램에서는 보이지 않습니다. 프레임워크가 가능한 최대 속도로 이벤트를 공급한다고 할 때, 이벤트가 전달되기 전이나 전달되는 도중에 이벤트 핸들러가 제어권을 확보할 때마다 실행되는 코드는 자주 실행되는 경우가 많습니다. 가장 자주 발생하는 이벤트의 코드도 마찬가지입니다.

거짓 반복문 인식하기

while문과 do문이 모두 반복문은 아닙니다. 필자는 제어 흐름을 원활하게 하려는 목적으로 do문을 사용한 코드를 본 적이 있습니다. 다음에 나오는 간단한 예제는 더 나은 코드로 작성할 수 있습니다. 하지만 더 복잡한 if-else문으로 만들어보면, 이 표현 방법이 이치에 맞는다는 사실을 알게 됩니다. 다음 '반복문'은 정확히 한 번 실행됩니다. while(0)에 도달하면, 반복문을 빠져나갑니다.

```
do {
    if (!operation1())
        break;
    if (!operation2(x, y, z))
        break;
```

```
} while(0);
```

이러한 관용적 표현은 여러 문장을 C 스타일 매크로로 패키징하는 데 사용되곤 합니다.

3.6 최적화할 코드를 찾는 다른 방법

코드에 익숙한 개발자는 직감만으로 런타임 전체에 영향을 줄 수 있는 코드 영역에 대한 가설을 세우고, 그 영역에서 한 부분을 변경해 전체 성능이 향상되는지 여부를 확인하는 실험을 수행하기도 합니다.

자기 혼자만의 만족을 추구하는 게 아닌 이상, 필자는 이러한 방법을 권하지 않습니다. 프로파일러나 타이머를 사용해 코드의 실행 시간을 측정하면 동료 및 관리자에게 최적화 작업을 진행함을 확인해줄 수 있습니다. 혼자서 감으로 작업을 진행한다면 결과를 제대로 내지 못할 겁니다. 혹은 심지어 결과를 낸다고 해도 팀원들이 여러분의 방법론에 의문을 제기할 것이고 아무리 좋은 일을 하든 거기에 집중할 수 없게 할 것입니다. 또한 팀원은 응당 그렇게 행동해야 합니다. 팀원의 관점에서는 여러분이 고도로 숙련된 직감을 발휘하는지, 아니면 이것저것 무작위로 시도하는지 알 길이 없습니다

> **최적화 전쟁 이야기**
>
> 필자는 개인적으로 경험과 직감을 혼합해서 사용했습니다. 예전에 필자는 대화형 게임 프로그램에서 응답 없는 시작 시간을 16초(허용 불가능한 수준)에서 약 4초로 줄였습니다. 불행하게도 그당시 필자는 기준이 되는 기존 코드의 측정 시간을 저장하지 않았습니다. 필자의 관리자는 시작시간이 8초에서 4초로 줄었다고 믿었는데 그게 필자가 보여줄 수 있는 측정 시간이었기 때문입니다. 근거를 중시하는 이 관리자는 기존 코드를 프로파일러로 측정하고 결과를 구하기 시작했습니다. 대단히 흥미롭게도, 관리자의 프로파일러는 필자가 직감했던 것과 거의 같은 함수 목록을 찾아냈습니다. 그럼에도 필자에 대한 최적화 전문가로서의 신뢰는 사라져버렸습니다. 체계적인 방법으로 작업을 수행하지 않았기 때문입니다.

3.7 마치며

- 성능은 반드시 측정해야 합니다.

- 테스트 가능한 예측을 만들고 적어둡니다.

- 코드 변경 사항을 기록해둡니다.

- 각 테스트를 문서화했다면, 빠르게 반복 수행할 수 있습니다.

- 프로그램 코드의 10%가 실행 시간의 90%를 소비합니다.

- 정확한 측정을 위해서는 정밀하고 동시에 충실해야 합니다.

- 해상도는 정확하지 않습니다.

- 윈도우의 clock() 함수는 신뢰할 수 있는 1밀리초 클록 틱을 제공합니다. 윈도우 8 이상에서는 GetSystemTimePreciseAsFileTime() 함수가 1마이크로초 미만 틱을 제공합니다.

- 개발자가 큰 성능 변화를 가져오는 부분만 받아들인다면, 방법론에 크게 신경 쓸 필요가 없어집니다.

- C++ 문장의 비용이 얼마나 높은지 추정하려면, 문장이 메모리를 몇 번 읽고 썼는지 세면 됩니다.

CHAPTER 4

문자열 최적화

용기있는 자만이 마법의 선율을 연주하고

요란한 명성이 자랑스러운 대가로 주어지겠지만

아아, 노래하지 않는 자들이여,

자기 안의 음악과 함께 죽으리

— 올리버 웬들 홈스, 「소리 없는 자들」(1858)

C++의 **std::string**은 C++ 표준 라이브러리에서 많이 사용하는 기능 중 하나입니다. 예를 들어, 구글 크로미움 개발자 포럼(*http://bit.ly/chromium-dev*)에 따르면 **std::string**은 크로미움의 메모리 관리자를 호출하는 모든 코드 중 절반을 차지한다고 합니다. 문자열을 조작하는 코드는 자주 실행되므로 최적화한다면 최고의 효과를 낼 수 있습니다. 이 장에서는 최적화에서 항상 이야기하는 문자열의 성능을 어떻게 개선하는지 설명합니다.

4.1 문자열이 왜 문제인가요

문자열의 개념은 단순하지만 효율적으로 구현하기에는 미묘한 점이 있습니다. **std::string**의 기능 중 몇 가지를 잘못 조합하면 비효율적인 방법으로 작동합니다. 이 책을 쓸 당시에 대중적으로 사용하던 컴파일러들은 **std::string**을 비효율적인 방법으로 구현했습니다.

또한 std::string은 새 C++ 표준에서 바뀐 부분을 반영하기 위해 수년 동안 바뀌었습니다. C++98을 준수하는 컴파일러에서 std::string을 구현한 방법과 C++11 이후 표준을 준수하는 컴파일러에서 std::string을 구현한 방법은 서로 다를 수 있습니다. 즉, 기존에 작동하던 코드가 새 표준에서는 작동하지 않을 수도 있습니다.

문자열에는 구현과 관계없이 비용이 높은 함수가 있습니다. **이 함수들은 메모리를 동적으로 할당하고, 표현식에서 값처럼 작동하며 내부에서 복사를 많이 합니다.**

4.1.1 문자열은 메모리를 동적으로 할당합니다

문자열은 내용을 보관하는 데 필요한 만큼 자동으로 크기가 커져 편리합니다. 반면, C 라이브러리 함수(strcat(), strcpy() 등)는 고정 크기를 갖는 문자 배열을 사용합니다. 문자열은 필요한 만큼 크기를 만들기 위해 메모리를 동적으로 할당합니다. 동적 할당은 다른 C++ 기능보다 비용이 많아서, 문자열은 최적화가 필요한 부분이 될 수 있습니다. 동적 할당된 저장 공간은 문자열 변수가 범위를 벗어나거나 새 값을 변수에 대입할 때 자동으로 해제됩니다. 자동 해제 방법은 다음 코드와 같이 동적 할당된 C 스타일 문자 배열의 수동 해제 방법보다 편리합니다.

```
char* p = (char*) malloc(7);
strcpy(p, "string");
    ...
free(p);
```

문자열을 저장하는 내부 버퍼는 고정 크기를 갖습니다. 기존 문자열에 새 문자나 문자열을 추가하면 문자열이 길어져 내부 버퍼의 크기를 초과할 수 있습니다. 내부 버퍼의 크기를 초과하면 메모리 관리자에서 새 버퍼를 가져온 뒤 문자열을 새 버퍼에 복사합니다.

std::string은 문자열이 길어지면 내부 버퍼를 다시 할당하는 비용을 절약하기 위해 트릭을 사용합니다. 문자열은 필요한 문자열 길이보다 더 큰 공간을 할당합니다. 이때 얼마나 더 큰 공간을 할당할 것인지는 구현에 따라 달라집니다. 예를 들어 요청한 문자열 길이보다 큰 2의 거듭제곱 값으로 공간을 할당합니다(예를 들어, 필요한 문자열 길이가 5라면 8의 공간을 할당합니다). 그리고 내부 버퍼의 크기를 현재 할당된 크기의 2배로 만들 수 있습니다. 따라서 다음에 문자열의 길이를 늘려야 하는 경우가 생기더라도 내부 버퍼에 충분한 공간이 있으므로 새 버퍼를 할당할 필요가 없습니다. 이 트릭의 장점은 문자열이 길어질수록 문자를 추가하는 비용이 점진적으로 상수에 가까워진다는 것입니다. 단점은 문자열이 사용하지 않는 공간을 갖는다는 것입니다. 만약 문자열이 그보다 큰 2의 거듭제곱 값을 공간의 크기로 할당한다면 저장 공간의 절반을 사용하지 않을 수도 있습니다.

4.1.2 문자열은 값입니다

문자열은 대입문과 표현식에서 **값**처럼 작동합니다(6.1.3절 값 객체와 엔티티 객체 참고). 2와 3.14159 같은 수치 상수는 값입니다. 변수에 새 값을 대입할 수 있지만, 변수를 변경한다고 해서 원래의 변숫값이 변하지는 않습니다. 예를 들어 다음과 같습니다.

```
int i, j;
i = 3;          // i의 값은 3입니다.
j = i;          // j의 값도 3입니다.
i = 5;          // i의 값은 5, j의 값은 3입니다.
```

하나의 문자열을 다른 문자열로 대입하는 경우도 같은 방법으로 작동합니다. 마치 문자열 변수마다 각각의 복사본을 가진 것처럼 작동합니다.

```
std::string s1, s2;
s1 = "hot";          // s1은 "hot"입니다.
s2 = s1;             // s2는 "hot"입니다.
s1[0] = 'n';         // s2는 "hot", s1은 "not"입니다.
```

문자열이 값이기 때문에 문자열 표현식의 결과도 값입니다. s1 = s2 + s3 + s4; 처럼 문자열을 연결하면 s2 + s3의 결과는 새로 할당된 임시 문자열 값입니다. 이 임시 문자열에 s4를 연결하면 **또 다른** 임시 문자열 값이 됩니다. 이 값은 s1의 이전 값을 대체합니다. 그 뒤에는 첫 번째 임시 문자열에 동적 할당된 저장 공간과 s1의 이전 값이 해제됩니다. 결국 메모리 관리자를 많이 호출하게 됩니다.

4.1.3 문자열은 복사를 많이 합니다

문자열은 값처럼 작동하므로 문자열을 수정하더라도 다른 문자열은 수정되지 않아야 합니다. 그러나 문자열에는 내용을 수정하는 함수들이 있습니다. 문자열 변수는 이 함수들 때문에 각각의 복사본을 가진 것처럼 작동해야 합니다. 이 작동을 구현하는 가장 간단한 방법은 생성할 때, 대입할 때, 함수에 인수로 전달할 때 문자열을 복사하는 방법입니다. 이 방법으로 문자열을 구현하면 대입하거나 인수로 전달하는 비용은 크지만, 함수와 const가 아닌 참조를 변형하는 비용은 크지 않습니다.

값처럼 작동하지만 복사하는 비용이 큰 것을 설명하는 프로그래밍 용어가 있는데, 이를 카피온라이트^{copy-on-write}(COW)라고 합니다. C++ 문서에서는 축약해 COW라고 표기합니다(6.5.5절 COW 구현하기 참고). COW 문자열은 동적 할당된 저장 공간을 서로 공유할 수 있습니다. 참조 수로 각 문자열이 공유하는 저장 공간을 사용하는지 알 수 있습니다. 한 문자열을 다른 문자열에 대입하면 값이 아닌 포인터를 복사하며 참조 수를 증가시킵니다. 문자열을 수정하는 함수는 우선 해당 저장 공간을 가리키는 포인터가 하나만 있는지 확인합니다. 여러 문자열이 저장 공간을 가리키는 경우, 새 저장 공간을 할당하고 함수를 수행하기 전에 문자열의 복사본을 만듭니다.

```
COWstring s1, s2;
s1 = "hot";          // s1의 값은 "hot"입니다.
s2 = s1;             // s2의 값은 "hot"입니다(s1과 s2는 같은 저장 공간을 가리킵니다).
s1[0] = 'n';         // s1을 변경하기 전에
                     // 저장 공간의 새 복사본을 만듭니다.
                     // s2의 값은 "hot"이고, s1의 값은 "not"입니다.
```

개발자들은 std::string이 COW 방법으로 구현되었다고 생각합니다. 그러나 **C++11 표준에서는 문제가 발생할 수 있어 허용하지 않습니다.**

문자열이 COW 방법으로 구현된 경우 대입하거나 인수를 전달하는 비용은 크지 않습니다. 하지만 문자열을 공유하는 방법이기 때문에 const가 아닌 참조의 내용을 수정하면 할당 및 복사 연산을 위한 추가 비용이 발생합니다. COW 문자열은 동시성 코드에서조차 비용이 많이 듭니다. 내용을 수정하는 모든 함수와 const가 아닌 참조는 참조 수가 저장된 메모리에 접근합니다. 여러 스레드에서 참조 수에 접근할 때, 각 스레드는 특수 명령을 사용해 메인 메모리에서 참조 수의 복사본을 가져와 다른 스레드가 값을 변경하지 않았는지 확인합니다(12.2.7절 공유

변수에 대한 원자적 연산 참고).

C++11 표준 이후에는 우측값 참조와 이동 문법^move semantics^(6.6절 이동 문법 구현하기 참고) 덕분에 복사하는 비용이 많이 낮아졌습니다. 함수의 인수가 우측값에 대한 참조일 때, 문자열이 실제로 우측값 표현식이라면 포인터를 복사하기 때문에 비용이 낮으며 복사본을 만들지 않아도 됩니다.

4.2 문자열 최적화 첫 번째 시도

대규모 프로그램을 프로파일링한다고 가정해봅시다. 프로파일링을 해보니 [예제 4-1]에서 재작성한 remove_ctrl() 함수가 프로그램에서 시간을 많이 소비한다는 사실을 알게 되었습니다. 이 함수는 ASCII 문자로 된 문자열에서 제어 문자를 제거합니다. 겉으로 보기에는 아무 문제가 없어 보이지만, 여러 이유로 성능이 좋지 않습니다. 이 함수는 성능을 고려하지 않고 코딩 작업을 끝냈을 때 어떤 문제가 있는지 보여줍니다.

예제 4-1 remove_ctrl(): 최적화할 곳이 많은 함수

```
std::string remove_ctrl(std::string s) {
    std::string result;
    for (int i = 0; i < s.length(); ++i) {
        if (s[i] >= 0x20)
            result = result + s[i];
    }
    return result;
}
```

remove_ctrl()은 반복문에서 인수로 전달된 문자열 s의 각 문자를 처리하는데, 이 부분이 최적화해야 할 곳입니다. if문은 문자열에서 하나의 문자를 가져와 리터럴 상수와 비교하는데, 이 부분은 문제가 없습니다. 하지만 if문의 결과가 참일 때 실행되는 문장 result = result + s[i];은 이야기가 다릅니다.

전에 말했듯이 문자열 연결 연산자는 비용이 높습니다. 그렇다면 문자열 연결 연산자는 어떤 방법으로 작동할까요? 먼저 메모리 관리자를 호출해 연결된 문자열을 저장하는 임시 문자열

객체를 생성합니다. remove_ctrl()의 인수가 출력 가능한 문자열이라면, s에 있는 문자마다 임시 문자열 객체를 생성합니다. 예를 들어 문자열이 100개의 문자로 이루어져 있다면 임시 문자열을 위한 저장 공간을 만들기 위해 메모리 관리자를 100번 호출하고 저장 공간을 해제하기 위해 또 100번 호출합니다.

문자열을 연결한 결과를 저장하기 위해 임시 문자열을 할당할 뿐만 아니라 문자열 표현식을 result에 대입할 때, 문자열을 어떻게 구현했느냐에 따라 문자열을 추가로 할당할 수 있습니다.

- 문자열을 COW 방법을 사용해 구현했다면, 대입 연산자는 포인터를 복사하고 참조 수를 증가시킵니다.

- 문자열을 공유하지 않는 버퍼로 구현했다면, 대입 연산자는 임시 문자열의 내용을 복사합니다. 단순하게 구현했거나 result의 버퍼가 충분한 공간을 가지지 않는 경우, 대입 연산자는 새 버퍼를 할당해 복사합니다. 결국 복사 연산과 할당이 100번씩 호출됩니다.

- 문자열을 C++11 스타일의 우측값 참조 및 이동 문법으로 구현했다면, 컴파일러는 result의 이동 대입 연산자를 호출할 수 있습니다. 연결 표현식의 결과가 우측값이기 때문입니다. 결과적으로 프로그램은 효율적으로 포인터를 복사합니다.

또한 연결 연산이 실행될 때마다 이전에 처리했던 모든 문자를 임시 문자열로 복사합니다. 문자열이 n개의 문자로 이루어져 있다면, remove_ctrl()은 $O(n^2)$개의 문자들을 복사합니다.

remove_ctrl()은 길이가 짧고 독립적으로 실행되는 함수이기 때문에, 최적화로 성능을 얼마나 개선할 수 있는지를 정확하게 측정할 수 있는 테스트 하네스를 만들 수 있습니다. 이미 3장에서 테스트 하네스를 구축하고 성능을 측정하는 방법을 다뤘습니다. 테스트 하네스를 위한 코드와 책에 있는 다른 코드는 필자의 웹 사이트(*http://www.guntheroth.com*)에서 다운로드할 수 있습니다.

필자는 제어 문자를 포함해 총 222개의 문자로 된 문자열을 인수로 전달해 remove_ctrl()을 반복적으로 호출하는 시간 측정 테스트 코드를 작성했습니다. 함수를 한 번 호출하는 데 평균 24.8마이크로초가 걸렸습니다. 이는 필자의 PC(Intel i7 태블릿), 운영체제(윈도우 8.1) 및 컴파일러(비주얼 스튜디오 2010, 32비트, 릴리스 빌드)에서 측정한 수치이므로 그다지 중요하지 않습니다. 하지만 성능이 얼마나 개선되었는지를 알 수 있는 기준선을 만들어줍니다.

다음 절에서는 최적화하는 과정을 단계별로 설명하고 각 단계마다 remove_ctrl() 함수의 성능이 얼마나 개선되었는지를 살펴봅니다.

4.2.1 문자열의 내용을 변경하는 연산자로 임시 문자열 제거하기

필자는 할당 및 복사 연산을 제거해 remove_ctrl()을 최적화하기 시작했습니다. [예제 4-2]
는 개선된 remove_ctrl() 함수를 보여주는데, 임시 문자열 객체를 생성하는 기존 연산자 대
신 문자열의 내용을 변경하는 연결 연산자 +=를 사용합니다.

예제 4-2 remove_ctrl_mutating(): 문자열의 내용을 변경하는 연산자를 사용

```cpp
std::string remove_ctrl_mutating(std::string s) {
    std::string result;
    for (int i = 0; i < s.length(); ++i) {
        if (s[i] >= 0x20)
            result += s[i];
    }
    return result;
}
```

연산자 하나를 바꿨을 뿐인데 성능에 큰 영향을 줍니다. 위 코드로 시간 측정 테스트를 한 결과
함수를 한 번 호출하는 데 평균 1.62마이크로초가 걸렸습니다(13배 개선). 연결 표현식의 결
과를 저장하려고 임시 문자열 객체를 할당하는 코드와 임시 문자열 객체와 연관된 복사 및 삭
제 연산을 모두 제거해 성능을 개선했습니다. 문자열의 구현 방법에 따라 대입할 때 발생하는
할당 및 복사 연산도 같이 제거됩니다.

4.2.2 저장 공간을 예약해 재할당 줄이기

remove_ctrl_mutating() 함수는 여전히 result가 길어지게 하는 연산을 수행하는데, 내부
버퍼의 크기를 초과하면 메모리 관리자에서 새 버퍼를 가져온 뒤 result를 새 버퍼에 복사합
니다. 이때, 새 버퍼의 크기를 기존 버퍼 크기의 2배로 늘리도록 구현할 수 있습니다. 이 방법
으로 std::string을 구현하면 100개의 문자로 된 문자열을 저장하기 위해 재할당을 최대 8번
해야 합니다.

문자열이 대부분 출력 가능하고 수정할 수 있는 문자라면, 문자열 인수 s의 길이로 결과 문자열의 최종 길이를 훌륭하게 추정할 수 있습니다. [예제 4-3]에서는 std::string의 reserve() 멤버 함수로 추정한 저장 공간을 미리 할당해 remove_ctrl_mutating()의 성능을 개선합니다. reserve()를 사용하면 문자열 버퍼를 재할당하는 연산을 제거할 수 있을 뿐만 아니라 함수에서 접근하는 데이터의 캐시 지역성도 향상되므로 일거양득입니다.

예제 4-3 remove_ctrl_reserve(): 저장 공간 예약

```cpp
std::string remove_ctrl_reserve(std::string s) {
    std::string result;
    result.reserve(s.length());
    for (int i = 0; i < s.length(); ++i) {
        if (s[i] >= 0x20)
            result += s[i];
    }
    return result;
}
```

할당하는 부분을 제거하면 성능이 크게 개선됩니다. remove_ctrl_reserve()로 시간 측정 테스트를 한 결과 한 번 호출하는 데 평균 1.47마이크로초가 걸렸습니다. remove_ctrl_mutating()보다 17%나 빨라졌습니다.

4.2.3 문자열 인수의 복사 제거하기

지금까지 메모리 관리자를 호출하는 코드를 제거해 remove_ctrl()을 최적화했습니다. 또 제거할 수 있는 코드가 있는지 계속 찾아봅시다.

문자열 표현식을 함수로 전달하면 형식 인수(여기서는 s)를 복사 생성합니다. 문자열의 구현 방법에 따라 형식 인수를 복사할 수도 있습니다.

- 문자열을 COW 방법을 사용해 구현했다면, 컴파일러는 포인터를 복사하고 참조 수를 증가하는 복사 생성자를 호출합니다.

- 문자열을 공유하지 않는 버퍼로 구현했다면, 복사 생성자는 새 버퍼를 할당하고 인수의 내용을 복사합니다.

- 문자열을 C++11 스타일의 우측값 참조 및 이동 문법으로 구현했다면, 인수의 종류에 따라 작동이 달라집니다. 인수가 표현식이라면 우측값이므로 컴파일러는 포인터를 복사하는 이동 생성자를 호출합니다. 인수가 변수라면 형식 인수의 복사 생성자가 호출되어 할당 및 복사가 일어납니다. 우측값 참조 및 이동 문법은 '6.6절 이동 문법 구현하기'에서 자세히 설명합니다.

[예제 4-4]의 remove_ctrl_ref_args()는 호출 시 s를 절대로 복사하지 않도록 개선한 함수입니다. 이 함수는 s를 수정하지 않기 때문에 따로 복사할 필요가 없습니다. 대신 remove_ctrl_ref_args()는 인수로 const 참조를 사용합니다. 이는 할당하는 비용을 절약합니다. 할당 연산은 비용이 많이 들기 때문에 하나라도 제거할 수 있다면 그만한 가치가 있습니다.

예제 4-4 remove_ctrl_ref_args(): 인수의 복사 제거하기

```
std::string remove_ctrl_ref_args(std::string const& s) {
    std::string result;
    result.reserve(s.length());
    for (int i = 0; i < s.length(); ++i) {
        if (s[i] >= 0x20)
            result += s[i];
    }
    return result;
}
```

하지만 결과는 예상 밖이었습니다. remove_ctrl_ref_args()로 시간 측정 테스트를 한 결과, 한 번 호출하는 데 평균 1.60마이크로초가 걸렸습니다. remove_ctrl_reserve()보다 8%나 느려졌습니다.

왜 이런 결과가 나왔을까요? 비주얼 스튜디오 2010은 함수 호출 시 문자열의 값을 복사하므로 인수의 복사를 제거하면 할당 비용을 절약할 수 있습니다. 그렇다면 실제로 비용이 절약되지 않았거나 s를 문자열 참조로 바꿔서 절약한 비용을 다른 곳에서 소비 중이어야 말이 됩니다.

참조 변수는 포인터로 구현됩니다. remove_ctrl_reserve()에서는 s를 역참조할 필요가 없었지만, remove_ctrl_ref_args()에서는 s가 참조라 포인터를 역참조해야 합니다. 결국, 포인터를 역참조하는 비용 때문에 성능이 저하된 것입니다.

4.2.4 반복자로 포인터 역참조 제거하기

[예제 4-5]와 같이 문자열에 반복자^{iterator}를 사용하면 성능 저하 문제를 해결할 수 있습니다. 문자열 반복자는 문자 버퍼를 가리키는 포인터인데, 포인터를 역참조하는 데 드는 비용을 절약할 수 있습니다.

예제 4-5 remove_ctrl_ref_args_it(): remove_ctrl_ref_args()의 반복자 버전

```
std::string remove_ctrl_ref_args_it(std::string const& s) {
    std::string result;
    result.reserve(s.length());
    for (auto it = s.begin(), end = s.end(); it != end; ++it) {
        if (*it >= 0x20)
            result += *it;
    }
    return result;
}
```

remove_ctrl_ref_args_it()로 시간 측정 테스트를 한 결과, 한 번 호출하는 데 평균 1.04마이크로초가 걸렸습니다. 만족스러운 결과입니다. 반복자가 아닌 버전보다 확실히 낮습니다. 한편 s를 문자열 참조로 바꿨던 작업으로 성능이 개선되었을까요? 실제로 개선되었는지를 알아보려고 remove_ctrl_reserve()의 반복자 버전 코드를 작성했습니다. remove_ctrl_reserve_it()로 시간 측정 테스트를 한 결과, 한 번 호출하는 데 평균 1.26마이크로초가 걸렸습니다. 반복자가 아닌 버전에서 평균 1.47마이크로초가 걸렸었다는 점에서 문자열 참조 인수 최적화로 성능이 확실히 개선되었다는 사실을 알 수 있습니다.

사실 필자는 remove_ctrl()에서 파생된 모든 함수의 반복자 버전 코드를 작성했습니다. 반복자 버전은 모든 경우에서 첨자 버전보다 개선된 성능을 보여줬습니다(하지만 4.3절 문자열 최적화 두 번째 시도에서 예외를 볼 것입니다).

remove_ctrl_ref_args_it()를 만들면서 또 다른 최적화 작업을 했는데 매우 흥미롭습니다. for문을 제어하는 데 사용하는 s.end() 값을 반복문을 초기화하는 부분에 캐싱했습니다. 덕분에 $2n$번의 간접 참조 비용을 절약할 수 있습니다. 여기서 n은 인수 문자열의 길이입니다.

4.2.5 반환된 문자열 값의 복사 제거하기

remove_ctrl() 함수는 결과를 값으로 반환합니다. C++은 결과를 복사 생성해서 반환하지만, 복사 생성을 **생략**할 수 있다면 관련 코드를 제거해 간소화할 수 있습니다. 복사본이 없는지 **확인**할 수 있는 방법에는 여러 가지가 있는데, 이 중 모든 C++ 버전 및 문자열 구현에서 작동하는 한 가지 방법으로 문자열을 출력용 매개변수[out paramater][1]로 반환하는 방법이 있습니다. 이 방법은 컴파일러가 복사 생성을 생략할 때 실제로 적용하는 방법입니다. [예제 4-6]은 remove_ctrl_ref_args_it()을 개선한 코드입니다.

예제 4-6 remove_ctrl_ref_result_it(): 반환값의 복사 제거

```
void remove_ctrl_ref_result_it(
    std::string& result,
    std::string const& s)
{
    result.clear();
    result.reserve(s.length());
    for (auto it = s.begin(), end = s.end(); it != end; ++it) {
        if (*it >= 0x20)
            result += *it;
    }
}
```

프로그램이 remove_ctrl_ref_result_it()을 호출하면 문자열 변수를 가리키는 참조를 형식 인수인 result로 전달합니다. result가 참조하는 문자열 변수가 비어 있으면, reserve()를 호출해 문자를 저장하는 데 필요한 공간을 할당합니다. 문자열 변수를 전에 사용한 적이 있다면, 즉 프로그램이 remove_ctrl_ref_result_it()을 호출한 적이 있다면, 해당 버퍼가 이미 충분히 커진 상태이기에 새로 할당하지 않습니다. 함수를 반환할 때 호출자의 문자열 변수에 반환값을 저장하기 때문에 복사본은 필요하지 않습니다. remove_ctrl_ref_result_it()에서 가장 멋진 부분은 할당을 대부분 제거하는 점입니다.

remove_ctrl_ref_result_it()로 시간 측정 테스트를 한 결과, 한 번 호출하는 데 평균 1.02 마이크로초가 걸렸습니다. 이전 버전보다 2% 빨라졌습니다.

---

1 옮긴이_ 참조형으로 인수를 전달하는 매개 변수

`remove_ctrl_ref_result_if()`는 매우 효율적이지만 인터페이스가 `remove_ctrl()` 함수와 다르므로 잘못 호출할 가능성이 있습니다. 값, 참조, `const` 참조는 똑같이 작동하지 않습니다. 아래 코드를 실행하면 빈 문자열을 반환해 의도하지 않은 결과가 나옵니다.

```
std::string foo("this is a string");
remove_ctrl_ref_result_it(foo, foo);
```

4.2.6 문자열 대신 문자 배열 사용하기

프로그램의 성능을 극한까지 끌어올려야 한다면, [예제 4-7]처럼 C++ 표준 라이브러리 대신 C 스타일의 문자열 함수를 사용할 수 있습니다. C 스타일의 문자열 함수는 `std::string`보다 사용하기 더 어렵지만, 개선된 성능은 놀라울 정도입니다. C 스타일의 문자열 함수를 사용하려면 문자 버퍼를 수동으로 할당하고 해제하거나 크기에 딱 맞는 정적 배열을 사용해야 합니다. 메모리가 단편화되어 있다면, 크기가 큰 배열을 선언할 때 문제가 발생할 수 있습니다. 하지만 지역 저장 공간(즉, 함수 호출 스택)에 크기가 큰 임시 버퍼를 정적으로 선언할 공간이 있습니다. 이 버퍼를 사용하면 함수를 빠져나갈 때 들어가는 런타임 비용을 무시할 수 있을 수준으로 바꿔줍니다. 가장 제한된 환경인 임베디드를 제외하면 스택에 1,000개나 10,000개의 문자를 저장하는 버퍼를 선언해도 아무런 문제가 없습니다.

예제 4-7 remove_ctrl_cstrings(): C 스타일 문자열 함수를 사용한 코딩

```
void remove_ctrl_cstrings(char* destp, char const* srcp, size_t size) {
    for (size_t i = 0; i < size; ++i) {
        if (srcp[i] >= 0x20)
            *destp++ = srcp[i];
    }
    *destp = 0;
}
```

`remove_ctrl_cstrings()`로 시간 측정 테스트를 한 결과, 한 번 호출하는 데 평균 0.15마이크로초가 걸렸습니다. 이전 함수보다 6배 빠르며, 처음 함수보다 170배 빠릅니다. 성능이 놀라울 정도로 개선된 이유는 여러 함수 호출을 없애고 캐시 지역성을 향상했기 때문입니다.

그러나 캐시 지역성이 우수하면 성능을 측정하는 데 오해를 불러일으킬 수 있습니다. 예를 들어 remove_ctrl_cstrings()를 호출하는 사이에 다른 연산이 있다면 캐시를 비우게^{flush} 됩니다. 하지만 반복문에 다른 연산 없이 remove_ctrl_cstrings()만 호출하면 명령과 데이터가 캐시에 그대로 남아 있게 됩니다.

remove_ctrl_cstrings()에 영향을 주는 또 다른 요소는 인터페이스가 기존 함수와 현저히 다르다는 점입니다. 만약 여러 곳에서 이 함수를 호출한다면, 코드를 모두 바꾸기 위해 상당한 노력과 시간을 투자해야 합니다. 그런데도 remove_ctrl_cstrings()는 개발자가 함수를 전부 다시 코딩하고 인터페이스를 바꾸는 노력으로 얻을 수 있는 성능이 얼마나 되는지 보여주는 좋은 본보기가 됩니다.

잠시 멈추고 생각해봅시다

저희가 너무 먼 다리까지 가는 것 같습니다.

— 프레더릭 브라우닝 중위

1944년 9월 10일, 필드 마샬 몽고메리의 논평에 따르면 브라우닝은 아른헴에서 교량을 점령하라는 연합군 계획에 우려를 표명했습니다. 브라우닝의 우려는 불길한 예언에 불과했지만 작전을 수행한 결과는 재앙과 다를 바 없었습니다.

이전 절에서 말했듯이 최적화를 하다 보면 단순성과 안정성을 저울질하는 상태에 도달하게 됩니다. remove_ctrl_ref_result_if()는 함수 시그니처를 변경했는데, remove_ctrl()과 호출 방법이 달라 잘못 사용할 가능성이 있었습니다. remove_ctrl_cstrings()에는 임시 공간을 수동으로 관리하는 비용이 있었습니다. 어떤 팀에게는 이 비용이 '너무 먼 다리'일 수 있습니다.

개발자들은 '특정 성능을 개선하기 위해 인터페이스를 복잡하게 만들거나 함수의 사용을 검토해야 하는 경우가 많아지는 것을 정당화할 수 있는가'에 대해 서로 다른 견해를 갖습니다. 출력용 매개변수로 값을 반환하는 최적화 방법을 선호하는 개발자들은 이 방법을 사용했을 때 문제가 되는 경우는 거의 없으며 문서화할 수 있다고 주장합니다. 출력용 매개변수에서 문자열을 반환하면 함수의 반환값을 오류 코드처럼 유용한 정보를 전달하는 데 사용할 수 있다고 말합니다. 반면, 이런 최적화 방법에 반대하는 개발자들은 사용했을 때 문제가 되는 경우를 사용자에게 경고하는 방법은 그다지 효과가 없으며, 최적화보다 미묘한 버그가 더 큰 문제라고 주장합니다. 결국 "얼마나 성능을 개선해야 합니까?"라는 질문에 대한 답은 스스로 찾아야 합니다.

필자는 최적화를 어디까지 하는 게 좋은지 정확하게 알려줄 수 없습니다. 이는 성능을 개선하는 작업이 얼마나 중요한지에 달려 있습니다. 하지만 개발자라면 전환기에 주의를 기울이고 잠시 멈춰 생각할 시간을 가지는 게 좋습니다.

C++은 개발자에게 느리지만 간단하고 안전한 코드와 매우 빠르지만 조심해서 사용해야 하는 코드 사이에서 다양한 선택지를 제공합니다. 다른 언어를 지지하는 개발자들은 약점이라고 말할지도 모르지만, 다양한 선택지 중에서 하나를 선택할 수 있다는 점은 C++이 갖는 가장 큰 장점이라고 말할 수 있습니다.

4.2.7 첫 번째 최적화 시도 요약

[표 4-1]은 remove_ctrl()에서 시작한 최적화 작업의 결과를 요약한 것입니다. 표에 있는 수치는 메모리 할당 및 관련 복사 연산을 제거하는 작업처럼 간단한 규칙을 적용해 얻은 결과입니다. 첫 번째 최적화로 가장 중요했던 성능 개선을 이뤄냈습니다.

시간 측정에 영향을 주는 인자로 프로세서, 기본 클록 속도, 메모리 버스 주파수, 컴파일러, 최적화 설정 등이 있습니다. 필자는 인자들이 주는 영향을 설명하고자 디버그 및 릴리스(최적화된) 빌드의 테스트 결과를 모두 제공합니다. 릴리스 빌드는 디버그 빌드보다 훨씬 빠르지만, 모두 성능이 개선되었음을 확인할 수 있습니다.

표 4-1 성능 요약. 비주얼 스튜디오 2010, i7

함수	디버그	Δ	릴리스	Δ	릴리스 vs 디버그
remove_ctrl()	967마이크로초		24.8마이크로초		3802%
remove_ctrl_mutating()	104마이크로초	834%	1.72마이크로초	1,341%	5923%
remove_ctrl_reserve()	102마이크로초	142%	1.47마이크로초	17%	6853%
remove_ctrl_ref_args_it()	215마이크로초	9%	1.04마이크로초	21%	20559%
remove_ctrl_ref_result_it()	215마이크로초	0%	1.02마이크로초	2%	21012%
remove_ctrl_cstrings()	1마이크로초	9,698%	0.15마이크로초	601%	559%

릴리스 빌드에서 성능 개선이 얼마나 되었는지 더욱 뚜렷하게 나타납니다. 아마도 암달의 법칙 효과일 것입니다. 디버그 빌드에서는 함수 인라이닝이 꺼져 있어 모든 함수의 호출 비용이 증가합니다. 그리고 이는 메모리 할당에 드는 시간의 비율이 줄어드는 효과를 나타냅니다.

4.3 문자열 최적화 두 번째 시도

개발자가 성능을 개선할 수 있는 방법은 더 있습니다. 이 절에서는 고려할 만한 몇 가지 옵션을 살펴보겠습니다.

4.3.1 더 좋은 알고리즘을 사용하세요

알고리즘을 개선하는 방법이 있습니다. remove_ctrl() 함수는 한 번에 하나의 문자를 결과 문자열로 복사하는 간단한 알고리즘을 사용합니다. 하지만 이 알고리즘을 사용하면 매우 비효율적으로 할당합니다. [예제 4-8]은 부분 문자열 전체를 결과 문자열로 이동해 알고리즘을 개선한 코드입니다. 이 알고리즘을 사용하면 할당 및 복사의 연산 횟수가 줄어드는 효과가 있습니다. remove_ctrl_block()에는 외부 for문의 반복문 종료 절을 처리하는 비용을 줄이기 위해 인수 문자열의 길이를 캐싱하는 최적화 방법도 사용되었습니다.

예제 4-8 remove_ctrl_block(): 더 좋은 알고리즘

```cpp
std::string remove_ctrl_block(std::string s) {
    std::string result;
    for (size_t b = 0, i = b, e = s.length(); b < e; b = i + 1) {
        for (i = b; i < e; ++i) {
            if (s[i] < 0x20)
                break;
        }
        result = result + s.substr(b, i - b);
    }
    return result;
}
```

remove_ctrl_block()로 시간 측정 테스트를 한 결과, 한 번 호출하는 데 평균 2.91마이크로 초가 걸렸습니다. remove_ctrl()보다 약 7배 빠릅니다.

이 함수를 토대로 연결 연산을 대입 연산으로 바꾼 remove_ctrl_block_mutate() 함수는 한 번 호출하는 데 평균 1.27마이크로초가 걸려 성능이 개선되었습니다. 하지만 substr() 은 여전히 임시 문자열을 생성합니다. 함수가 result에 문자를 추가하기 때문에, 개발자는 std::string의 append() 멤버 함수를 사용해 임시 문자열을 만들지 않고도 부분 문자열을 복 사할 수 있습니다. 이러한 개선으로 만든 remove_ctrl_block_append() 함수(예제 4-9)로 시간 측정 테스트를 한 결과, 한 번 호출하는 데 평균 0.65마이크로초가 걸렸습니다. remove_ ctrl_ref_result_it()을 호출했을 때 가장 적게 걸렸던 시간 1.02마이크로초보다 빠르며, remove_ctrl()보다 약 36배 빠릅니다. 좋은 알고리즘의 강력함을 느낄 수 있습니다.

예제 4-9 remove_ctrl_block_append(): 더 좋은 알고리즘

```cpp
std::string remove_ctrl_block_append(std::string s) {
    std::string result;
    result.reserve(s.length());
    for (size_t b = 0, i = b; b < s.length(); b = i + 1) {
        for (i = b; i < s.length(); ++i) {
            if (s[i] < 0x20) break;
        }
        result.append(s, b, i - b);
    }
    return result;
}
```

위 함수를 토대로 result에 공간을 예약하고 인수 복사를 제거한 remove_ctrl_block_args() 함수는 한 번 호출하는 데 평균 0.55마이크로초가 걸렸고, 반환값의 복사본을 제거한 remove_ctrl_block_ret() 함수는 한 번 호출하는 데 평균 0.51마이크로초가 걸려 성능이 개선되었습니다.

아직 remove_ctrl_block() 함수에 반복자를 사용해 성능을 개선하는 작업은 하지 않았습니다. 그러나 [표 4-2]를 보면 반복자 버전은 remove_ctrl_block() 함수보다 10배 느렸는데 인수와 반환값을 모두 참조 타입의 매개변수로 바꾸고 난 뒤 갑자기 20% 빨라졌습니다.

표 4-2 두 번째 remove_ctrl 알고리즘의 성능 요약

함수	호출 시간	Δ vs 이전
remove_ctrl()	24.8마이크로초	
remove_ctrl_block()	2.91마이크로초	751%
remove_ctrl_block_mutate()	1.27마이크로초	129%
remove_ctrl_block_append()	0.65마이크로초	95%
remove_ctrl_block_args()	0.55마이크로초	27%
remove_ctrl_block_ret()	0.51마이크로초	6%
remove_ctrl_block_ret_it()	0.43마이크로초	19%

std::string의 erase() 멤버 함수를 사용해 인수 문자열의 제어 문자를 제거하는 방법으로 성능을 개선할 수도 있습니다. [예제 4-10]은 이 방법을 사용한 코드입니다.

예제 4-10 remove_ctrl_erase(): 결과 문자열을 만드는 대신 문자열 인수를 변경

```
std::string remove_ctrl_erase(std::string s) {
    for (size_t i = 0; i < s.length(); ) {
        if (s[i] < 0x20)
            s.erase(i, 1);
        else ++i;
    }
    return s;
}
```

이 알고리즘의 장점은 s의 길이가 짧아지기 때문에 반환값을 제외하고는 재할당할 일이 절대로 없다는 것입니다. 이 함수의 성능은 매우 뛰어나 한 번 호출하는 데 평균 0.81마이크로초가 걸리며, remove_ctrl()보다 30배 빠릅니다. 첫 번째 시도에서 뛰어난 개선 결과를 얻은 개발자는 만족할 만한 성과를 얻었다고 생각할 수 있습니다. 그렇다면 더는 최적화하지 않아도 될 것입니다. **때로는 다른 알고리즘을 사용하는 게 최적화하기 쉽고 더 효율적인 방법입니다.**

4.3.2 더 좋은 컴파일러를 사용하세요

필자는 비주얼 스튜디오 2013 컴파일러를 사용해 동일한 조건에서 시간 측정 테스트를 진행했습니다. 비주얼 스튜디오 2013은 일부 함수를 상당히 빠르게 만들어주는 이동 문법을 구현했지만 테스트 결과는 뒤죽박죽이었습니다. 디버거에서 실행할 경우 비주얼 스튜디오 2013이 비주얼 스튜디오 2010보다 5%~15% 더 빨랐습니다. 그러나 명령줄에서 실행할 경우 비주얼 스튜디오 2013이 비주얼 스튜디오 2010보다 5%~20% 더 느렸습니다. 비주얼 스튜디오 2015 RC에서도 테스트를 진행했지만, 여전히 비주얼 스튜디오 2010보다 더 느렸습니다. 컨테이너 클래스의 변경 때문에 느려졌을 수 있습니다. 새로운 컴파일러에서 성능이 개선되었을 수 있지만, 개발자는 말을 그대로 믿지 말고 반드시 테스트해봐야 합니다.

4.3.3 더 좋은 문자열 라이브러리를 사용하세요

원래 std::string는 사용하는 사람이 자유롭게 구현할 수 있도록 애매하게 정의되었습니다. C++ 표준 위원회는 효율성과 예측 가능성이라는 이유로 std::string과 관련된 새로운 구현을 대부분 제외합니다. std::string에 정의된 작동은 C++ 표준 위원회의 많은 사람들이 오랜 기간 동안 설계 시 고려 사항을 논의하고 타협하면서 발전시킨 결과입니다.

- std::string은 다른 표준 라이브러리 컨테이너와 마찬가지로 문자열의 각 문자에 접근할 수 있는 반복자를 제공합니다.

- std::string은 C 문자열과 마찬가지로 operator[]을 사용해 요소에 접근하는 배열식 색인 표기법을 제공합니다. 또한 NULL로 끝나는 C 스타일의 문자 배열을 가리키는 포인터를 얻는 매커니즘도 제공합니다.

- std::string은 BASIC 문자열과 유사하게 값 의미론value semantics[2]으로 구현한 연결 연산자와 값을 반환하는 함수가 있습니다.

- std::string은 제한된 연산 집합을 제공합니다.

C++ 표준 위원회는 std::string을 C 스타일 char 배열만큼 효율적으로 만들고 싶었습니다. 그래서 연속적인 메모리에 문자열을 저장하는 방법으로 구현했습니다. C++ 표준에서는 반복자가 임의 위치로 접근할 수 있어야 하며, COW 방법을 금지합니다. 이런 방법은 어떤 작동이 std::string와 관련된 반복자를 무효화하는지 쉽게 정의하고 추론하게 하지만, 효율적으로 구현할 수 있는 범위를 제한합니다.

또한 상업용 C++ 컴파일러에 포함된 std::string은 모든 상황에서 표준을 준수하며 효율성을 보장해야 합니다. 컴파일러 제작사가 실수를 하면 고치기 어렵기 때문에 std::string을 최대한 단순하게 구현합니다.

표준에 정의된 std::string의 작동 때문에 몇 가지 약점이 발생합니다. 100만 개의 문자를 가진 문자열에 하나의 문자를 삽입하면, 문자열의 접미사 전체가 복사되고 재할당될 수 있습니다. 마찬가지로 값을 반환하는 모든 부분 문자열 작동은 결과를 할당하고 복사해야 합니다. 일부 개발자는 제한(반복자, 색인, C 문자열 접근, 값 의미론, 간결함)을 풀어 최적화할 기회를 찾습니다.

더 많은 기능을 가진 std::string 라이브러리를 채택하세요

때로는 더 많은 문자열 기능이 있는 라이브러리를 사용하는 게 좋습니다. std::string과 호환되는 라이브러리 중 일부는 다음과 같습니다.

부스트 문자열 라이브러리[3]

부스트 문자열 라이브러리는 토큰화, 형식 지정 및 std::string을 조작할 수 있는 함수를 제공합니다. 표준 라이브러리의 <algorithm> 헤더를 자주 사용하는 사람들을 위한 라이브러리입니다.

---

2 옮긴이_ 대입문이 단순히 포인터가 아닌 값을 복사하는 것을 의미합니다. 자세한 내용은 *https://isocpp.org/wiki/faq/value-vs-ref-semantics*을 참고하기 바랍니다.

3 *http://bit.ly/boost-string*

C++ 문자열 툴킷 라이브러리[4]

C++ 문자열 툴킷 라이브러리string toolkit library(StrTk)는 특히 문자열 파싱 및 토큰화에 적합하며 std::string과 호환됩니다.

std::stringstream을 사용해 값 의미를 피하세요

C++에는 템플릿화되어 있으며 반복자로 접근하고 가변 길이를 갖는 std::string, 반복자 기반의 std::vector<char>, 고정 크기를 갖는 배열로 NULL 문자로 끝나는 C 스타일의 문자열 등 여러 문자열 타입이 구현되어 있습니다.

C 스타일의 문자열은 사용하기 까다롭지만, 실험으로 C++의 std::string을 대체해 성능을 크게 개선할 수 있다는 사실을 확인했습니다. 그렇지만 모든 상황에 완벽하게 작동하는 문자열은 없습니다.

C++에는 또 다른 문자열이 구현되어 있습니다. std::stringstream은 std::ostream이 출력 파일에 수행하는 작업과 똑같은 작업을 문자열에 수행합니다. std::stringstream 클래스는 데이터를 추가할 수 있는 **엔티티**(6.1.3절 값 객체와 엔티티 객체 참고)처럼 크기를 동적으로 바꿀 수 있는 버퍼(일반적으로 std::string을 사용합니다)를 다른 방법으로 캡슐화합니다. std::stringstream은 비슷한 구현 위에 서로 다른 API로 감싸는 방법이 조금 더 효율적으로 코딩할 수 있게 해준다는 점을 보여줍니다. std::stringstream의 사용법은 [예제 4-11]에 있습니다.

예제 4-11 std::stringstream: 문자열과 비슷한 객체

```
std::stringstream s;
for (int i = 0; i < 10; ++i) {
    s.clear();
    s << "The square of " << i << " is " << i * i << std::endl;
    log(s.str());
}
```

이 예제는 여러 최적화 기법을 사용합니다. s를 엔티티로 수정했기 때문에 삽입 표현식은 임시

----

4 http://bit.ly/string-kit-lib

변수를 생성하지 않습니다. 임시 변수를 생성하지 않으므로 할당 및 복사 연산도 수행하지 않습니다. 또한 s를 반복문 외부에서 선언합니다. 이를 통해 s의 내부 버퍼를 재사용하게 됩니다. 처음에는 반복문에서 문자를 추가하면서 버퍼를 여러 번 재할당해야 하지만, 다음 반복문에서는 버퍼를 재할당할 가능성이 적습니다. 반면 s를 반복문 내부에서 선언했다면, 반복문을 수행할 때마다 빈 버퍼를 생성하고 삽입 연산자가 문자를 추가하면서 재할당할 가능성이 높습니다.

std::string을 사용해 std::stringstream을 구현하면 성능이 월등히 뛰어나며 비효율적인 프로그래밍 습관에 물들지 않는다는 장점이 있습니다.

새로 구현된 문자열을 채택하세요

문자열은 추상화되어 있지 않습니다. C++은 추상화를 직접 지원하지는 않지만 템플릿이나 함수 라이브러리로 간접 지원합니다. std::string을 대체하는 문자열을 구현할 경우 언어 기능에 동일하게 접근할 수 있으므로 어떻게 구현하느냐에 따라 얼마든지 성능을 개선할 수 있습니다. 이 절의 초반부에 말했던 제한(반복자, 색인, C 문자열 접근, 값 의미론, 간결함)을 풀어 사용자 정의 문자열 클래스에 std::string에서 하지 않았던 최적화 작업을 진행합니다.

시간이 지나면서 메모리를 재할당하고 문자열의 내용을 복사하는 비용이 크게 줄어든 문자열 자료구조가 등장했는데, 이들을 사용할 때는 다음과 같은 이유로 조심해야 합니다.

- std::string을 대체하는 자료구조라면 다양한 상황에서 std::string보다 표현력이 뛰어나고 효율적이어야 합니다. 하지만 성능이 개선되었다고 보장하지 않습니다.

- 대규모 프로그램에서 std::string을 사용하는 모든 코드를 다른 문자열 자료구조로 바꾸는 작업은 상당히 힘듭니다. 하지만 그렇게 작업한다고 해서 성능이 개선된다고 장담할 수 없습니다.

- 여러 문자열 개념이 등장했고 그중 몇몇은 구현되었습니다. 하지만, 모든 테스트를 통과하고 std::string만으로 이해할 수 있는 문자열을 구글 검색으로 찾으려면 몇 분 이상 걸릴 것입니다.

std::string을 다른 문자열 자료구조로 바꾸는 작업은 최적화할 때보다 설계를 고려할 때 더 실용적일 수 있습니다. 바꾸고 난 뒤 얼마나 개선될지는 알 수 없지만, 다른 문자열 자료구조가 절실하게 필요한 사람을 위해 도움이 될 만한 선택지가 있습니다.

std::string_view

string_view는 std::string의 문제를 해결합니다. string_view는 문자열의 데이터 및 길이를 가리키는 포인터를 포함하므로 std::string이나 문자열 리터럴의 부분 문자열을 나타냅니다. string_view의 부분 문자열 구하기[substring]와 자르기[trim] 멤버 함수는 동일한 작동을 하는 std::string의 멤버 함수보다 효율적입니다. string_view는 C++14 표준 도입을 목표로 만들고 있습니다. 일부 컴파일러는 std::experimental로 이미 지원합니다.[5] string_view와 std::string의 인터페이스는 거의 똑같습니다.

string_view의 문제는 포인터의 소유자가 없다는 점입니다. 따라서 프로그래머는 string_view의 수명이 string_view가 가리키는 std::string의 수명보다 길어지는 일이 없도록 주의해야 합니다.

folly::fbstring[6]

폴리[Folly]는 페이스북이 만든 라이브러리입니다. 폴리에는 짧은 문자열을 최적화하기 위해 할당되지 않는 버퍼를 구현한 문자열을 포함합니다. fbstring 제작자는 성능이 눈에 띌 정도로 개선되었다고 주장합니다.

폴리는 fbstring을 기반으로 만들었기 때문에 구조가 탄탄하고 필요한 모든 것이 갖춰진 라이브러리일 가능성이 높으며 리눅스도 지원합니다.

문자열 클래스의 도구 상자[7]

std::string의 SGI 구현과 동일한 인터페이스를 갖는 템플릿화된 문자열 타입이며 고정 크기를 갖는 문자열과 가변 길이를 갖는 문자열 타입을 모두 제공합니다. 다만 템플릿 메타 프로그래밍의 흑마법으로 구현되었기에 이해하기 어려울 수도 있습니다. 더 나은 문자열 클래스를 설계하려는 사람에게는 실용적인 대안이 될 수 있습니다.

---

5 옮긴이_ C++17 표준으로 도입되었습니다.

6 *http://bit.ly/folly-lib*

7 *http://bit.ly/toolbox-strings*

C++03 표현식 템플릿[8]

표현식 템플릿은 + 연산자를 오버라이드해 두 문자열 또는 문자열과 문자열 표현식을 나타내는 중간 타입을 만듭니다. 표현식 템플릿을 문자열에 대입할 때 표현식 끝부분으로 할당 및 복사 연산을 미뤄 마지막에 한 번만 할당합니다. 표현식 템플릿은 std::string과 호환되며 문자열 표현식이 여러 부분 문자열로 연결되어 있을 경우 기존 코드의 성능을 크게 개선할 수 있습니다. 또한 동일한 개념을 문자열 라이브러리 전체로 확장할 수 있습니다.

더 좋은 문자열 라이브러리[9]

std::string과 다른 방법으로 구현되었지만 강력한 기능을 포함하는 범용 문자열입니다. 많은 문자열이 다른 문자열의 일부로 구성되었다면, bstring은 다른 문자열 내의 오프셋 및 길이로 하나의 문자열을 형성할 수 있게 해줍니다. 필자는 이 아이디어를 기반으로 매우 효율적인 문자열을 자체 구현했는데, bstring 라이브러리를 위한 C++ 래퍼 클래스인 CBString이 있습니다.

rope⟨T,alloc⟩[10]

매우 긴 문자열에서 삽입하거나 삭제하는 데 적합한 문자열 라이브러리입니다. std::string과 호환되지 않습니다.

부스트 문자열 알고리즘[11]

std::string 멤버 함수를 보완하는 문자열 알고리즘 라이브러리입니다. 이 라이브러리는 찾기/바꾸기 개념을 중심으로 만들어졌습니다.

4.3.4 더 좋은 할당자를 사용하세요

std::string의 내부에는 동적으로 할당된 char 배열이 있습니다. 다음 코드는 std::string이 클래스 템플릿을 특수화한 타입이라는 것을 보여줍니다.

-----

8 *http://craighenderson.co.uk/papers/exptempl/*

9 *http://bstring.sourceforge.net/*

10 *http://www.sgi.com/tech/stl/Rope.html*

11 *http://bit.ly/booststring*

```
namespace std {
    template <class charT,
              class traits = char_traits<charT>,
              class Alloc = allocator<charT>
              > class basic_string;

    typedef basic_string<char> string;
    ...
};
```

세 번째 템플릿 매개변수인 Alloc은 C++ 메모리 관리자를 특수화한 인터페이스인 할당자 allocator를 정의합니다. Alloc은 기본값으로 전역 C++ 메모리 할당자 함수인 ::operator new()와 ::operator delete()를 호출하는 std::allocator를 사용합니다.

::operator new()와 ::operator delete(), 그리고 할당자 객체의 작동에 대한 내용은 13장에서 자세히 다룹니다. 지금 당장은 ::operator new()와 ::operator delete()가 매우 복잡하고 어려운 작업을 하며 모든 종류의 동적 변수마다 저장 공간을 할당한다고 생각하면 됩니다. 두 연산자는 크고 작은 객체, 싱글스레드와 멀티스레드 프로그램에서 작동해야 하기 때문에 모든 경우를 고려해 설계되었습니다. 하지만 어떤 경우에는 특수화된 할당자가 더 나은 작업을 수행할 수도 있습니다. Alloc은 std::string에 특수화된 할당자를 제공하기 위해 기본값이 아닌 다른 값으로 지정할 수도 있습니다.

필자는 간단한 할당자를 구현해 성능 개선이 어떻게 이뤄지는지 확인해보기로 했습니다. 이 할당자는 고정 크기를 갖는 몇 개의 메모리 블록을 관리합니다. 새로 만든 할당자를 편하게 사용하기 위해 새로운 typedef를 만들고 비효율적인 함수인 remove_ctrl()에 사용해보기로 했습니다(예제 4-12).

예제 4-12 고정 크기를 갖는 블록 할당자를 사용한 remove_ctrl() 함수

```
typedef std::basic_string<
    char,
    std::char_traits<char>,
    block_allocator<char, 10>> fixed_block_string;

fixed_block_string remove_ctrl_fixed_block(std::string s) {
    fixed_block_string result;
    for (size_t i = 0; i < s.length(); ++i) {
```

```
        if (s[i] >= 0x20)
            result = result + s[i];
    }
    return result;
}
```

결과는 놀라웠습니다. remove_ctrl_fixed_block()로 시간 측정 테스트를 한 결과 13,636밀리초가 걸렸습니다. remove_ctrl()보다 약 7.7배 빠릅니다.

할당자를 변경하는 작업은 쉽지 않습니다. 다른 할당자를 사용하는 문자열이 있다면, 서로 대입할 수 없습니다. 여기서 보여준 예제는 s[i]가 하나의 문자를 갖는 std::string이 아니라 char이었기에 작동합니다. 만약 std::string을 사용한다면 result = s.c_str();처럼 문자열을 C 문자열로 변환하면 됩니다.

std::string을 사용하는 모든 코드를 fixed_block_string으로 변경하면 코드 전반에 많은 영향을 주게 됩니다. 따라서 팀에서 자체적으로 만든 문자열로 구현할 경우 설계 초기에 프로젝트 전반에 사용할 typedef를 만드는 게 좋습니다.

```
typedef std::string MyProjString;
```

typedef로 만들어두면 문자열 타입과 관련된 실험을 할 때 한 줄만 바꾸면 되기 때문에 편리합니다. 만약 새 문자열이 기존 문자열과 동일한 멤버 함수를 갖는다면, 문자열을 바꾸더라도 작동할 것입니다. std::basic_string과 기존 std::string의 멤버 함수는 똑같습니다.

4.4 문자열 변환 연산 제거하기

C++에서 가장 복잡한 부분을 하나 꼽으라면 문자열의 종류가 여러 가지라는 것입니다. 일반적으로 문자열 함수는 같은 종류의 문자열만 비교/대입할 수 있습니다. 또한 같은 종류의 문자열만 피연산자나 인수로 사용할 수 있습니다. 따라서 프로그래머는 다른 문자열을 사용해야 할 경우 변환해야 합니다. 문자열을 복사하거나 동적 메모리를 할당하는 변환 연산은 성능을 개선할 수 있는 부분이라고 할 수 있습니다.

라이브러리의 변환 함수 자체를 개선할 수도 있습니다. 하지만 중요한 것은 대규모 프로그램에서 설계를 통해 변환 연산을 제한할 수 있다는 것입니다.

4.4.1 C 문자열에서 std::string으로 변환

컴퓨터 사이클이 낭비되는 원인 중 하나는 NULL로 끝나는 문자열에서 std::string으로의 불필요한 변환 연산 때문입니다.

```
std::sring MyClass::Name() const {
    return "MyClass";
}
```

이 함수는 문자열 상수 MyClass를 std::string으로 변환하는 과정에서 저장 공간을 할당해 문자들을 std::string에 복사합니다. std::string에는 char* 인수를 받는 생성자가 있으므로 C++에서 자동으로 변환됩니다.

위 코드는 std::string으로 변환할 필요가 없습니다. std::string은 char* 인수를 받는 생성자가 있으므로 Name()이 반환한 값을 문자열에 대입하거나 문자열 인수를 받는 함수로 전달하면 자동으로 변환됩니다. 따라서 함수를 다음과 같이 바꿀 수 있습니다.

```
char const* MyClass::Name() const {
    return "MyClass";
}
```

이렇게 바꾸면 반환된 값을 변환하는 작동을 함수가 실제로 사용되는 지점까지 미룰 수 있습니다. 한편 실제로 함수를 사용할 때에도 변환할 필요가 없는 경우가 있습니다.

```
char const* p = myInstance->Name();   // 변환 없음
std::string s = myInstance->Name();   // std::string으로 변환
std::cout << myInstance->Name();      // 변환 없음
```

대규모 소프트웨어 시스템에 여러 계층이 존재한다면, 문자열 변환 연산은 큰 문제가 될 수 있습니다. 예를 들어 어떤 계층이 std::string을 사용하는데 그 아래 계층이 char*을 사용할 경우 std::string으로 변환한 결과를 다시 반대로 변환하는 코드가 있을 수 있습니다.

```
void HighLevelFunc(std::string s) {
    LowLevelFunc(s.c_str());
}
```

4.4.2 문자 인코딩 사이의 변환

C++ 프로그램은 웹 브라우저에서 리터럴 C 문자열(ASCII이며 부호 있는 바이트를 가짐)과 UTF-8 문자열(부호가 없으며 문자마다 서로 다른 바이트를 가짐)을 비교하거나 UTF-18 단어 스트림(엔디언endian**12** 바이트가 있을 수도 있고 없을 수도 있음)을 생성하는 XML 구문 분석기의 출력 문자열을 UTF-8로 변환할 수 있습니다. 따라서 프로그램에 따라 조합할 수 있는 경우의 수가 엄청나게 많아지기도 합니다.

변환 연산을 제거하는 가장 좋은 방법은 하나의 형식을 선택해 모든 문자열을 선택한 형식으로 저장하는 것입니다. 선택한 형식과 NULL로 끝나는 C 스타일 문자열을 비교하는 특수화된 함수를 제공하면 더 변환할 필요가 없습니다. 필자는 UTF-8 형식을 좋아하는데, 유니코드Unicode의 모든 코드 포인트code point**13**를 나타낼 수 있고 C 스타일 문자열과 바로 비교할 수 있으며 대부분의 브라우저에서 생성되기 때문입니다.

여러분이 급하게 만든 대규모 프로그램의 코드를 살펴보게 된다면 기존 형식에서 새로운 형식으로 변환한 뒤 소프트웨어 계층을 통과하면서 기존 형식으로 되돌리는 문자열을 발견할 수 있을지도 모릅니다. 이 문제를 해결하려면 클래스 인터페이스에서 멤버 함수를 다시 작성해 똑같은 문자열 타입을 사용하도록 만들어야 합니다. 하지만 이 작업은 C++ 프로그램에서 수정할 필요가 없는 객체나 함수에 const를 붙이는 작업const-correctness과 같아서 프로그램이 전반적으로 어떻게 변할지 예측하기 어렵다는 문제가 있습니다.

---

12 옮긴이_ 컴퓨터의 메모리와 같은 1차원의 공간에 여러 개의 연속된 대상을 배열하는 방법을 뜻하며, 바이트를 배열하는 방법을 특히 바이트 순서(byte order)라 합니다.
13 옮긴이_ 유니코드 문자를 코드 값으로 표기하는 방식입니다. 보통 'U + 16진수 숫자'로 표시합니다.

4.5 마치며

- 문자열은 동적으로 할당되기 때문에 사용하는 데 비용이 많이 듭니다. 또한 표현식에서 값처럼 작동하며 구현 코드에서 복사를 많이 합니다.

- 문자열을 값이 아닌 객체로 처리하면 할당 및 복사 횟수를 줄일 수 있습니다.

- 문자열 공간을 예약하면 할당 오버헤드를 줄일 수 있습니다.

- 문자열을 가리키는 const 참조를 함수에 전달하는 방법은 값을 전달하는 방법과 비슷하지만 더 효율적입니다.

- 함수의 출력용 매개변수를 참조로 전달하면 인수의 저장 공간을 재사용하므로 새로운 저장 공간을 할당하는 방법보다 훨씬 효율적입니다.

- 할당 오버헤드를 제거하는 작업도 최적화라고 할 수 있습니다.

- 다른 알고리즘을 사용하는 것은 최적화하기 쉽고 더 효율적인 방법입니다.

- 표준 라이브러리 클래스는 범용적으로 간단하게 구현해야 합니다. 반드시 성능이 뛰어나야 한다거나 특정 용도에 최적화되어야 할 필요는 없습니다.

CHAPTER 5

알고리즘 최적화

> 시간은 이성으로 치유할 수 없는 것을 치유해준다.
>
> — 세네카(BC 4~AD 65)

몇 초 만에 실행되어야 하는 프로그램이 몇 시간이나 걸린다면, 여러분이 선택할 수 있는 최적화는 더 효율적인 알고리즘을 선택하는 것뿐입니다. 대부분의 최적화는 성능이 조금 개선될 뿐입니다. 하지만 비효율적인 알고리즘을 효율적인 알고리즘으로 바꾸면 성능 개선을 향한 급행열차를 타게 됩니다.

수많은 컴퓨터 관련 서적과 논문에서 효율적인 알고리즘 설계와 관련된 내용을 찾을 수 있습니다. 어떤 학자는 알고리즘을 분석하는 데 평생을 보내기도 합니다. 알고리즘을 책의 한 장으로 다루는 것은 불가능합니다. 대신, 이 장에서는 알고리즘의 시간 복잡도를 간략히 살펴보고, 문제에 봉착했을 때 알아야 할 지침을 제공합니다.

또한 많이 사용하는 검색 및 정렬 알고리즘을 살펴보고, 이를 프로그램에서 최적화하는 툴킷을 보여주고자 합니다. 알 수 없는 데이터에 가장 적합한 알고리즘을 선택하는 것뿐만 아니라, 정렬된 데이터, 대부분 정렬된 데이터, 어떤 특징을 가진 데이터에 뛰어난 성능을 제공하는 알고리즘도 살펴보겠습니다.

컴퓨터 과학자들은 중요한 자료구조와 알고리즘을 연구합니다. 이들이 코드를 최적화하는 방법의 본보기가 되기 때문입니다. 필자는 몇 가지 중요한 최적화 기법들을 정리했습니다. 여러분이 이 장을 읽고 난 뒤, 기법을 어디에 적용할 수 있는지 알게 되기를 바랍니다.

최적화 전쟁 이야기

많은 프로그래밍 문제에는 간단하지만 실행이 불가능할 정도로 느린 해결책과, 더 복잡하지만 훨씬 효율적인 해결책이 있습니다. 팀에서는 어떤 문제의 알고리즘을 분석한 뒤 효율적인 해결책이 있는지를 찾아낼 수 있는 외부 전문가를 찾는 것이 최선입니다. 이러한 컨설턴트를 고용하려면 돈이 많이 듭니다.

필자는 기능성 보드 테스터를 개발하는 팀에 있었습니다. 보드 테스터에는 테스트 중인 장치의 제조 결함을 진단하는 RAM 테스트가 내장되어 있습니다. 필자는 코모도어^{Commodore} PET 컴퓨터에 테스터를 연결하고 비디오 메모리 위에 RAM 테스트를 실행해 테스트 패턴이 PET의 내장된 화면에 나타나게 한 다음, 테스트 커버리지를 조사했습니다. 그리고 PET의 비디오 RAM 칩 근처에 있는 핀 사이에 드라이버를 끼워 넣는 간단하지만 효과적인 방법으로 RAM 회로에 강제로 결함을 냈습니다. 이렇게 강제로 낸 결함이 테스트에서 종종 발견되지 않는다는 사실에 놀랄 수밖에 없었습니다. 게다가 무어의 법칙 때문에 18개월마다 테스트해야 하는 RAM의 용량이 2배씩 늘어나고 있었습니다. 그래서 지금보다 훨씬 빠르며 더 높은 수준의 테스트 커버리지를 갖는 새로운 RAM 테스트 알고리즘이 필요했습니다.

포괄적인 RAM 테스트는 메모리에 $O(2^n)$번 접근해야 하므로 실행할 수 없을 정도로 느립니다(여기서 n은 RAM 주소의 수입니다. 'big-O 표기법'에 대한 내용은 5.1절 알고리즘의 시간 비용 참고). 당시에 공개되어 있던 RAM 테스트 알고리즘은 메모리 장치가 수백 워드를 포함할 경우를 고려하지 않고 개발되었습니다. 따라서 테스트를 $O(n^2)$, $O(n^3)$번 수행하기 때문에 거의 실행할 수 없을 정도로 느렸습니다. 이론적으로 테스트 커버리지를 달성하기 위해서는 각 셀마다 30번 접근해야 했습니다. 필자는 의사 랜덤 시퀀스^{pseudorandom sequence}를 사용해 더 나은 테스트를 할 수 있다는 생각을 하고 있었지만 이를 입증할 수 있는 수학적 노하우가 부족했습니다. 직감만으로는 성공을 확신할 수 없었습니다. 우리는 알고리즘 전문가가 필요했습니다.

필자는 모교인 워싱턴 대학교에 있는 교수님들에게 연락해 도움을 요청했고, 박사 과정에 재학 중인 데이비드 제이컵슨을 데려올 수 있었습니다. 그는 잠시나마 연구실 생활비가 아닌 현직 개발자 수준의 급여를 받을 수 있어 즐거워했습니다. 우리는 함께 연구했고 그 결과 메모리를 5번만 접근하면 되는 업계 최고 수준의 RAM 테스트 방법, 몇 가지 새로운 실용적 테스트 알고리즘, 미국 특허 6건을 얻게 되었습니다.

5.1 알고리즘의 시간 비용

알고리즘의 **시간 비용**time cost은 함수의 입력값이 커짐에 따라 알고리즘의 비용이 얼마나 빨리 증가하는지를 추상적으로 나타낸 수학 함수입니다. 컴퓨터에서 어떤 프로그램을 실행할 때, 실행시간에 영향을 주는 요소가 많습니다. 따라서 알고리즘의 성능에 대해 이야기할 때 실행 시간으로만 설명하기에는 뭔가 부족합니다. 시간 비용은 세부 정보를 추상화해 입력값과 비용 사이의 관계를 간단하게 만듭니다. 알고리즘은 시간 비용에 따라 분류할 수 있고, 분류한 각각의 공통 특징을 연구할 수 있습니다. 시간 비용에 대해 자세한 내용은 자료구조와 알고리즘 관련 책에서 찾아볼 수 있으므로 여기서는 간략히 설명합니다(필자는 스티븐 스키에나Steven S. Skiena가 쓴 『Algorithm Design Manual(2판)』을 추천합니다).

시간 비용은 $O(f(n))$와 같이 big-O 표기법으로 표현합니다. 여기서 n은 입력값이고 $f(n)$은 입력값을 처리하는 데 필요한 연산 횟수를 나타내는 함수입니다. 일반적으로 n이 큰 값을 갖기 때문에 함수 $f(n)$의 값도 n에 가장 많이 영향을 받습니다. 따라서 함수를 $f(n)$으로 표현합니다.

이해를 돕고자 검색 알고리즘과 정렬 알고리즘을 예로 들어보면, n이 검색하거나 정렬해야 하는 항목 수이고 $f(n)$이 검색이나 정렬하기 위해 두 항목을 비교하는 횟수라고 볼 수 있습니다.

다음은 몇 가지 일반적인 알고리즘의 시간 비용과 프로그램 실행 시간 비용에 관한 함축적 의미를 간략하게 설명합니다.

$O(1)$ 또는 상수

가장 빠른 알고리즘이더라도 일정한 시간 비용을 갖습니다. 이 비용은 입력값에 상관없는 고정 비용입니다. 상수 시간을 갖는 알고리즘은 성배와 같아서 찾을 수만 있다면 놀라울 정도로 가치있지만, 그 성배를 찾기 위해 한평생을 보내야 할지도 모릅니다. 따라서 누군가 상수 시간을 갖는 알고리즘을 홍보한다면 의심해봐야 합니다. 한편 비례 상수의 값은 매우 커질 수도 있습니다. 시간 비용은 연산하는 데 걸리는 시간에 따라 산출되는데 이 연산이 매우 오래 걸릴 수도 있기 때문입니다. 비례 상수의 값이 매우 크다면, 상수 시간을 갖는 알고리즘으로 위장한 $O(n)$과 다를 바가 없습니다.

$O(\log_2 n)$

알고리즘의 시간 비용은 선형 시간(n)보다 작을 수 있습니다. 예를 들어 각 단계에서 입력값을 절반으로 나누는 검색 알고리즘은 $O(\log_2 n)$의 시간이 걸립니다. 시간 비용이 선형 시간보다 작은 알고리즘은 입력값이 커지는 속도보다 비용이 증가하는 속도가 느립니다. 사람들이 더 빠른 알고리즘을 찾는 이유입니다. 시간 비용이 $O(\log_2 n)$인 알고리즘은 프로파일러의 비용이 큰 함수 목록에 나타나지 않으며 여러 번 호출해도 괜찮습니다. 시간 비용이 $O(\log_2 n)$인 알고리즘의 예로 이진 검색 알고리즘이 있습니다.

$O(n)$ 또는 선형 시간

알고리즘의 시간 비용이 $O(n)$이라면, 알고리즘을 수행하는 데 걸리는 시간은 입력값에 비례합니다. 이러한 알고리즘을 **선형 시간**^{linear-time} 알고리즘이라고 합니다. 줄여서 **선형** 알고리즘이라고도 부릅니다. 시간 비용이 $O(n)$인 알고리즘의 대표적인 예로 입력값 중 최솟값 또는 최댓값을 찾기 위해 처음부터 끝까지 방문하며 값을 비교하는 알고리즘이 있습니다. 선형 시간 알고리즘은 입력값이 커지는 속도와 시간 비용이 증가하는 속도가 같습니다. 그래서 프로그램의 입력값이 커지더라도 컴퓨터 자원을 그다지 소비하지 않습니다. 그러나 **선형 시간 알고리즘을 여러 개 결합해서 사용하면 전체 실행 시간이 $O(n^2)$ 이상이 될 수 있습니다.** 따라서 입력값이 커졌을 때 프로그램의 전체 실행 시간이 비정상적으로 길어진다면 이 부분을 의심해 봐야 합니다.

$O(n\log_2 n)$

알고리즘의 시간 비용은 선형 시간보다 클 수 있습니다. 예를 들어 어떤 정렬 알고리즘은 각 단계에서 입력값 쌍을 비교한 뒤 정렬할 공간을 두 부분으로 나눕니다. 이 알고리즘의 시간 비용은 $O(n\log_2 n)$입니다. 시간 비용이 $O(n\log_2 n)$인 알고리즘은 입력값이 커지는 속도보다 시간 비용이 증가하는 속도가 빠릅니다. 하지만 생각보다 많이 빠르지는 않으므로 입력값이 크더라도 대처 가능한 수준입니다. 그렇지만 프로그램 실행 중에 알고리즘을 불필요하게 호출하고 싶지는 않을 것입니다.

$O(n^2)$, $O(n^3)$ 등

비효율적인 정렬 알고리즘은 각 입력값을 다른 모든 값들과 비교합니다. 이 알고리즘의 시간 비용은 $O(n^2)$입니다. 시간 비용이 $O(n^2)$인 알고리즘은 입력값이 커지는 속도보다 시간 비용이 증가하는 속도가 매우 빠릅니다. 따라서 입력값이 크다면 사용을 고려해야 합니다. 세상의 많은 문제는 $O(n^2)$나 $O(n^3)$이 걸리는 간단한 해결법과 더 빠르지만 복잡한 해결법이 있습니다.

$O(2^n)$

$O(2^n)$ 알고리즘은 입력값이 커지는 속도보다 시간 비용이 증가하는 속도가 미친듯이 빨라서 입력값이 작은 경우에만 사용해야 합니다. 물론 가끔은 사용해도 괜찮습니다. 입력값이 n일 때 모든 조합을 테스트하는 알고리즘의 시간 비용은 $O(2^n)$입니다. 유명한 문제 중 하나인 외판원 문제traveling salesman problem(TSP)의 시간 비용도 $O(2^n)$입니다. 핵심 문제를 푸는 알고리즘의 시간 비용이 $O(2^n)$이라면, 개발자는 쉽지 않은 선택을 해야 합니다. 최적의 해결법이 아닌 어림짐작에 따른 알고리즘을 사용하거나, 입력값 n을 제한하거나, 문제 풀이 대신 뭔가 다른 방법으로 프로젝트에 기여하거나 하는 식으로요.

[표 5-1]은 입력 데이터의 수가 n이고 각 연산을 계산하는 데 1나노초가 걸릴 때 시간 비용에 따라 알고리즘을 계산하는 데 얼마나 오랜 시간이 걸리는지를 보여줍니다. 자세한 내용은 스키에나의 책『Algorithm Design Manual』(Springer, 2008) 38쪽을 참고하기 바랍니다.

표 5-1 각 연산을 계산하는 데 1나노초가 걸리는 알고리즘의 런타임 비용

데이터 수	$\log_2 n$	n	$n\log_2 n$	n^2	2^n
10	〈1마이크로초	〈1마이크로초	〈1마이크로초	〈1마이크로초	1마이크로초
20	〈1마이크로초	〈1마이크로초	〈1마이크로초	〈1마이크로초	1마이크로초
30	〈1마이크로초	〈1마이크로초	〈1마이크로초	〈1마이크로초	1초
40	〈1마이크로초	〈1마이크로초	〈1마이크로초	1.6마이크로초	18분
50	〈1마이크로초	〈1마이크로초	〈1마이크로초	2.5마이크로초	10^{13}년
100	〈1마이크로초	〈1마이크로초	〈1마이크로초	10마이크로초	∞
1,000	〈1마이크로초	1마이크로초	10마이크로초	1밀리초	∞
10,000	〈1마이크로초	10마이크로초	130마이크로초	100밀리초	∞
100,000	〈1마이크로초	100마이크로초	2밀리초	10초	∞
1,000,000	〈1마이크로초	1밀리초〉	20밀리초	17분	∞

5.1.1 최선의 경우, 최악의 경우, 평균의 경우 시간 비용

big-O 표기법은 알고리즘의 실행 시간이 입력값에 상관없이 모두 같다고 가정합니다. 그러나 어떤 알고리즘은 입력값의 순서에 따라 빨라지기도 하고 느려지기도 합니다. 성능이 중요한 코드에서 어떤 알고리즘을 사용할지 정할 때는 최악을 고려해야 합니다. 이와 관련한 예제는 '5.4.1절 정렬 알고리즘의 시간 비용'에서 살펴봅니다.

어떤 알고리즘은 운이 좋다면 최선의 경우로 작동해 시간이 적게 걸립니다. 마치 정렬 알고리즘에서 입력값이 대부분 정렬되어 있거나 이미 정렬되어 있을 때처럼 말이죠. 여러분이 만약 입력값이 대부분 정렬되었다는 사실을 알고 있다면, 특히 최선의 경우에서 좋은 성능을 보이는 알고리즘을 선택해 프로그램의 실행 시간을 향상할 수 있을 겁니다.

5.1.2 상환 시간 비용

상환 시간 비용amortized time cost은 입력값이 클 때 전체 시간 비용을 입력값으로 나눈 평균 시간 비용을 말합니다. 예를 들어 힙에 하나의 항목을 삽입하는 시간 비용은 $O(\log_2 n)$입니다. 따라서 하나의 항목을 갖는 힙을 따로따로 만드는 시간 비용은 $O(n\log_2 n)$이라고 할 수 있습니다. 하지만 $O(n)$으로 힙을 만들 수 있는 가장 효율적인 알고리즘도 있습니다. 다시 말해서 이 알고리즘으로 각 항목을 삽입하는 상환 시간 비용은 $O(1)$이라는 것이죠. 가장 효율적인 알고리즘은 항목을 한 번에 하나씩 삽입하지 않습니다. 분할 정복 알고리즘을 사용해 모든 항목을 더 큰 하위 힙으로 나눠서 처리합니다.

중요한 점은 상환 시간 비용이 어떤 작업에서는 적지만 어떤 작업에서는 많다는 것입니다. 예를 들어 std::string에 하나의 문자를 추가하는 상환 시간 비용은 일정합니다. 이 시간 비용에는 메모리 관리자를 호출하는 시간 비용이 일부 포함되어 있습니다. 문자열의 길이가 짧다면 문자가 추가될 때마다 메모리 관리자를 호출할 가능성이 높은 반면, 문자열의 길이가 수천 또는 수백만이라면 문자를 추가하더라도 메모리 관리자를 호출할 가능성이 거의 없기 때문에 상환 시간 비용이 줄어들게 됩니다.

5.1.3 기타 비용

어떤 알고리즘은 중간 결과를 저장해 실행 속도를 높일 수 있습니다. 따라서 시간 비용뿐만 아니라 저장 공간 비용도 줄일 수 있는 일석이조의 효과를 갖습니다. 예를 들어 이진 트리를 재귀 알고리즘으로 구현하면 $O(n)$의 시간 비용이 필요할 뿐만 아니라 재귀를 처리하는 과정에서 스택에 $O(\log_2 n)$의 저장 공간 비용도 필요합니다. 저장 공간 비용이 큰 알고리즘은 제한된 환경에서 사용하지 못할 수도 있습니다.

어떤 알고리즘은 병렬화로 실행 속도를 높일 수 있습니다. 하지만 실제로 실행 속도를 높이려면 병렬로 실행 가능한 프로세서가 많아야 합니다. 만약 알고리즘에서 필요한 프로세서의 수가 $O(\log_2 n)$ 이상이라면 프로세서의 수가 제한된 범용 컴퓨터에서는 사용에 제한이 있을 수도 있습니다. 이때는 전용 하드웨어나 그래픽 프로세서에서 사용하면 됩니다. 이 책에서는 아쉽게도 병렬 알고리즘 설계에 대한 내용을 다루지는 않습니다.

5.2 검색과 정렬을 최적화하는 툴킷

검색 및 정렬을 최적화하는 툴킷에는 다음 기능들이 포함되어 있습니다.

- 평균의 경우에 big-O 시간 비용이 많은 알고리즘을 시간 비용이 더 적은 알고리즘으로 바꿀 수 있습니다.

- 데이터가 어떤 특징을 가진다면(예를 들어 만약 입력값이 대부분 정렬되었다는 사실을 알고 있다면) 해당 특징을 활용해 가장 좋은 big-O 시간 비용을 갖는 알고리즘을 선택할 수 있습니다. 그리고 가장 나쁜 big-O 시간 비용을 갖는 알고리즘을 피할 수 있습니다.

- 알고리즘을 수정해 성능을 향상할 수 있습니다.

9장에서 이 세 가지 기능을 활용해볼 것입니다.

5.3 효율적인 검색 알고리즘

대학교에서 컴퓨터 과학을 전공했다면, 강의 시간에 교수님이 검색 및 정렬 알고리즘이 매우 중요하다고 이야기했던 기억이 있을 것입니다. 학부에서 다루는 자료구조와 알고리즘 수업의 문제점은 내용을 너무 간략하게 다룬다는 것입니다. 교수님은 알고리즘 분석을 가르치려고 몇 가지 알고리즘만 깊게 다루거나, 시간 비용과 관련해 알아야 하는 내용을 가르치려고 많은 알고리즘을 얕게 다룰 수 있습니다. 그러면서 동시에 프로그램을 만드는 방법을 가르칠 것입니다. 학생들은 새로운 지식을 많이 배웠다고 뿌듯함을 느끼며 종강을 맞이하겠지만 알고리즘마다 미묘한 차이가 있다는 사실은 알지 못하게 됩니다. 그래서 본인은 최적의 알고리즘을 사용했다고 생각하지만 최적화할 수 있는 여지가 많이 남아있게 됩니다.

5.3.1 검색 알고리즘의 시간 비용

테이블에 있는 항목을 찾는 가장 빠른 알고리즘의 시간 비용은 얼마일까요? big-O 표기법으로 표현해 봅시다. 힌트를 주자면 이진 검색의 시간 비용은 $O(\log_2 n)$이라 꽤 빠른 알고리즘이지만, 가장 빠른 알고리즘은 아닙니다.

이렇게 말하면 "잠깐, 뭐라고요? 더 빠른 알고리즘이 있다고요?"라고 대답하는 독자들이 있을 것입니다. 이 분들은 학부 시절에 선형 검색과 이진 검색 외에 다른 검색 알고리즘을 배우지 않았을 가능성이 높습니다. 하지만 검색 알고리즘은 다음과 같이 다양합니다.

- **선형 검색**linear search은 시간 비용이 $O(n)$이라 크지만 가장 일반적인 검색 알고리즘입니다. 선형 검색은 정렬되지 않은 테이블에서 사용할 수 있습니다. 또한 키 값이 같을 경우 비교할 수 있도록 키 입력 순서에 상관없이 작동합니다. 만약 테이블이 정렬되어 있다면 테이블에 있는 모든 요소를 보기 전에 검색이 끝날 수 있습니다. 이때도 시간 비용은 $O(n)$이지만 평균 약 2배 빠릅니다.

- 만약 테이블의 내용을 바꿔도 괜찮다면 검색 결과를 테이블의 맨 앞으로 이동하는 선형 검색의 변형 버전을 사용할 수도 있습니다. 이 버전은 어떤 상황에서 매우 효율적일 수 있습니다. 예를 들어 표현식에서 식별자를 사용하면 컴파일러의 심볼 테이블을 검색하는데, 표현식 중에는 i = i + 1;과 같이 같은 심볼을 여러 번 사용하는 경우가 있습니다. 이때 변형 버전을 사용하면 효율적으로 검색할 수 있습니다.

- **이진 검색**binary search은 시간 비용이 $O(\log_2 n)$이라 성능은 뛰어나지만 가장 빠른 검색 알고리즘은 아닙니다. 이진 검색은 입력 데이터가 키를 기준으로 정렬되어 있어야 합니다. 또한 키 값이 같을 때뿐만 아니라 '작거나 같다'처럼 순서 관계를 비교할 수 있는 키가 필요합니다.

- 이진 검색은 검색 및 정렬 알고리즘의 핵심이며 분할 정복 알고리즘이라 키와 테이블의 중간 위치에 있는 요소를 비교해 앞에 있는지 뒤에 있는지를 판별한 뒤 테이블을 절반으로 나누고 이 작업을 반복 수행합니다.

- **보간 검색**interpolation search은 이진 검색과 같이 정렬된 테이블을 두 부분으로 나눕니다. 하지만 조금 더 효율적으로 분할하기 위해 키의 부가적인 정보를 사용합니다. 보간 검색은 키가 균일하게 분포되어 있으면 시간 비용이 $O(\log\log n)$으로 성능이 매우 뛰어납니다. 테이블이 크거나 테이블 요소를 테스트하는 데 드는 비용이 중요하다면 (테이블이 하드 디스크에 저장되어 있을 때처럼) 성능이 매우 향상될 수 있습니다. 그러나 보간 검색은 가장 빠른 검색 알고리즘이 아닙니다.

- **해싱**hashing을 사용하면 평균 $O(1)$ 시간으로 레코드를 찾을 수 있습니다. 해싱은 키를 해시 테이블의 배열 색인으로 변환합니다. 하지만 키/값 쌍으로 구성된 모든 목록에서 작동하지는 않으므로 별도의 해시 테이블이 필요합니다. 키 값이 똑같을 경우 해시 테이블의 항목을 비교해 구별합니다. 해싱은 최악의 경우 $O(n)$의 성능을 가지며 검색할 레코드보다 해시 테이블 항목이 더 많을 수도 있습니다. 그러나 테이블에 고정된 내용(예를 들어 월 이름이나 프로그래밍 언어의 키워드)이 있다면 이 문제를 해결할 수 있습니다.

5.3.2 모든 검색 알고리즘은 n이 작으면 같습니다

테이블에서 하나의 항목을 검색하는 시간 비용은 얼마일까요? 검색 알고리즘을 사용하면 뭐가 달라질까요? [표 5-2]는 정렬된 테이블에서 가장 빠른 선형 검색, 이진 검색, 해시 테이블 검색 알고리즘을 사용해 항목을 검색하는 시간 비용을 보여줍니다. 테이블이 작으면, 모든 알고리즘이 같은 수의 항목을 테스트한다는 사실을 알 수 있습니다. 그러나 테이블의 항목 수가 많아지면 차이가 발생합니다.

표 5-2 테이블 크기와 검색 과정에서 접근하는 항목 수의 관계

테이블 크기	선형 검색	이진 검색	해시 테이블
1	1	1	1
2	1	2	1
4	2	3	1
8	4	4	1
16	8	5	1
26	13	6	1
32	16	6	1

5.4 효율적인 정렬 알고리즘

지난 10년 동안 수많은 정렬 알고리즘이 제안되었습니다. 새로운 정렬 알고리즘 중에는 최선의 경우와 최악의 경우의 성능이 향상된 하이브리드 알고리즘이 많습니다. 만약 여러분이 2000년 이전에 컴퓨터 과학 전공으로 대학교를 졸업했다면 검색 알고리즘을 다시 살펴보길 권합니다. 위키백과에 정렬 알고리즘 목록이 요약되어 있으니 참고하시기 바랍니다. 알고리즘 수업에서 배우지 않는 지시 중에 재밌는 사실이 몇 가지 있습니다. 이를 보면 알고리즘을 깊게 공부하는 것이 여러모로 도움이 된다고 깨달을 것입니다.

- '모두'가 가장 빠른 정렬 알고리즘의 시간 비용이 $O(n\log_2 n)$이라고 알고 있습니다. 하지만 아닙니다. 진짜로 아닙니다. 입력값의 쌍을 비교하는 정렬 알고리즘만 그렇습니다. 기수 정렬radix sort(입력값을 r개의 버킷 중 하나로 반복해서 나누는 정렬)의 시간 비용은 $O(n\log_r n)$인데, 여기서 r은 **기수**radix 또는 버킷의 개수입니다. 기수 정렬은 입력값이 매우 크면, 비교 정렬 알고리즘보다 상당히 좋은 성능을 보입니다. 또한 플래시 정렬flashsort[1]은 특정 집합(예를 들어 1부터 n까지 연속된 정수)에서 키를 가져오면 $O(n)$의 시간 비용으로 데이터를 정렬할 수 있습니다.

- 정렬 알고리즘 중에서 가장 많이 사용하며 잘 알려진 퀵 정렬quicksort은 최악의 경우 시간 비용이 $O(n^2)$로 좋지 않은 성능을 보입니다. 최악의 경우를 완전히 피하는 건 불가능하

---

[1] 옮긴이_ https://en.wikipedia.org/wiki/Flashsort

며 단순한 구현은 비효율적으로 수행되곤 합니다.

- 삽입 정렬을 비롯한 일부 정렬 알고리즘은 무작위 데이터에서 탁월한 성능을 보이지는 않지만, 대부분의 데이터가 정렬되어 있을 경우는 탁월한 $(O(n))$ 성능을 보입니다. 단순한 퀵 정렬과 같이 다른 정렬 알고리즘은 데이터가 정렬되어 있을 때 최악의 경우에 해당하는 성능을 보입니다. 만약 데이터가 정렬되어 있거나 대부분 정렬되어 있다면 해당 특징을 활용해 정렬된 데이터에서 우수한 성능을 보이는 정렬 알고리즘을 선택할 수 있습니다.

5.4.1 정렬 알고리즘의 시간 비용

[표 5-3]은 입력 데이터에 따라 다양한 알고리즘의 최선, 최악, 평균의 경우에 대한 시간 복잡도를 보여줍니다. 대부분의 정렬 알고리즘은 평균의 경우 시간 비용이 $O(n\log_2 n)$로 동일한 성능을 보입니다. 하지만 최선의 경우와 최악의 경우의 성능과 필요한 공간은 서로 다릅니다.

표 5-3 일부 정렬 알고리즘의 시간 비용

정렬	최선의 경우	평균의 경우	최악의 경우	필요한 공간	최선/최악의 경우에 대한 비고
삽입 정렬	n	n^2	n^2	1	최선의 경우: 정렬되어 있거나 대부분 정렬된 데이터
퀵 정렬	$n\log_2 n$	$n\log_2 n$	n^2	$\log_2 n$	최악의 경우: 정렬된 데이터이며 선택한 피벗이 처음 또는 마지막 요소일 때
병합 정렬	$n\log_2 n$	$n\log_2 n$	$n\log_2 n$	1	
트리 정렬	$n\log_2 n$	$n\log_2 n$	$n\log_2 n$	n	
힙 정렬	$n\log_2 n$	$n\log_2 n$	$n\log_2 n$	1	
팀 정렬	n	$n\log_2 n$	$n\log_2 n$	n	최선의 경우: 정렬된 데이터
인트로 정렬	$n\log_2 n$	$n\log_2 n$	$n\log_2 n$	1	

5.4.2 최악의 경우에 정렬 알고리즘 교체하기

퀵 정렬은 가장 많이 사용되는 잘 알려진 정렬 알고리즘입니다. 내부 오버헤드는 매우 작으며 평균 성능은 두 키를 비교하는 것을 기반으로 하는 정렬 알고리즘 중에서 가장 빠릅니다. 그러나 퀵 정렬에는 결함이 있습니다. 이미 정렬된(또는 대부분 정렬된) 배열에서 퀵 정렬을 실행하고 처음 또는 마지막 요소를 피벗으로 사용하면 성능이 매우 떨어집니다. 퀵 정렬을 정교하게 구현하려면 이러한 단점을 극복하고자 피벗을 무작위로 선택하거나, 중앙값을 계산한 뒤 초기 피벗으로 사용하고자 많은 사이클을 추가로 소비해야 합니다. 따라서 퀵 정렬이 항상 좋은 성능을 보인다고 가정하는 것은 매우 잘못되었다고 말할 수 있습니다. 입력 데이터(특히 데이터의 정렬 여부)나 알고리즘이 초기 피벗을 어떻게 선택하는지를 반드시 알고 있어야 합니다.

입력 데이터에 대해 아무것도 알지 못한다면 병합 정렬, 트리 정렬, 힙 정렬 모두 용납할 수 없을 수준의 성능을 보이는 코너 케이스corner case[2]가 없다고 확신할 수 있습니다.

5.4.3 입력 데이터의 특성 활용하기

입력 데이터가 정렬되어 있거나 대부분 정렬되어 있다는 사실을 알고 있다면, 이러한 데이터에서는 일반적으로 잘 사용하지 않는 삽입 정렬이 $O(n)$로 뛰어난 성능을 보입니다.

새로운 하이브리드 정렬 알고리즘인 팀 정렬timsort은 데이터가 정렬되어 있거나 대부분 정렬되어 있는 경우 $O(n)$의 뛰어난 성능을 내며 나머지의 경우 $O(n\log_2 n)$의 성능을 보입니다. 팀 정렬은 이제 파이썬에서 표준으로 사용하는 정렬 알고리즘입니다.

비교적 최근에 만들어진 인트로 정렬introsort은 퀵 정렬과 힙 정렬의 하이브리드 정렬 알고리즘입니다. 인트로 정렬은 퀵 정렬로 시작하는데 입력 데이터 때문에 퀵 정렬의 재귀 깊이가 너무 깊어지면 힙 정렬로 전환합니다. 인트로 정렬은 최악의 경우 $O(n\log_2 n)$의 시간 비용을 보장하며 퀵 정렬의 효율적인 구현을 활용해 평균의 경우 실행 시간을 크게 감소시킵니다. 인트로 정렬은 C++11 이후 `std::sort()`를 구현할 때 선호하는 알고리즘이 되었습니다.

또 다른 정렬인 플래시 정렬flashsort은 특정 확률 분포에서 추출된 데이터에 대해 $O(n)$의 성능을 보입니다. 플래시 정렬은 기수 정렬과 연관되어 있는데, 데이터를 확률 분포에서 백분위를 기반으로 하는 버킷에 정렬합니다. 쉬운 예로 플래시 정렬은 데이터 항목이 균등하게 분포되어 있을 때 가장 성능이 뛰어납니다.

2　옮긴이_ 여러 가지 변수와 환경의 복합적인 상호작용으로 발생하는 문제. 자세한 내용은 *https://en.wikipedia.org/wiki/Corner_case*를 참고하기 바랍니다.

5.5 최적화 패턴

최적화 작업에 숙련된 개발자는 코드의 성능을 향상할 수 있는 곳을 찾을 때 직관에만 의존하지 않습니다. 최적화된 코드에는 반복되는 패턴이 있습니다. 개발자가 자료구조와 알고리즘을 연구하는 이유는 거기에 성능 향상을 위한 아이디어가 담겨 있기 때문이기도 합니다.

이 절에서는 몇 가지 유용한 성능 향상 기법을 알아보고자 합니다. 이들 패턴 중 일부를 자료구조, C++ 언어 기능, 하드웨어 혁신의 결과로 알고 있는 독자도 있을 겁니다.

사전 계산precomputation

프로그램 실행 초기나 링크 타임, 컴파일 타임, 디자인 타임에서 자주 사용하는 코드를 미리 계산해 최적화합니다.

지연 계산

계산 코드를 실제로 필요한 부분과 최대한 가까운 곳으로 미뤄 최적화합니다.

배칭batching

한번에 여러 항목을 계산해 최적화합니다.

캐싱caching

계산 비용이 높은 코드의 결과를 저장한 뒤 재사용해 최적화합니다.

특수화specialization

사용하지 않는 일반화된 코드를 제거해 최적화합니다.

더 큰 조각 선택하기

입력 데이터를 한번에 많이 가져와 반복 작업을 줄여서 최적화합니다.

힌팅hinting

성능을 향상할 수 있는 힌트를 제공해 최적화합니다.

예상 경로 최적화

발생할 가능성이 가장 낮은 입력이나 이벤트의 런타임부터 테스트해 최적화합니다.

해싱hashing

가변 길이를 갖는 문자열처럼, 크기가 큰 자료구조를 해시로 계산합니다. 해시는 자료구조를 대신해 성능을 향상시킬 수 있습니다.

이중 검사double-checking

비용이 크지 않은 검사를 수행하되, 비용이 큰 검사는 필요한 경우에만 수행해 최적화합니다.

5.5.1 사전 계산

사전 계산은 자주 사용하는 코드를 미리 계산해 실행 횟수가 많은 부분의 계산량을 줄이는 일반적인 최적화 기법입니다. 자주 사용하는 코드를 자주 사용하지 않는 코드나 링크 타임, 컴파일 타임, 디자인 타임에 옮기는 등 기법을 다양하게 변형할 수 있습니다. 보통은 일찍 계산할수록 좋습니다.

사전 계산은 계산할 값이 문맥에 종속되지 않는 선에서 할 수 있습니다. 다음 코드는 프로그램에서 종속되는 부분이 하나도 없기 때문에 컴파일러가 미리 계산할 수 있습니다.

```
int sec_per_day = 60 * 60 * 24;
```

하지만 다음 코드는 프로그램의 변수에 의존합니다.

```
int sec_per_weekend = (date_end - date_beginning + 1) * 60 * 60 * 24;
```

사전 계산은 프로그램에서 (date_end - date_beginning + 1)이 변하지 않는 값을 가질 때 2로 바꾸고, 변할 수 있는 값이라면 표현식에서 사전 계산할 수 있는 부분을 제외하는 트릭을 사용합니다.

사전 계산의 예는 다음과 같습니다.

- C++ 컴파일러는 컴파일러의 내장 규칙과 연산자 우선순위를 사용해 상수 표현식의 값을 자동으로 사전 계산합니다. 컴파일러는 앞에서 봤던 코드의 sec_per_day 값을 사전 계산합니다.

- 컴파일 타임에 특정 인수를 갖는 템플릿 함수 호출을 계산할 수 있습니다. 컴파일러는 인수가 상수일 때 효율적인 코드를 생성합니다.

- 프로그램에서 '주말'에 해당하는 값이 항상 2라면 프로그래머는 그 값을 상수로 사전 계산할 수 있습니다.

5.5.2 지연 계산

지연 계산의 목표는 계산 코드를 실제로 필요한 부분과 최대한 가까운 곳으로 미뤄서 계산하는 것입니다. 지연 계산은 몇 가지 장점이 있는데 만약 함수에서 모든 실행 경로(if-then-else 구문의 모든 분기)에서 계산할 필요가 없다면 결과가 필요한 경로에서만 계산하도록 만들 수 있습니다. 지연 계산의 예는 다음과 같습니다.

2부 구성

인스턴스를 정적으로 생성하려고 할 때 객체를 생성하는 데 필요한 정보가 존재하지 않을 때가 종종 있습니다. 이때 생성자는 객체의 모든 정보를 한꺼번에 할당하지 않고 빈 객체를 생성하는 데 필요한 최소한의 코드만 포함합니다. 나중에 프로그램 실행 과정에서 초기화 멤버 함수를 호출해 정보를 할당합니다. 이렇게 필요한 정보를 사용할 수 있을 때까지 초기화를 지연하면 객체를 효율적으로 생성할 수 있고 평평한 자료구조(6.7절 평평한 자료구조 참고)를 가질 수 있습니다.

어떤 경우에는 지연 계산한 값의 계산 여부를 확인하느라 추가 비용이 들 수 있습니다. 이 비용은 동적으로 생성된 클래스를 가리키는 포인터가 유효한지를 확인하는 데 드는 비용과 비슷합니다.

COW

객체를 하나의 인스턴스에서 다른 인스턴스로 복사할 때, 동적 멤버 변수를 복사하는 대신 하나의 복사본을 공유합니다. 두 인스턴스가 변수를 수정할 때까지 복사를 지연합니다.

5.5.3 배칭

배칭의 목표는 여러 작업을 함께 처리하는 것입니다. 배칭을 사용하면 반복된 함수 호출 코드와 한 번에 하나씩 처리할 때 발생하는 계산 코드를 제거할 수 있습니다. 또한 더 많은 컴퓨터 자원을 사용할 수 있을 때까지 계산을 지연해 모든 입력을 한꺼번에 처리하는 효율적인 알고리즘을 사용할 수도 있습니다. 배칭의 예는 다음과 같습니다.

- 버퍼가 꽉 차거나 프로그램이 라인 끝이나 파일 끝에 도달할 때까지, 출력 문자를 버퍼에 추가할 수 있습니다. 각 문자마다 출력 함수를 호출하지 않고 버퍼 전체를 한 번만 전달하면 되기 때문에 비용을 절약할 수 있습니다.

- 정렬되지 않은 배열을 힙으로 변환하는 최적의 방법은 모든 항목을 한꺼번에 힙으로 만드는 것입니다. n개의 항목을 힙에 하나씩 삽입하는 시간 비용은 $O(n\log_2 n)$입니다. 반면 모든 항목을 한꺼번에 힙으로 만드는 시간 비용은 $O(n)$입니다.

- 멀티스레드 태스크 큐는 컴퓨터 자원을 효율적으로 사용합니다. 백그라운드 작업으로 저장 또는 업데이트하는 기법 역시 배칭의 일종입니다.

5.5.4 캐싱

캐싱은 필요할 때마다 결과를 다시 계산하지 않고 저장한 뒤 재사용해 계산량을 줄이는 최적화 기법입니다. 캐싱의 예는 다음과 같습니다.

- 컴파일러는 반복해서 사용하는 작은 코드 조각의 결과를 캐싱합니다. 예를 들어 a[i][j] = a[i][j] + c;와 같은 문장이 있을 때 배열 요소를 역참조하는 배열 표현식을 저장한 뒤 auto p = &a[i][j]; *p = *p + c;라는 코드를 생성합니다.

- **캐시 메모리**는 프로세서에서 자주 사용하는 메모리 위치에 더 빠르게 접근할 수 있도록 해주는 특수 장치를 말합니다. 캐싱은 컴퓨터 하드웨어 설계에서 아주 중요한 개념입니다. x86 PC의 하드웨어와 소프트웨어에는 다양한 캐시가 있습니다.

- C 스타일의 문자열에서는 길이를 알려면 매번 문자 수를 세어서 계산해야 합니다. 반면 std::string은 문자열의 길이를 매번 계산하지 않고 캐싱해둡니다.

- 스레드 풀은 생성하는 비용이 큰 스레드를 캐싱합니다.

- 동적 계획법은 복잡한 문제를 간단한 여러 개의 문제로 나누고 그 결과를 캐싱해서 빠른 속도로 계산하는 알고리즘 기법입니다.

5.5.5 특수화

특수화는 일반화의 반대말입니다. 특수화의 목표는 어떤 특정 상황에서 필요하지 않은 고비용 계산을 제거하는 것입니다.

작동이나 자료구조에서 고비용 기능을 제거해 단순하게 만드는 게 가능할 수도 있지만, 이 상황에서는 필요하지 않습니다. 문제에서 제약 조건을 없애거나, 구현부에 제약 조건을 추가해서 (예를 들면 동적 처리 방법을 정적 처리 방법으로 만들거나 제한이 없던 곳에 제한을 거는 등) 처리할 수 있기 때문입니다. 예시는 다음과 같습니다.

- 템플릿 함수인 `std::swap()`은 인수를 복사할 수 있는 코드로 기본 구현되어 있습니다. 그러나 개발자가 자료구조의 내부를 잘 알고 있다면 템플릿 함수를 특수화해 더 효율적으로 구현할 수 있습니다(C++11 버전의 `std::swap()`은 효율적인 처리를 위해 인수 타입이 이동 생성자를 구현했을 경우 이동 문법을 사용합니다).
- `std::string`은 크기를 동적으로 바꿀 수 있어서 가변 길이를 갖는 문자열을 저장할 수 있습니다. `std::string`은 수많은 문자열 조작 함수를 제공합니다. 하지만 고정 길이를 갖는 문자열만 비교한다면 문자열을 가리키는 C 스타일의 배열, 포인터, 비교 함수가 더 나은 성능을 보일 것입니다.

5.5.6 더 큰 조각 선택하기

더 큰 조각 선택하기의 목표는 반복 과정에서 생기는 오버헤드를 줄이고 반복 횟수를 줄이는 것입니다. 전략은 다음과 같습니다.

- 운영체제에서 입력 블록을 대량 요청하거나 운영체제로 출력 블록을 대량으로 보내, 각각의 블록이나 항목을 커널로 호출하는 과정에서 생기는 오버헤드를 줄입니다. 바이트를 대량 사용하는 방법의 단점은 특히 쓰기 작업을 할 때 프로그램 크래시가 발생하면 데이터가 대량 손실될 수 있다는 것입니다. 예를 들어, 로그 파일에 문제가 생길 수 있습니다.

- 버퍼를 바이트 단위가 아닌 워드 단위나 롱 워드 단위로 이동하거나 지웁니다. 이 전략은 두 범위가 동일한 크기 단위로 정렬되어 있을 경우에만 성능을 향상합니다.

- 문자열을 워드나 롱 워드 단위로 비교합니다. 이 전략은 빅 엔디언 머신에서만 작동하며 리틀 엔디언인 x86 머신에서는 작동하지 않습니다(2.2.4절 워드를 저장하는 방법에는 빅 엔디언과 리틀 엔디언이 있습니다 참고). 하지만 머신 아키텍처에 종속적인 전략은 이 식성이 없어서 위험할 수 있습니다.

- 스레드가 깨어날 때 더 많은 작업을 수행합니다. 하나의 작업을 처리한 뒤 프로세서의 소유권을 포기하지 말고 처리해야 할 작업이 여러 개 있는지 확인합니다. 스레드를 깨우는 작업을 반복하는 과정에서 생기는 오버헤드를 절약할 수 있습니다.

- 반복문에서 매번 유지 보수 작업하는 대신 10번이나 100번마다 작업하세요.

5.5.7 힌팅

힌팅은 힌트를 사용해 연산 비용과 계산량을 줄이는 최적화 기법입니다.

예를 들어 `std::map`의 멤버 함수인 `insert()`의 오버로드 중 하나는 삽입 위치를 인수로 받습니다. 이 인수에 위치를 전달할 것인지를 선택할 수 있는데 위치를 전달하면 삽입 비용이 $O(1)$이 되고 그렇지 않으면 $O(\log_2 n)$이 됩니다.

5.5.8 예상 경로 최적화

여러 else-if문이 있는 if-then-else 코드에서 조건문을 무작위 순서로 배치했다면 프로그램이 if-then-else 블록을 통과할 때마다 약 절반의 조건문을 검사합니다. 만약 하나의 조건을 만족할 확률이 95%라면 해당 조건문을 가장 앞으로 배치해 전체 시간의 95%를 하나의 조건문만 검사하도록 만들 수 있습니다.

5.5.9 해싱

해싱은 알고리즘으로 입력값이 큰 자료구조나 길이가 긴 문자열을 해시[hash]라고 하는 정수로 변환하는 최적화 기법입니다. 두 입력값을 해시로 변환하면 입력값이 동일한 경우를 배제해 효율적으로 비교할 수 있습니다. 해시가 서로 다르면 입력값은 절대로 같지 않습니다. 반면 해시가 서로 같다면 입력값이 같을 수도, 다를 수도 있습니다. 해싱과 이중 검사를 함께 사용하면 값이 같은지를 결정론적으로 비교하는 작업을 최적화할 수 있습니다. 보통 입력값의 해시는 캐싱되어 다시 계산할 필요가 없습니다.

5.5.10 이중 검사

이중 검사는 비용이 크지 않은 검사로 몇몇 경우를 배제합니다. 필요하다면 비용이 큰 후속 검사로 다른 모든 경우를 배제하는 최적화 기법입니다. 이중 검사의 예는 다음과 같습니다.

- 이중 검사와 캐시를 함께 사용하는 경우가 많습니다. 캐시에 원하는 값이 있는지 확인하고, 없으면 비용이 높은 과정으로 값을 가져오거나 계산합니다.

- 두 `std::string`이 같은지 확인하려면 보통 문자 단위로 비교해야 합니다. 그러나 두 문자열의 길이를 미리 비교해 서로 다르다면 비교하지 않아도 됩니다.

- 이중 검사를 해시에 사용할 수 있습니다. 두 입력값의 해시를 사용하면 입력값이 같은지 효율적으로 비교할 수 있습니다. 해시가 서로 다르다면 입력값이 같을 확률은 없습니다. 하지만 해시가 서로 같다면 입력값을 바이트 단위로 비교해야 합니다.

5.6 마치며

- 누군가 상수 시간을 갖는 알고리즘을 홍보한다면 의심해봐야 합니다. 시간 비용이 $O(n)$일 수도 있습니다.

- 효율적인 알고리즘을 여러 개 결합해서 사용하면 전체 실행 시간이 $O(n^2)$ 이상이 될 수 있습니다.

- 이진 검색은 시간 비용이 $O(\log_2 n)$이라 성능은 뛰어나지만 가장 빠른 검색 알고리즘은 아닙니다. 보간 검색의 시간 비용은 $O(\log\log n)$이고 해싱의 시간 비용은 상수 시간입니다.

- 항목이 4개 미만인 작은 테이블에서는 모든 검색 알고리즘이 검사하는 항목의 수가 거의 같습니다.

CHAPTER 6

동적 할당 변수 최적화

바로 거기에 돈이 있으니까!

― 윌리 서턴, 40년간 2백만 달러 이상을 훔친 은행 강도

1952년에 "왜 은행을 털었냐"는 기자의 질문에 대한 답. 서턴은 나중에 이런 말을 한 적이 없다고 부인했습니다.

동적 할당 변수를 잘못 사용하는 것은 최적화되지 않은 알고리즘을 사용하는 것 못지않게 C++ 프로그램의 성능을 떨어트리는 주범입니다. 보통 프로그램 성능을 개선할 때, 동적 할당 변수를 최적화할 수 있는 곳을 '돈이 있는 곳'이라고 비유합니다. **메모리 관리자의 호출 횟수를 줄이는 방법을 알고만 있다면 효과적으로 최적화할 수 있습니다.**

표준 라이브러리 컨테이너, 스마트 포인터, 문자열 등 동적 할당 변수를 사용하는 C++ 기능은 C++ 프로그램의 생산성 향상에 많은 도움이 됩니다. 하지만 빛이 있으면 그림자가 있듯이 성능 관점에서 보자면 new는 여러분의 친구가 아닙니다.

메모리 관리 최적화의 목표는 동적 할당 변수를 사용하는 불편한 C++ 특징을 모두 없애 영생을 누리자는 것이 아닙니다. C++의 특징을 능숙하게 사용해서 **메모리 관리자를 불필요하게 호출해 성능을 저하하는 요인을 제거**하자는 것입니다.

필자의 경험상 반복문이나 자주 호출되는 함수에서 메모리 관리자를 호출하는 코드를 하나만 제거하더라도 성능을 크게 개선할 수 있습니다. 그리고 보통 이런 코드는 여러 개 제거할 수 있습니다.

이 장에서는 동적 할당 변수의 최적화 방법을 설명하기 전에, C++에서 변수를 어떻게 다루는
지 알아봅니다. 또한 동적 메모리 API 도구도 살펴봅니다.

6.1 C++ 변수

모든 C++ 변수(일반적인 자료형을 갖는 모든 변수, 모든 배열, 구조체, 클래스 인스턴스)는
메모리에 고정된 레이아웃을 가지며, 레이아웃의 크기는 컴파일 타임에 결정됩니다. C++은
프로그램이 변수의 크기를 바이트 단위로 얻고 그 변수를 가리키는 포인터를 선언하는 것을 허
용하지만 변수의 레이아웃을 비트 단위로 지정하는 것은 허용하지 않습니다. 개발자는 C++
규칙으로 구조체에서 멤버 변수의 순서와 레이아웃을 추론할 수 있습니다. 또한 C++은 여러
변수를 같은 메모리 블록에 덮어씌우는 공용체 타입을 제공합니다. 하지만 프로그램이 공용체
의 여러 변수 중 어떤 변수를 사용하는지는 구현을 어떻게 하느냐에 따라 다릅니다.

6.1.1 변수의 저장 기간

모든 변수는 저장 기간, 다른 말로 수명을 갖습니다. 저장 기간이란 변수가 차지하는 저장 공간
이나 메모리 바이트가 의미 있는 값을 갖는 기간을 말합니다. 변수에 메모리를 할당하는 비용
은 저장 기간에 따라 다릅니다.

C++에서 변수를 선언하는 문법은 여러 새로운 개념을 도입하는 과정에서 C 문법과의 호환성
을 유지하느라 매우 복잡해졌습니다. C++은 저장 기간을 직접 지정하지는 않지만 변수의 선
언으로 추론할 수 있습니다.

정적 저장 기간

정적 저장 기간을 갖는 변수는 컴파일러가 예약해둔 메모리에 상주합니다. 각 정적 변수는 고
정 메모리 주소에서 고정 크기를 차지합니다. 메모리 주소는 컴파일 타임에 결정됩니다. 정적
변수를 저장하는 메모리는 프로그램이 종료될 때까지 예약되어 있습니다. 각 전역 정적 변수는
main() 함수에 진입하기 전에 생성되며 main() 함수를 떠난 뒤 파괴됩니다. 함수에서 선언한

정적 변수는 '함수에 처음 진입하기 전'에만 생성되는데, 빨리 생성되면 전역 정적 변수를 생성할 때 같이 생성되고, 늦게 생성되면 함수를 처음 호출할 시기에 생성됩니다. C++은 개발자가 수명을 정확히 추론할 수 있도록 규칙으로 전역 정적 변수의 생성과 파괴 순서를 지정합니다. 하지만 규칙이 너무 복잡해서 규칙을 따르고 사용하도록한다기 보다는 단순한 경고 메시지처럼 흔히 사용됩니다.

이름에서 각 정적 변수가 무엇인지 알 수 있으며 포인터형과 참조형으로 사용할 수도 있습니다. 정적 변수를 참조하는 이름, 정적 변수를 가리키는 포인터, 참조는 의미 있는 값을 갖기 전이나 값이 파괴된 이후에도 다른 정적 변수의 생성자와 소멸자에서 볼 수 있습니다.

정적 변수를 위한 저장 공간을 생성하는 런타임 비용은 없습니다. 하지만 저장 공간을 재사용할 수는 없습니다. 따라서 정적 변수는 프로그램이 종료될 때까지 사용할 데이터에 적합한 변수입니다.

네임스페이스 범위에서 선언된 변수와 **static**이나 **extern**으로 선언된 변수는 정적 저장 기간을 갖습니다.

스레드 지역 저장 기간

C++11 이후 표준으로 작성된 프로그램은 **스레드 지역 저장**thread-local storage (TLS) 기간을 갖는 변수를 선언할 수 있습니다. C++11 표준 이전에는 일부 컴파일러와 프레임워크가 비표준 방법으로 비슷한 기능을 제공했습니다.

스레드 지역 변수는 스레드에 진입할 때 생성되어 스레드가 끝날 때 파괴됩니다. 스레드 지역 변수의 수명은 스레드의 수명과 같다고 할 수 있습니다. 각 스레드는 스레드 지역 변수의 복사본을 갖습니다.

스레드 지역 변수에 접근하는 비용은 운영체제와 컴파일러에 따라 다르겠지만 정적 변수에 접근하는 비용보다 더 높을 수 있습니다. 일부 시스템에서는 스레드가 스레드 지역 저장 공간을 할당하므로 스레드 지역 변수에 접근하는 비용은 정적 변수에 접근하는 비용보다 간접 접근이 한 번 더 소요되는 수준입니다. 다른 시스템에서는 스레드 ID로 색인된 전역 테이블에서 스레드 지역 변수에 접근해야 합니다. 이 작업은 상수 시간에 수행할 수 있지만 함수를 호출해야 하고 일부 계산을 해야하므로 접근 비용이 상당히 커집니다.

C++11에서 thread_local 키워드로 선언된 변수는 스레드 지역 저장 기간을 갖습니다.

자동 저장 기간

자동 저장 기간을 갖는 변수는 함수 호출 스택에서 컴파일러가 예약해둔 메모리에 상주합니다. 함수 호출 스택은 컴파일 타임에 메모리 크기가 결정되고, 자동 변수는 각 함수 호출 스택 포인터에서 고정된 오프셋 위치를 가집니다. 하지만 자동 변수의 절대 주소는 실제 변수의 선언문이 실행될 때까지 결정되지 않습니다.

자동 변수는 중괄호로 둘러싸인 코드 블록 안에서 존재합니다. 자동 변수는 선언된 곳에서 생성되어 코드 블록을 빠져나갈 때 파괴됩니다.

자동 변수는 정적 변수처럼 이름을 보고 무엇인지 알 수 있습니다. 하지만 정적 변수와는 달리 변수가 생성된 후와 변수가 파괴되기 전에만 이름을 볼 수 있습니다. 자동 변수를 가리키는 참조와 포인터는 변수가 파괴된 후에도 존재할 수 있으므로 역참조할 경우 정의되지 않은 동작으로 극심한 혼란을 초래할 수도 있습니다.

자동 변수는 정적 변수처럼 저장 공간을 할당하는 런타임 비용이 없습니다. 하지만 정적 변수와는 달리 자동 변수가 한 번에 사용할 수 있는 메모리 크기는 제한이 있습니다. 깊이가 매우 깊은 재귀나 중첩된 함수 호출 때문에 제한된 메모리 크기를 초과하면 **스택 오버플로**가 발생하고 프로그램이 갑자기 종료됩니다. 자동 변수는 변수를 둘러싸는 코드 블록에서 사용하는 객체에 적합합니다.

함수의 인수 형태로 선언된 변수는 자동 저장 기간을 갖습니다. 따라서 변수는 코드 블록 안에서 선언되며 다른 곳에서는 볼 수 없습니다.

동적 저장 기간

동적 저장 기간을 갖는 변수는 실행 중인 프로그램에서 요청한 메모리에 상주합니다. 프로그램은 C++ 런타임 시스템 함수와 프로그램 대신 메모리 풀을 관리하는 자료구조로 구성된 **메모리 관리자**를 호출합니다. 프로그램은 명시적으로 저장 공간을 요청하고 **new 표현식**(13.1.3절 new 표현식은 동적 변수를 생성합니다 참고)으로 변수를 동적 생성하는데, 이는 프로그램 어디에서나 호출할 수 있습니다. 프로그램은 나중에 변수를 명시적으로 파괴하고 **delete 표현식**(13.1.4절 delete 표현식은 동적 변수를 없앱니다 참고)으로 변수의 메모리를 메모리 관리자로 반환하는데, 이 역시 변수가 더는 필요하지 않을 때 프로그램 어디에서나 호출할 수 있습니다.

자동 변수와 마찬가지로(정적 변수와는 달리) 동적 변수의 주소는 런타임에 결정됩니다.

정적 변수나 스레드 지역 변수, 자동 변수와 달리 동적 변수는 확장된 배열 선언 문법으로 동적 배열을 런타임에 지정할 수 있으며, 그 크기는 표현식으로 지정됩니다. 이 표현식은 상수가 아니라도 무방합니다. 이 때문에 동적 변수는 C++에서 컴파일 타임에 변수의 크기가 고정된 값을 갖지 않는 유일한 경우가 됩니다.

동적 변수는 이름이 지정되지 않습니다. 대신 생성될 때 메모리 관리자가 동적 변수를 가리키는 포인터를 반환합니다. 프로그램은 이 동적 변수 포인터를 다른 변수에 할당해야 합니다. 그래야 나중에 동적 변수가 필요 없을 때 동적 변수가 사용하는 메모리를 메모리 관리자로 반환할 수 있습니다. 동적 변수를 제대로 반환하지 않을 경우 몇 분 만에 기가바이트 단위의 메모리 부족 현상을 초래할 수도 있습니다.

동적 변수의 개수와 타입은 정적 변수, 스레드 지역 변수와 달리 소비하는 저장 공간의 크기가 제한되어 있지 않으며 시간에 따라 변할 수 있습니다. 또한 정적 변수, 자동 변수와 달리 동적 변수가 사용하는 메모리를 관리하려면 런타임 비용이 꽤 많이 필요합니다.

new 표현식으로 반환된 변수는 동적 저장 기간을 갖습니다.

6.1.2 변수의 소유권

C++ 변수에서 또 다른 중요한 개념으로 **소유권**이 있습니다. 변수의 주인은 변수가 생성될 때와 파괴될 때를 결정합니다. 저장 시기가 변수가 생성될 때와 파괴될 때를 때때로 알려주지만 소유권은 동적 변수를 최적화하는 데 중요한 별개 개념입니다. 여기에 몇 가지 지침이 있습니다.

전역 소유권

정적 저장 기간을 갖는 변수는 프로그램이 전체 소유권을 갖습니다. 이 변수는 main() 함수에 진입하기 전에 생성되며 main() 함수를 떠난 뒤 파괴됩니다.

유효 범위가 지정된 소유권

자동 저장 기간을 갖는 변수는 중괄호로 둘러싸인 코드 블록으로 구성된 유효 범위가 소유권을 갖습니다. 유효 범위는 함수 본문일 수도 있고 if, while, for, do문으로 둘러싸인 코드 블록일 수도 있고 try나 catch절일 수도 있고 중괄호로만 둘러싸인 복합문일 수도 있습니다. 이 변수는 유효 범위에 진입할 때 생성되며 유효 범위를 빠져나갈 때 파괴됩니다.

main()의 본문은 가장 바깥(맨 처음 진입하고 맨 마지막으로 빠져나오는)에 있는 유효 범위입니다. 사실상 main() 함수에서 선언된 자동 변수는 정적 변수와 동일한 수명을 갖습니다.

멤버 소유권

클래스와 구조체의 멤버 변수는 클래스 인스턴스가 소유권을 갖습니다. 클래스의 인스턴스가 생성될 때 생성자로 생성되며 클래스의 인스턴스가 파괴될 때 소멸자로 파괴됩니다.

동적 변수의 소유권

동적 변수는 누가 소유권을 갖는지 미리 정의되어 있지 않습니다. 더 정확히 말하면 동적 변수를 생성하는 **new 표현식**이 포인터를 반환하고 이 포인터를 프로그램에서 명시적으로 관리해야합니다. 그리고 동적 변수를 가리키는 마지막 포인터가 파괴되기 전에 **delete 표현식**으로 동적 변수를 메모리 관리자에 반환해야 합니다. 동적 변수의 수명은 프로그래밍하기 나름이라 강력하지만 매우 위험합니다. 동적 변수를 가리키는 마지막 포인터가 파괴되기 전에 **delete 표현식**으로 동적 변수를 메모리 관리자에 반환하지 않으면, 메모리 관리자는 프로그램 실행 중에 해당 변수를 추적할 방법이 없습니다.

동적 변수의 소유권은 개발자가 정해야 하며 프로그램 로직으로 인코딩해야 합니다. 그리고 컴파일러가 제어하지 않으며 C++에서 정의하지도 않습니다. 동적 변수의 소유권은 최적화에서 매우 중요합니다. 강력하게 정의된 소유권을 갖는 프로그램은 소유권을 확산하는 프로그램보다 효율적으로 만들 수 있습니다.

6.1.3 값 객체와 엔티티 객체

어떤 변수는 프로그램에서 값을 통해 의미를 얻습니다. 이 변수를 **값 객체**라고 합니다. 반면 다른 어떤 변수는 프로그램에서 역할에 따라 의미를 얻습니다. 이 변수를 **엔티티** 또는 **엔티티 객체**라고 합니다.

C++은 특정 변수가 값 객체로 행동하는지 엔티티 객체로 행동하는지의 여부를 인코딩하지 않습니다. 개발자는 프로그램 로직으로 변수의 역할을 인코딩합니다. 개발자는 모든 클래스에 복사 생성자와 `operator==()`을 정의할 수 있습니다. 변수의 역할은 개발자가 생성자와 연산자를 **정의해야 하는지**의 여부를 결정합니다. 개발자가 앞뒤가 맞지 않은 연산을 금지하지 않아도 컴파일러는 불평하지 않습니다.

엔티티 객체는 다음의 공통 특징을 갖습니다.

엔티티는 유일합니다

프로그램에서 일부 객체는 개념적으로 유일한 정체성을 갖습니다. 특정 임계 구역을 보호하는 뮤텍스와 수많은 항목이 들어 있는 심볼 테이블은 프로그램에서 유일한 정체성을 갖는 객체의 예라고 할 수 있습니다.

엔티티는 변경할 수 있습니다

프로그램은 뮤텍스에 락을 걸거나 해제할 수 있습니다. 그래도 동일한 뮤텍스입니다. 프로그램은 심볼 테이블에 심볼을 추가할 수 있습니다. 그래도 심볼 테이블입니다. 여러분은 차에 시동을 걸고 회사까지 운전할 수 있습니다. 그래도 그 차는 여러분의 차입니다. 엔티티는 전체로서 의미를 갖습니다. 엔티티의 상태를 변경해도 프로그램에서의 근본적인 의미는 변하지 않습니다.

엔티티는 복사할 수 없습니다

엔티티는 복사되지 않습니다. 엔티티의 본질은 사용하는 방법에서 나온 것이지 비트에서 나온 것이 아닙니다. 시스템 심볼 테이블의 모든 비트를 다른 자료구조로 복사한다고 해서 그 자료구조가 심볼 테이블이 되지는 않습니다. 프로그램은 여전히 이전 위치에 있는 시스템 심볼 테이블에서 찾으며 복사본에서는 찾지 않습니다. 프로그램이 원본이 아닌 복사본을 수정한다면 심볼 테이블이 더는 유효하지 않게 됩니다. 또한 임계 구역을 보호하는 뮤텍스의 비트를 복사할 수 있지만 복사본에 락을 걸면 상호 배제가 성립되지 않습니다. 상호 배제는 두 스레드 간의 특성으로 특정 비트 집합을 사용해 서로에게 신호를 보내도 좋다고 동의하는 것입니다.

엔티티는 비교할 수 없습니다

엔티티가 같은지 비교하는 연산은 의미가 없습니다. 엔티티는 본질적으로 모두 다릅니다. 따라서 비교 연산은 항상 **false**를 반환합니다.

마찬가지로 값 객체는 앤티티 객체와 반대되는 공통 특성을 갖습니다.

값은 서로 교환할 수 있고 비교할 수 있습니다

정수 4와 문자열 "Hello, World!"는 값입니다. 표현식 2 + 2는 값 4와 같고 값 5와 같지 않습니다. 표현식 string("Hello") + string("!")의 값은 문자열 "Hello!"와 같으며 "Hi"와 같지 않습니다. 값의 의미는 비트에서 나온 것이지 사용하는 방법에서 나온 것이 아닙니다.

값은 변경할 수 없습니다

값을 4에서 5로 변경해 2 + 2 = 5로 만드는 연산은 없습니다. 4를 저장하는 정수 타입 변수에 5를 저장하도록 변경할 수는 있습니다. 이는 유일한 이름을 갖는 앤티티인 변수를 변경하는 것이지 값 4를 변경하는 것이 아닙니다.

값은 복사할 수 있습니다

값을 복사하는 작동은 아무런 문제가 없습니다. 두 개의 문자열 변수에 "foo"라는 값을 지정해도 프로그램은 여전히 잘 동작할 것입니다.

변수가 앤티티 객체인지 값 객체인지에 따라 복사와 비교 연산이 의미를 갖는지 아닌지가 결정됩니다. 앤티티는 복사하거나 비교하면 안 됩니다. 클래스 멤버 변수가 앤티티인지 값인지에 따라 클래스 복사 생성자를 어떻게 구현할지 결정됩니다. 클래스 인스턴스는 앤티티의 소유권을 공유할 수 있지만 앤티티를 복사할 수는 없습니다. 따라서 앤티티 객체와 값 객체를 잘 이해하는 것이 중요합니다. 왜냐하면 앤티티로 작동하는 변수는 종종 동적 할당 변수가 많은 구조를 갖는데, 이 변수는 복사하는 의미가 없는 것은 차치하더라도 복사 비용이 크기 때문입니다.

6.2 C++ 동적 변수 API

C++은 동적 변수를 관리하는 강력한 툴킷을 포함합니다. 툴킷의 종류는 자동화에서 고품질 메모리 관리 제어와 동적으로 할당된 C++ 변수의 구성에 이르기까지 다양합니다. 숙련된 개발자라도 가장 기본적인 툴킷만 사용했을 수 있습니다. 이 절에서는 최적화에 특히 도움이 되

는 기능을 자세히 알아보기 전에 다양한 툴킷을 먼저 살펴보고자 합니다.

포인터와 참조

C++의 동적 변수는 이름이 없습니다. 동적 변수는 C 스타일 포인터나 참조 변수로 접근할 수 있습니다. 포인터는 복잡하고 종류가 다양한 컴퓨터 구조를 숨기기 위해 하드웨어 주소를 추상화합니다. 모든 포인터 변수가 유효한 메모리 위치를 가리키지도 않지만, 포인터 변수의 그 어떤 비트 값도 이 포인터 변수가 유효한 위치를 가리키는지 아닌지 프로그래머에게 알려주지 않습니다. C++ 표준이 보장하는 C++11의 nullptr이라는 특정한 값은 유효한 메모리 위치를 절대 가리키지 않습니다. C++11 이전에는 정수 0이 nullptr을 대신했습니다. 물론 C++11에서 0을 nullptr로 변환할 수 있지만 포인터 변수의 비트값이 모두 0이라고 해서 반드시 nullptr라고 할 수는 없습니다. 초기화하지 않고 선언된 C 스타일 포인터는 (효율성을 위해) 미리 정의된 값을 갖지 않습니다. 참조 변수는 초기화하지 않고 선언할 수 없으므로 항상 유효한 위치를 가리킵니다[1].

new와 delete 표현식

C++의 동적 변수는 **new 표현식**으로 생성됩니다(13.1.3절 new 표현식은 동적 변수를 생성합니다 참고). new 표현식은 변수 저장에 필요한 공간을 가져온 뒤 저장 공간에 지정한 타입의 변수를 생성한 다음 새로 생성된 변수를 가리키는 포인터를 반환합니다. 배열을 생성하는 new 표현식은 단일 인스턴스를 생성하는 new 표현식과는 다르지만 같은 포인터 타입을 반환합니다.

동적 변수는 **delete 표현식**으로 삭제됩니다(13.1.4절 delete 표현식은 동적 변수를 없앱니다 참고). delete 표현식은 변수를 파괴하고 저장 공간을 삭제합니다. 배열을 삭제하는 delete 표현식은 단일 인스턴스를 삭제하는 delete 표현식과 다릅니다. 그러나 같은 포인터 타입에서 작동하므로 포인터가 배열을 가리키는지 단일 변수를 가리키는지 알 수 없습니다. 개발자는 동적 변수를 생성하는 new 표현식의 종류와 삭제하는 delete 표현식의 종류를 서로 일치시켜야 합니다. 그렇지 않으면 혼란에 빠지게 됩니다. 만약 배열을 가리키는 포인터를 인스턴스를 가리키는 포인터인 것처럼 삭제하면 정의되지 않은 작동을 합니다. 반대의 경우도 마찬가지입니다.

---

1 개발자는 참조 변수를 초기화하려는 목적으로 숫자로 나타낸 기계어 주소를 참조로 변환할 수 있습니다. 정신 나간 행동이라고 볼 수도 있지만 대상 컴퓨터의 구조가 변하지 않으며 잘 알고 있다면 임베디드 프로그래밍에 유용할 수 있습니다. 컴파일러를 사용해 수치 상수를 참조나 포인터로 변환하는 것보다 링커를 사용해 extern 변수의 주소를 설정하는 게 더 효율적입니다. 조언하자면, "여기서는 볼 게 없으니 다른 곳으로 시선을 돌리세요."

new 표현식과 delete 표현식은 C++ 언어의 문법을 근간으로 합니다. 다음은 모든 개발자가 알고 있는 기본적인 **new 표현식**과 **delete 표현식**의 사용 예제를 보여줍니다.

```cpp
{
    int n = 100;
    char* cp;                        // cp는 특정 값을 갖지 않습니다.
    Book* bp = nullptr;              // bp는 유효하지 않은 주소를 가리킵니다.

//   ...

    cp = new char[n];                // cp는 새 동적 배열을 가리킵니다.
    bp = new Book("Optimized C++");  // 새 동적 클래스 인스턴스

//   ...

    char array[sizeof(Book)];
    Book* bp2 = new(array) Book("Moby Dick");  // 위치 지정 new

//   ...

    delete[] cp;      // 포인터를 변경하기 전에 동적 배열을 삭제
    cp = new char;    // 이제 cp는 동적 char를 가리킵니다.

//   ...

    delete bp;        // 클래스 인스턴스 사용을 끝냅니다.
    delete cp;        // 동적 할당 char 사용을 끝냅니다.
    bp2->~Book();     // 위치 지정된 클래스 인스턴스 사용을 끝냅니다.
}
// 포인터가 범위를 빠져나가기 전에 동적 변수를 삭제합니다.
```

메모리 관리 함수

new 표현식과 **delete 표현식**은 C++ 표준 라이브러리의 메모리 관리 함수를 호출해 C++ 표준에서 '자유 기억 공간free store'이라고 하는 풀에 저장 공간을 할당하고 반환합니다. 이 함수는 오버로드되어 있는데 인스턴스의 경우 operator new(), operator delete() 함수를 사용하고 배열의 경우 operator new[](), operator delete[]() 함수를 사용합니다. 또한 C++은 malloc()과 free()처럼 기존 C 라이브러리의 메모리 관리 함수도 제공합니다. 이 함수는 타입이 지정되지 않은 저장 공간 블록을 할당하고 해제합니다.

클래스의 생성자와 소멸자

C++에서는 각 클래스의 인스턴스가 생성될 때 초깃값을 설정할 수 있도록 클래스의 생성자를 호출합니다. 반대로 클래스 인스턴스가 파괴될 때 클래스의 소멸자를 호출합니다. 생성자나 소멸자처럼 특별한 멤버 함수의 특별한 장점은 **new 표현식**과 **delete 표현식**을 배치할 수 있는 공간을 제공해 클래스 인스턴스 내에 존재하는 동적 멤버 변수를 자동으로 관리할 수 있다는 점입니다.

스마트 포인터

C++ 표준 라이브러리는 원시 포인터 타입처럼 작동하는 '스마트 포인터'를 제공합니다. 다만 범위를 벗어날 때 가리키는 변수도 삭제한다는 점이 다릅니다. 스마트 포인터는 할당된 저장 공간이 배열인지 단일 인스턴스인지를 기억한 뒤 스마트 포인터 타입에 알맞은 delete 표현식을 호출합니다. 스마트 포인터는 다음 절에서 자세히 설명합니다.

할당자 템플릿

C++ 표준 라이브러리는 표준 컨테이너에서 사용할 수 있도록 new 표현식과 **delete 표현식**을 일반화하는 할당자 템플릿을 제공합니다. 할당자는 '13.3절 클래스 한정 메모리 관리자 제공하기'에서 더 자세히 살펴봅니다.

6.2.1 스마트 포인터는 동적 변수의 소유권을 자동화합니다

동적 변수의 소유권은 컴파일러가 제어하거나 C++이 정의하지 않습니다. 프로그램은 첫 번째 위치에서 포인터 변수를 선언하고, 두 번째 위치에서 new 표현식을 사용해 동적 변수를 포인터에 할당합니다. 그 후 세 번째 위치에서 포인터를 다른 포인터에 복사하고, 네 번째 위치에서 delete 표현식을 사용해 두 번째 포인터가 가리키는 동적 변수를 파괴합니다. 그러나 이런 방법으로 작동하는 프로그램은 동적 변수의 소유권이 확산되기 때문에 테스트와 디버깅에 어려움을 겪을 수 있습니다. 동적 변수의 소유권은 개발자가 정하며 프로그램 로직으로 인코딩합니다. 소유권이 확산되면 프로그램의 모든 곳에서 동적 변수를 생성하고, 참조를 추가하거나 삭제하고, 변수를 파괴할 수 있습니다. 따라서 개발자는 모든 실행 경로를 추적해 동적 변수를 메모리 관리자에 제대로 반환하는지 항상 확인해야 합니다.

이러한 복잡함은 프로그래밍 관용구를 사용해 줄일 수 있습니다. 많이 사용하는 방법 중 하나는 포인터 변수를 어떤 클래스의 private 멤버로 선언하는 것입니다. 클래스의 생성자는 포인터를 nullptr로 설정한 뒤 포인터 인수를 복사하거나 동적 변수를 생성하는 new 표현식을 포함할 수 있습니다. 포인터는 private 멤버이기 때문에 포인터와 관련된 변경 사항은 클래스의 멤버 함수 내부에서만 발생합니다. 이렇게 하면 포인터에 영향을 주는 곳이 제한되어 코딩하거나 디버깅하기 훨씬 수월해집니다. 클래스 소멸자는 동적 변수를 파괴하는 delete 표현식을 포함할 수 있습니다. 이 방법으로 작동하는 클래스 인스턴스는 동적 변수를 소유한다고 말할 수 있습니다.

동적 변수를 소유하는 단 하나의 목적으로 간단한 클래스를 설계할 수 있습니다. 클래스는 동적 변수를 생성하고 파괴할 뿐만 아니라 operator->()와 operator*()도 구현합니다. 이러한 클래스를 **스마트 포인터**라고 합니다. 스마트 포인터는 대부분 C 스타일 포인터처럼 작동하지만 인스턴스가 파괴될 때 포인터가 가리키는 동적 객체도 같이 파괴한다는 점이 다릅니다.

C++은 T 타입을 갖는 동적 변수의 소유권을 유지하기 위해 std::unique_ptr<T>라는 스마트 포인터 템플릿을 제공합니다. unique_ptr은 효율적인 측면에서 직접 작성한 코드와 필적할 만한 코드로 컴파일합니다.

동적 변수의 소유권 자동화

스마트 포인터는 동적 변수의 소유권을 자동화해 동적 변수의 수명과 동적 변수를 소유하는 스마트 포인터의 수명을 연결합니다. 포인터를 어떻게 선언했냐에 따라 동적 변수를 제대로 파괴하고 메모리를 자동으로 해제합니다.

- 자동 저장 기간으로 선언된 스마트 포인터의 인스턴스는 break문이나 continue문을 만났거나, 함수에서 값을 반환하거나, 예외가 발생해 범위를 빠져나가는 등 선언문을 둘러싸고 있는 범위를 빠져나갈 때 소유한 동적 변수를 삭제합니다.

- 클래스 멤버로 선언된 스마트 포인터의 인스턴스는 스마트 포인터를 포함하는 클래스 인스턴스가 파괴될 때 소유한 동적 변수를 삭제합니다. 또한 클래스의 소멸자가 실행된 후 각 멤버가 파괴된다는 클래스 소멸 규칙 때문에 소멸자에서 동적 변수를 삭제하는 코드를 명시적으로 작성할 필요가 없습니다. 스마트 포인터는 C++의 내부 시스템에서 삭제됩니다.

- 스레드 지역 저장 기간으로 선언된 스마트 포인터의 인스턴스는 스레드가 정상적으로 종

료될 때 소유한 동적 변수를 삭제합니다(운영체제가 스레드를 종료시킨 경우는 일반적으로 삭제되지 않음).

- 정적 저장 기간으로 선언된 스마트 포인터의 인스턴스는 프로그램이 종료될 때 소유한 동적 변수를 삭제합니다.

일반적으로 하나의 소유자를 유지 보수하고 특히 소유권을 유지하기 위해 std::unique_ptr을 사용하면 동적 변수가 유효한 저장 공간을 가리키는지 그리고 더는 필요하지 않을 때 메모리 관리자에 제대로 반환하는지를 쉽게 판단할 수 있습니다. unique_ptr을 사용해도 비용 패널티가 거의 없기 때문에 최적화에 관심이 있는 개발자라면 가장 먼저 선택해야 할 옵션입니다.

동적 변수의 소유권을 공유하면 비용이 더 큽니다

C++은 여러 개의 포인터와 참조가 하나의 동적 변수를 가리키는 것을 허용합니다. 여러 자료 구조가 특정 동적 변수를 가리킨다면, 두 개 이상의 포인터가 하나의 동적 변수를 가리킨다고 볼 수 있습니다. 어떤 동적 변수를 가리키는 포인터를 함수의 인자로 전달한다면, 하나의 포인터는 호출한 쪽에서 동적 변수를 가리키고 또 다른 포인터는 호출된 함수 내에서 동적 변수를 가리키고 있을 것입니다. 동적 변수를 소유하기 위해 객체를 할당하거나 생성하는 과정에서, 동적 변수를 참조하는 여러 포인터가 잠시 존재할 수 있습니다.

개발자는 하나의 동적 변수를 여러 포인터가 참조하는 동안 어떤 포인터가 동적 변수의 소유자인지 **판단해야** 합니다. 개발자는 동적 변수를 소유하지 않은 포인터로 동적 변수를 명시적으로 삭제하거나, 동적 변수를 삭제한 후에 동적 변수를 가리키고 있던 포인터로 이미 삭제된 동적 변수에 접근하거나, 소유한 두 포인터가 같은 객체를 참조해서 동적 변수를 두 번 삭제하는 경우가 일어나지 않도록 해야 합니다. 이 분석은 오류나 예외가 발생할 때 특히 중요합니다.

어떤 때에는 두 개 이상의 포인터 사이에 동적 변수의 소유권을 공유해야 합니다. 변수를 가리키는 두 포인터의 수명이 겹칠 경우 소유권을 공유해야 하지만, 두 포인터의 수명 중 어떤 것도 다른 포인터의 수명을 완전히 포함할 수 없습니다.

C++ 표준 라이브러리의 std::shared_ptr<T> 템플릿은 소유권을 공유해야 하는 경우 이를 관리할 수 있는 스마트 포인터를 제공합니다. shared_ptr의 인스턴스는 동적 변수를 가리키는 포인터와 참조 수reference count를 가지는 동적 객체를 가리키는 또 다른 포인터를 포함합니다. 동적 변수를 shared_ptr에 대입했을 때 대입 연산자는 참조 수를 1로 설정합니다. shared_ ptr이 또 다른 shared_ptr에 대입하면 참조 수를 1 증가시킵니다. shared_ptr이 파괴되면 소멸자로 참조 수를 1 감소시키고 참조 수가 0이 되면 동적 변수를 삭제합니다. 참조 수는 증감 연산을 수행하기 위해 중간에 절대 방해받지 않는 원자 단위 형태의 명령어^{atomic operation}를 사용하기 때문에 그 비용이 높지만, 덕분에 멀티스레드 프로그램에서도 잘 작동합니다. 따라서 std::shared_ptr의 비용은 C 스타일 포인터나 std::unique_ptr보다 많이 듭니다.

개발자는 (new 표현식에서 반환하는 포인터처럼) C 스타일 포인터를 여러 스마트 포인터에 대입하지 않고 하나의 스마트 포인터에서 다른 스마트 포인터로 대입해야만 합니다. 여러 스마트 포인터에 똑같은 C 스타일 포인터를 대입하면 포인터가 여러 번 삭제되어 C++ 표준이 이해할 수 없는 '정의되지 않은 작동'을 합니다. 당연한 소리 같지만 기존 방법인 POP^{plain old pointer} 타입의 포인터에서 스마트 포인터를 생성할 수 있기 때문에, 인수를 전달하는 과정에서 형변환을 수행하면 이 문제가 발생할 수 있습니다.

std::auto_ptr 대 컨테이너 클래스

C++11 이전에 사용했던 스마트 포인터인 std::auto_ptr<T>은 공유되지 않은 동적 변수의 소유권도 관리할 수 있습니다. 다방면에서 auto_ptr의 작동 방법은 unique_ptr와 매우 비슷합니다. 그러나 auto_ptr은 이동 문법을 구현하지 않으며(6.6절 이동 문법 구현하기 참고) 복사 생성자가 없습니다.

C++11 이전에는 표준 라이브러리 컨테이너의 대부분이 값 타입을 컨테이너 내부 저장 공간에 복사 생성했으므로 auto_ptr을 값 타입으로 사용할 수 없었습니다. 표준 라이브러리 컨테이너는 unique_ptr이 도입되기 전에 C 스타일 포인터, 객체의 깊은 복사^{deep copy}, shared_ptr을 사용해 프로그래밍해야 했습니다. 하지만 해결책마다 문제가 있었습니다. 기존 C 스타일 포인터는 오류가 발생하거나 메모리가 누수될 위험이 있었습니다. 객체의 깊은 복사는 객체의 크기가 큰 경우 매우 비효율적이었고 shared_ptr은 기본적으로 비용이 컸습니다. 일부 프로젝트는 컨테이너 클래스를 위해 안전하지 않은 특별한 스마트 포인터를 구현하여 사용합니다. 이 스마트 포인터의 복사 생성자는 마치 std::swap()을 사용하는 것처럼 소유권을 가진 포인터를 생성자로 옮겨버립니다. 이렇게 구현한 덕분에 전부는 아니지만 대부분의 멤버 함수가 제대로 동작하게 되었습니다. 이런 스마트 포인터는 효율적일 수는 있어도 안전하지 않고 디버깅이 아주 어렵습니다.

C++11 이전에 표준 라이브러리 컨테이너 클래스의 인스턴스에서 값 타입으로 std::shared_ptr을 많이 사용했습니다. 이 구현 방법은 정확하고 디버깅 가능한 코드를 생성했지만 매우 비효율적이었습니다.

6.2.2 동적 변수는 런타임 비용이 있습니다

C++은 기계어로 컴파일된 후 컴퓨터에서 바로 실행되기 때문에 C++ 문장의 비용 대부분은 기껏해야 몇 번의 메모리 접근이 전부입니다. 그러나 동적 변수의 메모리를 할당하기 위해 수천 번의 메모리 접근이 필요합니다. 이 비용은 평균적으로 너무 커서 4장에서 이야기한 것처럼 메모리 관리자를 호출하는 횟수를 한 번만 줄여도 함수의 성능이 크게 향상합니다.

메모리를 할당하는 함수는 요청한 메모리 블록을 할당하려고 빈 메모리 블록의 컬렉션을 찾습니다. 함수가 빈 메모리 블록을 찾으면 컬렉션에서 블록을 제거한 뒤 반환합니다. 함수가 요청한 메모리 블록보다 훨씬 큰 메모리 블록을 찾으면 블록을 분할한 뒤 일부를 반환합니다. 물론 이런 개괄적인 서술은 다양한 방법으로 구현해볼 여지를 줍니다.

함수가 메모리 블록을 요청했을 때 이용 가능한 메모리 블록이 없으면, 할당 함수는 큰 메모리 블록을 추가로 얻기 위해서 가용 메모리 시스템 풀에서 운영체제 커널을 고비용으로 호출합니다. 커널에서 할당되는 메모리는 물리적 RAM에 캐시되어 있을 수도, 그렇지 않을 수도 있습니다(2.2.5절 메모리는 한정된 자원입니다 참고). 캐시되어 있지 않다면, 해당 메모리 영역에 처음 접근할 때는 더 많이 지연될 수 있습니다. 빈 메모리 블록의 목록을 탐색하는 비용은 많습니다. 메모리 블록은 메모리 이곳저곳에 흩어져 있으며 캐시에 있을 가능성은 실행 중인 프로그램에서 볼 수 있는 메모리 블록보다 적습니다.

빈 메모리 블록의 컬렉션은 프로그램의 모든 스레드가 공유하는 자원입니다. 빈 메모리 블록의 컬렉션에 관한 변경 사항은 반드시 스레드 세이프tread-safe해야 합니다. 여러 스레드가 메모리를 할당하거나 해제하는 함수를 자주 호출하면 자원인 메모리 관리자에 대해 경합이 벌어져 하나의 스레드를 제외한 모든 스레드가 대기하게 됩니다.

C++은 프로그램에 포함된 동적 변수가 더는 필요하지 않을 때 할당된 메모리를 해제해야 합니다. 메모리를 해제하는 함수는 이론적으로 반환된 메모리 블록을 빈 메모리 블록의 컬렉션에

넣습니다. 하지만 메모리를 해제하는 함수의 실제 구현 로직은 상당히 복잡합니다. 실제 구현 로직을 살펴보면 대부분은 해제된 메모리 블록을 인접한 빈 메모리 블록과 합치려고 시도합니다. 이렇게 인접한 빈 메모리 블록과 합치지 않으면, 빈 메모리 컬렉션에 있는 블록들의 크기가 너무 작아지는 문제가 생깁니다. 그리고 메모리를 해제하는 함수를 호출할 경우는 메모리를 할당하는 함수를 호출할 때와 마찬가지로 멀티스레드가 빈 메모리 블록에 접근하는 문제와 캐시 성능이 떨어지는 문제가 동일하게 발생합니다.

6.3 동적 변수 사용 줄이기

동적 변수를 사용하면 수많은 문제를 해결할 수 있습니다. 그러나 **모든** 문제를 해결하기에는 비용이 너무 크다는 단점이 있습니다. 정적으로 만든 변수는 종종 동적 변수의 작업을 대신 수행할 수 있습니다.

6.3.1 클래스 인스턴스를 정적으로 만드세요

클래스 인스턴스를 동적으로 만들 수 있습니다. 그러나 컨테이너의 일부가 아닌 대부분의 클래스 인스턴스는 정적으로(new를 사용하지 않고) 만들 수 있으며 일반적으로 그렇게 해야 합니다. 개발자가 정적으로 만들 수 있다는 사실을 깨닫지 못하고 일부 클래스 인스턴스를 동적으로 만들기도 합니다. 예를 들어 자바를 먼저 배워 C++을 다룬 경험이 없는 개발자가 클래스를 인스턴스화하면 다음과 같이 전형적인 자바 문법으로 작성할지도 모릅니다.

```
MyClass myInstance = new MyClass("hello", 123);
```

만약 C++을 다룬 경험이 없는 사용자가 자바 문법으로 프로그램 코드를 작성한다면 C++ 컴파일러는 cannot convert from 'MyClass *' to 'MyClass'라고 말하며 myInstance를 포인터 타입으로 만드는 게 어떻겠냐고 물어볼 것입니다. C++에 조금 익숙해진 개발자가 문제를 파악했다면 myInstance를 스마트 포인터로 생성해 동적으로 만든 클래스 인스턴스를 명시적으로 삭제할 필요가 없도록 만들 것입니다.

```
MyClass* myInstance = new MyClass("hello", 123);
```

그러나 두 코드 모두 비용 낭비가 심합니다. 대신 다음과 같이 클래스를 정적으로 생성하는 방법이 있습니다.

```
MyClass myInstance("hello", 123);
```

또는

```
MyClass anotherMC = MyClass("hello", 123);     // 덜 효율적인 방법
```

만약 **myInstance**를 실행 가능한 코드 블록에서 위와 같이 선언한다면 자동 저장 기간을 갖습니다. 따라서 이 선언문을 포함하는 블록을 빠져나갈 때 파괴됩니다. 만약 **myInstance**의 수명을 지금보다 연장하고 싶다면 더 바깥에 있는 범위나 수명이 긴 객체 안에 **myInstance**를 선언한 다음 **myInstance**를 사용해야 하는 함수에 포인터를 전달하면 됩니다. **myInstance**가 프로그램이 종료될 때까지 살아 있어야 한다면 선언문을 파일 범위로 옮기면 됩니다.

클래스 멤버 변수를 정적으로 만드세요

클래스의 멤버 변수가 클래스의 인스턴스 그 자체라면, 멤버 변수를 포함하는 클래스가 생성될 때 멤버 변수에 해당하는 클래스의 멤버도 정적으로 생성됩니다. 이 방법을 사용하면 멤버를 메모리에 할당하는 비용을 절약할 수 있습니다.

클래스 인스턴스를 멤버 변수로 가지고 있는 다른 클래스가 생성될 때, 멤버 변수를 생성하기 위해 필요한 자원이 없어서 따로 동적 생성해야 할 때도 있습니다. 대안으로 문제가 되는 클래스를 (문제 클래스를 가리키는 포인터가 아닌) 다른 클래스의 멤버로 만들고, 문제가 되는 클래스가 생성될 때 완전히 초기화하지 않는 패턴이 있습니다. 우선 문제가 되는 클래스에, 필요한 자원이 모두 가용할 때 호출하여 변수를 초기화할 수 있는 멤버 함수를 만듭니다. 그런 다음 **new**를 사용해 동적 인스턴스를 생성하는 곳에서 초기화 멤버 함수를 호출합니다. 이 패턴을 **두 단계 초기화**two-part initialization라고 합니다.

두 단계 초기화는 비용이 들지 않습니다. 일단 멤버를 생성하기 전에는 사용할 수 없습니다. 그리고 멤버 인스턴스가 완전히 초기화되었는지 확인하는 비용은 포인터가 **nullptr**인지 확인하

는 비용과 같습니다. 여기서 설명한 방법의 또 다른 장점은 생성자와는 달리 초기화 멤버 함수가 오류 코드나 다른 정보를 반환할 수 있다는 점입니다.

두 단계 초기화는 초기화하는 동안 클래스에서 파일을 읽는 것처럼 시간이 많이 걸리거나 인터넷에서 웹 페이지를 요청하는 것처럼 실패할 수 있는 작업을 수행해야 할 때 특히 유용합니다. 초기화 함수를 분리하면 다른 프로그램 활동과 함께 이러한 종류의 초기화를 동시에 수행하거나(12장 참고) 실패 시 두 번째 종류의 초기화를 더 쉽게 수행할 수 있습니다.

6.3.2 정적 자료구조를 사용하세요

std::string, std::vector, std::map, std::list는 C++ 개발자들이 매일 사용하는 컨테이너입니다. 잘 사용하면 꽤 효율적입니다. 하지만 유일한 선택 사항은 아닙니다. std::string과 std::vector는 컨테이너에 항목을 추가할 때 저장 공간이 가득 차면 새로운 저장 공간을 재할당합니다. std::map과 std::list는 추가되는 모든 항목마다 새로운 노드를 할당합니다. 어떤 때는 비용이 너무 크기 때문에, 대안을 찾아볼 필요가 있습니다.

std::vector 대신 std::array를 사용하세요

std::vector를 사용하면 동적으로 크기를 조정할 수 있는 모든 타입의 배열을 정의할 수 있습니다. 배열의 크기가 고정되었거나, 사용할 최대 크기를 컴파일 타임에 알 수 있다면 std::array를 사용하는 것을 권장합니다. std::array는 비슷한 인터페이스를 제공하지만 고정 크기 배열을 사용하며 메모리 관리자를 호출하지 않습니다.

std::array는 복사 생성할 수 있으며 operator[]로 표준 라이브러리 스타일의 임의 접근 반복자와 첨자 지정을 제공합니다. size() 함수는 배열의 고정 크기를 반환합니다.

std::array는 최적화 관점에서 C 스타일 배열과 거의 차이가 없습니다. 프로그래밍 관점에서 보자면 표준 라이브러리 컨테이너와 매우 비슷합니다.

스택에 큰 버퍼를 만드세요

4장에서 문자열을 삽입하면 저장 공간이 커지면서 재할당하는 비용이 매우 커진다는 사실을 확인했습니다. 개발자가 가장 긴 문자열의 길이를 알고 있다면 자동 저장 공간을 갖는 매우 큰 C 스타일 배열을 임시 공간으로 사용하고, 임시 공간에 있는 문자열을 변형한 뒤 결과에 복사할 수 있을 것입니다.

이런 디자인 패턴은 데이터를 생성하거나 처리하기 위해서 아주 큰 배열을 사용하는 함수를 호출합니다. 이 함수는 인수에서 지역 배열로 데이터를 복사하고 정적 배열에서 삽입, 삭제, 변형 연산을 수행합니다.

스택에 선언할 수 있는 총 저장 공간은 제한되어 있지만 그 값이 매우 큽니다. 예를 들어 데스크톱 컴퓨터에서 알고리즘의 재귀 깊이가 매우 깊지 않다면 하나의 스택에 10,000개의 문자로 된 배열을 선언할 수 있습니다.

신중한 개발자는 지역 변수가 오버플로우될 수 있다는 점을 염려하는데, 인수 문자열이나 배열의 길이를 검사할 수 있으며 인수가 지역 배열보다 매우 큰 경우 동적으로 생성되도록 구현할 수 있습니다.

왜 이 모든 복사가 `std::string`과 같은 동적 자료구조를 사용하는 것보다 빠를까요? 변형 연산이 종종 입력값을 복사하기 때문입니다. 그리고 데스크톱 컴퓨터의 하드웨어에서는 수천 바이트의 블록을 복사하는 비용이 중간 결과를 위한 동적 저장 공간을 할당하는 비용보다 저렴하기 때문입니다.

연결 자료구조를 정적으로 만드세요

정적으로 초기화된 데이터로 연결 자료구조를 구성할 수 있습니다. 예를 들어 [그림 6-1]의 트리 구조를 정적으로 다시 구성할 수 있습니다.

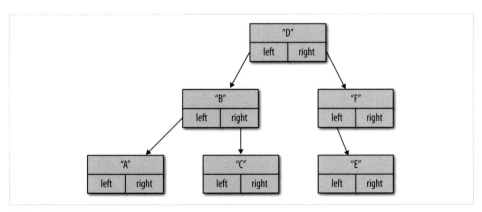

그림 6-1 간단한 트리 구조

이 예제에서 트리는 이진 탐색 트리이고 노드는 너비 우선 순서로 배열에 배치되어 있으며 루트 노드는 첫 번째 요소입니다.

```cpp
struct treenode {
    char const* name;
    treenode* left;
    treenode* right;
} tree[] = {
    { "D", &tree[1], &tree[2] },
    { "B", &tree[3], &tree[4] },
    { "F", &tree[5], nullptr  },
    { "A", &tree[1], nullptr  },
    { "C", &tree[1], nullptr  },
    { "E", &tree[1], nullptr  },
};
```

위 코드는 배열 요소의 주소가 상수 표현식이라 잘 작동합니다. 이 표기법을 사용하면 링크 구조를 정의할 수 있지만 이니셜라이저를 연상하기 쉽지 않아 자료구조를 만들 때 오타가 자주 발생합니다.

정적 연결 구조를 만드는 또 다른 방법은 구조체의 각 요소 변수를 초기화하는 것입니다. 이 메커니즘은 매우 연상하기 쉽지만 (다음 코드의 네 번째 줄에 있는 first와 같이) 사용하는 변수들을 전방 선언 해야 합니다. 이 구조체(first, second, third, fourth)를 선언하는 가장 자연스러운 방법은 네 변수를 모두 extern으로 선언하는 것입니다. 이때 참조의 대부분이 이미 선언된 변수가 되도록 역순으로 정의해야 합니다.

```cpp
struct cyclenode {
    char const* name;
    cyclenode* next;
}
extern cyclenode first;        // 전방 선언
cyclenode fourth = { "4", &first  };
cyclenode third  = { "3", &fourth };
cyclenode second = { "2", &third  };
cyclenode first  = { "1", &second };
```

이진 트리를 배열로 만드세요

대부분의 개발자는 연결 자료구조의 예로 이진 트리를 배웁니다. 이진 트리의 각 노드는 왼쪽과 오른쪽 자식 노드를 가리키는 포인터를 포함하는 클래스의 인스턴스입니다. 이런 방법으로 트리 자료구조를 정의했을 때의 문제점은 클래스가 문자 하나를 저장할 때 두 포인터를 위한 저장 공간이 필요하며 동적 메모리 관리자 때문에 오버헤드가 발생한다는 것입니다. 즉 배보다 배꼽이 더 커진다는 문제가 있습니다.

대안으로 이진 트리를 배열로 만드는 방법이 있습니다. 자식 노드를 가리키는 포인터를 포함하는 대신 노드의 색인으로 자식 노드의 색인을 계산합니다. 노드의 색인이 i라면 두 자식 노드는 색인 $2i$와 $2i+1$에 있습니다. 하나 더 말하자면 노드의 부모는 색인 $i/2$에 있습니다. 왼쪽 시프트 연산과 오른쪽 시프트 연산으로 이런 곱셈과 나눗셈을 구현할 수 있기 때문에 평범한 임베디드 프로세서에서도 계산 비용이 저렴합니다.

배열로 구현된 트리의 노드에는 왼쪽 자식과 오른쪽 자식이 트리에서 유효한 노드를 갖는지 또는 NULL 포인터인지를 확인하는 메커니즘이 필요합니다. 만약 트리가 왼쪽 균형을 이루고 있다면 첫 번째로 유효하지 않은 노드의 배열 색인을 저장하는 정수 하나만으로 충분합니다.

자식 노드와 부모 노드를 계산하고 왼쪽 균형을 이루는 트리를 효율적으로 표현할 수 있는 덕분에, 이진 트리를 배열로 표현하면 힙 자료구조보다 효율적입니다.

균형 이진 트리에서는 연결 리스트로 표현하는 방법보다 배열로 표현하는 방법이 생각보다 효율적이지 않을 수 있습니다. 균형 알고리즘에 따라 n개의 노드를 갖는 균형 이진 트리를 저장하는 데 최대 $2n$개의 위치를 저장하는 배열이 필요합니다. 게다가 균형을 맞추기 위해서는 단순히 포인터를 갱신하는 게 아니라 노드를 다른 배열 위치에 복사해야 합니다. 프로세서의 성능이 낮고 노드의 크기가 큰 경우에는 복사하는 비용이 매우 큽니다. 하지만 노드의 크기가 포인터 3개보다 작다면 배열로 표현하는 방법이 더 나은 성능을 갖습니다.

데큐 대신 원형 버퍼를 사용하세요

std::deque와 std::list는 선입선출first-in-first-out (FIFO) 버퍼에 자주 쓰입니다. 표준 라이브러리에서는 std::queue라고 부르는 컨테이너 어댑터를 FIFO 버퍼로 가지고 있습니다.

데큐는 양쪽으로 사용할 수 있는 큐인데 원형 버퍼로도 구현할 수 있습니다. 원형 버퍼는 배열 자료구조이며, 큐의 앞과 뒤는 두 개의 배열 첨자로 표시합니다. 원형 버퍼는 상수 시간이 걸리는 push_back()과 pop_front(), 임의 접근 반복자 등 데큐와 비슷한 특성을 갖습니다. 그러나 원형 버퍼는 소비자와 생산자가 엇비슷하다면 재할당할 필요가 없습니다. 원형 버퍼의 크기는 입력값을 얼마나 많이 처리할 수 있는지에 따라 결정하지 않고 생산자가 소비자보다 얼마나 빨리 앞서나갈 수 있는지에 따라 결정합니다

부스트에는 원형 버퍼가 표준 라이브러리 컨테이너로 구현되어 있습니다(*http://bit.ly/b-buffer*). 웹상에는 부스트의 원형 버퍼 외에도 수많은 구현 코드가 존재합니다. 원형 버퍼는 크기가 템플릿 매개변수로 주어지는 정적 버퍼나, 초기 크기를 설정해 단일 할당을 요구하거나, std::vector처럼 동적으로 크기를 조정할 수 있는 버퍼와 함께 설계될 수 있습니다.

원형 버퍼의 성능은 std::vector와 비슷합니다.

6.3.3 new 대신 std::make_shared를 사용하세요

std::shared_ptr과 같은 공유 포인터는 실제로 두 포인터를 포함합니다. 하나는 포인터로 참조된 객체를 가리키고, 다른 하나는 동일한 객체를 참조하는 모든 std::shared_ptr의 참조 수를 저장하는 동적 변수를 가리킵니다. 따라서 다음 문장은 메모리 관리자를 두 번 호출합니다.

```
std::shared_ptr<MyClass> p(new MyClass("hello", 123));
```

MyClass의 인스턴스를 만들고 나면 숨겨진 참조 수 저장 객체를 다시 한번 만듭니다.

C++11 이전에 참조 수를 저장하기 위한 동적 변수 할당 비용을 고려해 사용했던 방법은 침습성 참조 수intrusive reference count[2]를 MyClass의 기본 클래스로 추가하고, 침습성 참조 수를 사용하는 사용자 정의 스마트 포인터를 만드는 것입니다.

```
custom_shared_ptr<RCClass> p(new RCClass("Goodbye", 999));
```

표준 위원회가 이런 고통을 알고 std::make_shared()라는 템플릿 함수를 개발했습니다.

----

2 감수자_ 스마트 포인터는 간단하게 참조 객체를 가리키는 포인터와 참조 수를 저장하는 동적 변수를 가리키는 포인터 두 개로 구성할 수 있습니다. 하지만 이 경우 각 스마트 포인터가 두 개의 포인터를 저장하는 만큼의 저장 공간을 할당받아야 합니다. 침습적 참조 수는 참조 수를 스마트 포인터가 아닌, 스마트 포인터가 참조하는 객체에 직접 저장하고 사용하는 방법을 의미합니다. 이렇게 구현하면 스마트 포인터는 객체를 참조하기 위한 하나의 포인터만 사용하므로 저장 공간을 절약할 수 있습니다.

이 함수는 참조 수와 MyClass의 인스턴스를 모두 저장하는 단일 메모리 블록을 할당합니다. std::shared_ptr은 공유 포인터를 생성하는 공유 객체와 참조 수를 하나의 객체로 할당했는지 두 객체로 할당했는지를 알고 있는 삭제자 함수도 갖습니다. 이제 디버거에서 단계별로 추적할 때 std::shared_ptr의 내부가 왜 복잡한지 알 수 있을 것입니다.

make_shared()의 사용법은 매우 간단합니다.

```
std::shared_ptr<MyClass> p = std::make_shared<MyClass>("hello", 123);
```

C++11 스타일로 선언하면 더욱 편합니다.

```
auto p = std::make_shared<MyClass>("hello", 123);
```

6.3.4 소유권을 불필요하게 공유하지 마세요

std::shared_ptr 타입의 여러 인스턴스는 동적 변수의 소유권을 공유할 수 있습니다. shared_ptr은 다양한 포인터의 수명이 예기치 않게 겹칠 경우 유용하지만 비용이 꽤 큽니다. shared_ptr에서 참조 수를 증가 및 감소시키면 단순히 증감 명령을 수행하는 게 아니라 메모리 진입 장벽 기법을 이용하여 명령 수행 도중 절대 방해받지 않는, 비용이 아주 큰 원자 단위 명령을 수행합니다(12.2.7절 공유 변수에 대한 원자적 연산 참고). 따라서 shared_ptr은 멀티스레드 프로그램에서 잘 작동합니다.

만약 어떤 shared_ptr의 수명이 다른 shared_ptr의 수명을 포함한다면 두 번째 shared_ptr의 비용은 불필요합니다. 다음 코드는 일반적인 상황을 보여줍니다.

```
void fiddle(std::shared_ptr<Foo> f);
    ...
shared_ptr<Foo> myFoo = make_shared<Foo>();
    ...
fiddle(myFoo);
```

myFoo는 Foo의 동적 인스턴스를 소유합니다. 프로그램이 fiddle()을 호출하면 동적 Foo 인스턴스를 가리키는 두 번째 링크를 만들고 shared_ptr의 참조 수를 증가시킵니다. fiddle()이 반환되면 shared_ptr의 인수는 동적 Foo 인스턴스의 소유권을 해제합니다. 호출자는 포인터를 소유합니다. 이때 불필요한 원자 단위의 증가 및 감소 명령이 비용으로 발생합니다. 함수 하나를 호출하면서 발생하는 추가 비용은 무시할 수 있습니다. 하지만 프로그래밍 연습 삼아 Foo를 가리키는 포인터를 함수 인자로 전달할 때 shared_ptr 형태로 전달하도록 프로그램 전체를 작성한다면, 상당한 비용이 발생합니다.

fiddle() 함수의 인수를 일반 포인터로 바꾸면 이 비용을 절약할 수 있습니다.

```cpp
void fiddle(Foo* f);
    ...
shared_ptr<Foo> myFoo = make_shared<Foo>();
    ...
fiddle(myFoo.get());
```

원초적인 C 스타일 포인터는 스마트 포인터를 구현할 때를 제외하고는 사용하면 안 된다는 일반적인 통념이 있지만, 다른 관점에서 일반 포인터가 소유하지 않은 포인터를 나타낸다고 이해한다면 상관없습니다. 일반 포인터가 악마의 장난감이라고 생각하는 개발자들이 모여 있는 팀은 참조를 사용해도 똑같이 생각할 것입니다. 함수 인수를 Foo&로 만드는 것은 두 가지 의미가 있습니다. 하나는 호출자가 호출하는 동안 참조가 유효한지 확인해야 한다는 것이고 나머지 하나는 포인터가 NULL이 아닌지 확인해야 한다는 것입니다.

```cpp
void fiddle(Foo& f);
    ...
shared_ptr<Foo> myFoo = make_shared<Foo>();
    ...
if (myFoo)
    fiddle(*myFoo.get());
```

역참조 연산자 *는 get()이 반환한 Foo 포인터를 Foo에 대한 참조형으로 변환합니다. 다시 말해서 코드를 전혀 생성하지 않고 컴파일러에게 관련 내용을 전달합니다. 참조는 '소유자가 없는 NULL이 아닌 포인터'를 의미한다고 말할 수 있습니다.

6.3.5 동적 변수를 소유하기 위한 '소유 포인터'를 사용하세요

std::shared_ptr은 쉽습니다. std::shared_ptr은 동적 변수의 관리를 자동화합니다. 하지만 이전에 말했듯이 공유 포인터는 비용이 많이 듭니다. 그리고 대개의 경우 필요하지 않습니다.

때때로 자료구조는 살아 있는 동안 동적 변수를 소유합니다. 동적 변수를 가리키는 참조나 포인터는 함수로 전달하거나, 함수에서 반환되거나, 변수에 할당될 수 있지만 '소유' 참조보다 수명이 긴 참조는 없습니다.

만약 소유 참조가 있다면 std::unique_ptr을 사용해 효율적으로 구현할 수 있습니다. 함수를 호출하는 과정에서 원초적인 C 스타일 포인터나 C++ 참조를 사용해 이런 객체를 참조할 수 있습니다. 제대로만 사용한다면, 이런 원초적인 포인터와 참조들은 '소유되지 않은' 포인터가 됩니다.

일부 개발자들은 std::shared_ptr의 용법에서 벗어난 사용을 매우 못마땅해 합니다. 그러나 이런 개발자들은 반복자를 매일 사용하면서도, 반복자가 소유자 없이 무효화될 수 있는 포인터처럼 작동한다는 사실을 깨닫지 못합니다. 몇몇 큰 프로젝트에서 소유 포인터를 사용했던 필자의 경험에 따르면, 이 문제가 실제로 메모리 누수나 이중 해제로 이어지진 않았습니다. 소유 포인터는 소유자가 확실히 있을 경우 가장 많이 최적화할 수 있는 방법입니다. 그래도 의심스럽다면 std::shared_ptr을 사용하면 되니까 걱정하지 않으셔도 됩니다.

6.4 동적 변수의 재할당 줄이기

동적 변수가 너무나 편리해서, 써서는 안될 것 같다는 생각이 들 때가 이따금 있습니다. 대표적인 컨테이너로 std::string이 있습니다. 하지만 개발자가 주의해서 사용하면 되기 때문에 변명거리가 되지는 못합니다. 표준 라이브러리 컨테이너를 사용할 때 할당 횟수를 줄이는 기법이 있습니다. 이 기법을 일반화하면 개발자가 직접 만든 자료구조에도 사용할 수 있습니다.

6.4.1 동적 변수를 미리 할당해 재할당을 방지하세요

std::string이나 std::vector에 데이터를 추가하다 보면 동적 할당 내부 저장 공간이 가득 찹니다. 저장 공간이 가득 차면 더 큰 블록을 할당한 뒤 기존 저장 공간에 있던 내용을 새로운 저장 공간으로 복사합니다. 메모리 관리자를 호출하고 내용을 복사하는 과정에서 메모리에 많이 접근할 뿐만 아니라 많은 명령어를 사용합니다. 물론 데이터를 추가하는 작업은 $O(1)$ 시간에 할 수 있습니다. 하지만 비례상수(상수 시간이 얼마나 큰지를 나타내는 값)는 중요할 수 있습니다.

std::string과 std::vector에는 reserve(size_t n)이라는 멤버 함수가 있습니다. 이 멤버 함수는 문자열이나 벡터에게 적어도 n개의 항목을 저장할 수 있는 공간을 확보하라고 알려줍니다. 크기를 계산하거나 추정할 수 있다면 reserve() 함수를 호출해 문자열이나 벡터의 내부 저장 공간을 확보하는 게 좋습니다. 이렇게 하면 크기가 커지면서 저장 공간을 재할당하는 작동을 방지할 수 있습니다.

```
std::string errmsg;
errmsg.reserve(100);     // 아래에 있는 문자열을 추가하더라도 오직 한번만 할당합니다.
errmsg += "Error 1234: variable ";
errmsg += varname;
errmsg += " was used before set. Undefined behavior";
```

reserve() 함수는 문자열이나 벡터에 힌트를 제공합니다. 정적 버퍼를 할당할 때 최악의 경우와는 달리 크기를 너무 작게 추정했을 때 부과되는 패널티는 추가로 재할당할 수 있다는 가능성뿐입니다. 크기를 너무 크게 추정한 경우에도 문자열이나 벡터를 잠시 사용한 뒤 파괴하면 아무런 문제가 없습니다. reserve()를 사용해 문자열이나 벡터를 미리 할당한 뒤 shrink_to_fit() 함수를 호출하면 사용하지 않는 공간을 메모리 관리자에게 반환할 수 있습니다.

표준 라이브러리의 해시 테이블 타입인 std::unordered_map(10.8절 std::unordered_map과 std::unordered_multimap 참고)은 핵심이 되는 배열(버킷의 목록)을 가지고 있는데, 이 배열은 다른 자료구조에 대한 링크를 가지고 있습니다. 또한 reserve() 멤버 함수가 있습니다. std::deque에는 비슷한 핵심 배열이 있지만 reserve() 멤버 함수는 없습니다.

이렇게 배열을 포함한 사용자 정의 자료구조를 설계할 때, 배열을 미리 할당해 주는 reserve()와 같은 함수를 만들어 사용자에게 편의를 제공해야 합니다.

6.4.2 반복문 바깥에서 동적 변수를 만드세요

다음 반복문에는 큰 문제가 있습니다. namelist에 있는 각 파일 이름을 std::string 타입의 변수 config에 추가한 뒤 config에서 소량의 데이터를 추출합니다. 문제는 config가 반복문을 실행할 때마다 만들어질 뿐만 아니라 문자열의 길이가 길어지면 재할당된다는 점입니다. 그런 다음 반복문이 끝나면 config가 범위를 벗어나며 파괴된 후 메모리 관리자에 저장 공간을 반환합니다.

```
for (auto& filename : namelist) {
    std::string config;
    ReadFileXML(filename, config);
    ProcessXML(config);
}
```

이 반복문을 효율적으로 만드는 방법 중 하나는 config의 선언문을 반복문 바깥으로 옮기는 것입니다. 그리고 반복문 안에서 config의 내용을 지웁니다. 그러나 clear()는 config 내부에 있는 동적 할당 버퍼를 해제하지 않습니다. 단지 문자열의 길이를 0으로 설정할 뿐입니다. 반복문을 처음 실행한 뒤 다음 filename의 길이가 첫 filename의 길이보다 매우 길지 않다면 config는 재할당되지 않습니다.

```
std::string config;
for (auto& filename : namelist) {
    config.clear();
    ReadFileXML(filename, config);
    ProcessXML(config);
}
```

이 방법을 변형해 config를 클래스 멤버 변수로 만드는 방법도 있습니다. 하지만 변형한 방법은 개발자들에게 전역 변수를 사용하는 좋지 못한 습관을 옹호하는 느낌을 줄 수 있습니다. 그리고 어떤 의미에서는 그렇기도 합니다. 어쨌든, 동적 할당 변수의 수명을 길게 만들면 성능에 엄청난 영향을 줄 수 있습니다.

이 트릭은 std::string뿐만 아니라 std::vector와 동적으로 크기를 조정할 수 있는 배열을 갖는 다른 모든 자료구조에서도 작동합니다.

6.5 불필요한 복사 제거하기

C 언어 고전 도서인 『C 언어 프로그래밍』(휴먼사이언스, 2012)[3]의 정의에 따르면 직접 대입할 수 있는 모든 엔티티는 char, int, float, 포인터와 같은 기본 타입으로 하나의 CPU 레지스터에 저장할 수 있습니다. 따라서 a = b;와 같은 대입문은 b의 값을 호출해 a에 저장하는데 오직 하나 또는 두 개의 명령만 있으면 되서 효율적입니다. C++에서 char, int, float과 같은 기본 타입의 대입문 또한 효율적입니다.

그러나 C++에서 간단해보이지만 효율적이지 않은 대입문이 있습니다. a와 b가 클래스 BigClass의 인스턴스라면 대입문 a = b;는 BigClass의 **대입 연산자**라는 멤버 함수를 호출합니다. 이 경우 대입 연산자는 필드 b를 a에 복사하는 간단한 작동을 수행합니다. 하지만 C++ 함수는 무엇이든 할 수 있다는 게 중요합니다. BigClass는 수십 개의 필드를 복사할 수도 있습니다. BigClass가 동적 변수를 가지고 있다면 복사하는 과정에서 메모리 관리자를 호출합니다. BigClass가 백만 개의 항목을 갖는 std::map이나 백만 개의 문자를 저장하는 char 배열을 소유한다면 대입하는 데 드는 비용은 상당히 큽니다.

---

3 옮긴이_ 최초의 C 언어 해설서로 브라이언 커니핸(Brian Kernighan)이 C 언어 창시자 중 한 명인 데니스 리치(Dennis Ritchie)와 함께 저술했습니다. 이 책은 저자들의 성을 따서 K&R이라고도 불립니다.

C++에서 선언과 동시에 초기화하는 문장 Foo a = b;이 있을 때 Foo가 클래스라면 **복사 생성자**라고 하는 다른 멤버 함수를 호출합니다. 복사 생성자와 대입 연산자는 매우 밀접한 관계를 갖는 멤버 함수입니다. 대부분 하는 일이 같기 때문입니다. 두 멤버 함수는 클래스 인스턴스에 있는 필드를 다른 클래스 인스턴스에 복사합니다. 복사 생성자의 비용은 대입 연산자와 마찬가지로 상한선이 없습니다.

최적화할 곳을 찾으려고 실행이 잦은 코드를 조사하는 개발자는 대입과 선언에 특별한 주의를 기울여야 합니다. 왜냐하면 비용이 큰 복사 연산이 숨어 있을지도 모르기 때문입니다. 다음과 같은 위치에 복사 연산이 있을 가능성이 있습니다.

- 초기화(생성자 호출)

- 대입(대입 연산자 호출)

- 함수 인수(각 인수 표현식이 형식 인수로 전달되면서 이동 생성이나 복사 생성됨)

- 함수 반환(이동 생성자나 복사 생성자를 호출)

- 표준 라이브러리 컨테이너에 항목을 삽입(항목은 이동 생성이나 복사 생성됨)

- 벡터에 항목을 삽입(벡터가 재할당될 경우 모든 항목은 이동 생성이나 복사 생성됨)

스콧 마이어스^{Scott Meyers}는 저서 『이펙티브 C++』(프로텍미디어, 2015)에서 복사 생성에 관련된 주제를 광범위하게 잘 다루고 있습니다. 여기서는 간단히 개요만 설명합니다.

6.5.1 클래스 정의에서 원치 않는 복사 방지하기

프로그램에 있는 모든 객체를 복사할 필요는 없습니다. 예를 들어 엔티티로 행동하는 객체(6.1.3절 값 객체와 엔티티 객체 참고)는 복사해서는 안 되며 복사할 경우 그 의미를 잃어버립니다.

엔티티로 행동하는 많은 객체들은 상당한 개수의 상태(예를 들어 1,000개의 문자열이 저장되어 있는 벡터나 1,000개의 심볼이 저장되어 있는 테이블)를 가집니다. 프로그램에서 엔티티의 상태를 검사하기 위해 실수로 엔티티를 함수로 복사한다고 가정해봅시다. 이 프로그램은 문제 없이 작동하겠지만 복사에 드는 런타임 비용은 상당할 것입니다.

클래스 인스턴스를 복사하는 비용이 많거나 복사를 원하지 않는다면 비용이 생기지 않도록 복사를 금지하는 방법이 있습니다. 복사 생성자와 대입 연산자를 **private**로 선언하면 호출되지 않게 만들 수 있습니다. 호출되지 않기 때문에 정의는 하지 않아도 됩니다. 선언만으로 충분합니다.

```
// C++11 이전에 복사를 방지하는 방법
class BigClass {
private:
    BigClass(BigClass const&);
    BigClass& operator=(BigClass const&);
public:
    ...
};
```

C++11에서는 복사 생성자와 대입 연산자의 선언에 **delete** 키워드를 추가하면 동일한 결과를 얻을 수 있습니다. 이 경우 삭제된 생성자를 **public**으로 선언하는 게 좋습니다. 컴파일러가 알아보기 쉬운 오류 메시지를 제공하기 때문입니다.

```
// C++11에서 복사를 방지하는 방법
class BigClass {
public:
    BigClass(BigClass const&) = delete;
    BigClass& operator=(BigClass const&) = delete;
    ...
};
```

위 코드처럼 선언된 클래스를 인스턴스로 할당하거나, 함수에 값으로 전달하거나, 값으로 반환하거나, 표준 라이브러리 컨테이너 클래스의 값으로 사용할 경우 컴파일 오류가 발생합니다.

하지만 클래스를 가리키는 포인터나 참조로 변수를 할당하거나 초기화하는 것은 여전히 가능합니다. 또한 인스턴스를 가리키는 참조나 포인터를 전달하거나 반환할 수도 있습니다. 최적화 관점에서 보면 포인터나 참조를 할당하고 전달하고 반환하는 방법이 훨씬 효율적입니다. 포인터나 참조가 하나의 CPU 레지스터에 저장될 수 있기 때문입니다.

6.5.2 함수 호출에서 복사 제거하기

이 절에서는 먼저 C++ 프로그램에서 함수 호출 시 함수에 전달된 인수를 계산함으로써 발생하는 오버헤드를 자세히 설명하려고 합니다. 최적화한 결과가 중요하기 때문에 집중해서 읽으시기 바랍니다. 프로그램이 함수를 호출하면 각 인수 표현식을 계산하고 형식 인수를 생성합니다. 이때 각 인수의 값은 표현식으로 초기화됩니다.

'생성되었다'는 말은 형식 인수의 생성자 멤버 함수가 호출되었다는 것을 의미합니다. 형식 인수가 int, double, char*와 같은 기본 타입이라면 생성자는 개념적으로 존재할 뿐 실제로 함수가 있지는 않습니다. 프로그램은 그저 값을 형식 인수의 저장 공간에 복사합니다.

그러나 형식 인수가 일부 클래스의 인스턴스라면 초기화하기 위해 클래스의 복사 생성자 중 하나가 호출됩니다. 복사 생성자는 사소한 경우를 제외하고는 실제로 함수가 존재합니다. 함수를 호출하기 위한 코드가 실행되고, 이유가 뭐건 간에 복사 생성자도 실행됩니다. 인수 클래스가 백만 개의 항목을 저장하는 std::list라면 복사 생성자는 새 항목을 만들려고 메모리 관리자를 백만 번 호출합니다. 인수가 문자열이 저장된 맵의 리스트라면 자료구조 전체가 노드마다 복사될 것입니다. 인수가 매우 크고 복잡하다면 복사에 시간이 오래 걸릴 것입니다. 그러나 인수가 테스트하는 과정에서 몇 개의 항목만 갖는다면 설계가 견고해질 때까지 오랫동안 오류가 발견되지 않을 위험이 있으며, 이후 프로그램을 확장하는 데 큰 걸림돌이 될 수 있습니다. 다음 예제를 고려해봅시다.

```
int Sum(std::list<int> v) {
    int sum = 0;
    for (auto it : v)
        sum += *it;
    return sum;
}
```

위 코드에 있는 함수 Sum()이 호출되었을 때 실제 인수는 리스트입니다. 예를 들어 int total = Sum(MyList);처럼 말입니다. 형식 인수 v 또한 리스트입니다. v는 리스트에 대한 참조를 인수로 받는 생성자를 찾아 생성됩니다. 이 생성자는 복사 생성자입니다. std::list의 복사 생성자는 리스트의 각 항목을 복사합니다. 만약 MyList가 저장하는 항목의 개수가 항상 몇 개뿐이라면 불필요한 비용이 들지만 견딜만 합니다. 그러나 MyList의 항목 개수가 많아지면 오버헤드가 부담스러워질 수 있습니다. 만약 항목 개수가 1,000개라면 메모리 관리자가 1,000번 호출됩니다. 그리고 함수가 끝날 때 형식 인수 v가 범위를 벗어나며 리스트에 있던 1,000개의 항목이 하나씩 해제됩니다.

이 비용을 피하기 위해, 형식 인수를 '아무것도 하지 않는 복사 생성자'를 갖는 타입으로 정의할 수 있습니다. 클래스 포인터나 참조는 인스턴스를 함수에 전달하기 위해 '아무것도 하지 않는 생성자'를 갖습니다. 여기서는 위 코드에 있는 형식 인수 v의 타입을 std::list<int> const&로 바꿀 수 있습니다. 그런 다음 클래스의 인스턴스를 복사 생성하는 대신 실제 인수를 가리키는 참조로 초기화합니다. 참조는 보통 포인터로 구현됩니다.

표준 라이브러리 컨테이너처럼 복사 생성자가 내부 데이터를 복사하기 위해 메모리 관리자를 호출하는 경우, 혹은 클래스 내부에 반드시 복사해야 하는 배열이나 동적 변수들이 있다면 이렇게 클래스 인스턴스의 참조를 전달하는 것만으로도 성능을 향상할 수 있습니다. 참조로 인스턴스에 접근하려면 비용이 약간 듭니다. 참조 정보를 가지고 있는 포인터는 인스턴스에 접근할 때마다 역참조되어야 하기 때문입니다. 만약 함수 길이가 길고 함수 본문이 인숫값을 여러 번 사용한다면, 참조를 계속해서 역참조하는 비용이 복사를 피해 절약하는 비용보다 더 커져 노력에 대한 보상이 없을 수도 있습니다. 그러나 함수의 길이가 짧다면 가장 작은 클래스를 제외한 모든 클래스에서 인수를 참조로 전달하는 게 좋습니다.

참조 인수는 값 인수와 똑같이 작동하지 않습니다. 함수 안에서 참조 인수를 수정하면 참조된 인스턴스도 수정되는 반면 값 인수는 수정해도 함수 바깥에 아무런 영향을 주지 않습니다. 참조 인수를 const로 선언하면 실수로 수정하는 경우를 방지할 수 있습니다.

참조 인수에 별칭을 사용할 수도 있습니다. 하지만 예상치 못한 결과를 낳을 수도 있습니다. 만약 함수 시그니처가 다음과 같다면 말입니다.

```
void func(Foo& a, Foo& b);
```

func(x, x);는 별칭을 사용해 함수를 호출합니다. 이때 func()가 a의 값을 갱신하면 b의 값도 갱신됩니다.

6.5.3 함수 반환에서 복사 제거하기

함수가 값을 반환하면 반환 타입과 동일한 익명의 임시 변수가 반환값으로 복사 생성됩니다. 복사 생성은 long, double, 포인터와 같은 기본 타입에서는 자명하지만 변수가 클래스라면 복사 생성자는 일반적으로 실제 함수를 호출합니다. 클래스가 크고 복잡할수록 복사 생성자가 소비하는 시간도 그만큼 길어집니다. 간단한 예제를 살펴봅시다.

```
std::vector<int> scalar_product(std::vector<int> const& v, int c) {
    std::vector<int> result;
    result.reserve(v.size());
    for (auto val : v)
        result.push_back(val * c);
    return result;
}
```

이미 생성된 반환값을 복사 생성하는 비용은 이전 절에서 설명했던 것처럼 경우에 따라 참조를 반환하는 방법으로 피할 수 있습니다. 불행하게도 반환될 값이 함수 안에서 계산한 값이고 자동 저장 기간을 갖는 변수에 할당했다면 이 트릭은 작동하지 않습니다. 이러한 변수는 함수가 반환될 때 범위를 벗어납니다. 따라서 조만간 다른 값으로 덮어써진 뒤 스택의 끝에서 알 수 없는 바이트를 가리키는 쓸모없는 참조로 남게 됩니다. 애석하게도 일반적으로 함수 안에서 결과를 계산하는 경우가 많으므로 대부분의 함수는 참조가 아닌 값을 반환합니다.

반환값으로 복사 생성하는 비용이 그다지 나쁘지 않은 것처럼, 함수에서 반환된 값은 종종 호출자의 변수에 할당됩니다. auto res = scalar_product(argarray, 10);처럼 말입니다. 따라서 함수 안에서 복사 생성자를 호출한 뒤 호출자에서 또 다른 복사 생성자나 대입 연산자가 호출됩니다.

이렇게 이중으로 복사 생성하는 작동은 C++ 프로그램의 성능을 엄청나게 저하하는 킬러 역할을 했습니다. 다행스럽게도 C++ 표준을 제정하고 멋진 C++ 컴파일러를 만드는 두뇌 집단들이 이중으로 복사 생성하는 작동을 없애는 방법을 발견했습니다. 이 최적화를 **복사 생략**copy elision 또는 **반환값 최적화**return value optimization (RVO)라고 합니다. RVO를 들어본 개발자들은 RVO가 비용 걱정 없이 객체를 값으로 반환할 수 있는 기법이라고 생각할지도 모릅니다. 하지만 사실이 아닙니다. 컴파일러가 RVO를 수행할 수 있는 조건은 매우 구체적입니다. 함수는 함수 내부에서 생성된 객체를 반환해야 합니다. 컴파일러는 모든 제어 경로에서 똑같은 객체를 반환하는지 확인할 수 있어야 합니다. 객체는 함수에서 선언했던 반환 타입과 똑같은 타입이어야 합니다. 함수가 간단하고 제어 경로가 하나뿐이라면 컴파일러는 RVO를 수행할 가능성이 높습니다. 함수가 크거나 제어 경로가 분기된다면 컴파일러에서 RVO가 가능한지 판단하기 어려워집니다. 물론 컴파일러마다 분석 수준도 다양합니다.

함수 안에서 클래스 인스턴스의 생성을 제거할 뿐만 아니라 함수에서 반환하는 과정에서 **이중으로** 복사 생성(복사 생성자 이후 대입 연산자)하는 작동을 제거하는 방법이 있습니다. 개발자가 직접 작업하므로 주어진 상황에서 컴파일러가 RVO를 수행하기를 바라는 것보다 확실한 방법입니다. return문을 사용해 값을 반환하는 대신 **출력용 매개변수**out parameter를 사용해 값을 반환할 수 있습니다. 출력용 매개변수는 함수 안에서 반환된 값으로 갱신하는 참조 인수입니다.

```
void scalar_product(
    std::vector<int> const& v,
    int c,
    vector<int>& result) {
    result.clear();
    result.reserve(v.size());
    for (auto val : v)
        result.push_back(val * c);
}
```

위 코드에서 출력용 매개변수 result가 함수의 인수 목록에 추가되었습니다. 이 메커니즘은 몇 가지 장점이 있습니다.

- 함수가 호출되었을 때 객체는 이미 생성되어 있습니다. 어떨 때는 객체를 지우거나 다시 초기화해야 하지만 생성하는 비용보다 크지는 않습니다.

- 함수 안에서 갱신된 객체는 return문에서 익명의 임시 객체로 복사할 필요가 없습니다.

- 실제 데이터가 인수로 반환되기 때문에 함수의 반환 타입을 void로 하거나 상태 또는 오류 정보를 반환하도록 만들 수도 있습니다.

- 갱신된 객체는 이미 호출자의 이름에 바인딩되어 있으므로 함수에서 반환할 때 객체로 복사하거나 할당할 필요가 없습니다.

잠깐만요, 여기서 끝이 아닙니다. 장점은 더 있습니다. 여러 자료구조(문자열, 벡터, 해시 테이블)는 동적 할당 배열을 가집니다. 이 배열은 프로그램에서 함수를 두 번 이상 호출할 경우 종종 재사용됩니다. 가끔은 함수의 결과를 호출자에 저장해야 하지만 이 비용은 함수가 클래스 인스턴스를 값으로 반환할 경우 호출되는 복사 생성자의 비용보다 크지 않습니다.

이 메커니즘을 사용하면 인수를 추가할 때 드는 비용처럼 런타임 비용이 추가로 들까요? 그렇지 않습니다. 컴파일러는 실제로 인스턴스를 반환하는 함수를 인수가 추가된 함수 형태로 변환하는 작동을 처리합니다. 여기서 추가된 인수는 함수에서 반환된 익명의 임시 변수를 위한 초기화되지 않은 저장 공간을 가리키는 참조입니다.

C++에는 객체를 값으로 반환할 수밖에 없는 곳이 한 군데 있습니다. 바로 연산자 함수입니다. 행렬 함수를 만들면서 A = B * C;처럼 가독성 있는 연산자 문법을 사용하고 싶은 개발자들은 참조 인수를 사용할 수 없습니다. 대신 효율을 최대로 높이려면 RVO와 이동 문법을 사용할 수 있도록 연산자 함수를 신중하게 구현해야 합니다.

6.5.4 복사 없는 라이브러리

버퍼, 구조체, 다른 자료구조를 함수 인수로 전달할 때 참조를 사용하면 라이브러리의 여러 계층을 오가며 전달하는 과정에서 드는 비용을 줄일 수 있습니다. 이런 방법으로 구현한 라이브러리를 '복사 없는copy-free' 라이브러리라고 합니다. 성능이 중요한 함수가 있는 수많은 라이브러리에서 이 패턴을 찾을 수 있습니다. 이 패턴은 배울 가치가 있습니다.

예를 들어 C++ 표준 라이브러리의 멤버 함수 istream::read()의 시그니처는 다음과 같습니다.

```
istream& read(char* s, streamsize n);
```

이 함수는 최대 n바이트를 읽어 s가 가리키는 저장 공간에 저장합니다. 버퍼 s는 출력용 매개변수라서 읽은 데이터를 새로 할당된 저장 공간에 복사할 필요가 없습니다. s가 인수이기 때문에 istream::read()의 반환값을 다른 용도로 사용할 수 있습니다. 여기서는 'this' 포인터를 참조로 반환합니다.

그러나 istream::read()는 실제로 운영체제 커널에서 데이터를 가져오지 않습니다. 대신 구현이 조금 다른 C 라이브러리 함수 fread()를 호출합니다. fread()의 시그니처는 다음과 같습니다.

```
size_t fread(void* ptr, size_t size, size_t nmemb, FILE* stream);
```

fread()는 데이터를 size*nmemb 바이트만큼 읽고 ptr이 가리키는 저장 공간에 저장합니다.
fread()의 인수 ptr은 istream::read()의 인수 s와 같습니다.

그러나 호출 체인은 fread()에서 끝나지 않습니다. 리눅스에서 fread() 함수는 표준 유닉스
함수인 read() 함수를 호출합니다. 윈도우에서 fread() 함수는 Win32의 ReadFile() 함수
를 호출합니다. 이 두 함수는 비슷한 시그니처를 갖습니다.

```
ssize_t read(int fd, void* buf, size_t count);

BOOL ReadFile(HANDLE hFile, void* buf, DWORD n, DWORD* bytesread, OVERLAPPED*
              pOverlapped);
```

두 함수 모두 void*를 버퍼에 가져와 데이터를 읽을 최대 바이트 수만큼 채웁니다. 호출 체인
을 거치면서 이 타입이 char*에서 void*로 형변환이 되었지만 포인터는 여전히 동일한 저장
공간을 참조합니다.

한편 구조체와 버퍼가 값으로 반환되어야 한다는 대안 설계가 있습니다. 이 방법에서 구조체와
버퍼는 함수 안에서 만들어지므로 함수를 호출하기 전에는 존재하지 않아야 합니다. 그리고 함
수의 인수 개수가 하나 적기 때문에 '단순'합니다. C++에서는 값으로 구조체를 반환할 수 있으
므로 이 방법은 C++에서 '정상적인' 방법이어야 합니다. 필자는 유닉스, 윈도우, C, C++ 개
발자들이 모두 복사 없는 스타일을 지지하는데도, 이런 대안 설계를 지지하는 사람들이 있다는
사실에 매우 당황스럽습니다. 왜냐하면 구조체나 버퍼를 한 번만 복사하는 게 아니라 라이브러
리의 여러 계층을 오가며 여러 번 복사하느라 드는 비용이 많기 때문입니다. 만약 반환값이 동
적 변수를 갖는다면 복사본을 만들고자 메모리 관리자를 호출하는 비용이 포함될 수도 있습니
다. 구조체를 한 번 할당하고 포인터를 반환하려면 여러 번 전달될 포인터의 소유권을 필요로
합니다. RVO와 이동 문법은 이 비용을 부분적으로만 처리합니다. 그리고 개발자는 RVO와
이동 문법이 잘 적용될 수 있도록 주의를 기울여 구현해야 합니다. 성능 관점에서 볼 때 복사가
없도록 하는 설계가 훨씬 더 효율적입니다.

6.5.5 COW 구현하기

COW는 복사 비용이 큰 동적 변수를 포함하는 클래스 인스턴스를 효율적으로 복사할 때 사용하는 프로그래밍 용어입니다. COW는 잘 알려진 최적화 기법이며 오랜 역사를 갖고 있습니다. 특히 C++ 문자열 클래스를 구현할 때 많이 사용되었습니다. 윈도우의 **CString** 문자열은 COW를 사용합니다. 그러나 C++11 표준에서는 **std::string**을 구현할 때 COW의 사용을 금지합니다. COW를 사용한다고 해서 항상 최적화되는 것이 아니므로 오래된 최적화 기법이라도 현명하게 사용해야 합니다.

일반적으로 동적 변수를 소유하는 객체를 복사하면 동적 변수의 복사본을 새로 만들어야 합니다. 이를 **깊은 복사**deep copy라고 합니다. 반면 소유하지 않은 포인터를 포함하는 객체를 복사하면 가리키고 있는 변수가 아닌 포인터를 복사해 가져올 수 있습니다. 이를 **얕은 복사**shallow copy라고 합니다.

COW의 개념은 원본 객체와 복사한 객체 중 하나가 수정되기 전까지는 두 객체가 같다는 것입니다. 따라서 두 클래스 인스턴스 중 하나가 수정되기 전까지 복사 비용이 큰 부분을 가리키는 포인터를 공유할 수 있습니다. COW는 초기에는 얕은 복사를 하고 객체가 수정될 때까지 깊은 복사를 지연시킵니다.

최근 C++에서 COW를 구현할 때, 동적 변수를 참조하는 모든 클래스 멤버는 **std::shared_ptr**와 같이 소유권을 공유하는 스마트 포인터를 사용해 구현됩니다. 클래스 복사 생성자는 소유권을 공유하는 포인터를 복사합니다. 그리고 복사본에서 동적 변수를 수정하기 전까지 동적 변수의 새 복사본의 생성을 지연시킵니다.

클래스에서 수정 연산을 진행하기 전에 먼저 공유 포인터의 참조 수를 확인합니다. 참조 수가 1보다 크다면 소유권을 공유한다는 것을 의미합니다. 따라서 객체의 새 복사본을 만들고 공유 포인터와 공유 포인터 멤버를 새 복사본과 바꾼 뒤 기존 복사본을 해제하고 참조 수를 1 감소시킵니다. 이제 동적 변수가 공유되지 않으므로 수정 연산을 진행할 수 있습니다.

중요한 것은 COW 클래스에 동적 변수를 생성하기 위해서는 **std::make_shared( )**를 사용해야 한다는 점입니다. 그렇지 않으면 공유 포인터를 사용할 때 참조 수를 알아내기 위해 메모리 관리자에 접근하는 비용이 추가로 발생합니다. 많은 동적 변수에서 이 비용은 동적 변수를 새로운 저장 공간에 복사하고 (공유하지 않는) 스마트 포인터에 할당하는 비용과 같습니다. 따라서 복사본이 많이 만들어지지 않거나 데이터를 수정하는 연산자가 자주 호출되지 않는다면

COW를 사용하는 의미가 별로 없을 것입니다.

6.5.6 슬라이스 자료구조

슬라이싱slicing은 어떤 변수가 다른 변수의 일부를 참조한다는 프로그래밍 용어입니다. 예를 들어 C++17의 `string_view` 타입은 어떤 문자열의 부분 문자열을 참조합니다. 부분 문자열의 시작 부분을 가리키는 `char*` 포인터와 참조되는 문자열 내부에서 부분 문자열의 끝을 나타내기 위한 길이를 포함합니다.

슬라이스는 크기가 작고 쉽게 복사할 수 있는 객체입니다. 슬라이스는 저장 공간을 할당하고, 내용을 부분 배열이나 부분 문자열에 복사하는 데 큰 비용이 들지 않습니다. 만약 공유 포인터가 슬라이스된 자료구조를 소유한다면, 슬라이스는 절대 안전하다고 할 수 있습니다. 하지만 경험한 바에 따르면 슬라이스의 수명은 짧습니다. 슬라이스는 일반적으로 잠시 동안 도움을 주고 슬라이스된 자료구조를 삭제하기 전에 범위를 빠져나갑니다. 예를 들어 `string_view`는 문자열이 소유하지 않은 포인터를 사용합니다.

6.6 이동 문법 구현하기

C++11에 추가된 이동 문법은 최적화와 관련된 가장 중요한 특징입니다. 이동 문법은 이전 C++ 표준에서 발생하던 몇 가지 고질적인 문제를 해결합니다. 예를 들면 다음과 같습니다.

- 객체를 변수에 할당하면 객체의 내부 내용을 복사하는 상당한 런타임 비용이 필요하고 복사한 후에는 원래 객체를 즉시 삭제합니다. 원래 객체의 내용을 재사용할 경우 복사하는 데 들인 비용은 한순간에 물거품이 됩니다.

- 개발자는 `auto_ptr`이나 자원 핸들과 같은 엔티티(6.1.3절 값 객체와 엔티티 객체 참고)를 변수에 할당하려고 합니다. 하지만 엔티티는 유일하기 때문에 할당문에서 '복사' 연산이 정의되지 않습니다.

두 경우 모두 `std::vector`와 같이 컨테이너의 항목 수가 늘어남에 따라 컨테이너의 내부 저장 공간을 재할당해야 하는 동적 컨테이너에서 많은 악영향이 나타납니다. 첫 번째 경우는 컨테이너를 필요한 비용보다 더 큰 비용으로 재할당합니다. 두 번째 경우는 auto_ptr와 같은 엔티티가 컨테이너에 저장될 수 없게 만듭니다.

이 문제는 복사 생성자와 복사 대입 연산자로 수행되는 복사 연산이 기본 타입과 소유하지 않은 포인터에는 잘 작동하지만 엔티티에서는 그렇지 않기 때문에 발생합니다. 이런 타입을 멤버로 갖는 객체는 C 스타일 배열에는 저장할 수 있지만 std::vector와 같은 동적 컨테이너에는 저장할 수 없습니다.

C++11 이전의 C++은 변수의 내용을 다른 변수로 옮길 수 있는 효율적인 방법을 표준으로 제공하지 않았습니다. 따라서 복사 비용이 필요하지 않은 상황에서는 할 수 있는 게 없었습니다.

6.6.1 표준이 아닌 복사 문법: 고통스러운 핵

일반적으로 변수가 엔티티로 작동할 때 복사본을 만드는 것은 정의되지 않은 작동으로 가는 지름길입니다. 엔티티로 작동하는 변수는 복사 생성자와 복사 대입 연산자를 명시적으로 삭제하는 게 좋습니다. 그러나 std::vector와 같은 컨테이너는 재할당될 때 내부에서 저장하던 객체들을 복사해야 합니다. 따라서 복사를 명시적으로 삭제하면 컨테이너에서 해당 타입을 사용할 수 없습니다.

개발자들은 이동 문법이 추가되기 전에 엔티티를 표준 라이브러리 컨테이너에 저장하기 위해 표준이 아닌 방법으로 대입 연산자를 구현했습니다. 예를 들어 [예제 6-1]처럼 대입 연산자를 구현해 스마트 포인터를 만들 수 있습니다.

예제 6-1 C++11 표준 이전에 사용하던 스마트 포인터의 복사 없는 대입 연산자 예시

```cpp
hacky_ptr& hacky_ptr::operator=(hacky_ptr& rhs) {
    if (*this != rhs) {
        this->ptr_ = rhs.ptr_;
        rhs.ptr_ = nullptr;
    }
    return *this;
}
```

이 대입 연산자는 컴파일되며 실행도 잘 됩니다. q = p;와 같은 문장은 포인터의 소유권을 q로

옮기고 p의 포인터를 nullptr로 설정합니다. 따라서 포인터의 소유권은 유지됩니다. 또한 이 방법으로 정의된 포인터는 std::vector에서 작동합니다.

대입 연산자의 시그니처를 통해 미묘하지만 rhs가 수정된다는 사실을 알 수 있습니다. 그러나 대입문만 놓고 보면 실제로 대입 연산자에서 비정상적인 작동을 한다는 단서를 찾을 수 없습니다(예제 6-2 참고).

예제 6-2 hacky_ptr을 사용할 때의 놀라운 상황

```
hacky_ptr p, q;
p = new Foo;
q = p;
    ...
p->foo_func();        // 놀라운 상황, nullptr을 역참조
```

새로 입사한 개발자는 위 코드에 아무런 문제가 없다고 생각했을 것입니다. 하지만 오류가 발생할 것이고 오랜 시간 동안 디버깅하고 난 뒤 원인을 알면 크게 실망할 것입니다. 이런 방법으로 '복사'의 의미를 바꿔버리면 예상한 작동과 실제 작동이 달라 가독성이 떨어지고 실제로 필요하다고 하더라도 정당화하기 어렵습니다.

6.6.2 std::swap(): 가난뱅이의 이동 문법

두 변수 사이에서 사용할 수 있는 또 다른 연산으로 '스왑swap'이 있습니다. 스왑은 두 변수의 내용을 서로 교환합니다. 스왑은 변수가 엔티티더라도 잘 정의되는데, 연산이 끝날 때 하나의 변수가 각 엔티티를 포함하기 때문입니다. C++에서는 템플릿 함수 std::swap()로 두 변수의 내용을 교환할 수 있습니다.

```
std::vector<int> a(1000000, 0);
    ...
std::vector<int> b;          // b는 비어 있습니다.
std::swap(a, b);             // 이제 b는 백만 개의 항목을 갖습니다.
```

이동 문법이 추가되기 전에 std::swap()의 디폴트 인스턴스화는 다음과 같습니다.

```
template <typename T> void std::swap(T& a, T& b) {
    T tmp = a;          // a의 새 복사본을 만듭니다.
    a = b;              // b를 a에 복사하고 a의 원래 값을 버립니다.
    b = tmp;            // tmp를 b에 복사하고 b의 원래 값을 버립니다.
}
```

이 디폴트 인스턴스화는 복사 연산이 정의된 객체에서만 작동합니다. 그리고 a의 원래 값을 두 번 복사하고 b의 원래 값을 한 번 복사하므로 비효율적입니다. 타입 T가 동적 할당 멤버를 포함한다면 복사본이 3개 만들어지고 2개는 파괴됩니다. 이 방법은 복사본을 1개만 만들고 파괴하는 기본적인 복사 연산보다 비용이 훨씬 큽니다.

스왑 연산이 갖는 최고의 장점은 클래스 멤버에 재귀적으로 적용할 수 있다는 것입니다. 포인터로 참조되는 객체를 복사하는 대신 포인터 자체를 스왑할 수 있습니다. 대규모이며 동적 할당 자료구조를 가리키는 클래스라면 복사보다 스왑이 훨씬 효율적입니다. std::swap()은 실제로 원하는 클래스 타입에 의해 특수화할 수 있습니다. 표준 컨테이너는 동적 멤버를 가리키는 포인터를 스왑하는 swap() 멤버 함수를 제공합니다. 컨테이너는 또한 메모리 관리자를 호출하지 않는 효율적인 스왑 함수를 제공하기 위해 std::swap()을 특수화합니다. 사용자 정의 타입도 std::swap()을 특수화할 수 있습니다.

std::vector는 배열이 커질 경우 내용을 복사하기 위해 스왑을 사용하라고 정의되어 있지 않지만, 비슷한 자료구조에서는 스왑을 사용해 정의할 수도 있습니다.

스왑의 문제점은 깊은 복사가 필요한 동적 변수가 있는 클래스에서는 복사 연산보다 효율적이지만 나머지 클래스에서는 복사 연산보다 효율적이지 않다는 것입니다. 스왑은 적어도 소유하는 포인터와 단순한 타입에서는 합리적인 수단이므로 합당한 조치라고 할 수 있습니다.

6.6.3 엔티티의 소유권 공유

엔티티는 복사할 수 없습니다. 그러나 엔티티를 가리키는 공유 포인터는 복사할 수 있습니다. 따라서 이동 문법이 추가되기 전에 std::vector<std::mutex>는 만들 수 없었지만 std::vector<std::shread_ptr<std::mutex>>는 정의할 수 있었습니다. shared_ptr을 복사하는 것은 명확한 의미를 갖습니다. 바로 고유한 객체를 가리키는 참조를 추가로 만드는 것입니다.

물론 shared_ptr을 엔티티로 만들어서 해결할 수 있습니다. C++ 표준 라이브러리 도구를 본래 의도대로 사용하면 장점이 있긴 하지만, 불필요할 정도로 복잡하며 런타임 오버헤드가 너무 많습니다.

6.6.4 이동 문법의 이동 부분

표준 위원회는 C++ 표준에 '이동' 연산을 기본 개념으로 명기해야 할 필요성을 인지했습니다. 이동은 소유권 이전을 처리합니다. 이동 연산은 복사 연산보다 효율적이며 값과 엔티티 모두에 잘 정의되어 있습니다. 필자는 여기에서 이동 문법의 하이라이트를 다룰 생각입니다. 하지만 수많은 세부 사항을 다루기에는 한계가 있습니다. 추가로 참고 서적을 찾아보고 싶다면, 스콧 마이어스Scott Meyers의 『Effective Modern 이펙티브 모던 C++』(인사이트, 2015)를 살펴보기 바랍니다. 이 책은 총 42개의 항목 중 10개의 항목에서 이동 문법을 설명합니다. 토마스 베커Thomas Becker는 자신의 웹사이트에서 「C++ Rvalue References Explained」(*http://bit.ly/becker-rvalue*)라는 이동 문법의 기초를 설명합니다. 기초 내용이지만 이 절에서 다루는 내용보다 더 많은 것을 설명하며 무료로 볼 수 있습니다.

이동 문법을 사용할 수 있도록 하기 위해, C++ 컴파일러는 변수가 임시 변수로만 존재하는 때를 인식할 수 있도록 수정되었습니다. 이런 인스턴스에는 이름이 없습니다. 예를 들어 함수를 통해 반환되었거나 new 표현식으로 생성된 객체는 이름이 없습니다. 이런 객체는 참조할 수 없습니다. 이런 객체는 초기화하거나 변수에 할당하거나 표현식 또는 함수 호출의 인수가 될 수는 있지만 다음 시퀀스 지점에서 파괴될 것입니다. 이런 익명의 값을 **우측값**rvalue라고 합니다. 이름이 우측값인 이유는 할당문에서 오른쪽에 있는 표현식의 결과와 비슷하기 때문입니다. 반대로 변수를 통해 이름이 있는 값을 **좌측값**lvalue라고 합니다. 문장 y = 2*x + 1;에서 표현식 2*x + 1의 결과는 우측값입니다. 이름이 없는 임시 값이기 때문입니다. =의 왼쪽에 있는 변수는 좌측값이고 이름은 y입니다.

객체가 우측값일 때, 좌측값이 되도록 객체의 내용을 빼앗길 수 있습니다. 이런 때에는 우측값이 유효한 상태로 남아서 소멸자가 정상적으로 작동하게 만들어야 합니다.

C++ 타입 시스템은 함수 호출에서 좌측값과 우측값을 구별할 수 있도록 확장되었습니다. T가 어떤 타입이라면 선언 T&&는 T를 가리키는 우측값 참조입니다. 함수 오버로드 해결 규칙이 확

장되어 우측값이 실제 함수 인수일 때는 우측값 참조 오버로드를 선호하며 좌측값이 실제 함수 인수일 때는 좌측값 참조 오버로드가 필요합니다.

특별한 멤버 함수의 목록 또한 이동 생성자와 이동 대입 연산자를 포함하도록 확장되었습니다. 두 함수는 인수로 우측값 참조를 사용하는 복사 생성자와 복사 대입 연산자의 오버로드입니다. 만약 클래스가 이동 생성자와 이동 대입 연산자를 구현했다면 인스턴스를 초기화하거나 할당할 때 효율적인 이동 문법을 사용할 수 있습니다.

[예제 6-3]은 고유한 엔티티를 포함하는 간단한 클래스입니다. 컴파일러는 간단한 클래스에 이동 생성자와 이동 대입 연산자를 자동 생성합니다. 이동 생성자와 이동 대입 연산자는 이동 연산을 정의하는 각 멤버에 이동 연산을 수행하고 다른 멤버는 복사 연산을 수행합니다. 이는 각 멤버마다 this->member = std::move(rhs.member)를 수행하는 것과 같습니다.

예제 6-3 이동 문법이 있는 클래스

```
class Foo {
    std::unique_ptr<int> value_;
public:
    ...
    Foo(Foo&& rhs) {
        value_ = rhs.release();
    }

    Foo(Foo const& rhs) : value_(nullptr) {
        If (rhs.value_)
            value_ = std::make_unique<int*>(*rhs.value_);
    }
};
```

실제로 컴파일러는 프로그램이 복사 생성자, 복사 대입 연산자, 소멸자[4]를 명시적으로 선언하지 않거나, 어떤 멤버나 기본 클래스에서 이동 생성자와 이동 대입 연산자를 명시적으로 삭제하지 않은 단순한 경우에만, 이동 생성자와 이동 대입 연산자를 자동 생성합니다. 이런 규칙은 특별한 함수들에 대한 정의가 존재하는 것처럼, 뭔가 특별한 것(멤버에 관한 것 보다는)이 필

---

4 복사 생성자와 복사 대입 연산자는 소멸자가 정의되더라도 자동 생성됩니다. 하지만 이 기능은 C++11에서 거의 사용되지 않아 사라져가고 있습니다. 복사 생성자와 복사 대입 연산자가 정의되지 않아야 할 경우 가장 좋은 방법은 명시적으로 삭제하는 것입니다.

요할 거라는걸 암시합니다.

이동 생성자와 이동 대입 연산자를 개발자가 제공하거나 컴파일러가 자동 생성하지 않는다고 하더라도 프로그램은 정상적으로 컴파일됩니다. 다만 컴파일러는 덜 효율적인 복사 생성자와 복사 대입 연산자를 사용합니다. 자동 생성 규칙이 꽤 복잡하기 때문에 개발자의 의도를 분명하게 나타내고 싶다면 특별한 함수들(디폴트 생성자, 복사 생성자, 복사 대입 연산자, 이동 생성자, 이동 대입 연산자, 소멸자)을 모두 명시적으로 선언하거나 디폴트 선언하거나 명시적으로 삭제하는 게 좋습니다.

6.6.5 이동 문법을 사용하도록 코드 갱신하기

클래스마다 이동 문법을 사용하도록 코드를 갱신할 수 있습니다. 다음은 코드를 갱신하는 과정에 도움이 되는 체크리스트입니다.

- 이동 문법을 사용해서 이득을 얻을 수 있는 문제를 파악하세요. 예를 들어 복사 생성자와 메모리 관리 함수에 시간을 많이 소비한다면 이동 연산자와 이동 대입 연산자를 추가했을 때 이득을 얻을 수 있습니다.

- C++ 컴파일러와 표준 라이브러리를 이동 문법을 지원하는 버전으로 갱신하세요. 갱신 후에는 성능 테스트를 다시 실행하세요. 컴파일러 버전을 갱신하면 문자열과 벡터와 같은 표준 라이브러리 컨테이너를 사용하는 코드의 성능이 크게 향상되고 자주 실행되는 함수의 목록이 변하기 때문입니다.

- 서드 파티 라이브러리를 사용한다면 이동 문법을 지원하는 최신 버전이 있는지 확인하세요. 라이브러리를 이동 문법을 사용하는 버전으로 갱신하지 않는다면 컴파일러에서 이동 문법을 지원한다고 하더라도 아무런 이득을 얻을 수 없습니다.

- 성능 문제가 확인된 클래스에 이동 연산자와 이동 대입 연산자를 정의하세요.

6.6.6 이동 문법의 미묘한 부분

필자는 이동 문법이 만능이라고 생각하지 않습니다. 표준 위원회는 이동 문법의 특징이 매우 중요하기 때문에 복사 생성과 의미론적으로 비슷한 이동 문법을 훌륭하게 만들어냈습니다. 하지만 이동 문법에는 **미묘한** 부분이 있으므로 섬세하게 다뤄야 합니다. 이동 문법은 충분한 지식을 갖고 신중하게 사용해야 하는 C++의 특징 중 하나입니다.

std::vector 안에 있는 인스턴스 이동하기

객체가 std::vector 안에 있을 때 효율적으로 이동하고 싶다면 이동 생성자와 이동 대입 연산자를 작성하는 것만으로는 뭔가 부족합니다. 개발자는 이동 생성자와 이동 대입 연산자를 noexcept로 선언해야 합니다. std::vector는 벡터를 연산하는 과정에서 예외가 발생하면 연산하기 전의 벡터로 되돌리는 **강력한 예외 안전성 보장**strong exception safety guarantee을 제공하기 때문입니다. 복사 생성자는 원본 객체를 변경하지 않습니다. 이동 생성자는 원본 객체를 파괴합니다. 이동 생성자에서 발생하는 모든 예외는 강력한 예외 안전성 보장을 위반합니다.

이동 생성자와 이동 대입 연산자를 noexcept로 선언하지 않으면 std::vector는 이동 연산 대신 덜 효율적인 복사 연산을 사용합니다. 컴파일러에서는 이동 연산 대신 복사 연산을 사용한다는 경고 메시지가 발생하지 않습니다. 그리고 코드는 잘 실행됩니다. 단지 느릴 뿐이죠.

noexcept는 매우 강력한 약속입니다. noexcept 선언은 메모리 관리자, I/O, 예외를 던질 수 있는 다른 함수를 호출하지 않는다는 것을 의미합니다. 또는 프로그램에서 예외가 발생했다고 보고하지 않고 모든 예외를 감춰버린다는 것을 의미합니다. 윈도우에서 구조화된 예외를 C++ 예외로 변환하는 작업은 위험투성이입니다. noexcept 약속을 위반하는 순간 프로그램이 갑자기 종료되기 때문입니다. 효율성에는 대가가 따르는 것이지요.

우측값 참조 인수는 좌측값입니다

함수가 우측값 참조를 인수로 가져올 때 우측값 참조를 사용해 형식 인수를 생성합니다. 형식 인수는 이름이 있으므로 우측값 참조로 생성되었다고 하더라도 좌측값입니다.

다행스럽게도 개발자는 좌측값을 우측값 참조로 형변환할 수 있습니다. 바로 [예제 6-4]와 같이 표준 라이브러리의 <utility> 헤더 파일에 있는 템플릿 함수 std::move()를 통해서 말이죠.

예제 6-4. 명시적 이동

```
std::string MoveExample(std::string&& s) {
    std::string tmp(std::move(s));
```

```
        // 조심해요! s는 지금 비어 있어요.
        return tmp;
    }
        ...
    std::string s1 = "hello";
    std::string s2 = "everyone";
    std::string s3 = MoveExample(s1 + s2);
```

[예제 6-4]에서 MoveExample(s1 + s2)를 호출하면 우측값 참조 s가 생성됩니다. 즉 실제 인수가 s로 이동된다는 것을 의미합니다. std::move(s)를 호출하면 s의 내용을 가리키는 우측값 참조를 만듭니다. 이 우측값 참조는 std::move() 함수의 반환값이기 때문에 이름이 없습니다. 우측값 참조는 std::string의 이동 생성자를 호출해 tmp를 초기화합니다. 이 시점에서 s는 더는 MoveExample()의 실제 문자열 인수를 참조하지 않습니다. 아마도 빈 문자열일 것입니다. 그 후 tmp를 반환할 때 개념적으로는 tmp의 값을 익명의 반환값으로 복사하고 tmp를 삭제합니다. 그리고 MoveExample()의 익명의 반환값은 s3으로 복사 생성됩니다. 그러나 실제로는 컴파일러가 RVO를 수행할 수 있으므로 인수 s를 s3의 저장 공간으로 바로 이동시킵니다. 일반적으로 RVO는 이동 연산보다 효율적입니다.

다음은 std::move()를 사용해 이동 문법을 적용한 템플릿 함수 std::swap()입니다.

```
template <typename T> void std::swap(T& a, T& b) {
    T tmp(std::move(a));
    a = std::move(b);
    b = std::move(tmp);
}
```

이 함수는 T가 이동 문법을 구현한 경우 세 번의 이동 연산을 수행하며 재할당은 하지 않습니다. 이동 문법을 구현하지 않았다면 이동 연산 대신 복사 연산을 수행합니다.

우측값 참조를 반환하지 마세요

이동 문법의 또 다른 미묘한 점은 함수의 반환 타입을 우측값 참조로 정의해서는 안 된다는 것입니다. 우측값 참조의 반환은 직관적으로 이해할 수 있습니다. x = foo(y)에서 함수가 우측값 참조를 반환하면 익명의 변수에서 반환된 값을 할당할 변수 x에 효율적으로 이동시킬 수 있습니다.

그러나 실제로 우측값 참조를 반환하면 RVO와 충돌하게 됩니다(6.5.3절 함수 반환에서 복사 제거하기 참고). RVO를 적용하면 컴파일러는 이름이 없는 임시 변수의 값을 복사해서 반환하지 않고, 묵시적으로 참조를 반환합니다. 반환값을 우측값 참조로 만들면 두 번의 이동 연산을 생성하는 반면, RVO를 적용하면 반환값은 한 번의 이동 연산만 생성합니다.

따라서 RVO를 적용할 수 있다면 함수 내부의 **return** 구문의 실제 인수와 함수의 반환 타입 반환형 모두 우측값 참조가 되어서는 안 됩니다.

기본 클래스와 멤버 이동하기

클래스에 이동 문법을 구현하려면 [예제 6-5]와 같이 모든 기본 클래스와 멤버에도 이동 문법을 구현해야 합니다. 그렇지 않으면 기본 클래스와 멤버는 이동되지 않고 복사될 것입니다.

예제 6-5 기본 클래스와 멤버 이동하기

```
class Base {...};
class Derived : Base {
    ...
    std::unique_ptr<Foo> member_;
    Bar* barmember_;
};

Derived::Derived(Derived&& rhs)
    : Base(std::move(rhs)),
      member_(std::move(rhs.member_)),
      barmember_(nullptr) {
    std::swap(this->barmember_, rhs.barmember_);
}
```

[예제 6-5]는 이동 생성자를 작성할 때의 미묘한 점을 보여줍니다. Base에 이동 생성자가 있다고 가정해봅시다. Base의 이동 생성자는 std::move()를 호출해 좌측값인 rhs를 우측값 참조로 형변환한 경우에만 호출됩니다. 마찬가지로 std::unique_ptr의 이동 생성자는 rhs.member_를 우측값 참조로 형변환한 경우에만 호출됩니다. std::swap()은 POD 타입인 barmember_와 이동 생성자를 정의하지 않은 객체의 경우 이동과 같은 연산을 구현합니다.

이동 대입 연산자를 구현할 때 std::swap() 때문에 골치가 아플 수 있습니다. 문제는 this가 이미 할당된 메모리를 가진 객체를 참조할 수 있다는 것입니다. std::swap()은 불필요한 메모리를 파괴하지 않고 rhs에 저장해 rhs가 파괴될 때까지 메모리를 되찾지 않습니다. 만약 멤버가 백만 개의 문자를 저장하는 문자열이나 백만 개의 항목을 갖는 테이블을 포함한다면 잠재적으로 큰 문제일 수 있습니다. 이 경우 포인터 barmember_를 명시적으로 복사한 뒤 rhs에서 삭제해 rhs의 소멸자에서 해제되지 않게 만드는 편이 낫습니다.

```cpp
void Derived::operator=(Derived&& rhs) {
    Base::operator=(std::move(rhs));
    delete(this->barmember_);
    this->barmember_ = rhs.barmember_;
    rhs.barmember_ = nullptr;
}
```

6.7 평평한 자료구조

자료구조의 요소들이 인접한 저장 공간에 함께 저장되었다면 자료구조가 **평평하다**flat고 말할 수 있습니다. 평평한 자료구조는 포인터로 연결된 다른 자료구조보다 성능 면에서 더 많은 장점을 갖습니다.

- 평평한 자료구조는 포인터로 연결된 자료구조보다 생성할 때 메모리 관리자를 호출하는 횟수가 적습니다. 일부 자료구조(list, deque, map, unordered_map)는 동적 객체를 많이 만드는 반면 다른 자료구조(vector)는 이보다 적게 만듭니다. 10장에서 다시 말하겠지만 비슷한 연산이 같은 big-O 성능을 갖는다고 하더라도 std::vector 및 std::array와 같은 평평한 자료구조가 갖는 장점은 상당히 많습니다.

- std::array 및 std::vector와 같은 평평한 자료구조는 list, map, unordered_map과 같은 노드 기반의 자료구조보다 메모리를 적게 차지합니다. 노드 기반 구조에 있는 링크 포인터의 비용 때문입니다. 물론 소비하는 총 바이트 수는 문제가 되지 않습니다. 평평한 자료구조는 요소들이 서로 인접한 위치에 있으므로 캐시 지역성이 향상되어 더 효율적으로 탐색할 수 있습니다.

- C++11의 이동 문법이 추가되기 전에 복사할 수 없는 객체를 저장하기 위해 스마트 포인터의 벡터나 맵을 만들던 트릭은 더는 필요하지 않습니다. 평평한 자료구조를 사용하면 스마트 포인터와 스마트 포인터가 가리키는 객체를 할당하는 런타임 비용을 없앨 수 있습니다.

6.8 마치며

- 지식 없이 동적 할당 변수를 사용하면 C++ 프로그램의 성능이 엄청나게 저하되는 킬러 역할을 합니다. 성능 관점에서 보자면 new는 여러분의 친구가 아닙니다.

- 메모리 관리자의 호출 횟수를 줄이는 방법을 알고 있다면 효과적으로 최적화할 수 있습니다.

- 프로그램은 ::operator new()와 ::operator delete()의 정의를 제공해 전역 범위에서의 메모리 할당 방법을 변경할 수 있습니다.

- 프로그램은 malloc()과 free()를 대체해 전역 범위에서의 메모리 관리 방법을 변경할 수 있습니다.

- 스마트 포인터는 동적 변수의 소유권을 자동화합니다.

- 동적 변수의 소유권을 공유하면 비용이 더 큽니다.

- 클래스 인스턴스를 정적으로 만드세요.

- 클래스 멤버 변수를 정적으로 만들고 필요하다면 두 단계 초기화를 사용하세요.

- 동적 변수를 소유하기 위한 소유 포인터를 사용하세요. 그리고 소유권을 공유하는 대신 소유하지 않는 포인터를 사용하세요.

- 출력용 매개변수에 데이터를 전달하는 복사 없는 함수를 만드세요.

- 이동 문법을 구현하세요.

- 평평한 자료구조를 더 많이 사용하세요.

CHAPTER 7

문장 최적화

아이디어는 이미 돌 안에 갇혀 있습니다. 당신이 할 일은 그저 감싸고 있는 돌을 걷어내는 것뿐입니다.

— 미켈란젤로 부오나로티, 그런 걸작을 어떻게 만드냐는 질문에 대한 답

문장 수준에서 이뤄지는 최적화는 프로그램을 **실행할 때 불필요한 명령어를 제거**하는 과정으로 비유할 수 있습니다. 마치 미켈란젤로가 걸작품을 만들기 위해 거대한 대리석에서 불필요한 부분을 제거하는 과정과 비슷합니다. 그런데 문제는 미켈란젤로가 어느 부분이 필요 없는 돌이고 어느 부분이 작품인지 알려주지 않았다는 것입니다.

함수 호출을 제외한 문장에서 이뤄지는 최적화의 문제점은 C++이 명령어를 그다지 많이 사용하지 않는다는 것입니다. 이렇게 소규모 최적화에 초점을 맞출 경우 들인 노력보다 성능을 개선한 결과는 미약합니다. 개발자가 문장의 비용을 크게 만드는 요소를 찾아 최적화할 정도로 만들지 않는다면 말이죠. 이러한 요소에는 다음과 같은 것들이 있습니다.

반복문

반복문 안에 있는 문장의 비용을 계산할 때는 문장의 비용을 반복 횟수만큼 곱합니다. 따라서 개발자는 반복문의 존재 여부를 확인해야 합니다. 프로파일러는 반복문이 포함되어 있는 함수가 많이 실행된다고 가리킬 수 있지만 함수에서 어느 반복문이 많이 실행되는지는 알려주지 않습니다. 프로파일러는 함수가 하나 이상의 반복문에서 호출되는 경우에는 많이 실행된다고 가리킬 때도 있지만 함수가 호출된 지점 중 어떤 지점이 최적화가 필요한지는 알려주지 않습니

다. 프로파일러가 반복문을 바로 가리키지 않기 때문에, 개발자는 프로파일러가 알려준 단서를 활용해 코드를 검사하며 최적화가 필요한 반복문이 어딘지 찾아야 합니다.

자주 호출되는 함수

함수의 비용을 계산할 때는 함수의 호출 횟수만큼 곱합니다. 프로파일러는 자주 호출되는 함수를 바로 가리킵니다.

프로그램 전체에서 사용되는 관용구

C++ 문장과 관용구 중 일부는 비용이 조금 더 적은 대안을 가지고 있습니다. 비용이 큰 문장이나 관용구가 프로그램에서 많이 사용되고 있다면 비용이 적은 관용구로 변경해 성능을 전반적으로 향상할 수 있습니다.

도구, 가전 제품, 주변 장치, 장난감 등에 내장된 작고 간단한 프로세서에서도 문장 수준에서 코드를 최적화하면 성능을 상당히 향상할 수 있습니다. 명령어들은 메모리에서 직접 가져와 차례대로 실행되기 때문입니다. 그러나 데스크톱 프로세서는 명령어 수준의 동시성과 캐싱을 제공합니다. 따라서 문장에서 이뤄지는 최적화는 할당이나 복사를 최적화하는 경우보다 얻는 이득이 적습니다.

데스크톱 컴퓨터에서 사용할 목적으로 설계된 프로그램의 경우, 문장 수준에서 이뤄지는 최적화는 자주 호출되는 라이브러리 함수, 게임 그래픽 엔진처럼 프로그램의 가장 안쪽에 있는 반복문, 프로그래밍 언어의 인터프리터 프로그램같이 항상 쉴 새 없이 작동하는 경우에만 적합합니다.

문장에서 이뤄지는 최적화의 문제점은 컴파일러에 따라 최적화했을 때의 효율성이 달라질 수 있다는 점입니다. 각 컴파일러는 특정 C++ 문장의 코드를 어떻게 생성할 것인지 여러 계획이 있습니다. 어떤 관용구가 하나의 컴파일러에서 성능을 향상하더라도 다른 컴파일러에서는 성능을 향상하지 않거나 최악의 경우 성능이 저하될 수도 있습니다. GCC를 사용할 때는 성능을 향상하는 트릭이 비주얼 C++에서는 작동하지 않을 수도 있습니다. 더욱 중요한 사실은 팀에서 컴파일러를 새 버전으로 업그레이드했을 때 심혈을 기울여 튜닝했던 코드가 최적화되지 않은 코드로 바뀔 수도 있다는 점입니다. 문장에서 이뤄지는 최적화가 다른 종류의 최적화보다 덜 생산적일 수도 있는 또 다른 이유가 바로 이것입니다.

7.1 반복문에서 코드 제거하기

반복문은 두 부분으로 구성되어 있습니다. 블록으로 둘러싸여 반복 실행되는 문장들과 반복 횟수를 결정하는 제어문입니다. 전자는 C++ 문장에서 계산을 제거하는 일반적인 기법들을 적용할 수 있고 후자는 어떤 의미에서는 오버헤드이므로 최적화할 수 있는 여지가 있습니다.

[예제 7-1]의 for문은 문자열을 탐색하며 공백 문자를 별표로 바꾸는 작업을 수행합니다.

예제 7-1 최적화되지 않은 for문

```
char s[] = "This string has many space (0x20) chars. ";
    ...

for (size_t i = 0; i < strlen(s); ++i)
    if (s[i] == ' ')
        s[i] = '*';
```

for문에서 문자열의 각 문자마다 조건식 i < strlen(s)을 수행합니다.[1] strlen()을 호출하는 비용은 크며 문자열을 탐색하며 문자의 개수를 세기 때문에 이 알고리즘의 비용은 $O(n)$에서 $O(n^2)$이 됩니다. 이는 라이브러리 함수에 숨겨진 반복문의 한 예입니다(3.5.2절 반복문의 비용 추정하기 참고).

이 반복문을 1,000만 번 실행하는 시간은 비주얼 스튜디오 2010에서 컴파일할 경우 13,238밀리초, 비주얼 스튜디오 2015에서 컴파일할 경우 11,467밀리초입니다. 비주얼 스튜디오 2015가 비주얼 스튜디오 2010보다 15% 더 빠른 것으로 보아 두 컴파일러가 같은 반복문으로 서로 다른 코드를 생성하는 사실을 알 수 있습니다.

7.1.1 반복문의 종룟값을 캐싱하세요

[예제 7-1]에서 반복문의 종룟값으로 strlen()의 반환값을 사용합니다. 하지만 이 함수는 호출하는 비용이 큽니다. strlen()의 반환값을 초기화 표현식에서 미리 계산해 캐싱하면 성능

---

1   "세상에! 왜 그런 코드를 작성하세요? std::string에 상수 시간이 걸리는 length() 함수가 있다는 것을 모르시나요?"라고 반응하는 분이 있을지도 모릅니다. 그러나 이런 코드는 최적화가 필요한 프로그램에서 비참할 정도로 자주 등장합니다. 또한 요점을 설명하기 위해 확실한 예제를 보여주고 싶었습니다.

을 향상할 수 있습니다. [예제 7-2]는 이를 반영해 수정한 for문을 보여줍니다.

예제 7-2 종룟값을 캐싱한 for문

```
for (size_t i = 0, len = strlen(s); i < len; ++i)
    if (s[i] == ' ')
        s[i] = '*';
```

캐싱만 했을 뿐인데 성능이 엄청나게 개선됩니다. 그만큼 strlen()을 호출하는 비용이 엄청 나다는 것이죠. 최적화된 코드로 실행하는 시간은 비주얼 스튜디오 2010에서 컴파일할 경우 636밀리초, 비주얼 스튜디오 2015에서 컴파일할 경우 514밀리초입니다. 기존 코드보다 실행 속도가 약 20배 빨라졌습니다. 또한 비주얼 스튜디오 2015가 비주얼 스튜디오 2010보다 약 17% 더 빠릅니다.

7.1.2 더 효율적인 반복문을 사용하세요

C++에서 for문의 문법은 다음과 같습니다.

```
for (초기화 표현식; 조건식; 증감문) 반복해서 실행할 코드
```

위 코드는 대략 다음과 같은 코드로 컴파일됩니다.

```
        초기화 표현식;
    L1: if (!조건식) goto L2;
        반복해서 실행할 코드;
        증감문;
        goto L1;
    L2:
```

for문은 조건식의 결과가 false일 경우 한 번, 증감문을 계산한 후에 한 번, 총 두 번 점프해야 합니다. 이 점프로 실행 속도가 저하될 수 있습니다. 한편 C++에는 간단한 반복문인 do문도 있습니다. do문의 문법은 다음과 같습니다.

```
do 반복해서 실행할 코드 while (조건식);
```

위 코드는 대략 다음과 같은 코드로 컴파일됩니다.

```
L1: 반복해서 실행할 코드
     if (조건식) goto L1;
```

따라서 for문은 경우에 따라 속도가 더 빠른 do문으로 바꿀 수 있습니다. [예제 7–3]은 문자열을 탐색하는 예제 코드를 do문으로 바꾼 것입니다.

예제 7-3. do문으로 변환한 for문

```
size_t i = 0, len = strlen(s);      // for문 초기화 표현식
do {
    if (s[i] == ' ')
        s[i] = ' ';
    ++i;                             // for문 증감문
} while (i < len);                   // for문 조건식
```

비주얼 스튜디오 2010에서 컴파일할 경우 실행 시간은 482밀리초로 성능이 32% 향상되었습니다. 하지만 비주얼 스튜디오 2015에서 컴파일할 경우 실행 시간은 674밀리초로 for문보다 성능이 25% 저하되었습니다.

7.1.3 값을 증가하는 대신 감소하게 하세요

종룟값을 캐싱하는 예제의 증감문에서 값을 증가하는 대신 감소하도록 변형할 수 있습니다. 이 때 반복문의 색인 변수에 종룟값을 캐싱합니다. 반복문 중에는 한쪽의 종료 조건이 다른 쪽의 종료 조건보다 비용이 덜 큰 경우가 많습니다. [예제 7–3]의 반복문을 예로 들면 한쪽의 종료 조건은 상수 0이지만 다른 쪽의 종료 조건은 호출하는 비용이 많이 드는 strlen()입니다. [예제 7–4]는 [예제 7–1]에서 증감문을 증가하는 대신 감소하도록 변형한 것입니다.

```
for (int i = (int)strlen(s)-1; i >= 0; --i)
    if (s[i] == ' ')
        s[i] = '*';
```

유도 변수 i의 타입을 부호 없는 타입인 size_t에서 부호 있는 타입인 int로 바꿨다는 점을 참고하기 바랍니다. for문의 조건식은 i >= 0입니다. 만약 i가 부호 없는 타입이었다면 정의상 0보다 크거나 같은 값을 가지므로 반복문이 종료되지 않습니다. 증감문에서 0까지 값을 감소할 때 자주 실수하는 부분입니다.

코드를 실행하는 시간은 비주얼 스튜디오 2010에서 컴파일할 경우 619밀리초, 비주얼 스튜디오 2015에서 컴파일할 경우 571밀리초입니다. [예제 7-2]의 코드와 비교했을 때 눈에 띌 만한 변화는 나타나지 않았습니다.

7.1.4 반복문에서 불변 코드를 제거하세요

[예제 7-2]는 반복문의 종룻값을 효율적으로 재사용하려고 캐싱하는데, 이는 불변 코드를 반복문 바깥으로 옮기는 일반적인 기법의 한 예입니다. 만약 코드가 반복문의 유도 변수에 의존하지 않는다면 반복문에 대해 불변한다고 말합니다. 예를 들어 [예제 7-5]에서 대입문 j = 100;과 하위 표현식 j * x * x는 반복문에 대해 불변합니다.

예제 7-5 불변 코드가 있는 반복문

```
int i, j, x, a[10];
    ...
for (i = 0; i < 10; ++i) {
    j = 100;
    a[i] = i + j * x * x
}
```

이 반복문은 [예제 7-6]처럼 다시 작성할 수 있습니다.

예제 7-6 불변 코드를 밖으로 옮긴 반복문

```
int i, j, x, a[10];
    ...
j = 100;
int tmp = j * x * x;
for (i = 0; i < 10; ++i) {
    a[i] = i + tmp;
}
```

최신 컴파일러는 (이전 예제에서 본 코드와 같이) 반복해서 계산하는 불변 코드를 찾아 성능을 향상하고자 코드를 반복문 바깥으로 옮깁니다. 개발자는 보통 반복문을 다시 작성할 필요가 없습니다. 컴파일러가 이미 불변 코드를 찾아 반복문을 다시 작성하기 때문입니다.

컴파일러는 반복문에 있는 문장이 함수를 호출할 경우, 함수에서 반환된 값이 반복문에 있는 무엇에 의존하는지 확인할 수 없습니다. 함수가 복잡하거나 함수의 본문이 다른 컴파일 단위에 있어서 컴파일러에서 보지 못할 수도 있습니다. 반복문에 대해 불변인 함수 호출은 개발자가 직접 확인해 반복문 바깥으로 옮겨야 합니다.

7.1.5 반복문에서 불필요한 함수 호출을 제거하세요

함수를 호출하면 수많은 명령어를 실행할 수 있습니다. 만약 함수가 반복문에 대해 불변이라면 성능을 향상하기 위해 반복문 바깥으로 옮기는 게 좋습니다. [예제 7-1]에서 strlen()을 호출하는 코드는 반복문에 대해 불변이므로 반복문 바깥으로 옮길 수 있습니다.

```
for (size_t i = 0; i < strlen(s); ++i)
    if (s[i] == ' ')
        s[i] = '*';      // ' '을 '*'로 변경
```

[예제 7-7]은 수정된 반복문을 보여줍니다.

예제 7-7 반복문에 대해 불변인 strlen() 반복문

```
size_t end = strlen(s);
for (size_t i = 0; i < end; ++i)
```

```
    if (s[i] == ' ')
        s[i] = '*';      // ' '을 '*'로 변경
```

[예제 7-8]에서 strlen()이 반환하는 값은 반복문에 대해 불변이 아닙니다. 공백 문자를 지우면서 문자열의 길이가 줄어들기 때문입니다. 종료 조건을 반복문 바깥으로 옮길 수 없습니다.

예제 7-8 반복문에 대해 불변이 아닌 strlen() 반복문

```
    for (size_t i =0; i<= strlen(s); ++i)
        if (s[i] == ' ')
            strcpy(&s[i], &s[i+1]);        // 문자열 꼬리를 공백에 복사함
    s[i] = '\0';
```

특정 상황에서 함수가 반복문에 대해 불변인지 여부를 판별할 수 있는 간단한 방법은 없습니다. 위 [예제 7-8]에서 하나의 반복문에서는 불변이고 다른 하나의 반복문에서는 불변이 아닌 함수를 살펴봤습니다. 때로는 인간의 판단이 철저하지만 제한된 컴파일러의 분석보다 뛰어나다는 사실을 알 수 있습니다(strlen()을 반복적으로 호출하는 것만이 문제는 아닙니다. 다른 개선 사항은 연습 문제로 남겨두려고 합니다).

순수 함수pure function는 반복문 바깥으로 항상 옮길 수 있는 함수 중 하나로 반환값이 함수의 인숫값에만 의존하며 사이드 이펙트가 없습니다. 만약 반복문에 이런 함수가 존재하며 함수의 인숫값이 수정되지 않는다면 함수는 반복문에 대해 불변이며 반복문 바깥으로 옮길 수 있습니다. [예제 7-7]과 [예제 7-8]에서 strlen() 함수는 순수 함수입니다. [예제 7-7]에서는 인수 s의 값이 변하지 않기 때문에 strlen() 함수를 호출하는 코드는 반복문에 대해 불변이며 반복문 바깥으로 옮길 수 있습니다. [예제 7-8]에서는 strcpy()를 호출하면서 s의 값이 변하므로 strlen(s) 함수를 호출하는 코드는 반복문에 대해 불변이 아닙니다.

다음 예제는 수학 함수 sin()와 cos()을 포함합니다. 이 두 함수는 주어진 값의 사인과 코사인을 라디안 단위로 반환합니다. 수학 함수 중에는 순수 함수가 많으므로 수치 계산에서 이러한 상황이 자주 발생합니다. [예제 7-9]의 회전 변환은 정점이 16개인 도형에 적용할 수 있습니다. 이 변환 코드를 1억 번 실행하는 시간은 비주얼 스튜디오 2010에서 컴파일할 경우

7,502밀리초, 비주얼 스튜디오 2015에서 컴파일할 경우 6,864밀리초입니다. 비주얼 스튜디오 2015가 비주얼 스튜디오 2010보다 약 15% 더 빠릅니다.

예제 7-9 불변인 순수 함수를 포함하는 반복문으로 구성된 rotate()

```cpp
void rotate(std::vector<Point>& v, double theta) {
    for (size_t i = 0; i < v.size(); ++i) {
        double x = v[i].x_, y = v[i].y_;
        v[i].x_ = cos(theta) * x - sin(theta) * y;
        v[i].y_ = sin(theta) * x + cos(theta) * y;
    }
}
```

함수 sin(theta)와 cos(theta)는 함수 인수 theta에만 의존합니다. 이 두 함수는 반복문 변수에 의존하지 않습니다. 따라서 [예제 7–10]과 같이 반복문 바깥으로 옮길 수 있습니다.

예제 7-10 불변인 순수 함수를 반복문 바깥으로 옮긴 rotate_invariant()

```cpp
void rotate_invariant(std::vector<Point>& v, double theta) {
    double sin_theta = sin(theta);
    double cos_theta = cos(theta);
    for (size_t i = 0; i < v.size(); ++i) {
        double x = v[i].x_, y = v[i].y_;
        v[i].x_ = cos_theta * x - sin_theta * y;
        v[i].y_ = sin_theta * x + cos_theta * y;
    }
}
```

수정된 함수를 실행하는 시간은 비주얼 스튜디오 2010에서 컴파일할 경우 7,382밀리초, 비주얼 스튜디오 2015에서 컴파일할 경우 6,620밀리초입니다. 이전 함수와 비교해 약 3% 더 빠릅니다.

이전 절에서 strlen()을 호출하는 코드를 바깥으로 옮겼을 때보다는 성능이 그다지 개선되지 않았습니다. 보통 수학 함수는 하나 또는 두 레지스터로 작동하며 strlen()과 같이 메모리에 접근하지 않기 때문입니다. 1990년대의 레트로 PC나 하드웨어에서 부동 소수점 명령어가 없는 임베디드 프로세서라면 사인과 코사인을 계산하는 비용이 많기 때문에 조금 더 개선된 성능을 보일 수 있습니다.

때때로 반복문 내에서 호출되는 함수가 전혀 작동하지 않거나 필요 없는 작동을 하는 경우가 있습니다. 물론 이런 함수는 제거할 수 있습니다. "설마! 유능한 개발자라면 유용하지 않은 함수를 호출하지는 않겠죠!"라고 쉽게 말할 수도 있겠지만, 수년 동안 프로젝트를 진행하면서 함수가 호출되는 위치를 모두 기억하고 함수의 작동이 변경될 때마다 확인하는 것은 훨씬 어려울 겁니다.

다음은 필자가 실무에서 반복해서 봐왔던 관용구입니다.

```
UsefulTool subsystem;
InputHandler input_getter;
    ...
while (input_getter.more_work_available()) {
    subsystem.initialize();
    subsystem.process_work(input_getter.get_work());
}
```

subsystem은 이 반복 패턴에서 어떤 작업을 처리하기 위해 반복해서 초기화되고 다음 작업 단위를 처리하라고 요청합니다. 이 코드는 UsefulTool::initialize()를 검사해야만 확인할 수 있는데 여기에 뭔가 문제가 있을 수 있습니다. initialize()는 **첫 번째** 작업 단위가 처리되기 전에 호출되어야 할 수도 있고 첫 번째 작업 단위를 처리하는 과정에서 오류가 발생한 후에 호출되어야 할 수도 있습니다. process_work()는 보통 종료 시에 initialize()와 똑같은 클래스 불변성을 설정합니다. 반복문으로 initialize()를 호출하는 것은 단지 process_work()처럼 똑같은 코드를 반복할 뿐입니다. 만약 그렇다면 initialize()를 호출하는 코드를 반복문 바깥으로 옮길 수 있습니다.

```
UsefulTool subsystem;
InputHandler input_getter;
    ...
subsystem.initialize();
while (input_getter.more_work_available()) {
    subsystem.process_work(input_getter.get_work());
}
```

코드를 엉망으로 구현한 개발자를 비난하는 것은 어찌 보면 당연한 일입니다. 어떨 때는

initialize()의 작동이 변해 코드를 process_work() 안으로 옮겨야 할 수 있습니다. 또 어떨 때는 프로젝트의 문서가 불충분하거나, 일정이 갑작스럽게 변하거나, initialize() 코드의 목적이 분명하지 않거나, 개발자가 수동적으로 프로그래밍했을 수도 있습니다. 그러나 필자는 초기화를 한 번만 하면 작업을 계속 처리하더라도 아무 문제가 없는 코드를 여러 번 봤습니다.

만약 시간 절약이 중요하다면 반복문 안에 있는 모든 함수의 호출을 살펴봐야 합니다. 그리고 각 함수를 매번 호출해야 하는지 확인해야 합니다.

7.1.6 반복문에서 숨겨진 함수 호출을 제거하세요

일반 함수를 호출하는 코드에는 고유한 형태가 있습니다. 함수의 이름을 쓰고 괄호 안에 인수 표현식의 목록을 적으면 됩니다. C++ 코드를 사용하면 이런 눈에 띄는 문법을 쓰지 않고도 묵시적으로 함수를 호출할 수 있습니다. 바로 다음 상황에서 클래스 타입의 변수가 나타날 때입니다.

- 클래스 인스턴스의 선언(생성자를 호출)

- 클래스 인스턴스의 초기화(생성자를 호출)

- 클래스 인스턴스의 대입(대입 연산자를 호출)

- 클래스 인스턴스를 포함하는 산술 표현식(연산자 멤버 함수를 호출)

- 범위를 빠져나갈 때(범위에서 선언된 클래스 인스턴스의 소멸자를 호출)

- 함수 인수(각 인수 표현식은 형식 인수로 복사 생성됨)

- 클래스 인스턴스의 함수 반환(아마도 복사 생성자를 두 번 호출)

- 표준 라이브러리 컨테이너에 항목을 삽입(항목이 이동 또는 복사 생성됨)

- 벡터에 항목을 삽입(벡터가 재할당될 경우 모든 항목이 이동 또는 복사 생성됨)

이 함수들을 호출하는 코드는 숨겨져 있습니다. 또한 이름과 인수 목록으로 구성된 고유한 형태를 갖지도 않습니다. 마치 대입문과 선언문처럼 보입니다. 따라서 함수가 호출되고 있다는 사실을 놓치기 쉽습니다. 필자는 '6.5절 불필요한 복사 제거하기'에서 이 내용을 다룬 적이 있습니다.

숨겨진 함수를 호출하는 코드는 함수의 형식 인수 생성 때문에 발생합니다. 만약 함수 시그니처가 실제 인수를 값으로 전달하는 대신 클래스를 가리키는 참조나 포인터로 전달하도록 바꾼다면 해당 코드를 제거할 수 있습니다. 이 코드를 제거했을 때의 이점은 이미 '4.2.3절 문자열 인수의 복사 제거하기'와 '6.5.2절 함수 호출에서 복사 제거하기'에서 확인했습니다.

대입문이나 초기화된 선언문이 반복문에 대해 불변이라면 반복문 바깥으로 옮길 수 있습니다. 가끔 반복문을 수행할 때마다 변숫값을 설정해야 하는 경우가 있습니다. 이 경우에도 선언문을 반복문 바깥으로 옮기고 비용이 더 적은 함수를 호출하는 방법으로 개선할 수 있습니다. 예를 들어 std::string은 동적으로 할당된 char 배열을 포함합니다. 다음 코드를 살펴봅시다.

```
for (...) {
    std::string s("<p>");
    ...
    s += "</p>";
}
```

s를 선언하는 문장을 for문에 넣을 경우 비용이 많이 듭니다. 블록으로 둘러싸인 문장에서 닫는 중괄호에 도달하면 s의 소멸자가 호출됩니다. 소멸자는 동적으로 할당된 메모리를 해제하므로 다음 반복문에서 다시 할당해야 합니다. 이 코드를 개선해 다음과 같이 작성할 수 있습니다.

```
std::string s;
for (...) {
    s.clear();
    s += "<p>";
    ...
    s += "</p>";
}
```

이제 s의 소멸자는 이후에도 호출되지 않습니다. 이렇게 하면 반복문으로 매번 함수를 호출하는 비용을 절약할 수 있습니다. 이뿐만 아니라 s 내부에 있는 동적 배열을 재사용해 문자를 추가할 때 메모리 관리자를 호출하는 숨겨진 코드도 제거할 수 있습니다.

이러한 작동은 문자열이나 동적 메모리를 포함하는 클래스에 국한되지 않습니다. 클래스 인스턴스는 윈도우나 파일 핸들과 같이 운영체제에서 가져온 자원을 포함하거나 생성자와 소멸자 내부에서 비용이 큰 코드를 수행할 수도 있습니다.

7.1.7 반복문에서 비용이 크고 변화가 느린 호출을 제거하세요

함수를 호출하는 코드 중에는 불변은 아니지만 불변이라면 더 좋은 경우가 있습니다. 로그를 기록하는 프로그램에서 현재 시각을 구하기 위해 함수를 호출하는 경우가 좋은 예입니다. 운영체제에서 시간을 가져오려면 많은 명령을 처리해야 하며 가져온 시간을 텍스트 형식으로 지정하는 시간이 더 많이 걸립니다. [예제 7-11]은 현재 시간을 텍스트 형식으로 지정해 NULL로 끝나는 문자 배열에 저장하는 함수입니다.

예제 **7-11** timetoa(): 시간을 텍스트 형식으로 지정해 문자 배열에 저장하는 함수

```cpp
#include <ctime>

char* timetoa(char* buf, size_t bufsz) {
    if (buf == 0 || bufsz < 9)
        return nullptr;                     // 유효하지 않은 인수
    time_t t = std::time(nullptr);          // OS에서 시간을 가져옴
    tm tm = *std::localtime(&t);            // 시간을 시, 분, 초로 나눔
    // 시간을 텍스트 형식으로 지정해 버퍼에 저장
    size_t sz = std::strftime(buf, bufsz, "%c", &tm);
    if (sz == 0) strcpy(buf, "xx:xx:xx");   // 오류
    return buf;
}
```

timetoa()가 시간을 가져와 텍스트 형식으로 지정하는 시간은 약 700나노초입니다. 이 비용은 두 문자열을 파일에 추가하는 시간의 약 2배에 해당할 정도로 많이 듭니다. 다음 문장은 실행에 372나노초가 걸립니다.

```cpp
out << "Fri Jan 01 00:00:00 2016"
    << " Test log line test log line test log line\n";
```

반면 다음 문장은 실행에 1,042 나노초가 걸립니다.

```
out << timetoa(buf, sizeof(buf))
    << " Test log line test log line test log line\n";
```

로그는 가능한 효율적으로 기록해야 합니다. 그렇지 않으면 로그를 기록하는 프로그램의 속도가 느려지게 됩니다. 로그 기록 때문에 프로그램이 느려지는 건 그다지 좋은 상황이 아닙니다. 하지만 로그 기록 때문에 느려진 프로그램의 작동이 변해 버그가 사라진다면 상황은 더욱 심각해집니다. 이 예제에서 현재 시간을 구하는 비용은 로그를 기록하는 비용을 압도합니다.

현재 시간은 컴퓨터의 명령어 실행 속도보다 매우 느리게 변합니다. 프로그램은 타임 틱 사이에 백만 줄에 해당하는 로그를 기록할 수 있습니다. 따라서 현재 시간을 가져오는 함수를 두 번 연속해서 호출하면 같은 값을 반환할 가능성이 큽니다. 만약 한 번에 여러 줄을 로그로 기록한다면 줄마다 시간을 다시 가져오는 게 좋습니다.

필자는 프로그램이 시간을 한 번 요청할 때 로그를 어떻게 기록하는지 모의 실험하고자 또 다른 테스트를 진행했습니다. 그리고 같은 데이터를 사용해 10줄을 하나의 그룹으로 묶었습니다. 테스트 결과는 예상한 대로 출력에 1줄 당 평균 376나노초가 걸렸습니다.

7.1.8 반복문을 함수 안에 넣어 호출 오버헤드를 줄이세요

프로그램이 문자열, 배열, 다른 자료구조를 반복하며 매번 함수를 호출한다면 **반복문 뒤집기**loop inversion라는 기법을 사용해 성능을 향상할 수 있습니다. 반복문 뒤집기는 함수를 호출하는 반복문을 뒤집어 함수 안에 반복문을 넣는 기법입니다. 이 기법을 사용하면 함수의 인터페이스가 단일 항목을 참조하지 않고 자료구조 전체를 참조하게 됩니다. 따라서 자료구조가 n개의 항목을 포함한다면 함수를 $n-1$번 호출하는 비용을 절약할 수 있습니다.

간단한 예를 들어봅시다. 출력하지 않는 문자를 점 문자로 바꾸는 라이브러리 함수를 상상해보세요.

```
#include <ctype>

void replace_nonprinting(char& c) {
    if (!isprint(c))
        c = '.';
}
```

문자열에서 출력하지 않는 문자를 모두 바꾸고 싶다면 반복문으로 replace_nonprinting() 함수를 호출하면 됩니다.

```
for (unsigned i = 0; e = str.size(); i < e; ++i)
    replace_nonprinting(str[i]);
```

컴파일러가 replace_nonprinting() 함수를 호출하는 코드를 인라인할 수 없다면 문자열 Ring the carriage bell\x07\x07!! 을 처리하기 위해 반복문에서 함수를 26번 호출할 것입니다.

라이브러리를 만든 사람은 replace_nonprinting() 함수의 오버로드를 추가해 문자열 전체를 처리하도록 만들 수 있습니다.

```
void replace_nonprinting(std::string& str) {
    for (unsigned i = 0, e = str.size(); i < e; ++i)
        if (!isprint(str[i]))
            c = '.';
}
```

이제 반복문은 함수 안에 있습니다. 따라서 replace_nonprinting() 함수를 $n-1$번 호출하는 비용을 절약했습니다.

참고로 새 오버로드에서 replace_nonprinting()의 작동을 구현하는 코드를 복사해야 합니다. 반복문을 이리저리 옮기는 것만으로는 작동하지 않습니다. 다음 버전은 실제로 기존 함수를 호출하는 코드를 추가합니다.

```
void replace_nonprinting(std::string& str) {
    for (unsigned i = 0, e = str.size(); i < e; ++i)
        replace_nonprinting(str[i]);
}
```

7.1.9 어떤 행동을 하는 횟수를 줄이세요

동기 부여를 위해 질문을 한 가지 하겠습니다. 프로그램의 메인 루프가 초당 약 1,000건의 트랜잭션을 처리합니다. 이때 반복문의 종료 조건을 얼마나 자주 확인해야 하나요?

물론 정답은 '경우에 따라 다르다'입니다 실제로는 프로그램을 종료하라고 요청했을 때 얼마나 빨리 응답해야 하는지 그리고 종료 조건 확인에 비용이 얼마나 드는지에 따라 다릅니다.

프로그램을 1초 안에 종료하도록 만드는 것이 목표고 종료 명령어를 확인한 뒤 멈추는 데 평균 500 ± 100밀리초가 걸린다면, 400밀리초(1,000 − (500 + 100) = 400밀리초)마다 종료 조건을 확인하면 됩니다. 더 자주 확인하는 것은 시간 낭비일 뿐입니다.

다른 요인인 종료 조건을 확인하는 비용을 고려해봅시다. 반복문이 윈도우 메시지 루프고 종료 명령어로 윈도우 메시지 `WM_CLOSE`가 도착한다면 확인하기 위한 오버헤드 비용이 추가로 들지 않습니다. 여기에는 이벤트를 디스패칭하는 비용이 포함되어 있습니다. 따라서 신호 처리기가 `bool` 플래그를 설정한다면 반복문을 수행할 때마다 이 플래그를 확인하는 비용은 아주 적습니다.

그러나 임베디드 장치에 키 누름을 계속 확인해야 하는 반복문이 있고 키가 50밀리초 동안 디바운스^{debounce}[2]되어야 한다면 어떻게 될까요? 반복문을 수행할 때마다 각 트랜잭션 비용에 50밀리초의 키 상태 확인 비용이 추가되어 트랜잭션 속도가 초당 1,000에서 초당 $1/0.051 ≒ 20$으로 떨어집니다. 어이쿠!

대신 프로그램이 400밀리초 간격으로 확인한다면 반복문에 미치는 영향은 생각보다 크지 않습니다. C++ 책에서 수학 이야기를 하는 건 좀 그렇지만 조금만 더 살펴보도록 하겠습니다. 트랜잭션은 약 1밀리초(1,000트랜잭션/초)가 걸립니다. 400밀리초마다 50밀리초가 걸리는 확인 작업을 완료하려면 상태 확인을 350밀리초마다 시작해야 합니다. 다시 말해서 1,000밀리초당 키 눌림 확인을 2.5번 해야 합니다. 그 결과 트랜잭션 속도는 초당 1,000 − (2.5 × 50) = 875가 됩니다.

[예제 7-12]는 이러한 키 누름을 확인하는 코드를 보여줍니다.

---

2 실제 기계로 작동되는 키를 누르면 처음에는 간헐적으로 연결됩니다. 실제로 초기, 간헐적인 단계에 있더라도 연결 상태를 순간적으로 살펴볼 경우 키를 누르지 않은 것처럼 보일 수 있습니다. '디바운싱'은 연결이 지속될 때까지 키를 누르고 있다는 보고를 지연시킵니다. 디바운싱 간격은 보통 50밀리초입니다.

```
void main_loop(Event evt) {
    static unsigned counter = 1;
    if ((counter % 350) == 0)
        if (poll_for_exit())
            exit_program();    // 반환값 없음
    ++counter;

    switch (evt) {
        ...
    }
}
```

(밀리초마다 이벤트가 발생한다고 가정하면) 밀리초마다 main_loop()를 실행합니다. 반복문을 수행할 때마다 counter의 값이 증가합니다. counter의 값이 350이 되면 프로그램은 poll_for_exit()를 호출하는 데 50밀리초가 걸립니다. poll_for_exit()에서 종료 키를 확인하면 exit_program()을 호출하는 데 400~600밀리초가 걸립니다.

이 캐주얼한 확인 방법은 확인 사이에 어떻게 더 큰 계산을 수행하는지 보여줍니다. 그러나 여기에는 전제해야 할 게 많습니다.

- 밀리초마다 이벤트가 발생한다고 가정합니다. 가끔 2밀리초나 5밀리초마다 이벤트가 발생하지 않아야 하고 작업이 없다고 해서 이벤트 발생 주기가 느려져서는 안 됩니다.

- 키 눌림 확인은 항상 50밀리초가 걸린다고 가정합니다.

- 개발자가 일부 변수를 검사하는 동안 디버거가 제어권을 얻어 30초 동안 아무 이벤트도 처리하지 않는 일이 절대로 없다고 가정합니다.

더 신중한 접근 방법으로 이벤트에서 이벤트까지 그리고 poll_for_exit()의 시작부터 끝까지의 경과 시간을 측정하는 방법이 있습니다.

여기에서 이야기한 제약 조건에서 트랜잭션 속도를 초당 1,000으로 올리고 싶은 개발자는 메인 루프에서 키보드 눌림 확인을 분리하기 위해 동시성을 지원하기 위한 공급원을 찾아야 합니다. 이는 보통 인터럽트, 멀티 코어, 하드웨어 키보드 스캐너로 구현됩니다.

7.1.10 그 밖에 다른 기법

인터넷에는 반복문을 포함하는 저수준 최적화 기법에 관한 내용이 많이 있습니다. 예를 들어 어떤 자료에서는 중간값을 저장하고 반환할 필요가 없기 때문에 i++보다 ++i가 빠르다고 이야기합니다. 또 반복문에서 조건식과 증감문의 총 실행 횟수를 줄이기 위해 반복문 풀기 기법을 사용하라고 권하기도 합니다.

문제는 이런 식의 추천 기법이 항상 좋은 결과를 내지는 않는다는 것입니다. 이런 기법은 실험하는 데 시간을 할애해도 아무런 보람을 느끼지 못할 수도 있습니다. 인터넷에 있는 최적화 기법들은 실험으로 알아낸 것이 아니라 추측한 것일 수도 있고, 특정 날짜의 특정 컴파일러에만 적용될 수도 있습니다. 이런 기법은 아마 컴파일러 설계 교과서에서 나온 내용이겠지만, 사실상 이미 C++ 컴파일러에 프로그래밍이 되어 있습니다. 지난 30년 동안 최신 C++ 컴파일러는 **매우** 능숙하게 반복문 바깥으로 옮길 수 있는 코드를 찾았습니다. 사실 컴파일러는 대부분 프로그래머보다 이런 코드를 더 잘 찾습니다. 이게 바로 온라인에서 발굴하는 최적화 기법이 종종 좌절감을 느낄 정도로 비효율적인 이유입니다. 그러니 이 절도 짧게 마무리하겠습니다.

7.2 함수에서 코드 제거하기

함수는 반복문과 마찬가지로 두 부분으로 구성되어 있습니다. 함수의 본문인 코드 블록과 인수 목록과 반환 타입이 있는 함수의 헤드 부분으로 나뉩니다. 또한 반복문과 마찬가지로 두 부분을 따로따로 최적화할 수 있습니다.

함수 본문을 실행하는 비용은 내용에 따라 커질 수 있지만 함수를 호출하는 비용은 대부분의 C++ 문장처럼 매우 작습니다. 하지만 함수를 여러 번 호출하면 비용이 곱해져 비용이 커질 수 있으므로 이를 줄이는 것이 중요합니다.

7.2.1 함수 호출 비용

함수는 프로그래밍에서 제일 오래되었으며 가장 중요한 추상화입니다. 프로그래머는 함수를 한번 정의한 뒤 여러 코드 위치에서 함수의 이름으로 호출합니다. 함수가 호출되면 컴퓨터는 현재 실행 중인 코드의 위치를 저장하고, 함수 본문으로 실행 흐름을 바꾼 다음, 함수 호출이 끝나고 이전에 실행하던 명령어의 다음 위치로 복귀하는 방법으로 실행 흐름에 함수 본문을 효율적으로 집어넣습니다.

이런 편리한 표기법은 공짜로 제공되지 않습니다. 프로그램은 함수를 호출할 때마다 다음 작동을 수행합니다(프로세서 아키텍처와 최적화 설정에 따라 작동이 달라질 수 있습니다).

1. 실행 코드는 함수의 인수와 지역 변수를 저장하기 위해 호출 스택에 새 프레임을 삽입합니다.

2. 각 인수 표현식을 계산한 뒤 스택 프레임에 복사합니다.

3. 현재 실행 주소를 복사해서 스택 프레임에 반환 주소로 넣습니다.

4. 실행 코드는 실행 주소를 (함수를 호출한 후의 다음 문장 대신) 함수 본문의 첫 번째 문장으로 갱신합니다.

5. 함수 본문에 있는 명령어들을 실행합니다.

6. 스택 프레임에 저장되어 있는 반환 주소를 명령어 주소에 복사합니다. 그리고 함수를 호출한 후의 문장으로 제어권을 넘깁니다.[3]

7. 호출 스택에서 스택 프레임을 삭제합니다.[4]

함수 비용에 관한 좋은 소식이 있습니다. 보통 함수가 있는 프로그램은 길이가 긴 함수가 인라인으로 확장된 똑같은 프로그램보다 작은 용량을 갖습니다. 덕분에 캐시 및 가상 메모리의 성능이 향상됩니다. 그렇지만 나머지는 모두 똑같기 때문에 자주 호출되는 함수를 더 효율적으로 만들면 최적화를 효과적으로 할 수 있습니다.

---

3 옮긴이_ 1~7번의 흐름은, 컴파일러나 CPU, OS 등에서 정한 함수 호출 규약(calling convention)에 따라 조금씩 다를 수 있습니다. 자세한 내용은 웹에서 calling convention으로 검색하면 알아볼 수 있습니다.

4 옮긴이_ 대부분의 CPU에서 함수 반환 명령어(예를 들어 intel x86의 경우 ret 명령어)는 6번과 7번을 동시에 수행합니다. 즉, 스택 프레임 주소를 이전 상태로 돌림과 동시에 함수 호출 다음 명령어로 실행 흐름을 변경합니다. 성능 등의 문제로, 실제로 호출한 함수가 사용한 스택을 사용하지는 않고 스택의 시작과 끝 지점을 나타내는 레지스터 값 등을 함수 호출 이전 상태로 돌려놓기만 합니다.

함수 호출의 기본 비용

C++에서 함수 호출을 느리게 만들 수 있는 요인은 여러 가지가 있습니다. 이러한 요인들은 함수 호출을 최적화하기 위한 기반을 형성합니다.

함수 인수

인수 표현식을 계산하는 비용 외에도 각 인숫값을 메모리의 스택에 복사하는 비용이 있습니다. 처음에 인수 몇 개는 레지스터를 통해 효율적으로 전달할 수 있습니다. 하지만 레지스터의 용량이 작기 때문에 인수가 많을 경우 일부 인수를 스택으로 전달하게 됩니다.

멤버 함수 호출(vs 함수 호출)

멤버 함수를 호출하는 모든 코드에는 추가로 숨겨진 인수가 있습니다. 바로 멤버 함수를 호출하는 클래스 인스턴스 '자신'을 가리키는 포인터입니다. 이 this 포인터를 호출 스택에 있는 메모리에 기록하거나 레지스터에 저장해야 합니다.

호출과 반환

호출과 반환은 효율적인 프로그램을 만드는 데 아무런 도움이 되지 않습니다. 함수를 호출하는 코드가 함수 본문으로 대체되지 않는다면 그저 오버헤드일 뿐입니다. 사실 수많은 컴파일러는 함수의 길이가 짧고 함수를 호출하는 시점에서 함수 정의를 사용할 수 있다면 인라인하려고 시도합니다. 함수를 인라인할 수 없다면 몇 가지 비용이 듭니다.

함수를 호출하는 코드는 반환 주소를 형성하기 위해 메모리의 스택 프레임에 기록할 실행 주소가 필요합니다.

함수 반환은 스택에서 읽어와 실행 포인터로 불러올 실행 주소가 필요합니다. 함수를 호출하고 다시 반환할 때 비연속적인 메모리 주소에서 계속 실행합니다. 컴퓨터는 '2.2.7절 컴퓨터는 의사 결정을 잘 하지 못합니다'에서 설명했듯이 연속적인 명령어를 매우 효율적으로 실행합니다. 그러나 비연속적인 메모리 위치로 실행을 전달하면 파이프라인 스톨이나 캐시 미스가 발생할 수 있습니다.

가상 함수의 비용

C++ 프로그램은 모든 멤버 함수를 **가상** 함수로 정의할 수 있습니다. 파생 클래스는 기본 클래

스의 가상 멤버 함수를 재정의하는 멤버 함수를 정의할 수 있습니다. 이때 재정의한 멤버 함수는 기본 클래스의 가상 멤버 함수와 **동일한** 시그니처를 가지며 파생 클래스의 인스턴스에서 가상 함수를 호출할 때 사용할 함수 본문을 새로 작성할 수 있습니다. 기본 클래스의 타입을 가리키는 포인터나 참조에서 호출하는 경우에도 재정의한 멤버 함수를 사용합니다. 프로그램은 클래스 인스턴스를 역참조할 때 호출할 함수를 선택합니다. 따라서 클래스 인스턴스의 실제 타입에 따라 어떤 멤버 함수를 호출하는지 결정합니다.

가상 멤버 함수가 있는 클래스의 각 인스턴스는 **vtable**이라고 하는 테이블을 가리키는 이름 없는 포인터를 포함합니다. vtable은 해당 클래스에서 볼 수 있는 가상 함수들의 시그니처와 연관된 본문을 가리킵니다. 보통 vtable 포인터는 역참조 비용을 줄이기 위해 클래스 인스턴스의 첫 번째 필드로 만듭니다.

가상 함수는 여러 함수 본문 중 하나를 선택해 호출하기 때문에, 가상 함수를 호출하는 코드는 vtable을 가리키는 포인터를 얻고자 클래스 인스턴스를 가리키는 포인터를 역참조합니다. 코드는 가상 함수의 실행 주소를 얻기 위해 vtable으로 인덱싱합니다(즉 코드는 vtable에 작은 정수 오프셋을 추가하고 해당 주소를 역참조합니다). 따라서 모든 가상 함수는 호출할 때마다 비순차적인 메모리를 추가로 두 번 불러와야 합니다. 이 때문에 캐시 미스와 실행 파이프라인 스톨의 가능성이 높아집니다. 가상 함수의 또 다른 문제점은 컴파일러가 인라인화하기 어렵다는 점입니다. 컴파일러는 함수 본문과 인스턴스를 구성하는 코드에 모두 접근 가능한 경우에만 인라인화합니다(따라서 어떤 가상 함수의 본문을 호출해야 하는지 알 수 있습니다).

파생 클래스에서의 멤버 함수 호출

하나의 클래스가 다른 클래스로부터 파생되었다면 파생 클래스의 멤버 함수는 다음의 작업을 추가로 해야 할 수도 있습니다.

파생 클래스에 정의된 가상 멤버 함수

최상위 기본 클래스(파생 계층 구조에서 루트에 있는 클래스)에 가상 멤버 함수가 없다면 this 클래스 인스턴스 포인터에 대한 오프셋을 추가한 뒤 함수 실행 주소를 얻기 위해 vtable으로 인덱싱해야 합니다. 이 코드는 더 많은 명령어를 포함하며 추가 연산 때문에 명령어를 수행하는 속도가 느릴 때가 많습니다. 소형 임베디드 프로세서에서는 비용이 상당히 크지만 데스크톱 프로세서에서는 명령어 수준 동시성이 추가 산술 연산의 비용을 대부분 제거합니다.

다중 상속으로 파생 클래스에 정의된 멤버 함수의 호출

코드는 다중 상속된 클래스를 가리키는 클래스 인스턴스 포인터를 형성하기 위해 this 클래스 인스턴스 포인터를 위한 오프셋을 추가해야 합니다. 소형 임베디드 프로세서에서는 비용이 상당히 크지만 데스크톱 프로세서에서는 명령어 수준 동시성이 추가 산술 연산의 비용을 대부분 제거합니다.

다중 상속으로 파생 클래스에 정의된 가상 멤버 함수의 호출

파생 클래스에서 가상 멤버 함수를 호출할 때 최상위 기본 클래스에 가상 멤버 함수가 없으면, this 클래스 인스턴스 포인터에 대한 오프셋을 추가한 뒤 함수 실행 주소를 얻기 위해 vtable 으로 인덱싱해야 합니다. 코드는 파생 클래스의 클래스 인스턴스 포인터를 형성하기 위해 this 클래스 인스턴스 포인터에 잠재적으로 다른 오프셋을 추가해야 합니다. 소형 임베디드 프로세서에서는 비용이 상당히 크지만 데스크톱 프로세서에서는 명령어 수준 동시성이 추가 산술 연산의 비용을 대부분 제거합니다.

가상 다중 상속

코드는 가상 다중 상속한 클래스의 인스턴스 포인터를 형성하려면 'this' 클래스 인스턴스 포인터를 위한 오프셋을 추가해야 하는데, 이 오프셋을 결정하기 위해 클래스 인스턴스의 테이블을 역참조해야 합니다. 전에 설명했듯이 호출된 함수가 가상 함수일 경우 오버헤드가 추가로 발생합니다.

함수를 가리키는 포인터의 비용

C++은 함수 포인터를 제공하는데, 런타임 동안 함수 포인터로 호출된 결과로 실행되는 여러 함수의 본문 중 어느 함수를 실행시킬 것인지 명시적으로 선택할 수 있습니다. 이러한 메커니즘에는 함수를 호출하고 반환하는 기본 비용을 훨씬 능가하는 비용이 추가로 발생합니다.

함수 포인터(함수와 정적 멤버 함수를 가리키는 포인터)

C++ 프로그램은 함수를 가리키는 포인터 변수를 정의할 수 있습니다. 프로그래머는 함수 포인터를 사용해 인수 타입 목록과 반환 타입으로 구성된 특정 **시그니처**를 갖는 모든 함수를 선택할 수 있습니다. 이를 통해 런타임에 함수 포인터가 역참조될 때 선택한 함수를 호출합니다. 프로그램은 함수 포인터에 함수를 대입해 함수 포인터로 어떤 함수를 호출할 것인지 명시적으로

선택합니다.

코드는 함수의 실행 주소를 얻으려면 포인터를 역참조해야 합니다. 컴파일러는 이 함수를 인라인할 수 없습니다.

멤버 함수 포인터

멤버 함수 포인터는 어떤 호출이 발생한 콘텍스트에서, 함수 시그니처와 클래스를 모두 식별합니다. 프로그램은 함수 포인터에 함수를 대입해 멤버 함수 포인터로 어떤 함수를 호출할지 명시적으로 선택합니다.

멤버 함수 포인터는 여러 표현 중 하나를 가질 수 있는데, 이전에 나열했던 복잡한 상황 속에서 모든 멤버 함수를 호출할 수 있어야 합니다. 멤버 함수 포인터가 최악의 경우에 해당하는 성능을 갖는다고 가정하는 것도 무리는 아닙니다.

함수 호출 비용 정리

인수가 없는 C 스타일의 **void** 함수는 논란의 여지가 없을 정도로 호출 비용이 적게 듭니다. 함수를 인라인할 수 있다면 비용이 들지 않고, 오직 메모리에 두 번 접근하는 비용과 지역 범위 바깥으로 실행을 두 번 전달하는 비용이 전부입니다.

가상 다중 상속 클래스를 포함하지만 가상 함수가 없는 기본 클래스에서 파생된 클래스의 가상 함수를 호출하는 것은 최악의 경우입니다. 다행스럽게도 이는 극히 드문 경우에 해당합니다. 코드는 클래스 인스턴스 포인터에 더할 오프셋을 결정하기 위해 클래스 인스턴스에 테이블을 역참조해야 합니다. 그런 뒤 가상 다중 상속된 함수의 인스턴스 포인터를 형성하고 vtable을 얻기 위해 인스턴스를 역참조한 뒤 함수의 실행 주소를 얻기 위해 vtable을 인덱싱합니다.

이 시점에서 함수 호출 비용이 매우 커질 수 있다는 사실에 충격을 받았거나, C++이 매우 복잡한 기능을 얼마나 효율적으로 구현하는지 보고 놀란 분이 있을지도 모르겠습니다. 모두 이해할 수 있는 반응입니다. 여기서 알아야 할 점은 함수를 호출하는 비용이 들기 때문에 최적화할 수 있는 여지가 있다는 것입니다. 나쁜 소식은 함수가 자주 호출되지 않는다면 비순차적인 메모리에 접근하는 코드를 제거한다고 해서 성능이 그다지 개선되지 않는다는 점입니다. 좋은 소식은 프로파일러가 가장 자주 호출되는 함수를 알려주기 때문에 개발자가 최적화할 대상을 신속하게 찾을 수 있다는 점입니다.

7.2.2 간단한 함수는 인라인으로 선언하세요

함수 호출 때문에 발생하는 오버헤드를 효과적으로 제거하는 방법은 함수를 인라인하는 것입니다. 컴파일러가 함수를 인라인하려면 함수를 호출하는 코드를 인라인하는 시점에서 함수 정의에 접근할 수 있어야 합니다. 클래스 정의 안에 함수 본문이 있는 경우에는 묵시적으로 인라인하도록 선언됩니다. 클래스 정의 바깥에 정의된 함수더라도 저장소 클래스를 inline으로 선언하면 명시적으로 인라인하도록 선언할 수 있습니다. 또한 컴파일러는 특정 컴파일 단위에서 처음으로 사용하기 전에 함수의 정의가 나타나는 경우, 길이가 짧은 함수를 선택해 인라인할 수도 있습니다. 물론 C++ 표준에는 inline 키워드가 단지 컴파일러에게 '힌트'를 줄 뿐이라고 말하지만, 상업적으로 성공하기 위해서는 인라인해야 합니다.

컴파일러가 함수를 인라인할 때 호출문과 반환문을 제거하는 것 외에도 코드의 성능을 향상할 수 있는 여지가 있습니다. 산술 연산 중 일부는 컴파일 타임에 계산할 수 있습니다. 컴파일러는 분기문 중 일부가 인수의 값에 따라서 전혀 실행되지 않을 것이라고 판단할 경우 해당 분기문을 제거할 수 있습니다. 따라서 인라이닝은 성능을 향상하기 위해 컴파일 시간에 계산을 수행해 중복된 계산을 제거하는 방법입니다.

함수 인라이닝은 코드를 최적화하는 방법 중 가장 강력한 방법일 것입니다. 실제로 비주얼 스튜디오에서 '디버그' 빌드와 '릴리스' 빌드(또는 GCC에서 -d 플래그와 -O 플래그)의 성능이 차이나는 이유는 기본적으로 디버그 빌드에서 함수 인라이닝을 *끄기* 때문입니다.

7.2.3 함수를 처음 사용하기 전에 정의하세요

함수를 처음 호출하기 전에 정의(함수 본문을 제공)할 경우 컴파일러는 함수를 호출하는 코드를 최적화할 수 있습니다. 컴파일러는 함수를 호출하는 코드를 컴파일할 때 사용 가능한 함수 정의가 있다면 인라인할 수 있습니다. 가상 함수의 경우에도 동일합니다. 컴파일러가 함수 본문과 호출할 가상 함수를 가리키는 클래스 변수, 포인터, 참조를 인스턴스화하는 코드를 볼 수 있다면 가상 함수 또한 인라인할 수 있습니다.

7.2.4 사용하지 않는 다형성을 제거하세요

C++에서는 **런타임 다형성**^{runtime polymorphism}을 구현하기 위해 가상 멤버 함수를 자주 사용합니다. 다형성은 멤버 함수가 의미는 연관되어 있지만 서로 다른 다양한 작업 중 하나를 할 수 있도록 해주는데, 어떤 멤버 함수가 호출될지는 사용하는 객체에 따라 결정됩니다.

C++ 프로그램에서 기본 클래스는 다형성을 위해 가상 멤버 함수를 정의합니다. 모든 파생 클래스는 기본 클래스 함수의 작동을 파생 클래스에 특수화된 작동으로 재정의할 것인지 선택할 수 있습니다. 함수의 다양한 구현은 모두 파생 클래스마다 서로 다르게 구현해야 한다는 의미론적 개념과 연관있습니다.

다형성의 고전적인 예로 화면에 그릴 그래픽 오브젝트를 나타내는 `DrawableObject` 클래스와 이 클래스에서 파생된 클래스 계층에 정의된 `Draw()` 함수가 있습니다. 프로그램이 `drawObjPtr->Draw()`를 호출하면 `drawObjPtr`이 가리키는 인스턴스에서 가상 함수 테이블을 역참조해 어떤 `Draw()` 구현을 호출할 것인지 선택합니다. 선택된 `Draw()`의 구현 코드는 클래스 인스턴스가 `Triangle`의 인스턴스라면 삼각형을 만들고 `Rectangle`의 인스턴스라면 상자를 만듭니다. 프로그램은 적절한 파생 클래스의 `Draw()` 멤버를 호출하도록 함수를 `DrawableObject::Draw()` `virtual`로 선언합니다. 프로그램이 런타임의 여러 구현 중에서 하나를 선택해야 할 경우 가상 함수 테이블은 메모리를 추가로 두 번 불러오고 연관된 파이프라인 스톨의 오버헤드에도 불구하고 매우 빠른 메커니즘으로 작동합니다.

여전히 다형성 때문에 종종 불필요한 오버헤드가 발생할 수 있습니다. 클래스는 원래 구현되지 않은 파생 클래스의 계층 구조를 용이하게 만들기 위한 목적으로 설계되었을 수 있습니다. 또는 구현되지 않은 다형성 작동을 예상해 함수를 `virtual`로 선언했을 수도 있습니다. 이전 예제에서 그릴 수 있는 객체는 결국 모두 순서대로 연결된 점 목록으로 구현해 `Draw()`의 기본 클래스 버전을 사용합니다. 재정의된 함수가 없는 경우 `DrawableObject` 클래스의 `Draw()` 함수 선언부에서 `virtual` 지정자를 제거하면 `Draw()`를 호출하는 속도가 빨라집니다.

7.2.5 사용하지 않는 인터페이스를 버리세요

C++에서는 가상 멤버 함수를 사용해 **인터페이스**를 구현할 수 있습니다. 인터페이스는 객체의 의도된 작동을 서술하는 함수와 서로 다른 상황에서 서로 다른 방법으로 구현될 수 있는 함수의 공통 집합을 선언해놓은 것입니다. 기본 클래스는 순수 가상 함수를 선언해 인터페이스를 **정의**합니다. C++은 인터페이스 기본 클래스가 인스턴스화되는 것을 금지합니다. 파생 클래스는 기본 클래스의 모든 순수 가상 함수를 재정의해 인터페이스를 구현해야 합니다. C++에서 인터페이스 관용구의 장점은 파생 클래스가 인터페이스에 선언된 모든 함수를 구현해야 하는 점입니다. 그렇지 않으면 컴파일러가 파생 클래스의 인스턴스를 생성하는 코드를 허용하지 않습니다.

예를 들어 개발자는 인터페이스 클래스를 사용해 운영체제의 종속성들을 격리할 수 있습니다. 특히 설계할 때 프로그램이 여러 운영체제에서 실행되도록 구현할 경우를 고려해야 한다면 더욱 그렇습니다. 다음과 같이 파일을 읽고 쓰는 클래스를 인터페이스 클래스 **File**로 정의할 수 있습니다. **File** 클래스는 인스턴스화할 수 없으므로 **추상 기본 클래스**abstract base class라고 합니다.

```
// file.h - 인터페이스
class File {
public:
    virtual ~File() {}
    virtual bool Open(Path& p) = 0;
    virtual bool Close() = 0;
    virtual int GetChar() = 0;
```

```
    virtual unsigned GetErrorCode() = 0;
};
```

코드의 다른 어딘가에 파생 클래스인 `WindowsFile`이 정의되어 있습니다. 이 클래스는 윈도우 운영체제에서 인터페이스의 순수 가상 함수를 재정의합니다. C++11 키워드인 override는 선택적으로 사용 가능한 키워드인데, 컴파일러에게 이 선언이 기본 클래스에 선언된 가상 함수를 재정의한다고 알려줍니다. 만약 override를 지정했는데 기본 클래스에 선언된 가상 함수가 없다면 컴파일러가 경고 메시지를 출력할 것입니다.

```
// WindowsFile.h – 인터페이스
#include "File.h"
class WindowsFile : public File {      // C++11 스타일 선언
public:
    ~WindowsFile() {}
    bool Open(Path& p) override;
    bool Close() override;
    int GetChar() override;
    unsigned GetErrorCode() override;
};
```

헤더 파일 외에도 윈도우 구현을 위해 재정의한 함수의 코드를 포함하는 `WindowsFile.cpp`가 있습니다.

```
// WindowsFile.cpp - 윈도우 구현
#include "WindowsFile.h"
bool WindowsFile::Open(Path& p) {
    ...
}
bool WindowsFile::Close() {
    ...
}
...
```

프로그램에서 인터페이스를 정의했는데 하나만 구현하는 경우가 종종 있습니다. 이 경우에는 인터페이스와 **File.h**의 클래스 정의에서 `virtual` 키워드를 제거하고 **File**의 멤버 함수를 위한 구현을 제공해 가상 함수를 호출하는 비용(특히 자주 호출되는 `GetChar()` 함수의 호출 비용)을 절약할 수 있습니다.

링크 타임에 인터페이스 구현 선택하기

가상 함수는 실행 중인 프로그램에서 여러 구현 중 하나를 선택할 수 있게 해줍니다. 인터페이스는 객체를 유용하게 만들기 위해 설계자에게 개발 중에 코드를 반드시 작성해야 하는 함수를 지정할 수 있게 해줍니다. C++의 가상 함수를 사용해 인터페이스 관용구를 구현할 때의 문제점은 가상 함수가 설계 시간의 문제를 해결하기 위해 런타임 비용이 드는 해결책을 제공하는 것입니다.

이전 절에서 File이라는 인터페이스를 정의해 운영체제의 종속성을 격리했습니다. 인터페이스는 파생 클래스 WindowsFile에서 구현되었습니다. 프로그램을 리눅스로 이식하면 File 인터페이스에서 파생된 LinuxFile 클래스를 포함할 수 있습니다. 하지만 프로그램은 WindowsFile과 LinuxFile을 절대로 같이 인스턴스화할 수 없습니다. 각 클래스는 하나의 운영체제에서만 구현된 저수준 호출을 만듭니다. 따라서 가상 함수를 호출하면서 발생하는 오버헤드가 없습니다. 또한 프로그램이 큰 파일을 읽을 경우 File::GetChar() 함수가 최적화해야 할 정도로 많이 실행됩니다.

개발자는 런타임에 결정을 내릴 필요가 없다면 링커를 사용해 여러 구현 중에서 하나를 선택할 수 있습니다. 헤더 파일은 C++ 인터페이스를 선언하는 대신 표준 라이브러리 함수와 같은 방법으로 멤버 함수를 직접 선언합니다(하지만 구현하지는 않습니다).

```
// File.h - 인터페이스
```

```
class File {
public:
    File();
    bool Open(Path& p);
    bool Close();
    int GetChar();
    unsigned GetErrorCode();
};
```

WindowsFile.cpp 파일은 윈도우 구현을 포함합니다.

```
// WindowsFile.cpp - 윈도우 구현
#include "File.h"

bool File::Open(Path& p) {
    ...
}

bool File::Close() {
    ...
}
...
```

LinuxFile.cpp 파일은 위와 비슷하게 리눅스 구현을 포함합니다. 비주얼 스튜디오 프로젝트 파일은 WindowsFile.cpp를 참조합니다. 리눅스 makefile은 LinuxFile.cpp를 참조합니다. 링커에게 전달하는 인수 목록에 따라 어떤 파일을 선택할지 결정합니다. 이제 GetChar()를 호출하는 코드는 함수를 호출하는 코드만큼 효율적입니다(참고로 GetChar() 함수 호출 코드를 최적화하는 방법은 '7.1.8절 반복문을 함수 안에 넣어 호출 오버헤드를 줄이세요'에서 다룬 반복문 뒤집기를 포함해 여러 가지가 있습니다).

링크 타임에 구현을 선택하는 방법의 장점은 매우 일반적이라는 겁니다. 단점은 구현을 결정하는 책임이 .cpp 파일에 일부분 있고 makefile이나 프로젝트 파일에 일부분 있다는 겁니다.

컴파일 타임에 인터페이스 구현 선택하기

바로 위에서는 링커가 추상화된 File 클래스의 구현을 선택했습니다. 이 방법이 가능했던 이유는 File의 구현이 운영체제에 의존하기 때문입니다. 사실 프로그램의 실행 파일은 하나의 운영체제에서만 실행할 수 있으므로 런타임에 결정할 필요가 없습니다.

File을 두 버전으로 구현해 서로 다른 컴파일러를 사용한다면(예를 들어 윈도우 버전은 비주얼 스튜디오를 사용하고 리눅스 버전은 GCC를 사용한다면) #ifdef를 사용해 컴파일 타임에 구현을 선택할 수 있습니다. 헤더 파일은 그대로 유지합니다. 이번에는 **File.cpp** 파일 하나만 있고 전처리기가 구현을 선택합니다.

```
// File.cpp - 구현
#include "File.h"
#ifdef _WIN32
    bool File::Open(Path& p) {
        ...
    }

    bool File::Close() {
        ...
    }
    ...
#else // 리눅스
    bool File::Open(Path& p) {
        ...
    }

    bool File::Close() {
        ...
    }
    ...
#endif
```

이 해결책을 사용하려면 원하는 구현을 선택할 수 있게 해주는 전처리 매크로가 필요합니다. 어떤 개발자들은 .cpp 파일에서 더 많은 결정 사항을 볼 수 있기 때문에 이 해결책을 좋아합니다. 반면 다른 사람들은 하나의 파일에 두 구현이 모두 있는 것이 지저분하고 객체지향적이지 않다고 생각합니다.

7.2.6 템플릿으로 컴파일 타임에 구현을 선택하세요

컴파일 타임에 구현을 선택하는 또 다른 방법으로 C++ 템플릿 특수화가 있습니다. 개발자는 템플릿을 사용해 공통 인터페이스를 갖는 클래스 집합을 만들 수 있습니다. 이때 템플릿의 타입 매개변수에 따라 작동이 달라집니다. 템플릿 매개변수의 타입은 무엇이든 될 수 있습니다. 자신만의 멤버 함수 집합을 포함하는 클래스 타입이 될 수도 있고 내장 연산자 집합을 포함하는 기본 타입이 될 수도 있습니다. 따라서 여기에는 두 개의 인터페이스가 있는데, 템플릿 클래스의 public 멤버와 템플릿 매개변수에서 호출되는 함수 및 연산자로 정의된 인터페이스입니다. 추상 기본 클래스에서 정의된 인터페이스는 파생 클래스에 추상 기본 클래스의 모든 함수를 구현하는 것이 요구 사항일 정도로 매우 엄격합니다. 템플릿으로 정의된 인터페이스는 덜 엄격합니다. 실제로 템플릿을 사용해 특정 타입으로 호출하는 함수만 정의하면 됩니다.

템플릿의 이러한 속성은 양날의 검입니다. 개발자가 특정 템플릿 특수화에서 인터페이스 함수를 구현해야 하는 사실을 잊어버렸을 경우 컴파일러는 오류 메시지를 바로 출력하지 않는다는 단점이 있습니다. 하지만 주어진 요구 사항에서 해당 함수를 사용하지 않는다면 필요 없는 함수를 구현하지 않아도 된다는 장점도 있습니다.

최적화 관점에서 살펴보자면 다형성 템플릿 계층과 템플릿 인스턴스 사이의 가장 큰 차이점은 보통 템플릿은 컴파일 타임에 사용 가능하다는 점입니다. C++은 대부분의 사용 사례에서 템플릿 함수를 호출하는 코드를 인라인합니다. 이때 여러 가지 방법으로 성능을 향상시킵니다 (7.2.2절 간단한 함수는 인라인으로 선언하세요 참고).

템플릿 프로그래밍은 강력한 최적화를 제공합니다. 템플릿이 익숙하지 않은 개발자는 C++ 기능을 효과적으로 사용하는 법을 배우기 위해서라도 템플릿을 열심히 배워야 합니다.

7.2.7 PIMPL 관용구를 사용하는 코드를 제거하세요

PIMPLpointer to implementation은 컴파일 방화벽으로 사용하는 코딩 관용구로 헤더 파일 하나를 수정했을 때 많은 소스 파일이 재컴파일하지 않게 해주는 메커니즘입니다. 1990년대 C++이 사춘기를 보내던 시절에는 PIMPL 관용구의 사용이 정당화되었는데, 당시에는 대규모 프로그램을 컴파일하는 데 몇 시간씩 걸렸기 때문입니다. PIMPL의 작동 방법은 다음과 같습니다.

인라인 함수 몇 개를 가지고 Foo, Bar, Baz 클래스를 사용해 구현된(예제 7-13에서 선언했던) BigClass 클래스를 상상해 봅시다. 일반적으로 bigclass.h, foo.h, bar.h, baz.h에서 주석을 한 글자라도 수정하게 되면 bigclass.h를 포함하는 수많은 파일들을 다시 컴파일해야 합니다.

```
#include "foo.h"
#include "bar.h"
#include "baz.h"

class BigClass {
public:
    BigClass();
    void f1(int a) { ... }
    char f2(float f) { ... }
    Foo foo_;
    Bar bar_;
    Baz baz_;
};
```

개발자는 PIMPL을 구현하기 위해 이 예제에 새로운 클래스 Impl을 정의합니다. bigclass.h 는 [예제 7-14]처럼 바뀝니다.

예제 7-14 PIMPL 관용구를 구현한 후의 bigclass.h

```
class Impl;
class BigClass {
public:
    BigClass();
    void f1(int a);
    char f2(float f);
    Impl* impl;
};
```

C++에서는 불완전한 타입을 가리키는 포인터, 다시 말해서 아직 정의되지 않은 객체를 가리키는 포인터를 선언할 수 있습니다. 위 예제에서 Impl은 불완전한 타입입니다. 불완전한 타입이 작동하는 이유는 모든 포인터가 같은 크기를 갖기 때문입니다. 따라서 컴파일러는 포인터를 위한 저장 공간을 어떻게 예약하는지 알고 있습니다. PIMPL을 구현하고 나면 외부에서 볼 수 있는 BigClass의 정의가 foo.h, bar.h, baz.h에 의존하지 않습니다. Impl의 완전한 정의는 **bigclass.cpp** 안에 있습니다(예제 7-15).

```
#include "foo.h"
#include "bar.h"
#include "baz.h"
#include "bigclass.h"

class Impl {
    void g1(int a);
    char g2(float f);
    Foo foo_;
    Bar bar_;
    Baz baz;
};

void Impl::g1(int a) {
    ...
}

void Impl::g2(float f) {
    ...
}

void BigClass::BigClass() {
    impl_ = new Impl;
}

void BigClass::f1(int a) {
    impl_->g1(a);
}

char BigClass::f2(float f) {
    return impl_->g2(f);
}
```

PIMPL을 구현한 뒤 foo.h, bar.h, baz.h, Impl 구현 코드를 수정하면 컴파일 타임에 bigclass.cpp를 다시 컴파일해야 되겠지만 bigclass.h의 코드는 수정하지 않았으므로 재컴파일하는 범위가 제한됩니다.

하지만 런타임에는 이야기가 다릅니다. PIMPL은 프로그램에 아무것도 추가하지 않습니다. 이제 인라인될 수 있는 BigClass의 멤버 함수는 호출하는 코드가 필요합니다. 또한 각 멤버 함수는 `Impl`의 멤버 함수를 호출해야 합니다. PIMPL을 사용하는 프로젝트는 여러 위치에서 PIMPL을 사용하는데, 이 때문에 함수를 호출하는 코드가 여러 계층으로 중첩됩니다. 게다가 중첩된 계층 때문에 디버깅이 지루해집니다.

현재는 PIMPL을 사용할 필요가 거의 없습니다. 현재 컴파일하는 데 걸리는 시간은 1990년대에 걸렸던 시간의 1%에 불과합니다. 게다가 PIMPL이 필요했던 90년대에는 수많은 헤더 파일 때문에 `BigClass`가 정말로 큰 클래스여야 했습니다. 이러한 클래스는 수많은 객체지향 프로그래밍 규칙을 위반합니다. `BigClass`를 깨서 조금 더 초점을 맞춘 인터페이스를 제공하는 방법은 PIMPL을 구현하는 방법만큼 효과적일 수 있습니다.

7.2.8 DLL을 호출하는 코드를 제거하세요

윈도우에서는 함수 포인터를 통해 동적 링크 라이브러리dynamic link library (DLL) 함수를 호출합니다. DLL이 필요할 시점에 연결되는 방법이면, 프로그램은 이 함수 포인터의 값을 명시적으로 설정합니다. 반면 프로그램 시작 시에 DLL을 불러오는 방법이라면, 함수 포인터의 값은 묵시적으로 설정됩니다. 리눅스도 똑같은 방법으로 구현된 동적 라이브러리를 갖습니다.

DLL을 꼭 사용해야 하는 경우가 있습니다. 예를 들어 프로그램이 서드 파티 플러그인 라이브러리를 사용하는 경우가 있습니다. 그 외에 DLL을 사용하는 이유들은 생각보다 명확하지 않습니다. 예를 들어 하나의 DLL만 바꿔서 버그를 수정할 수 있기 때문에 DLL을 사용하는 경우도 있는데, 경험에 따르면 보통 버그 수정은 프로그램의 여러 영역을 한꺼번에 다루며 일괄적으로 처리합니다. 그렇기 때문에 DLL 하나로 모든 버그를 수정하는 경우는 흔치 않으며, 결국 버그 수정을 위한 DLL 사용은 큰 효과가 없다고 볼 수 있습니다.

DLL들을 객체 코드 라이브러리로 변경하고 라이브러리들을 하나의 실행 파일로 만드는 방법은 함수를 호출하는 코드의 성능을 향상하는 또 다른 방법입니다.

7.2.9 멤버 함수 대신 정적 멤버 함수를 사용하세요

멤버 함수를 호출하는 모든 코드에는 묵시적 인수가 추가됩니다. 바로 호출되는 멤버의 클래스 인스턴스를 가리키는 this 포인터입니다. this 포인터의 오프셋으로 클래스 멤버 데이터에 접근합니다. 또한 가상 멤버 함수는 vtable 포인터를 얻기 위해 this 포인터를 역참조해야 합니다.

멤버 함수 중에는 인수에만 의존하며 멤버 데이터에 접근하지 않고 가상 멤버 함수를 호출하지 않는 경우가 종종 있습니다. 이 경우 this 포인터는 아무런 도움이 되지 않습니다.

이러한 멤버 함수는 static으로 선언해야 합니다. 정적 멤버 함수는 this 포인터가 무엇인지 알 필요가 없습니다. 정적 멤버 함수를 사용하면 비용이 큰 멤버 함수 포인터 대신 일반 함수 포인터로 참조할 수 있습니다(7.2.1절의 함수를 가리키는 포인터의 비용 참고).

7.2.10 가상 소멸자를 기본 클래스로 옮기세요

파생 클래스가 있는 모든 클래스의 소멸자는 virtual로 선언해야 합니다. delete 표현식이 기본 클래스를 가리키는 포인터를 참조한다면, 파생 클래스의 소멸자와 기본 클래스의 소멸자가 모두 호출되도록 구현해야 합니다.

모든 클래스 계층에서 최상단의 기본 클래스에 가상 함수를 선언해야 하는 또 다른 이유는 vtable 포인터가 기본 클래스에 포함되게 하기 위해서입니다.

기본 클래스는 클래스 계층 구조에서 특별한 위치를 갖습니다. 기본 클래스가 가상 멤버 함수를 선언한다면 vtable 포인터는 이 기본 클래스에서 파생된 모든 클래스 인스턴스에서 오프셋의 위치가 0입니다. 만약 기본 클래스가 멤버 변수를 선언하고 가상 멤버 변수를 선언하지 않은 상태에서 일부 파생 클래스가 가상 멤버 함수를 선언한다면, 가상 멤버 함수를 호출할 때 vtable 포인터의 주소를 얻기 위해 this 포인터에 오프셋을 모두 추가해야 합니다. 기본 클래스에서 적어도 하나의 멤버 함수가 가상 함수라면 vtable을 오프셋 0에 위치하도록 강제해 더 효율적인 코드를 생성합니다.

소멸자는 이 기능을 훌륭하게 수행할 수 있는 후보 함수입니다. 어쨌든 기본 클래스가 파생 클래스를 갖는다면 virtual이어야 합니다. 소멸자는 클래스 인스턴스의 수명 주기 동안 한 번만 호출되기 때문에 프로그램에서 생성 및 파괴 비율이 높은 크기가 매우 작은 클래스(드물게 서브 클래스들을 파생하는 데 사용)를 제외하고는 virtual로 만드는 비용이 거의 들지 않습니다.

이런 경우는 매우 드물어서 언급할 가치가 없어 보이지만, 필자는 중요한 클래스 계층 구조에 침습성 참조 수, 트랜잭션 ID, 이러한 변수를 포함한 기본 클래스가 있는 여러 중요 프로젝트를 진행해봤습니다. 이 기본 클래스는 어떤 클래스가 기본 클래스에서 파생될 수 있는지에 대한 지식이 거의 없습니다. 보통 클래스 계층 구조의 첫 번째 파생 클래스는 여러 가상 멤버 함수를 선언하는 추상 기본 클래스입니다. 기본 클래스가 알고 있는 한 가지는 인스턴스가 결국 파괴된다는 것입니다.

7.3 표현식 최적화

기본 자료형(정수, 부동 소수점, 포인터)과 연관된 산술 표현식 수준은 문장 수준보다 아래에 있으며 최적화할 수 있는 마지막 기회가 있는 곳입니다. 아주 많이 실행되는 함수가 하나의 표현식으로 구성되었다면 최적화할 수 있는 유일한 기회가 될 수 있습니다.

잠시 멈추고 생각해봅시다

최신 컴파일러는 기본 자료형을 포함한 표현식을 **매우** 훌륭한 수준으로 최적화합니다. 하지만 과감하지 않습니다. 프로그램의 작동을 바꾸지 않는다는 것을 **보장**할 수 있을 때만 표현식을 최적화합니다.

개발자는 컴파일러보다 똑똑하지만 세심하지 못합니다. 개발자는 컴파일러가 볼 수 없는 다른 코드 모듈에 정의된 함수의 **설계**와 **의도**를 추론할 수 있기 때문에 컴파일러가 최적화하기에 안전하지 않다고 판단할 수 없는 상황에서 최적화 코드를 작성할 수 있습니다.

이게 바로 드물게나마 개발자가 컴파일러보다 더 나은 경우라고 할 수 있습니다.

표현식 최적화는 명령어를 한 번에 하나씩 실행하는 작은 크기의 프로세서에 상당한 영향을 줄 수 있습니다. 다단계 파이프라인을 갖는 데스크톱 프로세서에서는 성능을 향상할 수 있지만 영향이 크지는 않습니다. 최적화라는 정글에서 사냥하기에 큰 먹잇감은 아니라는 겁니다. 표현식 최적화는 드물지만 정말로 많이 실행되는 내부 반복문이나 함수에서 아주 조금이나마 성능을 쥐어짜내고 싶을 때만 해야 합니다.

7.3.1 표현식을 단순하게 만드세요

C++은 연산자의 우선순위와 결합성에 따라 표현식을 엄격한 순서로 계산합니다. 표현식 a*b+a*c는 덧셈보다 곱셈의 우선순위가 높다는 C++의 우선순위 규칙에 따라 ((a*b)+(a*c))로 계산합니다. C++ 컴파일러는 분배 법칙을 사용해 이 표현식을 더 효율적인 형태인 a*(b+c)로 다시 작성하지 않습니다. 표현식 a+b+c는 + 연산자가 왼쪽으로 결합하기 때문에 (a+(b+c))로 계산합니다. 컴파일러는 표현식을 (a+(b+c))로 다시 작성하지 않습니다. a, b, c가 정수나 실수일 경우에 똑같은 결과가 나와도 말입니다.

C++이 표현식에 손을 대지 않는 이유는 C++ int 타입의 모듈러 연산이 수학에서의 정수와 완전히 같지 않고 C++ float 타입의 근사치 연산이 수학에서의 실수와 완전히 같지 않기 때문입니다. C++은 프로그래머의 의도를 정확하게 표현할 수 있도록 권한을 주어야 합니다. 그렇지 않으면 컴파일러가 표현식을 재정렬해 다양한 종류의 문제를 일으킬 수 있습니다. 이는 개발자가 표현식을 가능한 적은 수의 연산자를 사용하는 형태로 작성해야 하는 것을 의미합니다.

다항식을 계산하는 규칙인 호너의 규칙$^{Horner's\ rule}$은 표현식을 더 효율적인 형태로 재작성했을 때 얼마나 최적화될 수 있는지를 보여줍니다. 대부분의 C++ 개발자가 다항식을 매일 계산하지는 않지만 문법은 익숙할 것입니다.

다항식 $y=ax^3+bx^2+cx+d$는 C++에서 다음과 같이 작성할 수 있습니다.

```
y = a*x*x*x + b*x*x + c*x + d;
```

이 문장은 곱셈을 6번 하고 덧셈을 3번 합니다. 호너의 규칙은 분배 법칙을 반복적으로 적용해 이 문장을 다음과 같이 다시 작성합니다.

```
y = (((a*x + b)*x) + c)*x + d;
```

최적화된 문장은 곱셈을 3번 하고 덧셈을 3번 합니다. 보통 호너의 규칙은 n이 다항식의 차수일 때 $n(n-1)$번 곱하는 표현식을 n번으로 단순화합니다.

7.3.2 상수를 함께 모으세요

컴파일러는 상수 표현식을 계산할 수 있습니다. 다음과 같은 표현식을 만났다고 가정해봅시다.

```
seconds = 24 * 60 * 60 * days;
```

그리고 다음 표현식이 있습니다.

```
seconds = days * (24 * 60 * 60);
```

컴파일러는 표현식의 상수 부분을 계산해 다음과 같이 만듭니다.

```
seconds = 86400 * days;
```

하지만 프로그래머가 다음과 같이 작성했다고 가정해봅시다.

```
seconds = 24 * days * 60 * 60;
```

컴파일러는 곱셈을 런타임에 계산해야 합니다.

항상 상수 표현식을 모아 괄호로 묶거나 표현식의 왼쪽에 배치하세요. const 변수의 초기화 값으로 분리하거나 컴파일러가 C++11 기능을 지원할 경우 constexpr 함수에 넣는 것도 좋은 방법입니다. 이를 통해 컴파일러는 컴파일 타임에 상수 표현식을 효율적으로 계산할 수 있습니다.

7.3.3 비용이 적은 연산자를 사용하세요

어떤 연산자는 다른 연산자보다 계산하는 비용이 적습니다. 예를 들어 오늘날 사용하는 가장 작은 프로세서를 제외한 모든 프로세서는 내부적으로 한 사이클에 시프트 연산이나 덧셈 연산을 할 수 있습니다. 몇몇 특수화된 디지털 신호 프로세서 칩은 한 사이클에 곱셈 연산을 할 수 있지만, PC는 학교에서 학생들에게 처음 곱셈을 가르쳤을 때와 비슷한 방법으로 덧셈을 반복해서 곱셈 연산을 합니다. 나눗셈은 반복 연산을 조금 더 복잡하게 합니다. 이런 비용은 최적화할 여지를 제공합니다.

예를 들어 정수 표현식 정수 표현식 x*8을 x<<3으로 다시 작성하면 조금 더 효율적으로 계산할 수 있습니다. 8은 2^3이고 k비트를 왼쪽으로 시프트 연산한 결과는 2^k를 곱한 결과와 같기 때문입니다. 이미 전체 컴파일러 중 절반이 이 최적화 기법을 지원합니다. 하지만 표현식이 x*y나 x*func()라면 어떨까요? 컴파일러는 대부분의 경우 y나 func()이 항상 2의 거듭제곱 값인지를 확인할 수 없습니다. 바로 지금이 프로그래머가 지식과 기술을 가지고 컴파일러를 능가할 때입니다. 개발자가 2^k가 아닌 k를 제공하도록 프로그램을 수정할 수 있다면 곱셈 연산 대신 시프트 연산을 사용하도록 표현식을 다시 작성할 수 있습니다.

곱셈 연산을 일련의 시프트 연산과 덧셈 연산으로 다시 작성하는 최적화 기법도 있습니다. 예를 들어 정수 표현식 x*9는 x*8+x*1로 다시 작성할 수 있습니다. 이를 다시 (x<<3)+x로 작성

할 수 있습니다. 이 최적화는 상수 피연산자가 많은 세트 비트를 포함하지 않을 때 가장 효과적입니다. 각 세트 비트가 시프트 항과 덧셈 항으로 확장되기 때문입니다. 이는 명령어 캐시와 파이프라인된 실행 유닛을 갖는 데스크톱 프로세서나 휴대용 프로세서, 긴 곱셈 연산이 서브루틴 호출인 매우 작은 프로세서에서 효과적입니다. 다른 모든 최적화와 마찬가지로 특정 프로세서에서 성능이 향상하는지 테스트해야 하지만 보통 개선된 효과가 있습니다.

7.3.4 부동 소수점 연산 대신 정수 연산을 사용하세요

부동 소수점 연산은 비용이 많이 듭니다. 부동 소수점 숫자는 정규화된 정수인 가수부, 분리된 지수부, 양수와 음수를 구분하기 위한 부호로 구성되어 있습니다. PC에서 부동 소수점 장치를 구현한 하드웨어는 전체 칩 면적의 약 20%를 차지할 수 있습니다. 멀티 코어 프로세서 중 일부는 하나의 부동 소수점 연산 장치를 공유하지만 정수 연산 장치는 코어 당 여러 개가 있습니다.

하드웨어 부동 소수점 연산 장치를 가진 프로세서더라도 정수를 계산하는 속도가 부동 소수점을 계산하는 속도보다 최소 10배 더 빠르며, 정수를 나누고 난 뒤의 값을 버리지 않고 반올림하더라도 결과는 마찬가지입니다. 함수 라이브러리로 부동 소수점 연산을 구현하는 작은 프로세서에서는 정수 연산이 몇 배 더 빠릅니다. 그러나 부동 소수점을 사용하는 개발자들은 일반적으로 반올림된 나눗셈과 같이 비교적 간단한 연산을 수행합니다.

[예제 7-16]은 필자가 봤던 대부분의 코드에서 사용한 반올림된 몫을 계산하는 방법입니다. 정수 인수를 부동 소수점으로 변환하고 나눗셈을 수행한 다음 결과를 반올림합니다.

예제 7-16 부동 소수점으로 정수를 반올림

```
unsigned q = (unsigned)round((double)n / (double)d));
```

이 연산을 필자의 PC에서 1억 번 반복해서 테스트했을 때 3,125밀리초가 걸렸습니다.

우리는 반올림된 정수 몫을 얻기 위해 나눗셈에서 나머지에 주목해야 합니다. d가 분모일 때 나머지의 값은 0부터 $d-1$까지입니다. 나머지가 분모의 절반보다 크거나 같다면 몫은 다음 정수 값으로 반올림해야 됩니다. 부호가 있는 정수의 공식은 조금 더 복잡합니다.

흥미로운 링크나 토론을 접할 수 있습니다.

『해커의 기쁨』을 무료로 보고 싶다면 HAKMEM(*http://bit.ly/mit-hackmem*)으로 알려진 MIT 인공지능 연구소의 메모 239를 보면 됩니다. HAKMEM은 가장 빠른 프로세서가 여러분의 휴대폰보다 10,000배 느렸던 시절의 비트 회전과 같은 트릭들을 모아둔 『해커의 기쁨』의 조상이라고 할 수 있는 문서입니다.

7.4 제어 흐름 최적화

'2.2.7절 컴퓨터는 의사 결정을 잘 하지 못합니다'에서 설명했듯이 실행 흐름 제어보다 계산이 빠릅니다. 그 이유는 비연속적인 메모리 주소로 명령 포인터를 갱신할 때 발생하는 파이프라인 스톨 때문입니다. C++ 컴파일러는 명령 포인터의 갱신 횟수를 줄이려고 노력합니다. 가장 빠른 코드를 작성하려면 컴파일러가 수행하는 작업이 무엇인지 알고 있어야 합니다.

7.4.1 if-elseif-else 대신 switch를 사용하세요

if-else if-else문은 선형 제어 흐름입니다. if 조건문을 계산한 뒤 true면 첫 번째 블록을 실행합니다. false면 각 else if 조건문을 계산한 뒤에 첫번째로 true가 나온 블록을 실행합니다. 각 n개의 값을 하나의 변수로 테스트하면 n개의 블록이 있는 if-then-else if 시퀀스를 사용하게 됩니다. 만약 가능한 모든 경우가 고르게 분산되었다면 if-then-else if 시퀀스는 $O(n)$번 비교합니다. 이벤트나 명령 전달 코드의 경우 이 코드를 자주 실행하면 비용이 크게 증가합니다.

switch문은 각 n개의 값을 하나의 변수로 테스트할 수 있습니다. 하지만 일련의 상수로 비교한다면 컴파일러가 여러 가지 유용한 최적화 기법을 수행할 수도 있습니다.

switch문은 보통 순차적이거나 거의 순차적인 값들의 집합에서 테스트할 상수를 가져오면 테스트 값이나 테스트 값에서 파생된 표현식을 통해 색인된 점프 테이블로 컴파일합니다. switch문은 색인 작업을 한 번 수행하고 테이블에 있는 주소로 점프합니다. 경우가 아무리 늘어나더라도 비교하는 데 드는 비용은 $O(1)$입니다. 경우를 순차적으로 나타내지 않아도 됩니다. 컴파일러가 점프 테이블을 정렬할 수 있기 때문입니다.

색인에 사용되는 상수의 간격이 아주 넓다면, 점프 테이블은 관리하기 어려울 정도로 커지게 됩니다. 컴파일러는 여전히 테스트한 상수를 정렬하고 이진 검색을 수행하는 코드를 내보냅니다. n개의 값과 비교하는 switch문에서 이진 검색의 시간 복잡도는 최악의 경우 $O(\log_2 n)$ 입니다. 어쨌든 컴파일러는 if-then문보다 느린 switch문 코드를 내보내지 않습니다.

if-elseif-else 로직에서 하나의 분기문을 실행할 가능성이 매우 높은 경우가 있습니다. 이때 가장 가능성이 높은 경우부터 먼저 테스트한다면 if문의 성능은 상수 시간에 가까워질 것입니다.

7.4.2 switch나 if 대신 가상 함수를 사용하세요

C++이 나오기 전에는 개발자가 프로그램에서 다형성 작동을 도입하고 싶을 때는 식별 변수를 가진 struct나 union 타입을 만들었습니다. 여기서 식별 변수란 특정 struct나 union이 나타내는 것을 말합니다. 이 프로그램을 코드로 나타내면 다음과 같습니다.

```cpp
if (p->animalType == TIGER) {
    tiger_pounce(p->tiger);
}
else if (p->animalType == RABBIT) {
    rabbit_hop(p->rabbit);
}
else if (...)
```

경험이 많은 개발자는 이 안티 패턴이 객체지향 프로그래밍을 대표하는 코드라는 점을 알고 있습니다. 그러나 초보 개발자가 객체지향적인 사고방식을 몸에 익히려면 시간이 걸립니다. 필자는 다음과 같이 중간쯤 객체지향화된 C++ 코드를 많이 봤습니다.

```cpp
Animal::Move() {
    if (this->animalType == TIGER) {
        pounce();
    }
    else if (this->animalType == RABBIT) {
        hop();
```

```
        }
        else if (...)
    ...
    }
```

최적화 관점에서 이 코드의 문제점은 객체의 파생 타입을 구분하기 위해 `if`문 블록을 사용하는 것입니다. 이미 C++ 클래스에는 식별 변수로 가상 멤버 함수와 vtable 포인터가 포함되어 있습니다.

가상 함수를 호출하는 코드는 가상 함수 본문의 주소를 가져오기 위해 vtable에 색인합니다. 이 작동은 항상 상수 시간에 수행됩니다. 따라서 기본 클래스의 가상 멤버 함수인 `move()`는 동물을 나타내는 파생 클래스로 재정의됩니다. 파생 클래스에는 덮치고 껑충껑충 뛰고 헤엄치는 등의 작동을 하는 코드가 포함되어 있습니다.

7.4.3 비용이 들지 않는 예외 처리를 사용하세요

예외 처리는 설계 시점에 가장 잘 적용할 수 있는 최적화 기법입니다. 예외 전파 방법은 어떻게 설계하느냐에 따라 프로그램의 모든 줄에 영향을 줄 수 있습니다. 그리고 이런 경우 예외 처리 방법을 바꾸는 것은 그 비용이 너무 많이 들 수 있습니다. 다시 말하면 어떻게 예외 처리를 하느냐에 따라 프로그램이 정상적으로 실행될 때는 더 빨라지게 하고, 프로그램이 실패할 때는 더 잘 작동하게 할 수 있습니다.

C++ 개발자 중에는 C++의 예외 처리 기능을 의심하는 사람이 있습니다. 예외 처리를 사용하면 프로그램의 크기가 커지고 속도가 느려지기 때문에 컴파일러 스위치로 예외 처리를 끄는 것이 최적화하는 방법이라고 생각합니다.

하지만 진실은 훨씬 복잡합니다. 프로그램이 예외 처리를 사용하지 않아서 컴파일러 스위치로 꺼두면 크기가 작아지고 속도도 조금 더 빨라질 것입니다. 제프 프레싱Jeff Preshing은 블로그 글 (*http://bit.ly/preshing*)에서 줄어든 예외 처리 비용을 1.4%~4%로 측정했습니다. 그러나 예외 처리를 끈 프로그램이 얼마나 잘 작동할지는 알 수 없습니다. C++ 표준 라이브러리의 모든 컨테이너는 예외를 던지는 새 표현식을 사용합니다. 이 책에서 다루는 스트림 I/O와 동시성 라이브러리(12장 참고)를 포함해 다른 많은 라이브러리는 예외를 던집니다. `dynamic_cast` 연산자는 예외를 던집니다. 예외 처리를 끈 상태에서 프로그램이 예외를 던지면 어떤 일이 발생하는지 명확하지 않습니다.

프로그램이 예외를 던지지 않으면 오류 코드를 완전히 무시할 수 있습니다. 이 경우 개발자는 죗값을 톡톡히 받겠지요. 프로그램이 예외를 던지면, 프로그램은 함수를 호출하는 여러 계층으로 오류 코드를 인내심 있고, 신중하게 전달할 겁니다. 오류 코드들을 라이브러리 경계에 있는 하나의 코드 세트에서 또 다른 하나로 전달하고 자원 할당을 해제하면서 말입니다. 이는 각 작업의 성공 여부에 관계없이 수행될 것입니다.

예외가 있으면 오류를 처리하는 비용 중 일부가 정상 실행 중인 프로그램의 행복 경로happy path[5]에서 오류 경로로 옮겨집니다. 또한 컴파일러는 예외를 던지는 코드와 예외를 처리하는 try/catch 블록 사이의 경로에 있는 모든 자동 변수에 대해 소멸자를 호출해 자원을 자동 회수합니다. 덕분에 프로그램의 행복 경로 로직이 단순해져 결과적으로 성능이 향상됩니다.

C++ 초기에는 각 스택 프레임에 예외 콘텍스트가 포함되었습니다. 이 콘텍스트는 생성된 객체 목록을 가리키는 포인터이며 따라서 스택 프레임으로 예외가 발생한 경우에는 분명히 파괴되었을 것입니다. 이 콘텍스트는 프로그램이 실행될 때 동적으로 갱신되었습니다. 이런 방법은 행복 경로에 런타임 비용이 발생하므로 바람직하지 않습니다. 어쩌면 여기가 바로 예외 처리는 비용이 크다는 전설의 출처일 수 있습니다. 한편 파괴해야 할 객체를 명령 포인터 값의 범위로 매핑하는 새로운 구현 방법이 있습니다. 이 메커니즘은 예외가 발생하지 않는 한 런타임 비용이 없기 때문에 예외 비용이 매우 저렴합니다. 비주얼 스튜디오 64비트 빌드에는 이 최신 메커니즘을 사용하고 32비트 빌드에는 이전 메커니즘을 사용합니다. 이 메커니즘은 클랭Clang의 컴파일러 스위치로 선택할 수 있습니다.

예외 사양을 사용하지 마세요

예외 사양은 함수 선언부에 함수가 던질 수 있는 예외에 무엇이 있는지를 적습니다. 예외 사양이 없는 함수는 패널티 없이 예외를 던질 수 있습니다. 예외 명세를 가진 함수는 사양에 적어둔 예외만을 던질 수 있습니다. 다른 예외를 던지면 프로그램은 무조건 terminate()를 호출해 즉시 중단됩니다.

예외 사양에는 두 가지 문제가 있습니다. 첫 번째 문제는 개발자가 호출된 함수, 특히 익숙하지 않은 라이브러리의 함수에서 어떤 예외를 던질 수 있는지 알아내기가 어렵다는 것입니다. 이

---

5 옮긴이_ 예외나 오류 조건이 없는 기본 시나리오를 말합니다.

때문에 예외 사양을 사용하는 프로그램은 불안정하며 갑자기 중단될 가능성이 있습니다.

두 번째 문제는 예외 사양이 성능에 부정적인 영향을 미친다는 것입니다. 발생한 예외들은 마치 예외 사양이 있는 모든 함수가 새 try/catch 블록에 진입한 것처럼 반드시 검사되어야 합니다.

기존에 사용하던 예외 사양은 C++11에서 더는 사용되지 않습니다.

C++11에서는 noexcept라는 새로운 예외 사양을 도입했습니다. 함수를 noexcept로 선언하면 컴파일러에게 함수가 예외를 던질 수 없다고 알려줍니다. 함수가 예외를 던지면 throw() 사양과 마찬가지로 terminate()를 호출합니다. 차이점이 있다면 컴파일러가 이동 문법을 구현하기 위해 특정 이동 생성자와 이동 대입 연산자를 noexcept로 선언해야 한다고 요구하는 것입니다(6.6절 이동 문법 구현하기 참고). 이 두 함수에 noexcept 사양을 사용하는 것은 특정 객체에 대한 강력한 예외 안전성 보장보다 이동 문법이 더 중요하다는 선언과 같습니다. 잘 알려져 있는 사실은 아니지요.

7.5 마치며

- 문장 수준에서 최적화할 때 문장의 비용을 크게 만드는 요인이 없다면 성능이 생각만큼 개선되지 않습니다.

- 반복문에서 문장의 비용은 반복된 횟수만큼 커집니다.

- 함수에서 문장의 비용은 함수가 호출된 횟수만큼 커집니다.

- 자주 사용하는 관용구의 비용은 관용구가 사용된 횟수만큼 커집니다.

- C++ 문장 중 일부(대입문, 초기화, 함수 인수 계산)에는 숨겨진 함수 호출이 포함되어 있습니다.

- 운영체제를 호출하는 함수 코드는 비용이 많이 듭니다.

- 함수 호출로 발생하는 오버헤드를 효과적으로 제거하는 방법은 함수를 인라인하는 것입니다.

- 요즘은 PIMPL을 사용할 필요가 거의 없습니다. 현재 컴파일하는 데 걸리는 시간은 PIMPL을 발명했을 때 걸렸던 시간의 1%에 불과합니다.

- double 연산이 float 연산보다 빠를 수 있습니다.

CHAPTER **8**

라이브러리 최적화

훌륭한 도서관은 언제나 같은 자리에서, 언제나 사람들이 필요한 것을 주기에

아무도 그 존재의 소중함을 알아차리지 못합니다.

— 비키 마이런, 『듀이』(갤리온, 2009)의 저자, 아이오와주 스펜서 공공도서관의 사서

라이브러리는 최적화 과정에서 주로 살펴보는 부분입니다. 라이브러리는 프로그램 구성에 필요한 기본 요소를 제공하는데, 종종 중첩 반복문의 가장 안쪽 부분에서 라이브러리의 함수나 클래스를 사용하기 때문에 최적화가 필요한 경우가 많습니다. 그러므로 컴파일러나 운영체제에서 제공하는 라이브러리를 효율적으로 사용하는지 주의를 기울여야 합니다. 특정 프로젝트에서 사용하는 라이브러리는 신중하게 설계해 효율적으로 사용해야 합니다.

이 장에서는 C++ 표준 라이브러리 사용과 관련된 사안을 논의한 뒤, 최적화와 관련된 사용자 정의 라이브러리의 설계 문제를 검토합니다.

C++ 최적화의 대부분은 성능을 향상하기 위한 함수 수정에 관한 내용입니다. 이 장에서는 필자의 경험을 바탕으로 초기 단계부터 고성능을 목표로 하는 설계자를 위한 조언을 담았습니다. 필자는 라이브러리 설계 콘텍스트에서 이런 조언을 살펴보겠습니다. 또한 이 절은 좋은 C++ 설계 기법이 어떻게 성능에 기여하는지 체크리스트가 되어줄 것입니다.

8.1 표준 라이브러리 최적화

C++은 범용성을 갖추고자 다음과 같이 간결한 표준 라이브러리를 제공합니다.

- 각 숫자형 자료의 최댓값과 최솟값을 결정하는 것처럼 구현에 따라 작동 방법이 결정되는 함수

- strcpy()와 memmove()처럼 C++로 작성되었지만 최선이 아닐 수 있는 함수

- 사인, 코사인, 로그, 거듭제곱, 난수 등과 같이 사용하기 쉽지만 작성하고 검증하기 까다로운 이식 가능한 수학 함수

- 문자열, 목록, 테이블처럼 메모리 할당을 제외하고 운영체제에 의존하지 않는 이식 가능한 자료구조

- 데이터 검색, 정렬, 변형을 위한 이식 가능하며 일반화된 알고리즘

- 메모리 할당, 스레딩, 시간 기록, 스트림 I/O과 같은 작업을 수행하기 위해 운영체제에 독립적인 방법으로 운영체제의 기본 서비스에 연결하는 함수. 여기에는 호환성을 위해 C 프로그래밍 언어에서 상속된 함수 라이브러리가 포함되어 있습니다.

C++ 표준 라이브러리 대부분은 매우 효율적인 코드를 생성하는 템플릿 클래스와 함수로 구성되어 있습니다.

8.1.1 C++ 표준 라이브러리의 철학

C++은 시스템 프로그래밍 언어로서의 사명을 다하며 다소 엄격하고 간소한 표준 라이브러리를 제공합니다. 표준 라이브러리는 단순하고 일반화되어 있으며 빠릅니다. **철학적으로 C++ 표준 라이브러리에 포함된 함수와 클래스는 다른 방법으로 제공할 수 없거나 여러 운영체제에서 매우 광범위하게 재사용할 수 있기에 채택되었습니다.**

C++의 접근 방법이 갖는 장점 덕분에 운영체제를 지원하지 않는 하드웨어에서도 C++ 프로그램을 실행할 수 있습니다. 또한 프로그래머는 특정 운영체제의 기능에 맞게 조정된 특별한 라이브러리를 선택하거나, 플랫폼에 상관없이 프로그램을 실행하는 것을 목표로 한다면 크로스 플랫폼 라이브러리를 사용할 수 있습니다.

반면 C#와 자바를 비롯한 일부 프로그래밍 언어는 윈도잉^{windowing}[1] 사용자 인터페이스 프레임워크, 웹 서버, 소켓 네트워킹$^{socket\ networking}$, 기타 대형 서브시스템을 포함하는 광범위한 표준 라이브러리를 제공합니다. 총망라한 접근 방법이 갖는 장점은 개발자가 표준 라이브러리 하나만 배우면 지원하는 모든 플랫폼에서 사용할 수 있다는 것입니다. 그러나 라이브러리를 실행할 수 있도록 만들기 위해 (가끔 고의로) 운영체제에 많은 요구 사항들을 부과합니다. 또한 프로그래밍 언어와 함께 제공되는 라이브러리는 최소한의 공통분모를 나타내므로 특정 운영체제의 네이티브 윈도잉 시스템이나 네트워크 기능보다 강력하지 않습니다. 따라서 특정 운영체제의 기본 기능에 익숙한 프로그래머에게는 다소 제한적일 수 있습니다.

8.1.2 C++ 표준 라이브러리의 사용에 관한 사안

다음에 나오는 사안은 C++ 표준 라이브러리에 맞춰져 있지만, 표준 리눅스 라이브러리, POSIX 라이브러리, 널리 사용되는 크로스 플랫폼 라이브러리에도 동일하게 적용됩니다.

표준 라이브러리 구현에 버그가 있습니다

소프트웨어 개발 시 버그는 피할 수 없는 장애물입니다. 숙련된 개발자는 표준 라이브러리 코드에서 버그를 접하지 못할 수도 있습니다. 따라서 표준 라이브러리의 구현 코드가 견고하다고 생각할 것입니다. 필자는 이 희망찬 생각에 찬물을 끼얹게 되어 유감입니다. 필자는 이 책을 쓰면서 표준 라이브러리에서 버그 몇 가지를 발견했습니다.

가장 처음 접하는 예제 프로그램인 'Hello, World!'는 예상대로 작동할 가능성이 큽니다. 그러나 개발자는 코드를 최적화하면서 버그가 가장 많이 숨은 표준 라이브러리의 어둡고 깊숙한 곳으로 점점 들어가게 됩니다. 최적화 담당 개발자는 좋은 최적화를 코드로 구현할 수 없을 때나 하나의 컴파일러에서 작동하는 코드가 다른 컴파일러에서는 오류 메시지를 출력할 때 실망할 준비를 하고 있어야 합니다.

"어떻게 30년 된 코드에 여전히 버그가 있을 수 있죠?"라고 묻는 분이 있을 겁니다. 우선 한 가지 이유는 표준 라이브러리가 30년 동안 계속 발전해왔다는 것입니다. 라이브러리의 정의와 라이브러리를 구현하는 코드는 끊임없이 작업을 진행합니다. 따라서 단순히 30년 된 코드가 아

---

1 옮긴이_ 두 개 이상의 서로 다른 데이터를 윈도를 사용하여 동시에 한 화면에 표시하는 것

닙니다. 표준 라이브러리는 컴파일러와 별도로 관리합니다. 물론 컴파일러도 버그가 있습니다. GCC는 라이브러리를 유지 보수하는 사람은 모두 자원봉사자입니다. 마이크로소프트의 비주얼 C++은 서드 파티 구성 요소를 구입해서 사용합니다. 비주얼 C++의 표준 라이브러리는 자체적인 릴리스 일정을 가지며 비주얼 C++ 릴리스 주기나 C++ 표준 릴리스 주기와 다릅니다. C++ 표준의 요구 사항 변경, 서로 다른 책임, 일정 문제, 표준 라이브러리의 복잡성 모두 품질에 영향을 줍니다. 더 흥미로운 점은 표준 라이브러리 구현 코드에 버그가 거의 없다는 것입니다.

표준 라이브러리의 구현이 C++ 표준을 준수하지 않을 수 있습니다

사실상 '표준을 준수하는 구현' 같은 것은 없습니다. 실제로 컴파일러 공급 업체는 가장 중요한 기능들을 포함해 C++ 표준을 대부분 구현해서 제공하면 해당 도구를 출시해서 판매할 수 있다고 생각합니다.

라이브러리는 컴파일러와 다른 일정으로 릴리스됩니다. 또한 컴파일러는 C++ 표준과 다른 일정으로 릴리스됩니다. 표준 라이브러리의 구현은 컴파일러의 표준 적합성을 이끌 수도 있고 따라갈 수도 있습니다. 라이브러리의 각 부분은 서로 다른 규모로 이끌 수도 있고 따라갈 수도 있습니다. 최적화에 관심 있는 개발자는 `std::map`에서 새 항목을 위한 최적의 삽입 지점 변경(10.6.1절 std::map에서 삽입/삭제하기 참고)과 같은 C++ 표준의 변경 때문에 일부 기능의 작동에 놀랄 수 있습니다. 왜냐하면 특정 라이브러리가 준수하는 표준 버전을 문서화하거나 판별할 수 있는 방법이 없기 때문입니다.

라이브러리 중 일부는 컴파일러 때문에 사용이 제한됩니다. 예를 들어 컴파일러가 이동 문법을 지원하기 전에는 라이브러리에서 이동 문법을 사용할 수 없습니다. 컴파일러가 표준을 전부 지원하지 않으면 컴파일러와 함께 제공되는 표준 라이브러리 클래스에도 몇 가지 기능이 제한됩니다. 가끔 기능을 사용하려고 하면 컴파일러 오류가 발생하는데 이때 개발자는 컴파일러 구현이 잘못되었는지 표준 라이브러리 구현이 잘못되었는지 확인할 수 없는 경우가 있습니다.

최적화 담당 개발자가 표준을 아주 잘 알고 있다면, 원하는 기능이 사용 중인 컴파일러에서 구현되지 않았다는 사실을 알고 실망할 수도 있습니다.

표준 라이브러리의 개발자에게 가장 중요한 것은 성능이 아닙니다

성능은 C++ 개발자에게 중요한 요소지만 표준 라이브러리 개발자에게는 가장 중요한 요소가 아닐 수도 있습니다. 특히 C++ 표준의 최신 기능 지원 여부를 확인할 경우에는 적용 범위가 중요합니다. 라이브러리는 수명이 길기 때문에 단순성과 유지 보수성이 중요합니다. 라이브러리를 여러 컴파일러에서 지원할 수 있도록 구현할 경우 이식성이 중요합니다. 어떨 때는 성능이 다른 중요한 요소를 뒷받침하는 요소일 수 있습니다.

라이브러리의 구현이 최적화 시도를 좌절시킬 수 있습니다

리눅스 AIO 라이브러리(표준 C++ 라이브러리는 아니지만 최적화 담당 개발자에게 매우 유용한)는 파일을 읽기 위한 매우 효율적이고 비동기 인터페이스를 제공합니다. 문제는 AIO에 특정 커널 버전이 필요하다는 것입니다. AIO는 리눅스 배포판 대부분이 커널 업데이트를 구현하기 전까지 더 오래되고 속도가 느린 I/O 호출로 코딩되었습니다. 개발자는 AIO를 호출하는 코드를 작성할 수 있지만 AIO의 성능은 얻을 수 없습니다.

C++ 표준 라이브러리의 모든 부분이 똑같이 유용하지는 않습니다

정교한 예외 계층 구조, `vector<bool>`, 표준 라이브러리 할당자 같은 일부 C++ 기능은 오랜 테스트를 거치지 않고 표준에 추가되었습니다. 이러한 기능은 실제로 코딩을 쉽게 만드는 게 아니라 어렵게 만듭니다. 다행히 표준 위원회는 아직 테스트하지 않은 새로운 기능에 대해 초기에 가졌던 열정을 회복한 것으로 보입니다. 현재 제안된 라이브러리 기능은 부스트 라이브러리(*http://www.boost.org*)에서 수년 간 검토한 뒤 표준 위원회에서 채택했습니다.

표준 라이브러리는 운영체제의 가장 좋은 네이티브 함수만큼 효율적이지 않습니다

표준 라이브러리는 비동기 파일 I/O처럼 일부 운영체제에서 사용할 수 있는 기능을 제공하지 않습니다. 최적화 담당 개발자는 표준 라이브러리를 사용해 어느 정도까지만 최적화를 할 수 있습니다. 마지막으로 성능을 조금이라도 얻고 싶다면 이식성을 희생하면서라도 네이티브 함수로 호출해 속도를 끌어올려야 합니다.

8.2 기존 라이브러리 최적화

기존 라이브러리를 최적화하는 작업은 지뢰밭에서 지뢰를 제거하는 작업과 같습니다. 불가능한 일은 아닙니다. 꼭 해야 하는 일일 수도 있고요. 하지만 주의와 인내심이 필요한 어려운 작업입니다. 그렇지 않으면 지뢰가 '펑!'하고 터져버릴 테니까요.

가장 쉽게 최적화할 수 있는 라이브러리들은 애초에 잘 설계되었을 뿐만 아니라 관심사를 잘 분리해놨으며 좋은 테스트 케이스를 가지고 있습니다. 안타깝게도 이런 라이브러리들은 이미 최적화되어 있을 가능성이 높습니다. 또한 라이브러리를 최적화하라는 요청을 받았을 때 너무 많거나 적은 일을 하는 함수나 클래스에 기능들을 꽉꽉 눌러 넣는 게 우리의 현실입니다.

라이브러리를 수정하면 다른 프로그램이 기존 구현 코드에서 의도하지 않았거나 문서화하지 않은 작동에 의존할 수도 있어서 위험합니다. 함수를 빠르게 만든다고 해서 문제가 생기지는 않지만, 함수를 수정해 작동에 변화가 생긴다면 더 큰 문제가 될 수 있습니다.

오픈 소스 라이브러리를 수정하면 여러분의 프로젝트 버전과 메인 저장소 사이의 호환성이 깨질 가능성이 있습니다. 문제는 이후에 버그를 고치거나 기능을 추가하기 위해 오픈 소스 라이브러리를 수정할 때 발생합니다. 여러분이 수정한 내용을 라이브러리 코드에 수동으로 반영해야 하거나, 여러분이 수정한 내용이 새로운 버전의 라이브러리를 적용할 때 손실되거나, 수정한 라이브러리가 특정 시점에 작성된 코드에 기반하여 그 이후 다른 사람들이 수정한 내용을 활용하지 못하게 됩니다. 따라서 오픈 소스 라이브러리를 선택할 때는 커뮤니티가 여러분이 수정한 내용을 기꺼이 받아들이는지, 라이브러리가 안정화되어 있는지 확인하는 게 좋습니다.

그래도 완전히 절망적이지는 않습니다. 다음 절에서는 기존 라이브러리를 공격하기 위한 몇 가지 규칙을 다뤄보겠습니다.

8.2.1 가능한 한 적게 수정하세요

라이브러리를 최적화하는 개발자에게 할 수 있는 최고의 조언은 라이브러리를 **가능한 한 적게 수정하라**는 것입니다. 클래스나 함수에 기능을 추가하거나 삭제하지 마세요. 그리고 함수 시그니처를 수정하지 마세요. 만약 기능을 추가/삭제하거나 함수 시그니처를 수정하게 되면 수정된 라이브러리와 이 라이브러리를 사용하는 프로그램 간의 호환성이 거의 100% 확률로 깨지게 됩니다.

가능한 한 적게 수정해야 하는 또 다른 이유는 라이브러리 코드의 전체가 아닌 일부분만 이해하기 위함입니다.

필자는 헬싱키 공과대학교의 연구원이었던 타투 일로넨이 1995년에 개인용으로 개발한 프로그램을 기반으로 하는 OpenSSH의 상업용 버전을 판매하고 기술 지원하는 회사에 근무한 적이 있습니다. 비록 필자에게 오픈 소스 세계는 생소했지만, OpenSSH는 숙련된 개발자가 작성한 코드가 아니므로 생각만큼 코드가 깔끔하지 않다고 지적했습니다. 필자는 코드를 쉽게 유지하고 관리하기 위해 몇 가지 중요한 변경 사항을 작업했습니다. 처음에는 크게 신경 쓰지 않았습니다.

필자의 코드 스타일은 괜찮았을지도 모릅니다. 하지만 이내 코드가 절대로 배포될 수 없다는 사실을 알게 되었습니다.

지금 생각해보면 이유는 너무나도 당연했습니다. 필자가 작업했던 변경 사항은 오픈 소스 버전과는 너무나 달랐습니다. 우리는 보안과 관련된 중요한 버그 수정을 커뮤니티에 의존했습니다. 그래야 우리가 수정하지 않고도, 그 다음 배포되는 오픈 소스 버전에서 버그 수정을 자동으로 반영할 수 있었습니다. 필자가 수정한 코드를 새로운 버전의 오픈 소스에 다시 적용하는 것은 너무나 많은 시간이 소요되었습니다. 필자의 변경 사항을 오픈 소스 버전에 포함하자고 제안할 수도 있지만, 보안 커뮤니티는 변화에 매우 보수적입니다. 당연히 그렇겠지요.

필자는 사용자의 요청으로 보안 개선에 영향을 주는 코드만 바꿔야 했습니다. 가능한 한 최소로 말입니다. 필자에게 리팩토링은 선택이 아니라 필수였습니다.

8.2.2 기능을 변경하기 보다는 추가하세요

라이브러리 최적화라는 어둠 속에서 그나마 한 줄기 빛은 라이브러리에 새로운 함수와 클래스를 상대적으로 안전하게 추가할 수 있다는 것입니다. 물론 이후 버전에서 여러분이 추가한 라이브러리와 같은 이름의 클래스나 함수가 정의될 수 있어서 위험합니다. 그러나 다른 이름을 선택하면 해결할 수 있고 가끔은 매크로로 고칠 수도 있습니다.

다음은 기존 라이브러리의 성능을 향상할 수 있는 상당히 안전한 최적화 방안입니다.

- 코드에서 사용하는 관용구를 반영하면서 반복문을 라이브러리 안으로 옮기는 함수를 추가하세요.

- 기존 라이브러리에 우측값 참조를 사용하는 함수 오버로드를 추가해 이동 문법을 구현합

니다(6.6절 이동 문법 구현하기 참고).

8.3 최적화된 라이브러리 설계

최적화 담당 개발자가 잘못 설계된 라이브러리를 접했을 때 할 수 있는 일은 거의 없습니다. 차라리 빈 화면을 접했을 때 모범 사례를 사용하고 함정을 피할 수 있는 더 큰 재량권을 가집니다.

이 체크리스트에 있는 항목 중 일부는 이상적인 목표입니다. 이 절에서는 특정 라이브러리에서 각 목표를 달성하는 방법에 대해 구체적으로 조언하지는 못하지만, 가장 좋고 유용한 라이브러리가 다음 덕목들을 지키려고 한다는 점을 강조합니다. 특정 라이브러리를 설계할 때 앞으로 소개할 이상적인 목표에서 벗어난다면 다시 검토해봐야 합니다.

8.3.1 서둘러 코딩하면 두고두고 후회합니다

서둘러 결혼하면 두고두고 후회합니다.

― 새뮤얼 존슨, 영어 사전 편찬자이자 평론가이자 시인

인터페이스의 안정성은 라이브러리의 핵심 산출물입니다. 급하게 설계한 라이브러리나 라이브러리에 안에 독립적으로 작성된 함수 집합은 호출 및 반환 규칙, 할당 작동 및 효율성이 일치하지 않습니다. 개발자는 아무 생각 없이 만든 라이브러리를 일관성 있게 만들어야 한다는 압박에 시달립니다. 그러나 라이브러리의 모든 함수를 수정하는 데 시간이 너무 오래 걸리기 때문에 시도할 생각조차 하지 못합니다.

라이브러리를 설계하는 것은 다른 C++ 코드를 설계하는 것과 같습니다. 다만 더 위험할 뿐입니다. 라이브러리는 본질적으로 범용성을 추구합니다. 모든 사용자가 라이브러리의 설계, 구현, 성능을 공유합니다. 가볍게 만든 코드 사례는 중요하지 않은 코드에서 용인될 수 있지만, 라이브러리를 개발할 때는 큰 문제가 됩니다. 라이브러리와 같이 중요한 코드를 개발할 때는 선행 사양, 설계, 문서화, 모듈 테스트를 포함하는 전통적인 개발 방법을 사용합니다.

> **최적화 프로 팁: 테스트 케이스는 중요합니다**
>
> 테스트 케이스는 모든 소프트웨어에서 중요합니다. 기존 설계의 정확성을 확인하고 최적화 중에 변경된 내용이 프로젝트의 정확성에 영향을 줄 가능성을 줄여 줍니다. 테스트 케이스는 이해관계가 더 높은 라이브러리 코드에서 훨씬 중요합니다.
>
> 테스트 케이스는 라이브러리 설계 중 종속성과 결합도의 식별을 돕습니다. 잘 설계된 라이브러리 함수는 독립적으로 테스트할 수 있습니다. 대상 함수를 테스트하기 전에 객체를 인스턴스화해야 한다면 라이브러리의 구성 요소 간에 결합성이 높다는 징조일 수 있습니다.
>
> 테스트 케이스는 라이브러리 설계자가 라이브러리 사용을 연습하는 데 도움을 줍니다. 아무리 경험이 많은 설계자라도 라이브러리 사용을 연습하지 않으면 중요한 인터페이스 기능을 생략하기 십상입니다. 테스트 케이스는 라이브러리 설계자가 라이브러리 인터페이스의 변경 사항을 버리더라도 큰 피해가 없는 초기 단계에서 다듬지 않은 부분을 파악하는 데 도움을 줍니다. 설계자가 라이브러리를 많이 사용해보면 어떤 관용구가 많이 사용되는지 파악할 수 있고, 자주 사용되는 구문을 라이브러리 설계에 반영할 수 있으며 결과적으로 더 효율적인 함수 인터페이스를 설계할 수 있습니다.
>
> 테스트 케이스는 시간 측정 테스트를 하기 좋은 대상을 만듭니다. 시간 측정 테스트로 제안한 최적화를 적용했을 때 실제로 성능이 향상되는지 확인할 수 있습니다. 시간 측정 테스트 자체를 다른 테스트 케이스에 추가하면 변경 사항으로 생기는 성능 저하를 막을 수 있습니다.

8.3.2 절약은 라이브러리 설계의 덕목입니다

절약^{parsimony}은 '돈이나 자원을 주의 깊게 사용하고 아낌'이라는 의미를 갖습니다. 여러분 중에는 '절약'이라는 단어를 KISS$^{keep\ it\ simple,\ stupid}$ 원칙[2]으로 아는 분도 있을 것입니다. 절약은 특정 작업에 초점을 맞추고 해당 작업 수행에 필요한 최소한의 기능만을 포함하는 라이브러리를 의미합니다.

예를 들어 파일 이름을 인수로 받아 파일을 여는 라이브러리 함수보다, 유효한 `std::istream` 참조 인수를 받아 데이터를 읽는 라이브러리 함수가 더 절약적입니다. 여기서 운영체제에 종속

---

2 옮긴이_ 간단하고 알기 쉽게 만드는 편이 좋다는 디자인 원리

적인 파일 이름 문법과 I/O 오류 처리는 데이터 처리 라이브러리의 핵심이 아닙니다(11.1.1절 저렴한 함수 시그니처 만들기에서 예제 참고). 반환할 저장 공간을 할당하는 것보다 메모리 버퍼를 가리키는 포인터를 받으면 더 절약됩니다. 이는 라이브러리가 메모리가 부족한 예외를 처리할 필요가 없음을 의미합니다(6.5.4절 복사 없는 라이브러리 예제 참고). 절약은 단일 책임 원칙과 솔리드SOLID 원칙의 인터페이스 분리 원칙처럼 C++ 개발 원칙을 일관되게 적용한 궁극의 결과입니다.

절약하는 라이브러리는 단순합니다. 여기에는 그 자체로도 완성되었다고 할 수 있는 간단한 클래스, 비멤버 함수들이 포함됩니다. 이런 라이브러리는 한 번에 하나씩 배우고 이해할 수 있습니다. 대부분의 프로그래머가 C++ 표준 라이브러리를 배우는 방법이기도 합니다. C++ 라이브러리는 크기가 크지만 절약적인 라이브러리입니다.

8.3.3 라이브러리 바깥에서 메모리 할당을 결정하세요

이는 절약 규칙에서 특정한 경우에 해당합니다. 메모리 할당에 드는 비용이 너무 크기 때문에, 가능하면 메모리 할당을 결정하는 로직을 라이브러리 바깥으로 내보냅니다. 예를 들어 라이브러리 함수로 할당된 버퍼를 반환하는 대신 라이브러리 함수에 인자로 주어진 버퍼를 채웁니다.

메모리 할당을 결정하는 로직을 라이브러리 함수 바깥으로 내보내면 6장에서 설명했듯이 각 호출마다 새로운 저장 공간을 할당하는 대신 가능한 곳의 메모리를 재사용하는 최적화를 구현할 수 있습니다.

할당하는 로직을 라이브러리 바깥으로 내보내면 하나의 함수에서 다른 함수로 데이터 버퍼를 전달할 때 복사하는 횟수가 감소합니다.

필요하다면 파생 클래스에서 메모리 할당을 결정하게 만들 수 있습니다. 그래서 기본 클래스가 할당된 메모리를 가리키는 포인터만 갖도록 합니다. 이 방법은 서로 다른 방법으로 메모리를 할당하는 새 클래스를 파생시킬 수 있습니다.

라이브러리 바깥에서 메모리를 할당하는 방법은 함수 시그니처에 영향을 줍니다(예를 들어 버퍼를 가리키는 포인터를 전달하는 방법과 할당된 버퍼를 반환하는 방법). 라이브러리를 설계할 때 어떤 방법을 사용할 것인지 결정해야 합니다. 함수를 사용하는 도중에 라이브러리를 변경하려고 한다면 틀림없이 단절적인 변화가 생길 것입니다.

8.3.4 확신이 서지 않으면 속도를 위한 라이브러리 코드를 작성하세요

1장에서 인용했던 도널드 커누스의 "섣부른 최적화는 만악의 근원입니다"라는 충고를 기억하시나요? 앞서 필자는 이 충고가 너무 독단적이라고 말했습니다. 하지만 라이브러리 설계에서는 너무나 위험한 충고입니다.

라이브러리 클래스나 함수는 성능이 좋아야 합니다. 라이브러리 설계자는 성능 문제가 있는 상황에서 언제쯤 라이브러리를 사용할 수 있을지 예측할 수 없습니다. 성능을 향상하는 작업은 어려울 수 있고 어쩌면 불가능할 수도 있습니다. 특히 함수 시그니처나 작동이 변하는 경우에는 더욱 그렇습니다. 기업에서 사용하는 라이브러리도 많은 프로그램에서 호출될 수 있습니다. 오픈 소스 프로젝트처럼 널리 전파된 라이브러리는 갱신할 방법이 없으며 라이브러리를 사용하는 모든 사용자를 검색할 방법도 없습니다. 모든 변경 사항은 단절적인 변화를 일으킵니다.

8.3.5 함수가 프레임워크보다 최적화하기 쉽습니다

라이브러리에는 두 종류가 있습니다. 바로 함수 라이브러리와 프레임워크입니다. 프레임워크는 완성된 프로그램 스켈레톤을 구현하는 개념적으로 큰 클래스입니다. 프레임워크의 예로 윈도잉 프로그램, 웹 서버가 있습니다. 여러분은 작은 함수들로 프레임워크에 데코레이터 패턴[3]을 적용해 사용자 정의 윈도잉 프로그램이나 웹 서버를 만들 수 있습니다.

두 번째 라이브러리는 프로그램 구현에 사용되는 구성 요소인 함수와 클래스를 모은 라이브러리입니다. 예를 들어 웹 서버의 URI를 파싱하거나 윈도우에 텍스트를 그리는 프로그램에서 사용합니다.

두 라이브러리 모두 강력한 기능을 포함하며, 사용할 경우 생산성을 향상할 수 있습니다. 주어진 기능 집합을 (윈도우 SDK처럼) 함수나 (윈도우 MFC처럼) 프레임워크로 패키징할 수 있습니다. 그러나 최적화하는 개발자의 관점에서는 함수 라이브러리가 프레임워크보다 사용하기 쉽습니다.

함수는 테스트할 수 있고 성능을 하나씩 조정할 수 있다는 장점이 있습니다. 프레임워크를 호출하면 모든 시스템이 한꺼번에 작동하기 때문에 변경 사항을 분리하고 테스트하기 어렵습니

---

3 옮긴이_ 주어진 상황 및 용도에 따라 어떤 객체에 책임을 덧붙이는 패턴

다. 또한 프레임워크는 관심사의 분리나 단일 책임 원칙을 위반합니다. 따라서 최적화하기 어렵습니다.

함수는 대규모 프로그램에서 어떤 기능을 수행하는 데 초점을 맞추는 방법으로 사용할 수 있습니다. 대표적으로 그리는 작동을 하는 서브 루틴, URI 파서가 있습니다. 라이브러리에서 필요한 만큼의 기능만 링크해 사용합니다. 반면 프레임워크는 '신의 함수'(8.3.10절 '신의 함수'를 조심하세요 참고)를 포함합니다. 신의 함수는 프레임워크의 여러 부분에서 링크됩니다. 따라서 실제로 사용하지 않는 코드 때문에 실행 파일의 크기가 커지게 됩니다.

잘 설계된 함수는 실행 환경을 거의 가정하지 않습니다. 반면에 프레임워크는 개발자가 원하는 대규모의 일반적인 모델을 기반으로 합니다. 그래서 모델과 개발자의 요구가 일치하지 않을 경우 비효율적인 결과가 나옵니다.

8.3.6 상속 계층 구조를 평평하게 만드세요

추상화abstraction**에서 클래스의 파생 계층은 대부분 3계층 이하여야 합니다.** 여기서 3계층이란 공통 함수를 갖는 기본 클래스, 다형성을 구현하는 하나 이상의 파생 클래스, 정말로 복잡한 경우에 사용하는 다중 상속의 믹스인 계층을 말합니다. 특별한 경우에는 개발자의 판단을 우선해야 합니다. 그러나 이보다 훨씬 깊은 상속 계층 구조는 클래스 계층 구조로 나타낸 추상화를 명확하게 고려하지 않아 복잡성이 생겨 성능이 저하될 수 있다는 징조입니다.

최적화 관점에서 보면 상속 계층 구조가 깊어질수록 멤버 함수를 호출할 때 계산을 추가로 수행할 확률이 높아집니다(7.2.1절 함수 호출 참고). 부모 계층이 많은 클래스의 생성자와 소멸자가 작업을 수행하려면 긴 체인을 오가야 합니다. 보통 긴 체인을 오가는 함수는 자주 호출되지 않지만, 성능이 중요한 작업에 비용이 큰 호출이 추가될 수 있는 잠재적 위험을 안고 있습니다.

8.3.7 호출 체인을 평평하게 만드세요

파생 클래스와 마찬가지로 **추상화 구현에서 함수 호출은 대부분 중첩 횟수가 3회 이하여야 합니다.** 여기서 중첩되는 함수 호출이란 전략을 구현하는 함수나 멤버 함수, 클래스의 멤버 함수 호출, 추상화를 구현하거나 데이터에 접근하는 public 또는 private 멤버 함수 호출을 말합니다.

포함된 클래스 인스턴스를 사용해 구현된 추상화가 중첩되었다고 가정해봅시다. 만약 이 추상화에 있는 데이터에 접근한다면 계층 수가 최소 4개 이상일 것입니다. 이 분석은 중첩된 추상화의 체인을 재귀적으로 따라갑니다. 반면 깔끔하게 분해된 라이브러리는 중첩된 추상화의 긴 체인을 포함하지 않습니다. 대신 호출과 반환의 형태로 오버헤드를 추가합니다.

8.3.8 계층화된 설계를 평평하게 만드세요

가끔 하나의 추상화를 다른 추상화의 측면에서 구현해 계층화된 설계를 만들 때가 있습니다. 전에 언급했지만 계층 구조일 경우 제일 깊은 계층까지 오가며 성능에 영향을 줄 수 있습니다.

그러나 어떨 때는 하나의 추상화를 계층화된 방법으로 재구현합니다. 재구현하는 이유는 여러 가지입니다.

- 호출 규약을 변경하는 퍼사드facade 패턴을 사용해 계층을 구현하기 위해: 프로젝트별 인수를 운영체제별 인수로 바꾸고 텍스트 문자열 인수를 수치 인수로 바꾸거나 프로젝트별 오류 처리를 삽입합니다.

- 오류를 반환하는 함수 호출과 예외를 던지는 함수 호출 사이에 전환을 구현하기 위해

- PIMPL 관용구(7.2.7절 PIMPL 관용구를 사용하는 코드를 제거하세요 참고)를 구현하기 위해

- DLL이나 플러그인을 호출하기 위해

설계자는 상황에 맞춰 판단해야 합니다. 왜냐하면 상황에 따라 판단해야 하는 저마다의 이유가 있기 때문입니다. 하지만 계층을 전환할 때마다 함수를 추가로 호출해야 하며 이는 모든 호출의 성능을 저하시킵니다. 설계자는 계층 전환이 필요한지 아니면 2개 이상의 계층을 하나로 압축시킬 수 있는지 검토해야 합니다. 다음은 코드 리뷰에 대한 몇 가지 가이드라인입니다.

- 단일 프로젝트에서 퍼사드 패턴의 인스턴스가 많다면 과도한 설계의 징조일 수 있습니다.

- 설계가 너무 계층화되었다는 한 가지 징조는 특정 계층이 두 번 이상 나타나는 것입니다. 예를 들어 오류를 반환하는 계층이 예외를 처리하는 계층을 호출하고 그 계층이 다시 오

류를 반환하는 계층을 호출하는 경우가 이에 해당합니다.

- PIMPL의 중첩된 인스턴스는 재컴파일을 하지 않도록 방화벽을 구축한다는 원래 목적을 정당화하기 어렵습니다. 대부분의 서브시스템은 중첩된 PIMPL이 필요할 만큼 충분히 크지 않습니다(7.2.7절 PIMPL 관용구를 사용하는 코드를 제거하세요 참고).

- 프로젝트별로 DLL을 사용해 프로젝트의 버그 수정을 DLL에서 다 처리하려고 시도하는 경우도 있습니다. 하지만 버그는 대부분 DLL과 DLL이 아닌 부분 전부와 연결되기 때문에, 이런 시도는 일반적으로 실패합니다.

계층을 제거하는 작업은 설계할 때만 수행할 수 있는 작업입니다. 설계 시에는 라이브러리에 대한 비지니스적인 요구 사항이 있습니다. 일단 라이브러리를 완성하고 나면 아무리 결함이 있다고 하더라도 변화에 따른 비용은 변화에 따른 이익과 비교 검토할 수밖에 없습니다. 경험에 따르면 총을 들이대고 위협하지 않는 한 라이브러리 수정을 위해 한 쌍의 스프린트를 할당해달라는 요청을 반기는 관리자는 없습니다.

8.3.9 동적 검색을 피하세요

대규모 프로그램에는 크기가 큰 구성 요소 프로파일이나 길이가 긴 레지스트리 항목의 목록이 포함되어 있습니다. 오디오나 비디오 스트림과 같은 복잡한 데이터 파일에는 데이터를 설명하는 선택적 메타데이터가 포함되어 있습니다. 메타데이터 항목이 몇 개밖에 없다면 메타데이터를 포함하는 구조체나 클래스를 쉽게 정의할 수 있습니다. 하지만 메타데이터가 수십 혹은 수백 개라면 많은 설계자들은 주어진 키 문자열에 대해 각 메타데이터 항목을 조회할 수 있는 검색 테이블의 설계를 고려합니다. 프로파일이 JSON이나 XML로 작성되었다면 JSON이나 XML 파일에서 항목을 동적으로 찾는 라이브러리가 있기 때문에 더 많이 고려합니다. 오브젝티브 C와 같은 일부 프로그래밍 언어는 이러한 방법으로 작동하는 시스템 라이브러리를 함께 제공합니다. 그러나 동적으로 심볼 테이블을 검색하면 여러 가지 이유로 성능이 저하됩니다.

- 동적 검색은 근본적으로 비효율적입니다. JSON이나 XML 항목을 찾는 라이브러리는 **검색 당** 파일 크기에 대해 $O(n)$의 성능을 갖습니다. 테이블 기반 검색은 $O(\log_2 n)$의 성능을 갖습니다. 반대로 구조체에서 데이터 항목을 가져오는 시간은 $O(1)$이며 비례 상수는 작습니다.

- 라이브러리 설계자는 메타데이터에 접근하는 모든 방법을 알지 못할 수도 있습니다. 만약 시작할 때 프로파일을 한 번만 읽는다면 비용은 그다지 중요하지 않습니다. 그러나 수많은 메타데이터는 처리 도중에 반복해서 읽어야 하며 작업 단위마다 값을 변경할 수도 있습니다. 섣부른 최적화는 만악의 근원이 될 수 있지만 키 문자열을 검색하는 라이브러리 **인터페이스**는 기본 키/값 테이블 검색 속도보다 빠를 수 없습니다. 만악의 근원은 하나만 있지 않은 게 틀림없습니다!

- 검색 테이블 기반 설계가 마련되었나요? 다음은 일관성과 관련된 질문입니다. 테이블에 주어진 변환에 필요한 모든 메타데이터가 포함되어 있습니까? 명령줄 인수 집합이 실제로 함께 나타나나요? 테이블 기반 저장소는 일관성 검사를 할 수 있습니다. 하지만 검사를 하는 런타임 비용이 크며 여러 번 검색하는 비용 또한 큽니다. 여러 테이블을 검색하는 것보다는 간단한 구조체로 데이터에 접근하는 게 훨씬 빠릅니다.

- 구조체 기반 저장소는 사용 가능한 모든 메타데이터 항목들을 바로 볼 수 있다는 점에서 그 자체가 문서가 됩니다. 반대로 심볼 테이블은 단지 명명된 값의 크고 불투명한 가방일 뿐입니다. 이러한 저장소를 사용하는 팀은 프로그램 실행의 각 단계에서 현재 메타데이터를 신중하게 문서화할지 선택할 수 있습니다. 그러나 필자의 경험에 따르면 실제로 이런 경우는 거의 없습니다. 결국엔 코드의 호출 여부를 알 수 없어 메타데이터가 올바른지 확인할 수 없기 때문에, 누락된 메타데이터를 재생성하려고 시도하는 무한한 코드를 작성하게 됩니다.

8.3.10 '신의 함수'를 조심하세요

'신의 함수'는 프로그램에서 사용할 때 링커가 더 많은 라이브러리 함수를 실행 파일에 추가하도록 하는 고수준 전략을 구현하는 함수입니다. 실행 파일의 크기가 늘어나면 임베디드 시스템의 물리 메모리를 고갈시켜 버리고 데스크톱 컴퓨터의 가상 메모리 페이징이 증가합니다.

기존의 수많은 라이브러리 중에는 사용하기에 비용이 큰 신의 함수가 있습니다. 좋은 라이브러리는 신의 함수를 설계 상에서 제거합니다. 하지만 프레임워크로 설계된 라이브러리에서는 신의 함수가 불가피합니다.

최적화 전쟁 이야기

printf()는 여러분의 친구가 아닙니다.

"Hello, World"는 C++(혹은 C)에서 맨 처음에 다루는 가장 단순한 프로그램입니다.

```
#include <stdio.h>
int main(int, char**) {
    printf("Hello, World\n");
    return 0;
}
```

이 프로그램의 실행 파일 크기는 얼마나 클까요? '50이나 100바이트 정도'라고 추측했다면 완전히 틀렸습니다. 이 파일의 크기는 임베디드 컨트롤러에서 8KB가 넘습니다. 이 프로그램에는 코드만 들어 있으며 심볼 테이블, 로더 정보 등 다른 것들은 일체 들어 있지 않습니다.

다음은 똑같은 작동을 하는 다른 프로그램입니다.

```
#include <iostream>
int main(int, char**) {
    puts("Hello, World!");
    return 0;
}
```

이 프로그램은 이전 프로그램과 사실상 똑같은 작동을 합니다. 다만 문자열을 출력하기 위해 printf() 대신 puts()를 사용합니다. 그러나 두 번째 프로그램의 실행 파일 크기는 약 100바이트입니다. 두 프로그램의 실행 파일 크기가 차이나는 이유는 무엇일까요?

범인은 바로 printf()입니다. printf()는 각 타입을 3가지 또는 4가지 형식으로 출력합니다. 그리고 가변 인수를 읽기 위해 형식 문자열을 해석합니다. printf()는 그 자체로 큰 함수이지만 실제로 각 기본 타입을 형식화하는 표준 라이브러리 함수를 사용하기 때문에 큰 함수가 되는 것입니다. 필자의 임베디드 컨트롤러에서는 프로세서가 하드웨어에서 부동 소수점 연산을 구현하지 않았기 때문에 표준 라이브러리 대신 광범위한 함수 라이브러리를 사용하느라 실행 파일 크기가 더 커집니다. 실제로 printf()는 엄청나게 많은 작동을 하면서 C 런타임 라이브러리 일대를 삼켜버리는 신의 함수의 전형으로 여겨지는 함수입니다.

반면에 puts()는 표준 출력에 문자열 하나를 넣습니다. 내부적으로 매우 간단하며 링크되는 표준 라이브러리가 절반이 채 되지 않습니다.

8.4 마치며

- 함수와 클래스는 다른 방법으로 제공할 수 없거나 여러 운영체제에서 매우 광범위하게 재사용할 수 있기에 C++ 표준 라이브러리에 들어가 있습니다.

- 표준 라이브러리의 구현에 버그가 있습니다.

- '표준을 준수하는 구현' 같은 것은 없습니다.

- 표준 라이브러리는 운영체제의 가장 좋은 네이티브 함수만큼 효율적이지 않습니다.

- 라이브러리를 갱신할 때 가능한 한 적게 수정하세요.

- 인터페이스의 안정성은 라이브러리의 핵심 산출물입니다.

- 테스트 케이스는 라이브러리 최적화에 중요합니다.

- 라이브러리를 설계하는 것은 다른 C++ 코드를 설계하는 것과 같습니다. 다만 더 위험할 뿐입니다.

- 추상화에서 클래스의 파생 계층은 대부분 3계층 이하여야 합니다.

- 추상화 구현에서 함수 호출은 대부분 중첩 횟수가 3회 이하여야 합니다.

CHAPTER 9

검색 및 정렬 최적화

반드시 더 나은 방법이 있다. 그것을 찾아라.

— 토머스 에디슨

C++ 프로그램은 검색을 많이 합니다. 프로그래밍 언어 컴파일러부터 웹 브라우저, 목록 컨트롤부터 데이터베이스에 이르기까지 반복 횟수가 많은 작업은 내부 반복문의 밑바닥에서 검색합니다. 필자의 경험에 따르면 가장 많이 실행되는 함수 목록에 검색 함수가 자주 등장합니다. 따라서 효율적으로 검색하도록 특별한 주의를 기울여야 합니다.

이 장에서는 최적화 담당 개발자의 관점으로 테이블에서 검색하는 방법을 살펴봅니다. 필자는 개발자가 기존 해결책을 알고리즘과 자료구조로 분해한 다음 각 요소에서 성능을 향상시킬 수 있는 기회를 찾는 일반적인 프로세스의 예로 검색을 사용합니다. 또한 최적화 과정을 설명하기 위해 몇 가지 검색 알고리즘을 살펴봅니다.

C++ 개발자 대부분은 표준 라이브러리 컨테이너인 std::map을 사용하면 색인 번호나 영어 혹은 숫자로 된 키 문자열과 연관된 값을 검색할 수 있다는 점을 알고 있습니다. 이러한 연관을 **키/값 테이블**이라고 합니다. 컨테이너의 이름이 map인 이유는 **키**에서 **값**까지의 **지도**를 만들기 때문입니다. std::map을 아는 개발자는 big-O 표기법으로 나타냈을 때 성능이 뛰어나다는 사실을 기억하고 있습니다. 이 장에서는 기본적인 맵 기반 검색을 최적화하는 방법을 살펴봅니다.

C++ 표준 라이브러리의 <algorithm> 헤더에 시퀀스 컨테이너를 검색할 수 있는 반복자 기반의 알고리즘이 여럿 포함되었다는 점을 아는 개발자는 생각보다 적습니다. 물론 이러한 알고리

즘들이 최적의 조건이더라도 모두 똑같은 big-O 성능을 갖지는 않습니다. 각 상황에 따라 어떤 알고리즘의 성능이 가장 좋은지는 정해져 있지 않습니다. 또한 인터넷에 있는 조언들이 항상 최적의 방법을 알려주지는 않습니다. 가장 좋은 검색 알고리즘을 찾는 일은 또 다른 최적화 과정의 하나입니다.

표준 라이브러리 알고리즘을 사용하는 개발자더라도 C++11에 해시 테이블 기반 컨테이너가 추가되었다는 이야기는 아직 들어보지 못했을 수도 있습니다(물론 부스트[1]에서는 몇 년 전부터 사용할 수 있었지만 말입니다). 이러한 정렬되지 않은 연관 컨테이너는 검색에 평균 상수 시간이 걸리므로 효율적인 컨테이너라고 할 수 있습니다. 하지만 만병통치약은 아닙니다.

9.1 std::map과 std::string을 사용한 키/값 테이블

이 절에서는 예제를 활용해 일반적인 키/값 테이블을 검색하고 정렬할 때의 성능을 살펴봅니다. 테이블의 키 타입은 ASCII 문자열로 C++ 문자열 리터럴로 초기화되거나 std::string에 저장됩니다.[2] 이러한 테이블은 프로파일 초기화, 명령줄, XML 파일, 데이터베이스 테이블, 제한된 키 집합이 필요한 다른 프로그램의 구문 분석에 사용하는 전형적인 테이블입니다. 테이블의 값 타입은 정수처럼 간단할 수도 있고 복잡할 수도 있습니다. 값 타입은 검색 성능에 영향을 미치지 않습니다. 정말로 큰 값일 경우 캐시 성능을 저하시킬 수 있다는 점만 빼면 말입니다. 필자의 경험에 따르면 단순한 값 타입을 사용했을 때 성능이 더 좋으므로, 이 테이블의 값은 부호가 없는 단순한 정수로 하겠습니다.

std::map을 사용하면 std::string 타입을 갖는 이름을 값으로 매핑하는 테이블을 손쉽게 만들 수 있습니다. 테이블은 다음과 같이 간단히 정의할 수 있습니다.

```
#include <string>
#include <map>
std::map<std::string, unsigned> table;
```

1 http://www.boost.org
2 이러한 테이블이 아랍어나 중국어를 사용하는 개발자의 요구 사항을 충족하기에는 뭔가 부족할 수 있습니다. 요구 사항을 충족하는 내용만으로도 책 한 권 정도의 분량이 나옵니다. 필자는 와이드 문자 집합을 사용하는 개발자라면 이러한 문제를 이미 해결했으리라 기대합니다. 영어를 사용하는 개발자 중 일부는 이를 여전히 이해하기 어려우며 복잡하다고 생각합니다. 따라서 예제에서는 이 복잡함을 버리려고 합니다.

C++11 컴파일러를 사용하는 개발자라면 이니셜라이저 문법을 사용해 테이블에 항목을 쉽게 채울 수 있습니다.

```cpp
std::map<std::string, unsigned> const table {
    { "alpha",   1 }, { "bravo",    2 },
    { "charlie", 3 }, { "delta",    4 },
    { "echo",    5 }, { "foxtrot",  6 },
    { "golf",    7 }, { "hotel",    8 },
    { "india",   9 }, { "juliet",  10 },
    { "kilo",   11 }, { "lima",    12 },
    { "mike",   13 }, { "november",14 },
    { "oscar",  15 }, { "papa",    16 },
    { "quebec", 17 }, { "romeo",   18 },
    { "sierra", 19 }, { "tango",   20 },
    { "uniform",21 }, { "victor",  22 },
    { "whiskey",23 }, { "x-ray",   24 },
    { "yankee", 25 }, { "zulu",    26 }
};
```

이니셜라이저 문법을 사용하지 않으면 다음과 같은 코드를 작성해 각 요소를 삽입해야 합니다.

```cpp
table["alpha"] = 1;
table["bravo"] = 2;
...
table["zulu"] = 26;
```

간단히 값을 검색하거나 테스트할 수 있습니다.

```cpp
unsigned val = table["echo"];
...
std::string key = "diamond";
if (table.find(key) != table.end())
    std::cout << "table contains " << key << std::endl;
```

std::map으로 테이블을 만드는 코드는 C++ 표준 라이브러리가 얼마나 강력한 추상화를 제공하는지 보여주는 하나의 사례라고 말할 수 있습니다. 이 추상화로 생각하는 시간과 타이핑하는 시간을 최소한으로 줄이면서 합리적인 big-O 성능을 달성할 수 있습니다. 이는 1장에서 언급했던 C++의 일반적인 특성의 예시입니다.

C++은 자동화와 표현력부터 성능 향상을 위한 세밀한 제어까지 다양한 기능 구현 옵션을 제공합니다. 바로 이러한 폭넓은 선택 가능성 덕분에 성능 요구 사항을 충족하기 위해 C++ 프로그램을 개선할 수 있습니다.

9.2 검색 성능 향상을 위한 툴킷

하지만 프로파일러로 분석한 결과 테이블을 검색하는 코드를 포함한 함수가 프로그램에서 가장 많이 실행되는 함수라면 어떻게 해야 할까요? 예를 들어 다음 코드를 봅시다.

```cpp
void HotFunction(std::string const& key) {
    ...
    auto it = table.find(key);
    if (it == table.end()) {
        // 테이블에 항목이 없을 때의 작동
        ...
    }
    else {
        // 테이블에 항목이 있을 때의 작동
        ...
    }
    ...
}
```

여러분은 이보다 더 좋은 코드를 구현할 수 있나요? 그렇다면 어떻게 그런 코드를 찾아낼 수 있나요?

숙련된 개발자는 개선 가능한 비효율적인 코드를 바로 발견할 수 있습니다. 또한 알고리즘이 최적이 아니며 더 나은 자료구조가 존재한다는 사실을 알고 있습니다. 필자는 이런 방법이 위험하다는 점을 알고 있지만 종종 이렇게 작업합니다. 정말 최적화에 관심이 있는 개발자라면 다음과 같이 체계적으로 진행하는 게 좋습니다.

- 기존 구현 코드의 성능을 측정하고 비교하기 위한 기준치를 얻습니다.

- 최적화할 추상화 코드를 확인합니다.

- 최적화할 코드를 알고리즘과 자료구조로 분해합니다.

- 최적이 아닌 알고리즘과 자료구조를 변경하거나 바꿉니다. 그리고 변경한 코드가 효과적인지 확인하기 위해 실험합니다.

만약 최적화 작업이 추상화로 여겨진다면 추상화의 기본 구현 코드를 여러 조각으로 분해하고 더 나은 성능으로 세분화된 추상화를 구성합니다.

필자는 가능하다면 이 과정을 화이트보드나 텍스트 에디터, 공학용 공책에 적으면서 진행하는 것을 선호합니다. 이 과정은 반복적입니다. 문제 해결에 시간이 오래 걸릴수록 더 많은 부분을 발견할 수 있습니다. **단순히 머리로 기억하려고 하면 최적화가 필요한 많은 부분을 놓칠 수 있습니다. 종이에 기록하면 더 오래 기억할 수 있습니다.** 화이트보드나 텍스트 편집기는 생각을 쉽게 추가하고 지울 수 있으니 더 좋을 겁니다.

9.2.1 측정 기준치를 만드세요

'3.2.2절 성능 측정 기준과 목표 설정'에서 다뤘듯이 최적화되지 않은 코드의 성능을 측정해서 최적화한 코드를 테스트하기 위한 측정 기준치를 얻어야 합니다.

필자는 '9.1절 std::map과 std::string을 사용한 키/값 테이블'에서 만든 테이블에 있는 값 26개와 테이블에 없는 값 27개를 검색하는 테스트를 작성했습니다. 그리고 측정 가능한 시간을 얻기 위해 53번의 검색을 백만 번 반복했습니다. 문자열 맵의 경우 테스트 실행에 약 2,310 밀리초가 걸렸습니다.

9.2.2 최적화할 코드를 확인하세요

다음 단계는 최적화할 코드를 확인해 여러 조각으로 분해하고 최적화 후보를 더 쉽게 찾을 수 있도록 만드는 단계입니다.

'최적화할 코드'가 무엇인지는 개발자 입장에서 판단해야 할 문제입니다. 하지만 몇 가지 단서가 있습니다. 이전 예제에서 개발자는 기본 구현이 std::string 타입의 키를 갖는 std::map임을 알 수 있습니다. 많이 실행되는 코드를 살펴보면 std::map::find()의 호출, 찾은 항목이나 end()를 가리키는 반복자를 반환하는 함수 등이 있습니다. std::map은 검색, 삽입, 삭제, 반복을 지원하지만 많이 호출되는 함수는 오직 검색만 합니다. 테이블에서 다른 작업을 하는지 확인하고 싶다면 다른 코드를 살펴봐야 합니다. 특히 테이블을 생성하고 파괴하는 코드를 확인하는 것이 흥미로운데 그 이유는 시간이 많이 들 수 있는 작업이기 때문입니다.

이 경우 최적화할 코드는 정해져 있습니다. 바로 std::string 타입의 키를 갖는 맵으로 구현된 키/값 테이블에서 값을 찾는 코드입니다. 그러나 기본 해결책에서 추상화하는 것이 중요합니다. 개발자는 프로파일러가 std::map과 std:string으로 만들어진 테이블만 조사하도록 한정해서는 안 됩니다.

기본 구현 코드에서 문제를 추상화하는 '앞뒤로 생각하기'라는 기법이 있습니다. 뒤에서 생각한다는 것은 "왜?"라고 묻는 것입니다. 기본 구현 코드에서 다른 자료구조를 사용하지 않고 std::map을 사용하는 이유는 무엇인가요? std::map은 주어진 키로 값을 검색할 수 있기 때문입니다. 기본 구현 코드에서 int나 Foo를 가리키는 포인터가 아닌 std::string을 사용하는 이유는 무엇인가요? 키가 ASCII 텍스트의 문자열이기 때문입니다. 개발자는 이러한 분석으로 **키/값 테이블에서 텍스트 키로 값을 검색하는 더 추상적인 문제**를 작성할 수 있습니다. 이 문제에는 **map**이나 **string**이라는 단어가 등장하지 않습니다. 이는 의도적으로 기본 구현 코드에서 문제 설명에 얽매이지 않기 위함입니다.

9.2.3 최적화할 코드를 분해하세요

다음 단계는 최적화할 코드를 알고리즘과 자료구조로 분해하는 단계입니다. 기본 해결책(문자열 키를 갖는 맵)을 구성하는 알고리즘과 자료구조는 재사용할 수 있습니다. 그러나 기본 해결책은 특정 구현 코드를 나타내며, 최적화 담당 개발자는 다른 구현 코드를 찾고 있습니다. 따라서 기존 해결책으로 사고 방법을 제한하지 않고 일반화해 알고리즘과 자료구조를 설명하는 것이 중요합니다.

최적화할 코드는 텍스트 키가 있는 키/값 테이블에서 값을 검색하는 코드입니다. 이 코드를 알고리즘과 자료구조로 분해하고 기본 구현과 비교해 결과를 확인하면 다음 목록이 생깁니다.

1. 키와 연관된 값을 포함하는 자료구조인 테이블

2. 텍스트를 포함하는 자료구조인 키

3. 키를 비교하는 알고리즘

4. 특정 키가 있는지를 확인하기 위해 테이블 자료구조를 검색하는 알고리즘

5. 테이블을 생성하거나 테이블에 키를 삽입하는 알고리즘

어떻게 각 부분이 필요한지 알 수 있을까요? 기본 해결책에서 사용한 자료구조인 std::map의 정의 위주로 살펴보면, 각 목록에 대해서 다음과 같이 답변할 수 있습니다.

1. 기본 해결책에서 테이블은 std::map입니다.

2. 기본 해결책에서 키는 std::string의 인스턴스입니다.

3. std::map의 템플릿 정의는 로직이 일부 있지만 키를 비교하는 함수를 지정할 수 있는 (하지만 기본값 역시 가지고 있는) 매개변수를 제공합니다.

4. 많이 실행되는 함수는 operator[]를 사용하지 않고 std::map::find() 함수를 호출합니다.

5. 이는 맵을 생성하고 파괴해야 된다는 지식에서 비롯됩니다. 일반적으로 std::map은 균형 이진 트리로 구현되어 있습니다. 따라서 맵은 각 노드를 생성해야 하는 연결 리스트 기반 자료구조이므로 삽입 알고리즘이 있어야 합니다.

마지막 항목에서 테이블을 생성하고 파괴하는 시간을 종종 간과할 때가 있습니다. 하지만 이 비용은 커질 수 있습니다. 비용이 테이블 검색 시간보다 적더라도 테이블이 정적 저장 기간을 갖는다면(6.1.1절 변수의 저장 기간 참고), 프로그램 시작 시 초기화하는 비용이 추가될 수 있습니다(12.3.6절 시작 및 종료 코드 제거하기 참고). 초기화 작업이 너무 많으면 프로그램이 '응답 없음' 상태가 될 수 있습니다. 테이블이 자동 저장 기간을 갖는다면 프로그램이 실행되는 동안 여러 번 초기화될 수 있으므로 시작 비용이 더욱 중요해집니다. 다행히 생성 비용과 삭제 비용이 조금 들거나 전혀 없는 키/값 테이블 구현 방법이 있습니다.

9.2.4 알고리즘과 자료구조를 변경하거나 바꾸세요

이 단계에서 개발자는 '어떻게?'라는 생각이 듭니다. 어떻게 프로그램이 다른 방법으로 텍스트 키를 갖는 키/값 테이블에서 값을 검색할 수 있나요? 개발자는 기존 해결책에서 최적이 아닌

알고리즘을 찾고, 자료구조에서 최적화할 필요가 없거나 비용이 많이 드는 작동을 찾아 제거하거나 단순하게 만들 수 있습니다. 그런 다음 무엇을 바꾸면 성능을 향상할 수 있는지 확인하기 위해 실험합니다.

최적화된 코드에서 기대할 수 있는 부분은 다음과 같습니다.

- 테이블 자료구조를 더 효율적인 자료구조로 변경하거나 만들 수 있습니다. 테이블 자료구조 중에는 검색 알고리즘과 삽입 알고리즘의 선택을 제한하는 자료구조가 있습니다. 만약 선택한 테이블 자료구조가 메모리 관리자를 호출해야 하는 동적 변수를 포함하고 있다면 성능에 영향을 줄 수 있습니다.

- 키 자료구조를 더 효율적인 자료구조로 변경하거나 만들 수 있습니다.

- 비교 알고리즘을 더 효율적인 알고리즘으로 변경하거나 만들 수 있습니다.

- 검색 알고리즘을 더 효율적인 알고리즘으로 변경하거나 만들 수 있습니다. 다만 어떤 테이블 자료구조를 선택하느냐에 따라 제약을 받을 수도 있습니다.

- 삽입 알고리즘을 더 효율적인 알고리즘으로 변경하거나 만들 수 있습니다. 또한 자료구조를 생성하고 파괴하는 시기와 방법을 더 효율적으로 변경하거나 만들 수 있습니다.

다음은 이와 관련된 몇 가지 의견입니다.

- std::map은 균형 이진 트리로 구현되었습니다. 균형 이진 트리 검색 알고리즘의 시간 복잡도는 $O(\log_2 n)$입니다. std::map의 자료구조를 검색하는 시간 비용을 비용이 낮은 자료구조로 바꿀 수 있다면 성능이 가장 많이 개선될 것입니다.

- std::map의 정의를 간단히 살펴보면 맵에 정의된 작업에는 항목 삽입, 검색, 삭제, 탐색 작업 등이 있습니다. std::map은 역동성있는 작업을 쉽게 하기 위해 노드 기반 자료구조를 사용합니다. 그 결과 std::map은 생성 과정에서 메모리 관리자를 자주 호출해 캐시 지역성이 좋지 않습니다. 최적화할 코드에서 항목은 테이블을 생성하는 과정에서만 삽입되고 테이블이 존재하는 동안에는 삭제되지 않습니다. 동적 자료구조가 할당자를 호출하는 횟수가 적어지고 캐시 지역성이 좋아져 성능이 향상됩니다.

- 실제로 키 자료구조에 필요한 기능은 문자를 포함하는 기능과 두 키를 비교하는 기능입니다. std::string은 테이블 키에 필요한 것 이상의 기능을 제공합니다. 문자열은 동적으

로 할당된 버퍼를 유지해 내용을 수정하고 길이를 길게 하거나 짧게 할 수 있습니다. 하지만 키/값 테이블은 키를 수정하지 않습니다. 게다가 테이블의 키 타입이 다를 경우 리터럴 문자열을 검색했을 때 std::string으로 타입을 변환하는 비용이 불필요하게 발생합니다.

- std::string 인스턴스는 값으로 작동하도록 설계되었습니다. std::string은 6개의 비교 연산자를 모두 정의해 두 문자열을 비교하거나 순서를 정할 수 있습니다. std::map은 기본적으로 비교 연산자를 구현하는 값과 같은 키 타입으로 작동하도록 설계되었습니다. 비교 연산자를 자체적으로 정의하지 않은 자료구조는 비교 함수를 템플릿 인수로 제공한 std::map과 함께 사용할 수 있습니다.

- 이전 예제에서 문자열 키를 갖는 맵에 사용했던 C++11 스타일 이니셜라이저 문법은 C 스타일 정적 집합 이니셜라이저와 비슷하지만 똑같지 않습니다. 이니셜라이저는 메모리 할당자를 호출해 각 문자열 리터럴에서 std::string을 만드는 코드를 호출합니다. 그런 다음 insert()를 호출해 각 항목을 맵에 추가합니다. 항목을 추가하면서 할당자를 다시 호출해 맵의 자료구조인 균형 이진 트리에 새 노드를 할당합니다. 이니셜라이저의 장점은 결과 테이블이 const라는 것입니다. 그러나 값을 하나씩 삽입하기 때문에 런타임 비용은 C++11 이전에 사용하던 방법과 거의 같습니다. 실제로 C 스타일 정적 집합 이니셜라이저를 사용해 생성된 자료구조는 생성하고 파괴할 때 런타임 비용이 없습니다.

9.2.5 사용자 정의 추상화에 최적화 과정 사용하기

문자열 키를 갖는 맵이라면 운이 좋은 경우입니다. std::map에는 많은 기능이 프로그래밍되어 있습니다. 키 타입을 설정하고, 키 타입의 비교 알고리즘을 수정할 수 있고, 맵이 노드를 할당하는 방법을 프로그래밍할 수 있습니다. 게다가 std::map이 아닌 다른 자료구조나 검색 알고리즘을 사용해 성능을 향상할 수 있습니다. 다른 자료구조나 검색 알고리즘은 모두 C++ 표준 라이브러리 안에 있습니다. 이것이 바로 C++이 성능을 효과적으로 조정할 수 있는 이유입니다. 독자 여러분은 다음 몇 개의 절에서 이 과정을 밟게 될 것입니다.

여기에 설명된 과정은 표준이 아닌 라이브러리 추상화를 최적화하는 데 사용할 수도 있습니다. 하지만 몇 가지 작업이 더 필요합니다. std::map과 std::string은 정의와 문서화가 잘 되어 있는 자료구조입니다. 웹 사이트에 있는 다양한 자원으로 각 자료구조가 지원하는 작업과 구현 방법을 확인할 수 있습니다. 사용자 정의 추상화인 경우 심사숙고해서 설계했다면 헤더에서 개발자에게 어떤 작업을 제공하는지 알려줍니다. 그리고 주석이나 잘 설계된 코드로 어떤 알고리즘을 사용하는지, 메모리 관리자를 얼마나 자주 호출하는지를 알려줍니다.

혹시 코드가 엉망진창이거나 인터페이스를 제대로 설계하지 않아 코드가 여러 파일에 퍼져 있나요? 그렇다면 나쁜 소식과 좋은 소식이 있습니다. 나쁜 소식은 여기에서 설명한 최적화 과정이 개발자에게 그다지 도움이 되지 않는다는 점입니다. 해줄 수 있는 말은 "작업을 맡을 때 위험하다는 것을 알았을 겁니다. 그것이 당신이 돈을 많이 버는 이유죠"와 같은 진부한 이야기뿐입니다. 좋은 소식은 코드가 더 엉망일수록 최적화할 여지가 더 많으니, 개발자가 보상을 받을 기회가 많을 거란 것입니다.

9.3 std::map을 사용한 검색 최적화

최적화 담당 개발자는 테이블의 자료구조만 남겨두고 키를 나타내는 자료구조와 키를 비교하는 알고리즘을 변경해 성능을 향상시킬 수 있습니다.

9.3.1 std::map에 고정된 크기를 갖는 문자열 키를 사용하세요

4장에서 언급했듯이 개발자는 정말로 많이 사용되는 키/값 테이블에서 std::string 키를 사용하는 비용을 피하고 싶을 것입니다. 테이블을 만드는 비용의 대부분은 할당 비용이 차지합니다. 개발자는 동적으로 저장 공간을 할당하지 않는 키 타입을 사용해 할당 비용을 절반으로 줄일 수 있습니다. 게다가 테이블이 std::string 키를 사용하는데 개발자가 다음과 같이 C 스타일 문자열로 주어진 항목을 검색한다고 가정해봅시다.

```
unsigned val = table["zulu"];
```

이러면 모든 검색 작업이 char* 문자열 리터럴을 std::string으로 변환하느라 더 많은 메모리를 할당해야 하고 이 과정에서 비용이 발생합니다. 그리고 할당한 뒤에는 바로 파괴합니다.

키의 최대 길이가 너무 길지 않다면 해결책으로 가장 긴 키를 저장할 수 있는 char 배열이 포함된 클래스 타입을 키 타입으로 사용하는 방법이 있습니다. 하지만 다음과 같이 배열을 직접 사용할 수는 없습니다.

```
std::map<char[10], unsigned> table;
```

왜냐하면 C++ 배열에는 내장된 비교 연산자가 없기 때문입니다.

다음은 고정된 크기를 갖는 문자 배열 템플릿 클래스인 charbuf의 정의입니다.

```
template <unsigned N = 10, typename T = char> struct charbuf {
    charbuf();
    charbuf(charbuf const& cb);
    charbuf(T const* p);
    charbuf& operator=(charbuf const& rhs);
    charbuf& operator=(T const* rhs);

    bool operator==(charbuf const& that) const;
    bool operator<(charbuf const& that) const;

private:
    T data_[N];
};
```

charbuf는 매우 간단합니다. charbuf는 C 스타일의 NULL로 끝나는 문자열로 초기화하거나 할당할 수 있습니다. 그리고 다른 charbuf와 비교할 수 있습니다. 생성자 charbuf(T const*)가 explicit가 아니기 때문에 타입 변환을 통해 NULL로 끝나는 문자열과 비교할 수도 있습니다. 그 문자열은 컴파일 타임에 고정된 크기를 갖고, 동적 메모리를 전혀 사용하지 않습니다.

C++은 두 클래스 인스턴스를 비교하거나 순서를 정하는 방법을 바로 알 수 없습니다. 그래서 개발자는 사용할 관계 연산자를 정의해야 합니다. C++ 표준 라이브러리는 보통 operator==와 operator<만 사용합니다. 나머지 네 연산자는 두 연산자로 합성할 수 있습니다. 연산자는 멤버 함수가 아니라도 무방합니다.

```
template <unsigned N = 10, typename T = char>
    bool operator<(charbuf<N, T> const& cb1, charbuf<N, T> const& cb2);
```

그러나 charbuf의 내부에 operator<를 정의하는 게 더 쉽고 좋은 C++ 스타일입니다.

charbuf는 프로그래머를 생각하게 만듭니다. charbuf는 문자열의 크기가 내부 버퍼의 고정된 크기보다 작고, 문자열 뒤에 그 값이 0인 바이트('\0')가 있는 경우에만 처리가 가능합니다. 따라서 std::string처럼 안전하다는 보장은 없습니다. 삽입될 가능성이 있는 모든 키가 charbuf에 맞는지 확인하는 것은 런타임에서 설계 시간에 이르기까지 계산을 억지로 강요하는 예시입니다. 또한 성능 향상에 필요할 수 있는 안전 타협의 예시입니다. 오직 각 설계 팀만이 위험보다 이득이 더 큰지를 판단할 수 있습니다. 두리뭉실한 주장을 펼치는 전문가들은 믿을 수 없습니다.

필자는 charbuf 키를 갖는 std::map을 사용해 53개의 이름을 검색하는 동일한 테스트를 백만 번 반복했습니다. 그 결과 테스트를 실행에 1,331밀리초가 걸렸습니다. std::string을 사용한 코드보다 약 2배 빠릅니다.

9.3.2 std::map에 C 스타일 문자열 키를 사용하세요

C 스타일의 NULL로 끝나는 문자열을 std::map의 키 타입으로 사용하는 프로그램은 char*를 직접 사용하기 때문에 std::string의 인스턴스를 생성하고 파괴하는 비용을 피할 수 있습니다.

물론 char*를 키 타입으로 사용할 경우 문제점도 있습니다. std::map은 키 타입에 관한 순서 관계를 사용해 키/값 쌍을 내부 자료구조에 넣습니다. 기본적으로 이 관계는 표현식 key1 < key2를 계산합니다. std::string은 문자열을 비교하기 위해 operator<를 정의합니다. char* 또한 operator<를 정의하지만 포인터가 가리키는 문자열이 아닌 포인터 그 자체, 즉 주솟값을 비교합니다.

개발자가 std::map을 사용할 경우 사용자 정의 비교 알고리즘을 구현해 이 문제를 해결할 수 있습니다. 이는 C++에서 표준 컨테이너의 작동 대신 사용자 정의 작동을 구현할 수 있는 예시입니다. std::map의 세 번째 템플릿 매개변수로 비교 알고리즘을 제공할 수 있습니다. 비교 알고리즘의 기본값은 함수 객체 std::less<Key>입니다. std::less는 두 키를 비교하는 표현식 key1 < key2의 결과를 반환하는 멤버 함수 bool operator()(Key const& k1, Key const& k2)를 정의합니다.

이 프로그램은 원칙적으로 char* 타입에 대해 std::less를 특수화할 수 있습니다. 그러나 이 특수화는 적어도 파일 전체에서 볼 수 있으므로 프로그램의 다른 부분에서 예상 밖의 작동이 발생할 수 있습니다.

이때 함수 객체 대신 [예제 9-1]처럼 비교하는 C 스타일 함수를 구현할 수 있습니다. 맵을 선언하는 코드에서 세 번째 인수로 함수 시그니처를 넣고 함수를 가리키는 포인터로 맵을 초기화합니다.

예제 9-1 C 스타일 char* 키, 비교 함수를 사용하는 맵

```
bool less_free(char const* p1, char const* p2) {
    return strcmp(p1, p2) < 0;
}

    ...

std::map<char const*,
         unsigned,
         bool(*)(char const*, char const*)> table(less_free);
```

위 코드를 테스트한 결과 실행에 1,450밀리초가 걸렸습니다. std::string 키를 사용했을 때보다 크게 개선되었습니다.

한편 비교 함수를 캡슐화하는 새로운 함수 객체를 만들 수도 있습니다. [예제 9-2]에서 less_for_c_strings는 클래스 타입의 이름이므로 타입 인수의 역할을 하며 포인터는 필요 없습니다.

예제 9-2 char* 키, 비교 함수를 함수 객체로 사용하는 맵

```
struct less_for_c_strings {
    bool operator()(char const* p1, char const* p2) {
        return strcmp(p1, p2) < 0;
    }
};

    ...

std::map<char const*,
         unsigned,
         less_for_c_strings> table;
```

위 코드를 테스트한 결과 실행에 820밀리초가 걸렸습니다. 맨 처음에 작성했던 코드보다 거의 3배 빠르며 char*와 함수로 구현한 코드보다 거의 2배 빠릅니다.

C++11에서는 std::map에 char* 비교 함수를 제공하는 또 다른 방법이 있습니다. 바로 람다를 정의해 맵 생성자에 전달하는 방법입니다. 람다는 지역적으로 정의할 수 있고 문법이 간단해 사용하기 편리합니다. 람다를 사용한 코드는 [예제 9-3]에 나와 있습니다.

예제 9-3 char* 키, 비교 함수를 람다로 사용하는 맵

```cpp
auto comp = [](char const* p1, char const* p2) {
    return strcmp(p1, p2) < 0;
};
std::map<char const*,
         unsigned,
         decltype(comp)> table(comp);
```

이 예제에서는 C++11의 decltype 키워드를 사용합니다. 맵의 세 번째 인수는 타입입니다. comp는 변수고 decltype(comp)는 변수의 타입입니다. 람다 타입에는 이름이 없으며 각 람다 타입은 고유합니다. 따라서 람다의 타입을 알 수 있는 방법은 decltype뿐입니다.

이전 예제에서 람다는 operator()를 포함하는 함수 객체처럼 행동합니다. 따라서 이 메커니즘은 전과 동일한 성능을 갖습니다. 맵에 람다를 생성자 인자로 전달해야 하지만요.

NULL로 끝나는 문자열 테이블을 테스트했을 때 가장 빨리 걸렸던 시간을 기준으로 기존 문자열 구현 코드보다는 약 3배 빠르며 고정된 크기를 갖는 배열로 구현한 코드보다는 55% 빠릅니다.

C++ 대 비주얼 스튜디오 컴파일러

비주얼 스튜디오 2010과 비주얼 스튜디오 2015에서는 [예제 9-3]을 문제없이 컴파일할 수 있지만 비주얼 스튜디오 2012와 2013은 비주얼 스튜디오의 표준 라이브러리 구현 버그 때문에 오류 메시지를 출력합니다.

재미있는 점은 C++에서 캡처가 없는 람다는 함수 포인터로 묵시적 형변환할 수 있다는 것입니다. 람다식을 정말 좋아하는 사용자라면 비주얼 스튜디오 2012와 2013 컴파일러에서도 람다를

사용할 수 있다는 점을 참고하기 바랍니다. 맵의 세 번째 생성자 인수로 람다를 가리키는 함수 포인터의 시그니처를 사용합니다.

```
auto comp = [](char const* p1, char const* p2) {
    return strcmp(p1, p2) < 0;
};
std::map<char const*,
        unsigned,
        bool(*)(char const*, char const*)> kvmap(comp);
```

이 경우 함수 포인터를 사용하는 std::map의 성능과 같아집니다. 다만 함수 객체를 사용하는 std::map보다는 성능이 낮습니다.

C++ 표준이 진화함에 따라 C++ 컴파일러가 점진적으로 타입 추론을 더 정교하게 하고 있으므로 람다도 더 재미있어질 겁니다. 그러나 2016년 초 현재 함수 객체를 사용한 코드보다 더 좋은 방법은 없습니다.

9.3.3 키가 값에 있을 때 맵의 사촌인 std::set을 사용하기

일부 프로그래머는 키의 값으로 키와 다른 데이터를 모두 포함하는 자료구조를 정의하는 것이 자연스럽다는 사실을 알게 됩니다. 사실 std::map은 내부적으로 키와 값을 결합한 구조체를 선언합니다. 다음 코드와 유사한 형태로 말이죠.

```
template <typename KeyType, typename ValueType> struct value_type {
    KeyType const first;
    ValueType second;
    // ... 생성자와 대입 연산자
};
```

하지만 프로그램에서 이러한 자료구조를 정의하더라도 std::map에서 직접 사용할 수는 없습니다. std::map은 실용적인 이유로 키와 값을 따로 정의하라고 요구합니다. 키를 변경하면 맵의 자료구조 전체가 유효하지 않게 될 수 있기 때문에 키는 일정해야 합니다. 또한 키를 지정하면 맵이 키에 접근하는 방법을 알 수 있습니다.

std::map에는 사촌이 있습니다. 바로 자체적인 키를 포함하는 자료구조를 용이하게 쓸 수 있게 해주는 std::set입니다. std::set 타입은 기본적으로 std::less로 두 요소 전체를 비교하는 비교 함수를 사용합니다. 따라서 개발자가 std::set과 자체적인 키를 포함하는 사용자 정의 구조체를 사용하려면 사용자 정의 구조체에 대해 std::less나 operator<를 특수화하거나 디폴트가 아닌 비교 객체를 제공해야 합니다. 이 둘은 비슷해서 하나를 추천하기는 어렵습니다. 선호에 따라 선택하면 됩니다.

필자가 지금 이 이야기를 언급하는 이유는 키/값 테이블을 위한 시퀀스 컨테이너를 사용한다고 설명했을 때 항목을 저장하는 자료구조를 위한 비교 연산자를 정의하거나 검색 알고리즘을 호출할 때 비교 함수를 지정해야 할 수도 있기 때문입니다.

9.4 〈algorithm〉 헤더를 사용한 검색 최적화

이전 절에서는 키를 나타내는 자료구조와 키를 비교하는 알고리즘을 변경해 성능을 향상했습니다. 이 절에서는 검색 알고리즘과 테이블 자료구조의 변경을 살펴봅니다.

C++ 표준 라이브러리는 std::string 및 std::map과 같은 자료구조 외에도 검색 및 정렬 알고리즘을 포함해 다양한 알고리즘을 제공합니다. 표준 라이브러리의 알고리즘은 반복자iterator를 인수로 사용합니다. 반복자는 포인터의 행동을 추상화해 값을 포함하는 자료구조에서 값을 탐색하는 작동을 분리합니다. 표준 라이브러리 알고리즘은 구체적인 자료구조가 아닌 반복자 인수의 추상적인 행동으로 지정됩니다. 반복자를 사용하는 알고리즘이 반드시 갖춰야 할 필수 속성을 가지고 있다면, 다양한 자료구조에서 이런 반복자 기반 알고리즘을 사용할 수 있습니다.

표준 라이브러리의 검색 알고리즘은 두 개의 반복자를 사용합니다. 검색할 항목 시퀀스의 시작 부분을 가리키는 반복자와 검색할 항목 시퀀스의 끝(마지막 항목의 바로 전 항목)을 가리키는 반복자입니다. 반복자로 검색할 키를 모두 가져와 비교 함수를 선택적으로 수행합니다. 이때 검색 알고리즘에 따라 무엇을 반환할 것인지, 비교 함수가 키 사이의 순서 관계나 동일성 테스트를 정의해야 하는지 여부가 서로 다릅니다.

검색할 자료구조의 범위는 [first, last)입니다. 여기서 왼쪽에 있는 대괄호는 first가 범위에 포함되며 오른쪽에 있는 소괄호는 last가 범위에 포함되지 않는다는 것을 의미합니다. 대다수의 표준 라이브러리 알고리즘에서 범위 표기법을 사용합니다.

반복자 기반 검색 방법 중 일부는 분할 정복 알고리즘을 구현합니다. 분할 정복 알고리즘은 두 반복자 사이의 거리나 요소의 개수를 계산하는 반복자 일부의 특정 속성에 의존합니다. 그리고 이 방법의 시간 복잡도는 $O(n)$보다 더 좋습니다. 두 반복자 사이의 거리를 계산하려면 한 반복자가 다른 반복자와 같아질 때까지 값을 증가시키면 됩니다. 하지만 이 방법은 $O(n)$의 시간이 걸립니다. 임의 접근 반복자가 갖는 특징은 거리를 상수 시간에 계산할 수 있다는 것입니다.

임의 접근 반복자를 제공하는 시퀀스 컨테이너에는 C 스타일 배열, `std::string`, `std::vector`, `std::deque`가 있습니다. `std::list`에 분할 정복 알고리즘을 적용할 수 있지만 양방향 반복자에서 거리를 계산하는 시간이 더 오래 걸리므로 $O(\log_2 n)$가 아닌 $O(n)$의 시간이 걸립니다.

문자열과 **맵**은 이름만 들어도 무슨 기능을 하는지 바로 추측할 수 있으며 초보자도 쉽게 사용할 수 있습니다. 하지만 모든 반복자 기반의 검색 알고리즘이 바로 추측할 수 있는 이름을 갖고 있지는 않습니다. 이러한 알고리즘도 매우 일반화되어 있기 때문에 똑같은 big-O 시간 복잡도를 갖는다고 하더라도 어떤 알고리즘을 사용하냐에 따라 성능이 엄청나게 차이날 수 있습니다.

9.4.1 시퀀스 컨테이너의 검색을 위한 키/값 테이블

시퀀스 컨테이너에서 `std::map`이나 `std::set`을 사용한 구현이 아닌 키/값 테이블을 사용한 구현을 선택해야 하는 몇 가지 이유가 있습니다. 시퀀스 컨테이너는 맵보다 메모리를 적게 소비합니다. 또한 설정하는 비용도 저렴합니다. 표준 라이브러리 알고리즘의 매우 유용한 특성은 모든 타입의 배열을 처리할 수 있다는 것입니다. 따라서 정적으로 초기화된 구조체 배열에서도 효율적으로 검색할 수 있습니다. 정적으로 구조체 배열을 초기화 함으로써 테이블을 설정하고 파괴하는 모든 비용을 없앨 수 있습니다. 게다가 MISRA C++(*http://www.misra-cpp.com*)과 같은 코딩 표준에서는 동적으로 할당된 자료구조의 사용을 금지하거나 제한합니다. 이러한 환경에서 효율적인 검색 방법을 알고 있으면 안심이 됩니다.

이 절의 예제는 다음 구조체 정의를 사용합니다.

```
struct kv {    // (키, 값) 쌍
    char const* key;
```

```
    unsigned value;    // 무엇이든 될 수 있습니다.
};
```

이러한 키/값 쌍으로 정적 배열을 정의할 수 있습니다.

```
kv names[] = {// 알파벳 순서
    { "alpha",    1 }, { "bravo",     2 },
    { "charlie",  3 }, { "delta",     4 },
    { "echo",     5 }, { "foxtrot",   6 },
    { "golf",     7 }, { "hotel",     8 },
    { "india",    9 }, { "juliet",   10 },
    { "kilo",    11 }, { "lima",     12 },
    { "mike",    13 }, { "november", 14 },
    { "oscar",   15 }, { "papa",     16 },
    { "quebec",  17 }, { "romeo",    18 },
    { "sierra",  19 }, { "tango",    20 },
    { "uniform", 21 }, { "victor",   22 },
    { "whiskey", 23 }, { "x-ray",    24 },
    { "yankee",  25 }, { "zulu",     26 }
};
```

배열 names의 초기화는 정적 애그리게이트aggregate 초기화입니다. C++ 컴파일러는 컴파일 타임에 C 스타일 구조체로 초기화된 데이터를 만듭니다. 이 배열을 만드는 런타임 비용은 없습니다.

이 작은 테이블에서 다양한 알고리즘을 사용해 테이블에 있는 26개의 키와 테이블에 없는 27개의 키를 검색합니다. 총 53번의 검색을 백만 번 반복합니다. 이전 절에서 std::map 기반 컨테이너에서 수행했던 테스트와 동일합니다.

표준 라이브러리 컨테이너 클래스는 멤버 함수 begin()과 end()를 제공하기 때문에 프로그램은 반복자를 사용해 범위 기반 검색을 할 수 있습니다. C 스타일 배열은 더 원시적이므로 반복자 함수를 제공하지 않습니다. 하지만 템플릿으로 조금만 마법을 부리면 범위 기반 검색을 할 수 있는 타입세이프typesafe한 템플릿 함수를 만들 수 있습니다. 템플릿 함수는 배열 타입을 인수로 취하므로 배열이 포인터로 묵시적으로 형변환되지 않습니다.

```
// C 스타일 배열에서 크기와 시작/끝을 구하기
template <typename T, int N> size_t size(T (&a)[N]) {
```

```
        return N;
    }
    template <typename T, int N> T* begin(T (&a)[N]) {
        return &a[0];
    }
    template <typename T, int N> T* end(T (&a)[N]) {
        return &a[N];
    }
```

C++11에서는 똑같은 마법을 부려 더욱 정교한 begin()과 end()를 정의했습니다. 이 구현 코드는 <iterator> 헤더의 네임스페이스 std에서 찾을 수 있습니다. 이 헤더는 표준 라이브러리 컨테이너 클래스의 헤더를 포함할 때마다 자동으로 포함됩니다. 비주얼 스튜디오 2010은 표준이 될 것을 예상해 begin()과 end()를 미리 정의해 제공합니다. size()는 C++17에서 표준으로 채택되었습니다.

9.4.2 이름이 명확하고 시간 비용이 $O(n)$인 std::find()

표준 라이브러리 <algorithm> 헤더는 템플릿 함수 find()를 다음과 같이 정의합니다.

```
template <class It, class T> find(It first, It last, const T& key)
```

find() 알고리즘은 단순한 선형 검색 알고리즘입니다. 선형 검색은 가장 일반적인 검색 유형입니다. 검색할 데이터가 정렬되지 않아도 괜찮습니다. 다만 키가 똑같은지 비교할 수 있어야 합니다.

find()는 시퀀스 컨테이너에서 key와 똑같은 값을 갖는 첫 번째 항목을 가리키는 반복자를 반환합니다. 반복자 인수 first와 last는 검색할 범위를 정하며 last는 시퀀스 컨테이너에서 마지막 항목의 바로 다음 위치를 가리킵니다. 템플릿 매개변수 it로 주어진 first와 last의 타입은 find()를 통해 탐색할 자료구조의 종류에 따라 달라집니다. find()의 사용 예는 [예제 9-4]에 나와 있습니다.

예제 9-4. std::find()를 사용한 선형 검색

```
kv* result = std::find(std::begin(names), std::end(names), key);
```

이 호출 코드에서 names는 검색할 배열의 이름입니다. key는 각 kv 항목과 비교할 값입니다. 이때 비교하기 위해 find()가 인스턴스화되는 범위에 키를 비교하는 특정 함수를 정의해야 합니다. 이 함수는 std::find()가 비교하기 위해 알아야 할 모든 것을 알려줍니다. C++에서는 임의의 타입을 갖는 한 쌍의 값에 대해 동등 연산자 bool operator==(v1, v2)를 오버로드할 수 있습니다. key가 char를 가리키는 포인터일 때 필요한 함수는 다음과 같습니다.

```
bool operator==(kv const& n1, char const* key) {
    return strcmp(n1.key, key) == 0;
}
```

std::find()와 26개의 샘플 요소를 갖는 테이블에 키가 들어 있는 집합과 없는 집합을 사용해 테스트한 결과 1,425밀리초가 걸렸습니다.

find()를 변형한 함수인 find_if()는 네 번째 인수로 비교 함수를 취합니다. 개발자는 find()의 범위에서 operator==()를 정의하는 대신 람다로 작성할 수 있습니다. 람다는 비교 대상인 테이블 요소 하나만을 취합니다. 따라서 람다는 환경에서 키 값을 캡처[3]해야 합니다.

9.4.3 값을 반환하지 않는 std::binary_search()

이진 검색은 매우 유용한 분할 정복 전략을 사용합니다. 그래서 C++ 표준 라이브러리의 여러 알고리즘에서 사용합니다. 하지만 값을 검색할 때에는 유용하지 않은데, 어떤 이유에서인지는 몰라도 검색 알고리즘을 연상시키는 binary_search라는 이름을 사용하게 되었습니다.

표준 라이브러리 알고리즘 binary_search()는 정렬된 테이블에 키가 있는지를 나타내는 bool 값을 반환합니다. 하지만 기이하게도 일치하는 테이블 요소를 반환하는 함수는 없습니다. 따라서 find와 binary_search 모두 우리가 찾는 해결책이 아닙니다.

만약 테이블에서 값을 찾는 대신 값이 있는지 여부만 알고 싶다면 std::binary_search()를 사용하면 됩니다. std::binary_search()를 사용해 테스트한 결과 실행에 972밀리초가 걸렸습니다.

---

3 감수자_ 람다에서 람다 외부의 변수를 사용하기 위해 사용하는 구문을 캡처(capture)라고 합니다.

9.4.4 std::equal_range()를 사용한 이진 검색

시퀀스 컨테이너가 정렬되어 있다면 C++ 표준 라이브러리에서 제공하는 이런저런 것을 사용해 효율적인 검색 함수를 짜 맞출 수 있습니다. 하지만 불행하게도 표준 라이브러리에서 제공하는 함수들은 이진 검색의 개념을 연상시키는 이름을 갖지 않습니다.

C++ 표준 라이브러리의 `<algorithm>` 헤더에는 다음과 같이 정의된 `std::equal_range()` 템플릿 함수가 있습니다.

```
template <class ForwardIt, class T>
    std::pair<ForwardIt, ForwardIt>
        equal_range(ForwardIt first, ForwardIt last, const T& value);
```

`equal_range()`는 정렬된 시퀀스 [`first`, `last`)에서 값과 똑같은 항목들을 포함하는 서브 시퀀스의 범위를 구분한 반복자 쌍을 반환합니다. 만약 값과 똑같은 항목이 없다면 범위가 비었다는 것을 나타내기 위해 똑같은 값을 가리키는 반복자 쌍을 반환합니다. 반환된 반복자가 똑같은 값을 가리키지 않는다면 적어도 값과 일치하는 항목이 1개는 있다는 것입니다. 예제 코드의 구성 때문에 키와 일치하는 항목이 2개 이상 있을 수는 없으며, 첫 번째 반복자는 이 항목을 가리킵니다. [예제 9-5]는 `result`를 일치하는 테이블 항목이나 테이블의 끝으로 설정합니다.

예제 **9-5** std::equal_range()를 사용한 이진 검색

```
auto res = std::equal_range(std::begin(names), std::end(names), key);
kv* result = (res.first == res.second) ? std::end(names) : res.first;
```

샘플 테이블에서 `equal_range()`의 성능을 측정하기 위해 테스트한 결과 실행에 1,810밀리초가 걸렸습니다. 선형 검색으로 같은 크기의 테이블을 테스트한 결과보다 좋지 않습니다. 가히 충격적입니다. 이 테스트로 `equal_range()`가 이진 검색 함수를 위한 최선의 선택이 아니라는 점을 알 수 있습니다.

9.4.5 std::lower_bound()를 사용한 이진 검색

equal_range()의 시간 복잡도는 $O(\log_2 n)$을 보장합니다. 하지만 실제로 테이블을 검색하는 데 필요한 것보다 몇 가지 작동이 추가됩니다. 이해를 돕고자 equal_range()의 구현 코드 중 한 가지를 살펴보겠습니다.

```
template <class It, class T>
    std::pair<It, It>
        equal_range(It first, It last, T& value) {
    return std::make_pair(std::lower_bound(first, last, value),
                          std::upper_bound(first, last, value));
}
```

upper_bound()는 테이블에서 두 번째 분할 정복 경로를 만들어 반환된 범위의 끝을 찾습니다. 왜냐하면 equal_range()는 보통 똑같은 키를 갖는 값이 2개 이상인 정렬된 시퀀스에서 작동하기 때문입니다. 하지만 예제 코드에서는 구성 때문에 키와 일치하는 항목이 1개이거나 없습니다. 따라서 [예제 9-6]처럼 lower_bound()와 1번의 비교 연산으로 검색할 수도 있습니다.

예제 9-6 std::lower_bound()를 사용한 이진 검색

```
kv* result = std::lower_bound(std::begin(names), std::end(names), key);
if (result != std::end(names) && key < *result.key)
    result = std::end(names);
```

이 예제에서 std::lower_bound()는 키가 key보다 작지 않은 테이블의 첫 번째 항목을 가리키는 반복자를 반환합니다. 모든 항목이 key보다 작을 경우 테이블의 끝을 가리키는 반복자를 반환합니다. 그리고 key보다 큰 항목을 가리킬 수도 있습니다. 마지막 if문은 이러한 조건 중 하나가 참이면 result를 테이블의 끝을 가리키도록 설정합니다. 그렇지 않으면 key와 똑같은 키를 갖는 항목을 가리키도록 설정합니다.

이 검색을 사용해 테스트한 결과 실행에 973밀리초가 걸렸습니다. std::equal_range()보다 86% 빠릅니다. 만족스러운 결과입니다. 이러한 결과가 나온 이유는 아마 작업량이 절반이기 때문일 겁니다.

std::lower_bound를 사용한 검색은 std::map을 사용해 최상으로 구현한 코드와 견줄 만한 성능을 갖습니다. 또한 정적 테이블을 생성하거나 파괴하는 비용이 0이라는 장점도 있습니다. 함수 std::binary_search()는 bool 값만 반환하는데도 테스트 실행에 973밀리초가 걸립니다. C++ 표준 라이브러리 알고리즘을 사용해 개선할 수 있는 성능은 여기까지인 것처럼 보입니다.

9.4.6 직접 코딩한 이진 검색

표준 라이브러리 함수와 똑같은 인수를 사용해 이진 검색을 직접 코딩할 수 있습니다. 표준 라이브러리 알고리즘은 모두 하나의 비교 함수 operator<()를 사용합니다. 따라서 최소한의 인터페이스만 제공하면 됩니다. 이 함수는 결국 키와 똑같은 항목이 있는지를 확인해야 하기 때문에 마지막에 연산을 추가로 수행해야 합니다. 여기서 a == b는 !(a < b) && !(b < a)로 정의할 수 있습니다.

원본 테이블은 [start, end)으로 표시된 범위에 연속된 값들이 저장되어 있습니다. 검색 과정의 각 단계에서 (예제 9–7에 있는) 함수는 범위의 중간점을 계산한 뒤 중간점에 있는 항목과 key를 비교합니다. 이렇게 하면 범위를 [start, mid)와 [mid+1, stop)로 절반씩 분할합니다. 분할된 범위가 거의 같기 때문에 효율적이라고 말할 수 있습니다.

예제 9-7 비교 연산자로 '<'를 사용해 직접 코딩한 이진 검색

```cpp
kv* find_binary_lessthan(kv* start, kv* end, char const* key) {
    kv* stop = end;
    while (start < stop) {
        auto mid = start + (stop - start) / 2;
        if (*mid < key) {               // 오른쪽 절반 [mid+1, stop)을 검색
            start = mid + 1;
        }
        else {                          // 왼쪽 절반 [start, mid)
            stop = mid;
        }
    }
    return (start == end || key < *start) ? end : start;
}
```

직접 코딩한 이진 검색을 사용해 테스트한 결과 실행에 968밀리초가 걸렸습니다. 이 이진 검색
은 std::lower_bound()를 사용한 이진 검색과 거의 비슷한 성능을 갖습니다.

9.4.7 strcmp()를 사용해 직접 코딩한 이진 검색

우리는 지금까지 이진 검색의 최적화에 대해 살펴봤습니다. 하지만 최적화할 수 있는 여지
는 아직 남아 있습니다. 바로 operator<()를 strcmp()의 관점에서 정의하는 것입니다.
strcmp()는 operator<()와 마찬가지로 두 키를 비교합니다. 하지만 더 많은 정보를 생성합
니다. strcmp()는 결과로 int 값을 반환하는데 0보다 크면 첫 번째 키가 두 번째 키보다 크며,
0보다 작으면 첫 번째 키가 두 번째 키보다 작으며, 0과 같으면 두 키가 같습니다. strcmp()를
사용해 코딩하면 [예제 9-8]에서 볼 수 있듯이 C로 작성한 코드 같아 보입니다.

while문의 각 단계에서 검색할 시퀀스의 범위는 [start, stop)입니다. 이때 검색할 시퀀스
의 중간점을 mid로 설정합니다. strcmp()가 반환하는 값은 시퀀스를 세 부분 [start, mid),
[mid, mid+1), [mid+1, stop)으로 분할합니다. mid->key가 key보다 크다면 key는 범위가
mid 이전까지인 시퀀스의 왼쪽 부분에 있어야 합니다. mid->key가 key보다 작으면 key는 범
위가 mid+1부터 시작하는 시퀀스의 오른쪽 부분에 있어야 합니다. 둘 다 아니라면 mid->key는
key와 같으며 반복문이 끝납니다. if/else 로직은 성능을 향상하기 위해 더 자주 실행하는 조
건문을 미리 추측해 처리합니다.[4]

예제 9-8 strcmp()를 사용해 직접 코딩한 이진 검색

```
kv* find_binary_3(kv* start, kv* end, char const* key) {
    auto stop = end;
    while (start < stop) {
        auto mid = start + (stop - start) / 2;
        auto rc = strcmp(mid->key, key);
        if (rc > 0) {
            stop = mid;
        }
        else if (rc < 0) {
            start = mid + 1;
        }
```

---

4 옮긴이_ *https://ko.wikipedia.org/wiki/분기_예측*

```
        else {
            return mid;
        }
    }
    return mid;
}
```

이 이진 검색을 사용해 테스트한 결과 실행에 771밀리초가 걸렸습니다. 이 이진 검색은 표준 라이브러리에서 사용하는 이진 검색보다 거의 26% 빠릅니다.

9.5 해시 키/값 테이블 검색 최적화

이전 절에서는 매우 효율적으로 구성되어 있는 특정 테이블의 자료구조에 대한 알고리즘 변경 사항을 살펴봤습니다. 이번 절에서는 해시 테이블의 자료구조와 알고리즘을 살펴봅니다.

해시 테이블의 개념은 키를 해시 함수에 넣어 정수 해시 값으로 변환하는 것입니다. 이때 키의 타입은 무엇이든 상관없습니다. 해시는 차례대로 테이블 항목으로 직접 연결되는 배열에 대한 색인값이 됩니다. 그런 다음 테이블 항목이 키와 일치하면 검색은 성공합니다. 해시가 항상 배열 색인값에 직접 연결되어 있다면 상수 시간에 접근할 수 있습니다. 유일한 비용은 해시를 생성하는 비용뿐입니다. 해싱은 선형 검색과 마찬가지로 키 사이의 순서 관계를 가정하지 않습니다. 단지 키를 비교해 같은지 확인할 수 있으면 됩니다.

해시 테이블을 구현할 때 복잡한 부분은 바로 효율적인 해시 함수를 찾는 것입니다. 10글자로 된 문자열은 32비트 정수보다 많은 비트를 차지합니다. 따라서 둘 이상의 서로 다른 문자열이 동일한 해시 값을 가질 수 있습니다. 이때 충돌이 발생하는데 이를 해결하기 위한 방법을 제공해야 합니다. 충돌 처리 방법으로는 해시 테이블의 각 항목이 동일한 색인값을 가지는 항목들의 리스트의 헤드[head]인 방법과 빈 색인값을 찾을 때까지 해당 색인과 인접한 곳들을 찾는 방법이 있습니다[5].

또 다른 문제는 해시 함수가 특정 색인값을 절대 생성하지 않는 경우입니다. 이때 해당 색인값

---

5 옮긴이_ 전자를 세퍼레이트 체이닝(separate chaining) 방식이라고 하고 후자를 오픈 어드레싱(open addressing) 방식이라고 합니다(참고: *https://en.wikipedia.org/wiki/Hash_table*).

은 해시 테이블에서 절대 사용되지 않는 상태로 남아 있게 됩니다. 또한 해시 테이블의 크기가 같은 항목을 저장하는 정렬된 배열보다 커지게 됩니다.

형편없는 해시 함수나 운이 없는 키 집합 때문에 똑같은 색인에 많은 키가 해시되는 경우가 있습니다. 이때 해시 테이블의 성능이 $O(n)$으로 떨어져 선형 검색보다 좋지 않은 성능을 갖게 됩니다.

좋은 해시 함수는 키의 비트 값과 전혀 상관없는 해시 값을 생성합니다. 난수 생성기와 암호화 인코더는 이러한 목표에 적합합니다. 그러나 해시 함수를 계산하는 비용이 크다면 테이블이 매우 큰 경우를 제외하고 이진 검색보다 좋은 점이 없을 것입니다.

컴퓨터 과학자들은 오랜 시간 동안 더 좋은 해시 함수를 찾기 위해 고군분투했습니다. 스택 익스체인지의 질문 페이지(*http://bit.ly/se-hash*)를 방문하면 유명한 해시 함수 몇 가지에 대한 성능 데이터와 참조 링크가 있습니다. 개발자들이 개선한 해시 테이블은 이미 성능을 개선할 만큼 개선해 더 크게 작업할 만한 것이 없습니다.

C++은 std::hash라고 하는 표준 해시 함수 객체를 정의합니다. std::hash는 정수, 부동 소수점 데이터, 포인터, std::string 타입에 특수화된 템플릿입니다. 특수화되지 않은 std::hash는 포인터로도 사용하는데 해시된 타입을 size_t로 변환한 뒤 이 값의 비트를 무작위로 추출합니다.

9.5.1 std::unordered_map으로 해싱하기

C++11의 표준 헤더 <unordered_map>은 해시 테이블을 제공합니다. 비주얼 스튜디오 2010은 해시 테이블이 표준에 추가될 것을 예상해 헤더를 미리 제공했습니다. 하지만 std::unordered _map은 이전 예제에서 사용했던 직접 코딩한 정적 테이블과 함께 사용할 수는 없습니다. 시작 시 항목을 해시 테이블에 삽입해야 하며 추가 비용이 듭니다. [예제 9-9]는 std::unordered_ map을 사용해 해시 테이블을 만들고 항목을 삽입하는 코드를 보여줍니다.

예제 9-9 해시 테이블 초기화

```
std::unordered_map<std::string, unsigned> table;
for (auto it = names; it != names + namesize; ++it)
    table[it->key] = it->value;
```

std::unordered_map에서 사용되는 디폴트 해시 함수는 템플릿 함수 객체 std::hash입니다. 이 템플릿은 std::string 타입에 대해 특수화되어 있으므로 해시 함수를 명시적으로 제공할 필요가 없습니다.

테이블에 모든 항목들을 삽입하고 나면 검색할 수 있습니다.

```
auto it = table.find(key);
```

it는 유효한 항목이나 table.end() 중 하나를 가리키는 테이블의 반복자입니다.

std::unordered_map에 std::string 키를 사용하면 단순한 코드와 합리적인 성능을 얻기 위해 맵의 템플릿에 설정된 모든 기본값을 사용합니다. std::unordered_map의 성능을 측정하기 위해 테스트한 결과 테이블 생성 시간을 제외하고 실행에 1,725밀리초가 걸렸습니다. 문자열 키를 사용하는 std::map보다 56% 빠릅니다. 하지만 세계 기록 정도의 결과는 아닙니다. 해싱이 굉장히 좋은 성능을 갖는다고 헛된 희망을 품었다는 점을 감안할 때, 결과는 매우 놀랍고 실망스럽습니다.

9.5.2 고정된 크기를 갖는 문자 배열 키로 해싱하기

'9.3.1절 std::map에 고정된 크기를 갖는 문자열 키를 사용하세요'의 고정된 문자 배열 템플릿 클래스인 charbuf는 해시 테이블과 함께 사용할 수 있습니다. 다음 템플릿은 charbuf에 문자열을 해시하는 방법과 충돌이 생겼을 때 키를 비교할 수 있는 연산자 operator==를 제공하며 확장합니다.

```
template <unsigned N=10, typename T=char> struct charbuf {
    charbuf();
    charbuf(charbuf const& cb);
    charbuf(T const* p);
    charbuf& operator=(charbuf const& rhs);
    charbuf& operator=(T const* rhs);

    operator size_t() const;

    bool operator==(charbuf const& that) const;
    bool operator<(charbuf const& that) const;
```

```
private:
    T data_[N];
};
```

해시 함수는 operator size_t()입니다. 그다지 직관적인 이름은 아니며 명확하지도 않습니다. std::hash()의 기본 특수화는 인수를 size_t 타입으로 변환합니다. 포인터의 경우에는 보통 포인터의 비트를 변환하지만 charbuf&를 사용하면 charbuf::operator size_t()가 호출돼 해시를 size_t로 변환합니다. charbuf를 사용한 해시 테이블은 다음과 같이 선언합니다.

```
std::unordered_map<charbuf<>, unsigned> table;
```

이 해시 테이블의 성능은 실망스럽습니다. 53개의 키워드로 테스트한 결과 실행에 2,277밀리초가 걸렸습니다. std::string을 사용한 해시 테이블이나 맵보다 더 오래 걸립니다.

9.5.3 NULL로 끝나는 문자열 키로 해싱하기

> 이런 건 아주 세심하게 다뤄줘야 하거든, 그렇지 않으면 마법에 당하고 마니까.
>
> — 서쪽 마녀, 『오즈의 마법사』

만약 해시 테이블을 C++ 문자열 리터럴처럼 수명이 길고 NULL로 끝나는 문자열로 초기화할 수 있다면 이러한 문자열을 가리키는 포인터로 해시 기반의 키/값 테이블을 생성할 수 있습니다. std::unordered_map의 키 타입으로 char*를 사용하면 성능을 향상시킬 수 있습니다. 하지만 그렇게 간단하지 않습니다.

std::unordered_map의 전체 정의는 다음과 같습니다.

```
template<
    typename Key,
    typename Value,
    typename Hash = std::hash<Key>,
    typename KeyEqual = std::equal_to<Key>,
    typename Allocator = std::allocator<std::pair<const Key, Value>>
> class unordered_map;
```

여기서 Hash는 Key를 해시하는 함수에 대한 함수 객체나 함수 포인터의 타입 선언입니다. 그리고 KeyEqual은 Key의 두 인스턴스를 비교해 해시 충돌을 해결하는 함수에 대한 함수 객체나 함수 포인터의 타입 선언입니다.

Key가 포인터일 때 Hash는 문제없이 정의됩니다. 프로그램은 오류 없이 컴파일됩니다. 심지어 실행될 수도 있습니다(필자가 처음에 테스트했을 때는 너무나 빠른 시간에 실행되어 뿌듯했던 적이 있습니다). 하지만 이 프로그램은 올바른 프로그램이 아닙니다. 왜냐하면 std::hash가 포인터가 가리키는 문자열의 해시 값이 아닌 포인터 자체의 해시 값을 생성하기 때문입니다. 예를 들어 테스트 프로그램이 문자열 배열에서 테이블을 불러온 뒤 각 문자열을 찾을 수 있는지 테스트한다면, 테스트할 키를 가리키는 포인터는 테이블 초기화에 사용한 키를 가리키는 포인터와 똑같기 때문에 잘 작동하는 것처럼 보입니다. 하지만 사용자 입력에서 가져온 복사 문자열을 사용해 테이블을 테스트하면 테스트할 문자열을 가리키는 포인터와 테이블 초기화에 사용한 키를 가리키는 포인터가 똑같지 않기 때문에 문자열이 테이블에 없다고 말합니다.

이 문제는 템플릿의 세 번째 인자에 기본값 대신 사용자 정의 해시 함수를 사용하면 해결됩니다. 맵과 마찬가지로 이 해시 함수에는 함수 객체, 람다 선언, 함수 포인터를 사용할 수 있습니다.

```
struct hash_c_string {
    void hash_combine(size_t& seed, T const& v) {
        seed ^= v + 0x9e3779b9 + (seed << 6) + (seed >> 2);
    }

    std::size_t operator()(char const* p) const {
        size_t hash = 0;
        for (; *p; ++p)
            hash_combine(hash, *p);
        return hash;
    }
};

// 이 구현은 미완성입니다. 아래를 참고하세요.
std::unordered_map<char const*, unsigned, hash_c_string> table;
```

필자는 부스트에서 해시 함수를 가져왔습니다. C++14 표준 이상을 지원한다면 표준 라이브러리에 구현 코드가 포함되어 있을 것입니다. 아, 비주얼 스튜디오 2010에서는 이 함수를 제공하지 않았습니다.

프로그램은 오류 없이 컴파일됩니다. 테이블의 크기가 작은 경우 잘 작동하는 경우도 있습니다. 하지만 테스트를 세심하게 하다 보면 여전히 올바른 프로그램이 아니라는 사실을 알 수 있습니다. 문제는 std::unordered_map 템플릿의 네 번째 인수인 KeyEqual입니다. 이 인수의 기본값은 두 피연산자에 operator==을 적용하는 함수 객체인 std::equal_to입니다. operator==는 포인터에 대해 정의되어 있지만 포인터가 가리키는 문자열을 비교하는 게 아니라 포인터가 가리키는 주소만 비교합니다.

물론 KeyEqual 템플릿 매개변수에 사용자 정의 함수 객체를 사용하면 해결됩니다. 완성된 코드는 [예제 9-10]에 있습니다.

예제 9-10 NULL로 끝나는 문자열 키를 사용한 std::unordered_map

```cpp
struct hash_c_string {
    void hash_combine(size_t& seed, T const& v) {
        seed ^= v + 0x9e3779b9 + (seed << 6) + (seed >> 2);
    }

    std::size_t operator()(char const* p) const {
        size_t hash = 0;
        for (; *p; ++p)
            hash_combine(hash, *p);
        return hash;
    }
};

struct comp_c_string {
    bool operator()(char const* p1, char const* p2) const {
        return strcmp(p1, p2) == 0;
    }
};

std::unordered_map<
    char const*,
    unsigned,
    hash_c_string,
    comp_c_string
> table;
```

std::unordered_map과 char* 키를 사용한 키/값 테이블의 성능 측정 테스트를 한 결과 실행에 993밀리초가 걸렸습니다. std::string을 기반으로 하는 해시 테이블보다 73% 빠릅니다. 하지만 std::map과 char* 키를 기반으로 하는 최적의 구현 코드보다 고작 9% 빠릅니다. 그리고 std::lower_bound를 사용하는 키/값 항목의 단순 정적 배열에서의 이진 검색 알고리즘보다 느립니다. 이는 필자가 수년간 헛된 희망을 품으며 기대했던 결과는 아니었습니다('10.8절 std::unordered_map과 std::unordered_multimap'에서 큰 해시 테이블이 이진 검색 기반의 검색 알고리즘보다 장점이 훨씬 많다는 사실을 보게 될 것입니다).

9.5.4 사용자 정의 해시 테이블로 해싱하기

키가 무엇인지 알 수 없다면 함께 사용하는 해시 함수는 매우 일반적이어야 합니다. 예제 테이블처럼 키를 미리 알고 있다면 단순한 해시 함수만으로 충분합니다.

주어진 키 집합에 대해 충돌이 없는 테이블을 만드는 해시 함수를 **완벽한 해시**prefect hash **함수**라고 합니다. 사용하지 않는 공간이 없는 테이블을 만드는 해시 함수를 **최소 해시**minimal hash **함수**라고 합니다. 이상적인 해시 함수는 충돌이 없고 빈 공간이 없는 테이블을 만드는 완벽한 최소 해시 함수입니다. 길이가 짧은 키워드 집합에 대한 완벽한 해시 함수는 쉽게 만들 수 있습니다. 완벽한 최소 해시 함수는 만들기 약간 어렵습니다. 해시 함수로 사용할 수 있는 예로는 첫 번째 문자(또는 문자의 첫 번째 쌍), 문자의 합, 키의 길이 등이 있습니다.

이 절의 예제 테이블에 있는 26개의 항목은 정렬되어 있으며 서로 다른 문자로 시작합니다. 따라서 첫 번째 문자를 기반으로 하는 해시 함수는 완벽한 최소 해시 함수입니다. 유효하지 않은 키를 해시하는 항목이 무엇인지는 중요하지 않습니다. 유효하지 않은 키는 해시에서 유효한 키와 비교해 실패하게 됩니다.

[예제 9-11]은 std::unordered_map과 비슷하게 구현된 단순한 사용자 정의 해시 테이블을 보여줍니다.

예제 9-11 예제 테이블을 기반으로 하는 완벽한 최소 해시 테이블

```
unsigned hash(char const* key) {
    return key[0] % 26;
}
```

```
kv* find_hash(kv* first, kv* last, char const* key) {
    unsigned i = hash(key);
    return strcmp(first[i].key, key) ? last : first + 1;
}
```

hash( )는 key의 첫 글자를 26개의 테이블 항목 중 하나, 즉 첫 글자를 26으로 나눴을 때의 나머지로 매핑합니다.

find_hash( )를 테스트한 결과 실행에 243밀리초가 걸렸습니다. 매우 놀라운 결과입니다.

샘플 테이블에서 작동하는 단순한 해시 함수는 특히 운이 좋은 편입니다. 왜냐하면 이러한 결과를 얻기 위해 테이블을 고안한 게 아니기 때문입니다. 우리는 단순하면서 완벽한 최소 해시 함수를 종종 접하게 됩니다. 인터넷에는 작은 키워드 집합에 대해 완벽한 최소 해시 함수를 자동으로 생성하는 다양한 방법을 설명하는 논문들이 있습니다. GNU 프로젝트는 종종 최소이기도 하면서 완벽한 해시 함수를 생성하기 위해 gperf(*http://www.gnu.org/software/gperf*)라는 명령줄 도구를 구축했습니다.

9.6 스테파노프의 추상화 패널티

필자가 검색 테스트에 사용했던 실험 데이터는 테이블에 있는 26개의 값과 테이블에 없는 27개 값이었습니다. 이 데이터로 평균 성능을 측정할 수 있습니다. 선형 검색은 일치하는 항목을 찾는 즉시 종료하기 때문에 테이블에 있는 키로만 구성된 테스트에서 상대적으로 더 잘 찾습니다. 이진 검색은 테이블에 키가 있는지 없는지에 상관없이 거의 같은 횟수만큼 비교합니다.

[표 9-1]은 다양한 검색 알고리즘의 실험 결과를 요약한 표입니다.

표 9-1 검색 알고리즘의 성능 실험 결과 요약

	비주얼 스튜디오 릴리스 버전, i7, 100만 번 반복	이전 대비 개선율(%)	유형 대비 개선율(%)
map<string>	2,307밀리초		
map<char*> 함수	1,453밀리초	59%	59%

	비주얼 스튜디오 릴리스 버전, i7, 100만 번 반복	이전 대비 개선율(%)	유형 대비 개선율(%)
map<char*> 함수 객체	820밀리초	77%	181%
map<char*> 람다	820밀리초	0%	181%
std::find()	1,425밀리초		
std::equal_range()	1,806밀리초		
std::lower_bound	973밀리초	53%	86%
find_binary_3way()	771밀리초	26%	134%
std::unordered_map()	509밀리초		
find_hash()	195밀리초	161%	161%

예상한 대로 이진 검색은 선형 검색보다 빠르며 해싱은 이진 검색보다 빠릅니다.

C++ 표준 라이브러리는 여러 상황에서 즉시 사용할 수 있는 디버깅된 알고리즘과 자료구조를 제공합니다. C++ 표준은 광범위하게 적용할 수 있다는 것을 입증하고자 최악의 경우에 해당하는 시간 비용을 big-O 표기법으로 정의합니다.

그러나 표준 라이브러리의 매우 강력하고 범용적인 기능을 사용하려면 비용이 듭니다. 우수한 성능을 갖는 표준 라이브러리 알고리즘이 있더라도 직접 코딩한 최적의 알고리즘과 경쟁할 수는 없습니다. 왜냐하면 템플릿 코드나 컴파일러 설계에 약점이 있기 때문일 수도 있으며 단지 표준 라이브러리 코드가 (strcmp()가 아닌 operator<()만 사용하는 것처럼) 매우 일반적인 상황에서 작동해야 하기 때문일 수도 있습니다. 이 비용 때문에 개발자가 정말로 중요한 검색 알고리즘을 직접 코딩하도록 유도할 수 있습니다.

C++ 표준 알고리즘과 직접 코딩한 알고리즘 간의 성능 차이를 스테파노프의 추상화 패널티_{abstraction penalty}라고 합니다. 알렉산더 스테파노프는 기존 표준 라이브러리 알고리즘과 컨테이너 클래스를 설계했는데, 그때 당시에는 컴파일할 수 있는 컴파일러가 없었습니다. **스테파노프의 추상화 패널티는 사용자 정의로 직접 코딩한 해결책과 대조적으로 보편적인 해결책을 제공하는 필연적인 비용입니다.** 다시 말해 C++ 표준 라이브러리의 알고리즘처럼 매우 생산적인 도구를 사용하기 위해 내는 통행료 같은 것입니다. 보편적인 해결책이 나쁜 것은 아니지만 개발자가 정말로 빠른 속도를 필요로 할 때 염두에 두어야 할 내용입니다.

9.7 C++ 표준 라이브러리로 정렬 최적화

시퀀스 컨테이너에서 분할 정복 알고리즘을 사용해 효율적으로 검색하기 위해서는 먼저 정렬된 상태여야 합니다. C++ 표준 라이브러리는 시퀀스 컨테이너를 효율적으로 정렬할 수 있도록 두 가지 표준 알고리즘 std::sort()와 std::stable_sort()를 제공합니다.

표준 문서에서 어떤 정렬 알고리즘을 사용할 것인지 지정하지는 않았지만 std::sort는 퀵 정렬을 변형해서 구현했으며 std::stable_sort는 병합 정렬을 사용해 구현했습니다. C++03에서는 std::sort의 평균의 경우 성능이 $O(n\log_2 n)$이어야 합니다. 만약 구현 코드가 C++03 표준을 준수한다면 퀵 정렬을 사용해 std::sort를 구현합니다. 이때 최악의 경우 성능 $O(n^2)$을 줄이기 위해 보통 중앙값을 고르는 트릭을 사용합니다. C++11에서는 최악의 경우 성능이 $O(n\log_2 n)$이어야 합니다. 만약 구현 코드가 C++11 표준을 준수한다면 보통 팀 정렬이나 인트로 정렬과 같은 하이브리드 정렬 알고리즘을 사용합니다.

std::stable_sort는 보통 병합 정렬을 변형한 코드를 사용합니다. 표준에서 std::stable_sort는 할당할 수 있는 추가 메모리가 충분하다면 $O(n\log_2 n)$ 시간에, 그렇지 않으면 $O(n(\log_2 n)^2)$ 시간에 실행된다는 다소 유별난 표현으로 설명하고 있습니다. 보통은 재귀 깊이가 너무 깊지 않다면 병합 정렬을 사용하고 그렇지 않으면 힙 정렬을 사용하는 방법으로 구현합니다.

안정 정렬은 프로그램이 여러 기준별로 다양한 레코드들을 정렬할 수 있고, 여러 기준을 순서대로 적용할 수도 있다는 장점이 있습니다. 예를 들어 사람의 이름을 정렬할 때, 이름이나 성을 기준으로 정렬할 수도 있고, 먼저 성을 기준으로 정렬한 뒤 성이 같을 경우 이름 기준을 추가로 적용해 정렬할 수도 있습니다.[6] 안정 정렬만이 이러한 특성을 가지며 이는 두 종류의 정렬 알고리즘을 제공합니다.

[표 9-2]는 std::vector에 무작위로 생성된 100,000개의 키/값 레코드를 정렬 테스트한 결과를 보여줍니다. std::sort()보다 std::stable_sort()가 더 빠른 속도로 정렬된다는 점이 흥미롭습니다. 필자는 이미 정렬된 테이블에서도 정렬 테스트를 진행했습니다. 10장에서는 다른 자료구조를 사용해 정렬 테스트를 진행합니다.

----

6 옮긴이_ '1, 2, 61, 62, 3'을 오름차순으로 정렬할 때 항상 '1, 2, 3, 61, 62'이 된다는 것입니다. 여기서 61은 앞에 있는 6이며 62는 뒤에 있는 6입니다.

표 9-2 정렬 알고리즘의 성능 실험 결과 요약

std::vector, 항목 10만 개, 비주얼 스튜디오 2010 릴리스 버전, i7	걸린 시간
std::sort(), 정렬되지 않은 벡터	18.61밀리초
std::sort(), 정렬된 벡터	3.77밀리초
std::stable_sort(), 정렬되지 않은 벡터	16.08밀리초
std::stable_sort(), 정렬된 벡터	5.01밀리초

시퀀스 컨테이너 std::list는 양방향 반복자만 제공합니다. 따라서 std::list에 std::sort()를 사용할 경우 실행에 $O(n^2)$ 시간이 걸립니다. 이러한 이유로 std::list는 $O(n\log_2 n)$ 시간이 걸리는 sort() 멤버 함수를 별도로 제공합니다.

정렬 연관 컨테이너는 데이터를 정렬해서 저장하므로 따로 정렬할 필요가 없습니다. 순서가 지정되지 않은 연관 컨테이너는 사용자에게는 의미가 없는 특정 순서로 데이터를 저장합니다. 따라서 정렬할 수 없습니다.

C++ 표준 라이브러리 <algorithm> 헤더에는 다양한 정렬 알고리즘이 포함되어 있습니다. 만약 입력 데이터가 특별한 속성을 갖는다면 이 헤더에 있는 좀 더 복잡한 정렬 알고리즘을 사용할 수 있습니다.

- std::heap_sort는 힙 속성을 갖는 범위를 정렬된 범위로 변환합니다. heap_sort는 안정 정렬이 아닙니다.
- std::partition은 퀵 정렬의 기본 작동을 수행합니다.
- std::merge는 병합 정렬의 기본 작동을 수행합니다.
- 다양한 시퀀스 컨테이너에 있는 insert 멤버 함수는 삽입 정렬의 기본 작동을 수행합니다.

9.8 마치며

- C++은 자동화와 표현력부터 성능 향상을 위한 세밀한 제어까지 다양한 기능 구현 옵션을 제공합니다. 바로 이러한 폭넓은 선택 가능성 덕분에 성능 요구 사항을 충족하기 위해

C++ 프로그램을 개선할 수 있습니다.

- 사람들은 머릿속에 있는 내용을 기억하고 싶어 합니다. 하지만 모든 걸 확실하게 기억할 수는 없습니다. 종이에 기록하면 더 오랫동안 기억할 수 있습니다.

- 26개의 키가 저장되어 있는 테이블로 검색 테스트를 진행했을 때 문자열 키를 사용하는 `std::unordered_map`은 문자열 키를 사용하는 `std::map`보다 단지 52% 빨랐습니다. 해싱이 굉장히 좋은 성능을 갖는다는 헛된 희망을 품었다는 점을 감안할 때 결과는 매우 놀라웠습니다.

- 스테파노프의 추상화 패널티는 C++ 표준 라이브러리의 알고리즘처럼 매우 생산적인 도구를 사용하기 위해 내는 통행료입니다.

CHAPTER 10

자료구조 최적화

아름다운 것은 영원한 기쁨

— 존 키츠, 영국 낭만주의 시인

지금까지 C++ 표준 라이브러리(예전에 표준 템플릿 라이브러리standard template library (STL)이었던)의 컨테이너 클래스를 보고 감탄한 적이 한 번도 없었다면 지금이라도 감탄해야 합니다. 1994년에 C++ 표준안이 처음 승인되었을 당시 스테파노프의 STL는 효율적이면서 재사용 가능한 컨테이너와 알고리즘을 모아둔 최초의 라이브러리였습니다. STL 이전에는 모든 프로젝트에서 연결 리스트와 이진 트리를 자체 구현했습니다. 다른 사용자의 소스 코드를 가져와 사용하는 경우도 있었습니다. 하지만 C는 STL과 같은 라이브러리가 없습니다. 수많은 프로그래머들은 STL 덕분에 알고리즘과 자료구조 클래스를 구현하는 방법을 모르더라도, 지난 20년 동안 꾸준히 만든 여러 컨테이너 중에서 원하는 것을 골라 사용하기만 하면 됩니다.

10.1 표준 라이브러리 컨테이너 알아보기

C++ 표준 라이브러리 컨테이너에는 컨테이너를 탐색하는 반복자의 일관된 이름과 개념처럼 여러 속성이 있습니다. 그러나 최적화가 목적이라면 몇 가지 속성이 특히 중요합니다. 이러한 속성은 다음을 포함합니다.

- 삽입 및 삭제 비용의 big-O 성능이 보장되어야 합니다.

- 시퀀스 컨테이너에 항목을 추가하는 분할 상환 비용이 상수 시간이어야 합니다.

- 컨테이너로 할당된 동적 메모리를 미세하게 제어하는 능력이 있어야 합니다.

C++ 표준 라이브러리 컨테이너들은 분명히 서로 다르게 구현되었지만 유사해 보여서 다른 컨테이너로 대체할 수 있을 것처럼 보입니다. 하지만 이는 환상일 뿐입니다. 표준 라이브러리 컨테이너는 좋다, 나쁘다 말하기에는 너무 오래되었습니다. 또한 C++의 다른 부분과 마찬가지로 서로 독립적으로 발전했습니다. 그저 인터페이스만 부분적으로 겹칠 뿐입니다. 똑같은 작업이더라도 컨테이너마다 big-O 성능이 다릅니다. 가장 중요한 점은 멤버 함수가 같은 이름을 갖더라도 컨테이너마다 문법이 다르다는 것입니다. 따라서 개발자는 최적으로 사용하는 방법을 이해하기 위해 각 컨테이너 클래스를 자세하게 알아야 합니다.

10.1.1 시퀀스 컨테이너

시퀀스 컨테이너인 std::string, std::vector, std::deque, std::list, std::forward_list는 항목을 삽입한 순서대로 저장합니다. 따라서 각 컨테이너에는 앞과 뒤가 있습니다. 모든 시퀀스 컨테이너에는 항목을 삽입할 수 있는 방법이 있는데 std::forward_list를 제외한 모든 시퀀스 컨테이너에는 상수 시간에 항목을 뒤에 삽입할 수 있는 멤버 함수[1]가 있습니다. 그러나 효율적으로 항목을 앞에 삽입할 수 있는 시퀀스 컨테이너는 std::deque, std::list, std::forward_list 뿐입니다.[2]

std::string, std::vector, std::deque는 항목에 **0**에서 **size-1**까지 번호를 매기며 첨자를 통해 효율적으로 접근할 수 있습니다. 하지만 std::list와 std::forward_list는 항목에 번호를 매기는 방법이 달라서 첨자 연산자가 없습니다.

std::string, std::vector, std::deque의 내부는 배열과 같은 구조로 이뤄져 있습니다. 이러한 구조를 갖는 컨테이너에서 항목을 삽입하면, 삽입할 위치 뒤에 있는 모든 항목을 한 칸씩 밀어내야 합니다. 어디에 삽입되든 비용이 들며, 최악의 경우 $O(n)$의 비용이 듭니다(n은 항

---

1 옮긴이_ 멤버 함수 push_back()를 제공합니다.

2 옮긴이_ 멤버 함수 push_front()를 제공합니다.

목의 수).[3] 또한 항목을 삽입하면 내부 배열이 재할당될 수 있으며 모든 반복자와 포인터가 무효화 됩니다. 한편 std::list와 std::forward_list의 인스턴스는 반복자를 유효한 상태로 유지하면서 함께 이어 붙일 수 있고 병합할 수 있습니다. 반복자가 이미 삽입할 위치를 가리키고 있다는 가정 하에 std::list나 std::forward_list의 중간에 항목을 삽입하는 비용은 상수 시간에 불과합니다.

10.1.2 연관 컨테이너

연관 컨테이너associative container는 항목을 삽입한 순서대로 저장하지 않고 항목의 순서 특성에 기반해 저장합니다. 모든 연관 컨테이너는 항목에 효율적으로 접근하는 방법을 제공합니다. 이 방법은 선형 시간 이하의 복잡도를 갖습니다.

맵map과 셋set은 서로 다른 인터페이스를 제공합니다. 맵은 별도로 정의된 키와 값을 저장합니다. 따라서 키와 값 사이에서 효율적으로 매핑합니다. 셋은 순서가 지정된 고유한 값을 저장하며 값의 존재 여부를 효율적으로 확인합니다. '멀티맵multimap'과 '멀티셋multiset'은 맵 및 셋과는 달리 같은 항목을 여러 번 삽입할 수 있습니다.

구현 측면에서 보자면 std::map, std::multimap, std::set, std::multiset 등 총 4종류의 순서가 지정된 연관 컨테이너가 있습니다. 순서가 지정된 연관 컨테이너에서는 키(std::map)나 항목 자체(std::set)에 정의된 operator<()처럼 순서 관계가 필요합니다. 순서가 지정된 연관 컨테이너는 균형 이진 트리로 구현하며 정렬하지 않아도 됩니다. 순서가 지정된 연관 컨테이너를 반복해서 사용하면 순서 관계에 따라 항목을 순서대로 생성합니다. 한편 항목을 삽입하거나 삭제하는 분할 상환 시간은 $O(\log_2 n)$입니다. 여기서 n은 컨테이너에 있는 항목의 개수입니다.

맵과 셋을 서로 다른 방법으로 구현할 수도 있지만 실제로 4종류의 연관 컨테이너는 모두 동일한 자료구조인 균형 이진 트리를 퍼사드 패턴으로 구현합니다. 이는 필자가 사용하는 컴파일러에서도 해당하는 내용입니다. 따라서 멀티맵, 셋, 멀티셋의 시간 측정 결과를 별도로 제공하지 않습니다.

....

3 옮긴이_ 첫번째 위치에 항목을 삽입한다고 가정해보세요. 기존 항목들을 전부 한 칸씩 뒤로 밀어내야 하는데, 이때 드는 비용은 $O(n)$입니다.

C++11 표준이 도입된 후를 기준으로 총 4종류의 순서가 지정되지 않은 연관 컨테이너가 있습니다. 바로 std::unordered_map, std::unordered_multimap, std::unordered_set, std::unordered_multiset입니다. 이 컨테이너들은 2010년 초 비주얼 C++에 추가되었습니다. 순서가 지정되지 않은 연관 컨테이너는 키(std::unordered_map)나 항목(std::unordered_set)이 서로 동일한 관계인지를 확인하는 함수만 정의하면 됩니다. 순서가 지정되지 않은 연관 컨테이너는 해시 테이블로 구현합니다. 순서가 지정되지 않은 연관 컨테이너를 반복해서 사용하면 정의되지 않은 순서로 항목을 생성합니다. 한편 항목을 삽입하거나 삭제하는 시간은 평균적으로 상수 시간이며 최악의 경우에는 $O(n)$의 시간이 걸립니다.

연관 컨테이너는 검색 테이블에 따라 확실한 선택을 합니다. 개발자는 시퀀스 컨테이너에서 순서 관계를 갖는 항목들을 저장할 수도 있고 컨테이너를 정렬할 수도 있고 $O(\log_2 n)$의 비용으로 효율적인 검색을 할 수도 있습니다.

10.1.3 표준 라이브러리 컨테이너로 실험하기

필자는 10만 개의 요소를 갖는 컨테이너 타입을 몇 가지 만든 뒤 삽입, 삭제, 각 요소 방문에 대한 작동의 성능을 측정했습니다. 시퀀스 컨테이너의 경우에는 정렬하는 데 드는 비용도 측정했습니다. 시퀀스 컨테이너는 어떤 자료구조를 적용하느냐에 따라 무한히 사용할 수 있는 일반적인 빌딩 블록입니다.

컨테이너에 있는 요소의 개수가 10만 개이기 때문에 삽입의 분할 상환 비용이 컨테이너에 지정된 점근적 행동 비용과 비슷해집니다. 또한 캐시 메모리를 꽤 철저하게 사용하기에 충분한 개수입니다. 그렇게 작은 컨테이너도 아니며 비현실적으로 큰 컨테이너도 아닙니다.

그렇지만 big-O 성능이 모든 사실을 말해주지는 않습니다. 필자는 어떤 컨테이너가 다른 컨테이너보다 **몇 배 더 빠르다**는 사실을 알게 되었습니다. 이는 비교하는 두 컨테이너에서 어떤 작동의 점근 비용이 $O(1)$으로 같은 경우에도 마찬가지입니다.

또한 검색 비용이 $O(1)$인 std::unordered_map이 std::map보다 빠르다는 사실을 알아냈습니다. 그러나 필자가 기대했던 만큼 많이 차이나지는 않았습니다. 그리고 성능을 얻기 위해서는 메모리 비용이 중요했습니다.

대부분의 컨테이너 타입은 항목을 삽입할 수 있는 방법이 여러 가지 있습니다. 필자는 특정 삽입 방법이 다른 방법보다 10% 또는 15% 더 빠르다는 사실을 알게 되었지만 왜 더 빠른지는 정확히 밝히지 못했습니다.

컨테이너에 요소 10만 개를 삽입하는 비용은 크게 두 부분으로 구성되어 있습니다. 하나는 저장 공간을 할당하는 비용이고 나머지 하나는 저장 공간에 요소들을 복사 생성하는 비용입니다. 저장 공간을 할당하는 비용은 특정 크기를 갖는 항목에 대해서는 고정 비용을 갖지만, 복사 생성하는 비용은 프로그래머의 기분에 따라 달라집니다. 항목을 복사 생성하는 비용이 매우 클 경우 복사 비용이 컨테이너를 구축하는 비용을 압도하며 모든 컨테이너에 대한 삽입 테스트가 거의 동일한 비용을 보입니다.

대부분의 컨테이너 타입은 내부 데이터를 처리할 수 있는 방법이 여러 가지 있습니다. 앞서도 말했듯 필자는 이유를 정확히 밝히지 못했지만 다른 방법보다 훨씬 빠른 방법을 찾았습니다. 흥미롭게도 컨테이너 타입을 다양하게 사용했을 때 드는 비용의 차이는 예상했던 것보다는 적었습니다.

필자는 테이블을 검색하는 프로그램에서 연관 컨테이너를 대체할 경우 어떻게 되는지 확인하기 위해 시퀀스 컨테이너를 정렬하는 비용을 테스트했습니다. 컨테이너 일부는 요소를 삽입하는 과정에서 정렬하지만 나머지 컨테이너에서는 전혀 정렬하지 않습니다.

여기서 나온 결과는 꽤 흥미롭지만 좀 허술할 수도 있습니다. 시간이 지나면서 구현 방법도 발전하기 때문에 가장 빠른 방법은 달라질 수 있습니다. 예를 들어 stable_sort()는 sort()보다 뛰어난 성능을 갖습니다. 하지만 필자는 stable_sort()가 알고리즘 라이브러리에 추가될 거라고 생각하지 않았습니다.

요소의 자료형

필자는 시퀀스 컨테이너의 항목에 키/값 구조를 사용했습니다. 연관 컨테이너는 std::pair로 만든 것과 매우 비슷한 구조를 형성합니다.

```
struct kvstruct {
    char key[9];
    unsigned value; // 무엇이든 값이 될 수 있습니다.
    kvstruct(unsigned k) : value(k)
    {
        if (strcpy_s(key, stringify(k)))
```

```
            DebugBreak();
    }
    bool operator<(kvstruct const& that) const {
        return strcmp(this->key, that.key) < 0;
    }
    bool operator==(kvstruct const& that) const {
        return strcmp(this->key, that.key) == 0;
    }
};
```

이 클래스의 복사 생성자는 컴파일러에서 자동으로 생성하지만, 이 복사 생성자가 kvstruct 내용을 다른 kvstruct로 복사하는지는 불분명합니다. 앞서와 마찬가지로, 여기서의 목표는 실제 자료구조를 시뮬레이션하기 위해 복사와 비교 작동 비용을 최소화하는 것입니다.

키 자체는 7자리 숫자로 구성된 C 스타일의 NULL로 끝나는 문자열입니다. 키는 C++의 헤더 <random>을 사용해 균등 분포에서 무작위로 생성한 값입니다. 그리고 항목의 값 필드에는 키와 똑같은 값을 부호 없는 정수로 저장합니다. 특정한 순서 없이 서로 다른 10만 개의 값을 갖는 벡터를 생성하고자 중복 키는 모두 제거했습니다.

실험 설계 시 주의 사항

컨테이너 중에는 항목이 10만 개더라도 삽입하거나 탐색하는 데 드는 비용이 매우 적은 컨테이너가 있습니다. 테스트를 실행해 시간을 측정하려면 삽입이나 탐색하는 작동을 1,000번 반복해야 했습니다. 하지만 이 테스트에는 문제가 있었습니다. 필자는 컨테이너에 항목을 삽입할 때마다 항목을 삭제해 컨테이너를 비웠는데, 이는 전체 실행 시간에 영향을 줬습니다. 예를 들어 다음은 하나의 벡터를 다른 벡터에 할당하는 비용을 측정하는 코드입니다. 이 코드는 아니나 다를까 random_vector의 새 복사본을 생성하고 삭제하는 비용이 떼려야 뗄 수 없게 결합되어 있습니다.

```
{
    Stopwatch sw("assign vector to vector + delete x 1000");
    std::vector<kvstruct> test_container;
    for (unsigned j = 0; j < 1000; ++j) {
        test_container = random_vector;
        std::vector<kvstruct>().swap(test_container);
    }
}
```

필자는 대입하는 비용과 삭제하는 비용을 따로 얻기 위해 기존 코드보다 좀 더 복잡한 코드를 만들었습니다. 이 코드는 새 복사본을 만들고 삭제하는 시간을 분리해서 누적합니다.

```
{
    Stopwatch sw("assign vector to vector", false);
    Stopwatch::tick_t ticks;
    Stopwatch::tick_t assign_x_1000 = 0;
    Stopwatch::tick_t delete_x_1000 = 0;
    std::vector<kvstruct> test_container;
    for (unsigned j = 0; j < 1000; ++j) {
        sw.Start("");
        test_container = random_vector;
        ticks = sw.Show("");
        assign_x_1000 += ticks;
        std::vector<kvstruct>().swap(test_container);
        delete_x_1000 += sw.Stop("") - ticks;
    }
    std::cout  << " assign vector to vector x 1000: "
               << Stopwatch::GetMs(assign_x_1000)
               << "ms" << std::endl;
    std::cout  << " vector delete x 1000: "
               << Stopwatch::GetMs(delete_x_1000)
               << "ms" << std::endl;
}
```

반복문의 첫 번째 줄 `sw.Start("");`는 아무것도 출력하지 않고 스톱워치를 시작합니다. 두 번째 줄 `test_container = random_vector;`는 벡터를 복사하는 데 시간을 소비합니다. 세 번째 줄 `ticks = sw.Show("");`은 지금까지 경과한 시간을 틱으로 설정합니다.

`ticks`의 값은 무엇일까요? Stopwatch 인스턴스 sw는 1밀리초 틱을 갖습니다. 대입에 걸리는 시간은 1밀리초보다 훨씬 짧기 때문에 `ticks`의 값은 대부분 0입니다. 하지만 항상 그렇지는 않습니다. 시계는 이 코드와는 별개로 하드웨어 어딘가에서 꾸준히 째깍거리고 있습니다. 따라서 예를 들어 스톱워치가 1밀리초 틱의 987번째 마이크로초에 시작해서 대입문이 끝나는 시점에 틱이 발생하는 상황이 가끔 발생합니다. 이 경우 `ticks`의 값은 1이 됩니다. 만약 대입에 500마이크로초가 걸린다면 약 절반의 시간 걸릴 것입니다. 대입에 10마이크로초가 걸린다면 약 1%의 시간이 걸릴 것입니다. 반복문을 충분한 횟수만큼 수행하면 시간이 정확하게 집계됩니다.

`ticks`의 값을 `assign_x_1000`에 누적합니다. 이 변수는 대입하는 데 걸린 시간을 저장합니다.

그 다음 줄 `std::vector<kvstruct>().swap(test_conitaner);`는 벡터 `test_container`의 내용을 삭제합니다. 마지막 줄 `delete_x_1000 += sw.Swap("") - ticks;`는 값이 0이나 1인 또 다른 틱 수를 가져온 뒤 대입문 끝에서 기존 틱 수를 뺀 값을 `delete_x_1000`에 누적합니다. 벡터를 1,000번 삭제하는 비용은 111밀리초로 삭제 당 0.111밀리초가 걸립니다.

항목이 100,000개인 컨테이너를 삭제하는 데 드는 비용을 확보했으니 나머지 코드는 산술 연산으로 처리할 수 있습니다. 다음은 컨테이너를 1,000번 채우는 반복문이 포함되어 있는 코드입니다. 이 코드에는 컨테이너를 삭제하는 비용이 포함되어 있습니다.

```
{
    Stopwatch sw("vector iterator insert() + delete x 1000");
    std::vector<kvstruct> test_container;
    for (unsigned j = 0; j < 1000; ++j) {
        test_container.insert(
            test_container.begin(),
            random_vector.begin(),
            random_vector.end());
        std::vector<kvstruct>().swap(test_container);
    }
}
```

앞의 코드를 테스트한 결과 컨테이너를 1,000번 채우고 삭제하는 데 696밀리초가 걸렸습니다. 앞에서 벡터를 1,000번 삭제하는 데 111밀리초가 걸렸으므로 `insert()`를 한 번 호출하는 데 드는 시간은 (696-111)/1000=0.585밀리초가 됩니다.

모던 C++ 코딩 노트

C++에는 난수를 생성할 수 있는 표준 라이브러리 `<random>`이 있습니다. 이 라이브러리는 필자가 처음 접한 뒤 무작위 검색 키를 생성하는 가장 좋은 도구 중 하나가 되었습니다. 예를 들어 [예제 10-1]은 컨테이너 테스트를 위해 임의의 문자열을 생성하는 데 사용한 코드입니다.

예제 10-1 고유한 값을 갖는 kvstruct 인스턴스의 벡터를 생성

```
# include <random>

// 고유한 임의의 문자열을 포함하는 벡터를 만듭니다.
```

```
void build_rnd_vector(std::vector<kvstruct>& v, unsigned count) {
    std::default_random_engine e;
    std::uniform_int_distribution<unsigned> d(count, 10*count-1);
    auto randomizer = std::bind(d,e);
    std::set<unsigned> unique;
    v.clear();
    while (v.size() < count) {
        unsigned rv = randomizer();
        if (unique.insert(rv).second == true) { // 항목을 삽입했습니다.
            kvstruct keyvalue(rv);
            v.push_back(keyvalue);
        }
    }
}
```

첫 번째 줄 build_rnd_vector()는 난수 생성기를 만듭니다. 두 번째 줄은 난수 분포를 만듭니다. 이 분포는 일련의 난수를 확률 분포를 따르는 수열로 변환하는 객체입니다. 위 예제에서는 균등 분포를 사용하므로 최솟값이 count이고 최댓값이 10*count-1인 범위에서 각 값이 생성될 확률이 똑같습니다. 따라서 count의 값이 100,000이라면 분포에서 생성되는 값의 범위는 100,000부터 999,999까지입니다. 즉 모두 6자리 숫자의 값을 갖습니다. 세 번째 줄은 생성기를 분포의 인수로 적용하는 객체를 만듭니다. 따라서 객체의 operator()를 호출하면 난수를 생성합니다.

생성기는 모두 문서화되어 있으며 알려진 특성이 있습니다. 생성기 중에는 std::random_device라고 하는 생성기도 있는데, 진짜 무작위로 값을 생성할 수 있는 방법이 있다면 그 방법으로 값을 생성합니다.

<random> 라이브러리는 몇 가지 분포를 제공하는데 이 중 유용한 분포 몇 가지를 소개하자면 다음과 같습니다.

std::uniform_int_distribution<unsigned> die(1, 6);
각 면이 1부터 6까지 쓰여 있고 나올 확률이 같은 6면체 주사위를 던졌을 때 나오는 숫자의 분포. 두 번째 인수를 변경해 4, 20, 100면체 주사위를 시뮬레이션할 수 있습니다.

std::binomial_distribution<unsigned> coin(1, 0.5);
앞면과 뒷면이 나올 확률이 같은 동전을 던졌을 때 나오는 숫자의 분포. 앞면과 뒷면이 나올 확률이 같지 않다면 두 번째 인수를 0.5가 아닌 다른 값으로 변경해 시뮬레이션할 수 있습니다.

```
std::normal_distribution<double> iq(100.0, 15.0);
```
사람의 IQ 측정 결과를 나타낸 분포. 결과의 약 2/3이 85.0에서 115.0 사이인 **double** 타입의 값을 반환합니다.

더 세련된 통계 자료를 만들고 싶다면 (테스트 드라이버라고도 하는) 이벤트 시뮬레이션과 몇몇 인구 기반 분포에 사용하는 푸아송poisson 분포나 지수 분포 등을 볼 수도 있습니다.

10.2 std::vector와 std::string

std::vector와 std::string의 특성은 다음과 같습니다.

- 시퀀스 컨테이너

- 삽입 시간: 뒤에서 삽입할 경우 $O(1)$, 아니면 $O(n)$

- 색인 시간: 위치로 색인할 경우 $O(1)$

- 정렬 시간: $O(n\log_2 n)$

- 검색 시간: 정렬되어 있다면 $O(\log_2 n)$, 아니면 $O(n)$

- 내부 배열을 재할당하면 반복자와 참조가 무효화됩니다.

- 반복자는 양방향(앞에서 뒤로, 뒤에서 앞으로)으로 항목을 방문합니다.

- 크기와 관계없이 할당된 용량을 합리적으로 제어합니다.

역사적으로 std::string을 새로운 방법으로 구현할 수 있었습니다. 하지만 C++11에서는 정의할 수 없도록 막아버렸습니다. 비주얼 스튜디오가 구현한 방법은 문자열을 처리하기 위해 특수화된 멤버 함수가 있는 std::vector의 파생 클래스일 수도 있습니다. std::vector의 주석은 비주얼 스튜디오의 std::string에도 동일하게 적용됩니다.

std::vector는 동적으로 크기를 조정할 수 있는 배열입니다(그림 10-1). 배열의 항목은 벡터로 복사 생성되는 템플릿 매개변수 T의 인스턴스입니다. 항목의 복사 생성자가 멤버를 위해 메모리를 할당할 수 있지만 std::vector는 항목을 내부 버퍼에 추가할 때 공간이 꽉 차서 재할당하는 경우에만 메모리 관리자를 호출합니다. 이 평평한 구조는 std::vector를 비정상적으로 효율적인 자료구조로 만듭니다. C++의 창시자인 비야네 스트롭스트룹은 다른 컨테이너를 사용해야 할 특별한 이유가 없다면 컨테이너 클래스로 std::vector를 사용하도록 권장합니다. 필자는 이 절에서 왜 std::vector를 사용하는 게 좋은지 보여줍니다.

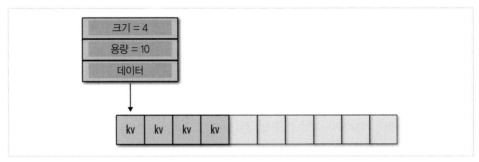

그림 10-1 std::vector의 구현 방법 중 하나

std::vector에서 수행 가능한 많은 작동은 상수 시간에 실행하므로 효율적입니다. 이러한 작동 중에는 벡터의 끝에 새로운 항목을 밀어 넣거나 *i*번째 요소를 가리키는 참조를 얻는 작동이 있습니다. 벡터의 내부 구조는 단순하기 때문에 이러한 작동의 처리 속도는 절대적으로 빠를 수밖에 없습니다. 한편 std::vector의 반복자는 임의 접근 반복자입니다. 즉 똑같은 벡터에서 두 반복자 사이의 거리를 상수 시간에 계산할 수 있음을 의미합니다. 이러한 특성은 std::vector의 분할 정복 검색과 정렬을 효율적으로 만듭니다.

10.2.1 재할당의 성능 결과

std::vector에는 현재 벡터에 있는 요소의 개수를 나타내는 **크기**size와 요소를 저장하는 내부 버퍼의 크기를 나타내는 **용량**capacity이 있습니다. **크기와 용량이 같을 때** 요소를 삽입하면 내부 버퍼를 재할당하고 벡터의 요소들을 새 저장 공간으로 복사한 뒤 기존 버퍼의 모든 반복자와 참조를 무효화하는 확장 작업을 수행합니다. 이 작업은 비용이 매우 큽니다. 재할당이 필요할 경우 새 버퍼의 용량은 크기의 몇 배로 설정됩니다. 이렇게 하면 일부는 삽입하는 비용이 크지만 나머지는 그렇지 않으므로 전체적으로는 비용이 일정하다는 효과를 갖습니다.

std::vector를 효율적으로 사용하는 비법은 void reserve(size_t n)을 호출해 사용하기 전에 용량을 예약하는 것입니다. 용량을 예약하면 불필요한 재할당과 복사 작업을 하지 않아도 됩니다.

`std::vector`를 효율적으로 사용하는 또 다른 비법은 항목을 삭제할 경우 메모리를 메모리 관리자에게 자동으로 반환하지 않는다는 것입니다. 만약 프로그램이 벡터에 항목을 백만 개 삽입한 뒤 삭제하더라도 백만 개의 항목을 저장할 수 있는 공간을 계속 갖고 있습니다. 따라서 메모리가 제한된 환경에서 `std::vector`를 사용한다면 이 사실을 염두에 두어야 합니다.

`std::vector`의 여러 멤버 함수들이 벡터의 용량에 영향을 줍니다. 하지만 표준에서 어떤 보장을 하기에는 조심스러운 입장입니다. `void clear()`는 컨테이너의 **크기**를 0으로 설정합니다. 하지만 내부 버퍼의 용량을 줄이기 위해 재할당한다고 보장하지는 않습니다. C++11의 **void shrink_to_fit()**은 벡터에게 용량을 현재 크기와 똑같은 값을 갖도록 줄이라고 암시하지만 구현할 때 재할당을 반드시 할 필요는 없습니다.

C++ 모든 버전에서 벡터의 메모리를 해제하고 싶다면 다음 트릭을 사용하면 됩니다.

```
std::vector<Foo> x;
...
vector<Foo>().swap(x);
```

이 문장은 빈 벡터를 임시로 생성한 뒤 빈 벡터의 내용과 벡터 x의 내용을 바꾼 다음, 임시로 생성했던 벡터를 삭제해 x에 있던 모든 메모리를 회수합니다.

10.2.2 std::vector에서 삽입/삭제하기

벡터에 데이터를 삽입하는 방법은 여러 가지가 있습니다. 필자는 틀림없이 빠른 방법이 있고, 느린 방법이 있다고 생각했습니다. 이를 알아내기 위해 벡터에 kvstruct 인스턴스 100,000개를 생성하는 비용을 조사했습니다.

벡터에 데이터를 삽입하는 가장 빠른 방법은 벡터를 대입하는 것입니다.

```
std::vector<kvstrut> test_container, random_vector;
...
test_container = random_vector;
```

대입이 효율적인 이유는 복사하는 벡터의 크기를 알고 있으므로 대입할 벡터의 내부 버퍼를 만들기 위해 메모리 관리자를 한 번만 호출하면 되기 때문입니다. 대입하는 방법으로 테스트한 결과, 항목이 100,000개 저장된 벡터를 복사하는 데 0.445밀리초가 걸렸습니다.

만약 데이터가 다른 컨테이너에 있다면 std::vector::insert()를 사용해 벡터에 복사할 수 있습니다.

```cpp
std::vector<kvstrut> test_container, random_vector;
...
test_container.insert(
    test_container.end(),
    random_vector.begin(),
    random_vector.end());
```

insert()를 쓰는 방법으로 테스트한 결과, 항목 100,000개가 저장된 벡터를 복사하는 데 0.696밀리초가 걸렸습니다.

멤버 함수 std::vector::push_back()을 사용하면, 새로운 항목을 벡터의 끝에 효율적으로 (즉 상수 시간에) 삽입할 수 있습니다. 항목이 다른 벡터에 있으므로 다음 세 방법 중 하나를 사용해 항목을 가져와야 합니다.

- 벡터 반복자를 사용하는 코드

```cpp
std::vector<kvstruct> test_container, random_vector;
...
for (auto it = random_vector.begin(); it != random_vector.end(); ++it)
    test_container.push_back(*it);
```

- 멤버 함수 std::vector::at()를 사용하는 코드

```cpp
std::vector<kvstruct> test_container, random_vector;
...
for (unsigned i = 0; i < nelts; ++i)
    test_container.push_back(random_vector.at(i));
```

- 벡터의 첨자를 사용하는 코드

```cpp
std::vector<kvstruct> test_container, random_vector;
...
for (unsigned i = 0; i < nelts; ++i)
    test_container.push_back(random_vector[i]);
```

위 세 방법을 테스트한 결과 각각 2.26밀리초, 2.05밀리초, 1.99밀리초로 비슷한 시간이 걸렸습니다. 그러나 이는 대입문을 수행하는 시간의 6배에 해당하는 수치입니다.

이 코드가 느린 이유는 벡터에 항목을 하나씩 삽입하기 때문입니다. 벡터는 항목이 얼마나 많이 삽입되는지 알지 못하므로 내부 버퍼는 점진적으로 커지게 됩니다. 반복문을 수행하는 동안 벡터의 내부 버퍼를 여러 번 재할당하며, 새로 할당된 버퍼에 모든 항목을 복사합니다. std::vector는 push_back()이 상수 시간에 수행한다고 보장하지만 그렇다고 비용이 없는 것은 아닙니다.

개발자는 복사본 전체를 저장할 수 있을 만큼 큰 버퍼를 미리 할당해 더 효율적인 반복문을 만들 수 있습니다. 위의 반복자를 사용하는 예제에 버퍼를 미리 할당하는 코드를 추가해봅시다.

```
std::vector<kvstruct> test_container, random_vector;
...
test_container.reserve(nelts);
for (auto it = random_vector.begin(); it != random_vector.end(); ++it)
    test_container.push_back(*it);
```

위 코드를 테스트한 결과, 실행에 0.674밀리초가 걸렸습니다.

벡터에 항목을 삽입하는 방법은 아직 많습니다. 멤버 함수 insert()를 다른 방법으로 변형해 사용할 수 있습니다.

```
std::vector<kvstruct> test_container, random_vector;
...
for (auto it = random_vector.begin(); it != random_vector.end(); ++it)
    test_container.insert(test_container.end(), *it);
```

이 방법은 push_back()만큼 비용이 크지만 비주얼 스튜디오 2010에서는 그렇지 않습니다. 이전에 설명했던 세 가지 방법(반복자, at(), 첨자)은 모두 약 2.7밀리초 내에 실행됩니다. 큰 버퍼 공간을 예약하면 실행 시간은 1.45밀리초로 줄어들지만, 이전 코드의 실행 시간과 비교해보면 경쟁력이 없습니다.

마지막으로 std::vector에서 가장 비효율적인 방법인 항목을 맨 앞에 삽입하는 방법을 살펴보려 합니다. std::vector는 push_front() 멤버를 제공하지 않습니다. 시간 비용이 $O(n)$이기 때문입니다. 항목을 맨 앞에 삽입하면 새 항목을 위한 공간을 만들기 위해 벡터의 모든 항목을 복사해야 하므로 비효율적입니다. 실제로도 비효율적입니다. 다음 코드를 봅시다.

```
std::vector<kvstruct> test_container, random_vector;
...
for (auto it = random_vector.begin(); it != random_vector.end(); ++it)
    test_container.insert(test_container.begin(), *it);
```

이 코드는 실행에 8,065밀리초가 걸립니다. 잘못 본 게 아닙니다. 분명히 소수점이 아닌 쉼표입니다. 이 반복문은 뒤에서 삽입하는 방법보다 약 3천 배 오래 걸립니다.

따라서 벡터를 효율적으로 채우고 싶다면 대입문을 사용하는 방법, 다른 컨테이너에서 반복자를 통해 insert()를 사용하는 방법, push_back()를 사용하는 방법, 벡터의 뒤에서 insert()를 사용하는 방법 순으로 시도해보기 바랍니다.

10.2.3 std::vector에서 코드 반복 실행하기

벡터의 각 요소를 방문하는 비용은 크지 않습니다. 그러나 삽입과 마찬가지로 탐색 방법에 따라 걸리는 시간이 많이 다릅니다.

벡터에 대하여 코드를 반복 실행하는 방법은 세 가지가 있습니다. 바로 반복자를 사용하는 방법, 멤버 함수 at()을 사용하는 방법, 그리고 첨자를 사용하는 방법입니다. 반복문에서 수행하는 작동의 비용이 크다면 다양한 탐색 방법에 따른 비용 차이는 그다지 중요하지 않습니다. 그러나 개발자는 각 요소에 있는 데이터에 간단하고 빠른 작동을 수행하는 경우가 많습니다. 다음 예제는 반복문으로 각 요소를 더한 합계를 구하는데, 이에 걸리는 시간이 매우 짧습니다(또한 컴파일러는 반복문 전체를 no-op으로 최적화하지 않습니다).

```
std::vector<kvstruct> test_container;
...
unsigned sum = 0;
for (auto it = test_container.begin(); it != test_container.end(); ++it)
    sum += it->value;

std::vector<kvstruct> test_container;
...
unsigned sum = 0;
```

```
for (unsigned i = 0; i < nelts; ++i)
    sum += test_container.at(i).value;


std::vector<kvstruct> test_container;
...
unsigned sum = 0;
for (unsigned i = 0; i < nelts; ++i)
    sum += test_container[i].value;
```

개발자는 세 방법이 비용 측면에서 봤을 때 거의 똑같다고 생각할 수 있습니다. 하지만 실제로는 그렇지 않습니다. 반복자를 사용하는 방법은 0.236밀리초가 걸립니다. at()을 사용하는 방식은 조금 빠른 0.230밀리초가 걸려 더 낫지만 첨자를 사용하는 방법이 0.129밀리초가 걸려 삽입과 마찬가지로 더 효율적입니다. 비주얼 스튜디오 2010에서는 첨자를 사용하는 방법의 속도가 83% 빨라졌습니다.

10.2.4 std::vector 정렬하기

이진 검색이 가능하도록 벡터를 정렬하여 아이템을 효율적으로 검색할 수 있습니다. C++ 표준 라이브러리에는 두 정렬 알고리즘, std::sort()와 std::stable_sort()가 있습니다. 두 알고리즘의 실행 시간은 std::vector처럼 컨테이너의 반복자가 임의 접근 반복자일 경우 $O(n\log_2 n)$입니다. 두 알고리즘은 데이터가 이미 정렬되어 있으면 실행 속도가 꽤 빠릅니다. 정렬 알고리즘을 사용하는 방법은 간단합니다.

```
std::vector<kvstruct> sorted_container, random_vector;
...
sorted_container = random_vector;
std::sort(sorted_container.begin(), sorted_container.end());
```

[표 10-1]에 결과가 나와 있습니다.

표 10-1 100,000개의 항목이 저장된 벡터를 정렬하는 비용

std::vector	비주얼 스튜디오 2010 릴리스 버전, i7, 항목 100,000개
std::sort(), 정렬되지 않은 벡터	18.61밀리초
std::sort(), 정렬된 벡터	3.77밀리초
std::stable_sort(), 정렬되지 않은 벡터	16.08밀리초
std::stable_sort(), 정렬된 벡터	5.01밀리초

10.2.5 std::vector에서 검색하기

다음은 sorted_container에서 random_vector에 있는 모든 키를 검색하는 코드입니다.

```
std::vector<kvstruct> sorted_container, random_vector;
...
for (auto it = random_vector.begin(); it != random_vector.end(); ++it) {
    kp = std::lower_bound(
                sorted_container.begin(),
                sorted_container.end(),
                *it);
    if (kp != sorted_container.end() && *it < *kp)
        kp = sorted_container.end();
}
```

위 코드를 사용해 정렬한 벡터에서 100,000개의 키를 검색하는 데 28.92밀리초가 걸렸습니다.

10.3 std::deque

std::deque의 특성은 다음과 같습니다.

- 시퀀스 컨테이너

- 삽입 시간: 앞이나 뒤에서 삽입할 경우 $O(1)$, 아니면 $O(n)$

- 색인 시간: 위치로 색인할 경우 $O(1)$

- 정렬 시간: $O(n\log_2 n)$

- 검색 시간: 정렬되어 있다면 $O(\log_2 n)$, 아니면 $O(n)$

- 내부 배열을 재할당하면 반복자와 참조가 무효화됩니다.

- 반복자는 양방향(앞에서 뒤로, 뒤에서 앞으로)으로 항목을 방문합니다.

std::deque는 FIFO 큐를 생성하는 특수화된 컨테이너입니다. 앞이나 뒤에서 삽입 및 삭제하는 데 걸리는 시간은 상수 시간입니다. 첨자로 접근하는 데 걸리는 시간도 상수 시간입니다. std::deque의 반복자는 std::vector처럼 임의 접근 반복자이므로 $O(n\log_2 n)$ 시간에 정렬할 수 있습니다.

std::deque는 std::vector와 똑같은 big-O 성능을 보장하고 양쪽 끝에서 상수 시간에 삽입할 수 있기 때문에 굳이 std::vector를 사용할 이유가 없어 보입니다. 그러나 데큐에서 수행하는 모든 연산의 비례 상수는 벡터보다 큽니다. 데큐를 사용해 일반적인 연산의 수행 시간을 측정한 결과, 벡터를 사용할 때보다 성능이 3~10배 느립니다. 데큐에서 반복, 정렬, 검색하는 시간은 벡터보다 약 30% 더 느립니다.

std::deque는 보통 여러 배열을 저장하는 배열로 구현합니다(그림 10-2). 데큐에 저장된 항목을 얻으려면 간접 참조를 두 번 해야 하는데 이는 캐시 지역성을 감소시키고 std::vector보다 메모리 관리자를 더 자주 호출하게 됩니다.

데큐의 앞이나 뒤에서 항목을 삽입하면 할당자가 두 번 호출될 수 있습니다. 한 번은 항목을 다른 블록에 추가할 때 호출되고, 다른 한 번은 자주 발생하지는 않지만 데큐의 내부 배열을 확장할 때 호출됩니다. 이 할당 작동은 벡터보다 더 복잡하며 추론하기 어렵습니다. 이런 이유에서인지 std::deque는 std::vector의 멤버 함수 reserve()처럼 내부 자료구조를 미리 할당하는 함수를 제공하지 않습니다. 데큐는 확실히 FIFO 큐를 구현하는 컨테이너인 듯합니다. 한편 기본 컨테이너 구현으로 데큐를 사용하는 컨테이너 어댑터 템플릿 std::queue가 있습니다. 그러나 std::queue를 사용한다고해서 할당 성능이 매우 좋다는 보장은 할 수 없습니다.

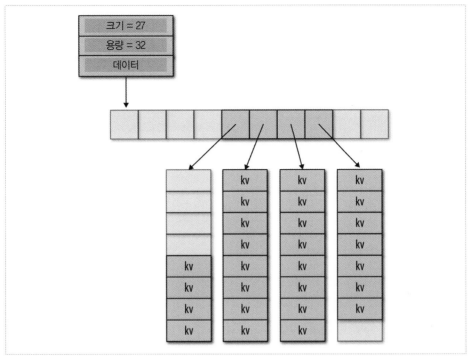

그림 10-2 std::deque의 구현 방법 중 하나. 삽입/삭제 작동을 몇 번 수행한 후의 모습

10.3.1 std::deque에서 삽입/삭제하기

std::deque는 std::vector와 동일한 삽입 인터페이스에 추가로 멤버 함수 push_front()를 제공합니다.

다음은 하나의 데큐를 다른 데큐로 대입하는 코드입니다. 이 코드는 실행에 5.70밀리초가 걸렸습니다.

```
std::deque<kvstruct> test_container;
std::vector<kvstruct> random_vector;
...
test_container = random_vector;
```

다음은 한 쌍의 반복자를 사용해 데큐에 삽입하는 코드입니다. 이 코드는 실행에 5.28밀리초가 걸렸습니다.

```
std::deque<kvstruct> test_container;
std::vector<kvstruct> random_vector;
...
test_container.insert(
        test_container.end(),
        random_vector.begin(),
        random_vector.end());
```

다음은 push_back()을 사용해 벡터에서 데큐로 항목을 복사하는 세 가지 방법입니다.

```
std::deque<kvstruct> test_container;
std::vector<kvstruct> random_vector;
...
for (auto it = random_vector.begin(); it != random_vector.end(); ++it)
    test_container.push_back(*it);

for (unsigned i = 0; i < nelts; ++i)
    test_container.push_back(random_bector.at(i));

for (unsigned i = 0; i < nelts; ++i)
    test_container.push_back(random_vector[i]);
```

개발자는 세 방법이 비용 측면에서 봤을 때 거의 같다고 생각할 수 있습니다. 어쩌면 at()은 추가 검사를 하기 때문에 조금 느릴 수도 있습니다. 실제로 반복자 버전의 실행 시간은 4.33밀리초로 첨자 버전의 실행 시간인 5.01밀리초보다 15% 더 빨랐으며 at() 버전의 실행 시간은 4.76밀리초로 중간 정도였습니다. 최적화를 해야 할 정도로 엄청난 차이는 아닙니다.

push_front()를 사용해 항목을 복사하는 세 가지 방법의 실행 시간도 서로 비슷했습니다. 반복자 버전의 실행 시간은 5.19밀리초가 걸렸으며 첨자 버전의 실행 시간은 5.55밀리초였습니다. 두 버전의 실행 시간 차이는 7%에 불과하며 오차 범위 내에 있습니다. 그러나 전반적으로 push_front()의 실행 시간은 push_back()보다 20% 더 걸립니다.

뒤쪽과 앞쪽에 항목을 삽입하는 방법의 비용은 각각 push_back()과 push_front()를 사용하는 방법보다 약 2배 많이 듭니다.

이제 std::vector와 std::deque의 성능을 비교해봅시다. 항목의 수가 같을 경우 벡터는 대입하는 속도가 13배 빠릅니다. 또한 삭제하는 속도는 22배, 반복자 버전에서 삽입하는 속도는 9배, push_back( )의 속도는 2배, 뒤쪽에서 삽입하는 속도는 3배 빠릅니다.

최적화 전쟁 이야기

필자가 데큐의 성능을 테스트하기 시작했을 때, 깜짝 놀랐습니다. 왜냐하면 std::deque의 작동이 std::vector보다 천 배나 느렸기 때문입니다. 처음에는 '왜 이렇게 느린지 안다. 데큐는 그저 끔찍한 자료구조니까'라고 생각했습니다. 하지만 책에 실은 표처럼 최종 테스트를 진행했을 때 얼마나 어리석었는지 깨달았습니다.

필자는 디버거를 사용해 테스트 프로그램을 실행하는 습관이 있습니다. IDE에 커다란 버튼이 있기 때문입니다. 필자는 디버그 모드로 실행하면 C++ 런타임 라이브러리와 링크하면서 디버그 검사를 추가로 한다는 사실을 알고 있었습니다. 하지만 성능에서 차이가 나는 경우를 본 적이 없었습니다. 디버거를 사용하지 않고 최종 테스트를 진행했기 때문에 표에 적힌 걸린 시간에는 일관성이 있었습니다. 하지만 std::deque를 디버거에서 실행하면 메모리 할당 루틴에 진단 코드가 추가되어 실행 비용이 엄청나게 커진다는 사실을 알았습니다. 이는 디버그 빌드에서 상대적인 성능을 측정한 결과와 릴리스 빌드에서 상대적인 성능을 측정한 결과가 비슷하다는 필자의 평범한 경험과는 다른 예외였습니다. IDE에서 디버깅할 때 디버그 힙과 일반 힙 중 어떤 힙을 사용할 것인지를 제어할 수 있습니다. 자세한 내용은 '3.3절에서 최적화 프로 팁'을 참고하세요.

10.3.2 std::deque를 사용하는 반복문

데큐의 요소를 이용한 반복문은 첨자 기반 버전에서 0.828밀리초가 걸렸으며 반복자 기반 버전에서 0.450밀리초가 걸렸습니다. 흥미롭게도 반복자 기반 버전은 데큐가 벡터보다 더 빠른 반면, 첨자 기반 버전은 데큐가 벡터보다 더 느립니다. 그러나 데큐에서 속도가 가장 빠른 탐색 방법은 벡터에서 속도가 가장 빠른 탐색 방법보다 비용이 2배 많이 듭니다.

10.3.3 std::deque 정렬하기

std::sort( )가 100,000개의 항목이 저장된 데큐를 처리하는 시간은 24.82밀리초로 벡터보다 33% 느립니다. std::stable_sort( )가 처리하는 시간은 벡터에서의 실험과 마찬가지로

17.76밀리초로 조금 더 빨랐으며, 벡터에서 걸린 시간과 비교했을 때 10% 정도의 차이를 보였습니다. 두 자료구조 모두 항목들이 미리 정렬되어 있을 때 더 빨리 처리했습니다.

10.3.4 std::deque에서 검색하기

항목들이 정렬되어 있는 데큐에서 100,000개의 키를 모두 검색하는 데 35밀리초가 걸렸습니다. 검색 작동의 비용은 데큐가 벡터보다 20% 더 많이 듭니다.

10.4 std::list

std::list의 특성은 다음과 같습니다.

- 시퀀스 컨테이너

- 삽입 시간: 어느 위치에서나 $O(1)$

- 정렬 시간: $O(n\log_2 n)$

- 검색 시간: $O(n)$

- 항목을 삭제하는 경우를 제외하고 반복자와 참조가 절대 무효화되지 않습니다.

- 반복자는 양방향(앞에서 뒤로, 뒤에서 앞으로)으로 항목을 방문합니다.

std::list는 std::vector, std::deque와 많은 특성을 공유합니다. 벡터, 데큐와 마찬가지로 항목을 뒤쪽에 삽입하는 시간은 상수 시간입니다. 그리고 데큐와 마찬가지로 (하지만 벡터와는 달리) 항목을 앞쪽에 삽입하는 시간도 상수 시간입니다. 벡터, 데큐와는 달리 삽입 위치를 가리키는 반복자가 주어졌을 때 리스트의 중간에 삽입하는 시간 또한 상수 시간입니다. 한편 데큐, 벡터와 마찬가지로 리스트를 효율적으로 정렬할 수 있습니다. 하지만 벡터, 데큐와는 달리 리스트를 효율적으로 검색하는 방법은 없습니다. std::find()는 $O(n)$ 시간이 걸립니다. 여러분이 직접 검색하는 코드를 작성하더라도 똑같은 시간이 걸릴 것입니다.

사람들은 대부분 std::list가 비효율적인 자료구조라고 알고 있지만 실제로 성능을 테스트했을 때 비효율적인 부분을 찾지 못했습니다. std::list는 std::vector처럼 복사하거나 생성하는 비용이 10배 정도 크지만 std::deque와는 경쟁해볼 만합니다. 리스트의 뒤쪽에 항목을 하나씩 삽입하는 비용은 벡터보다 1.x배 더 많이 듭니다. 리스트를 탐색하고 정렬하는 비용은 벡터보다 30% 더 많이 듭니다. 테스트했던 대부분의 작동에서 std::list는 std::deque보다 비용이 적었습니다.

또한 사람들은 대부분 정방향/역방향 링크와 상수 시간이 걸리는 size() 매서드가 있는 std::list가 필요 이상으로 비용이 크다고 알고 있습니다. 이 때문에 C++11에 std::forward_list가 추가되었습니다. 그러나 테스트 결과, 적어도 PC 하드웨어에서 std::list와 std::forward_list는 비용 측면에서 비슷한 성능을 갖습니다.

std::list에는 재할당해야 하는 내부 배열이 없으므로, 항목을 삽입하더라도 리스트의 항목을 가리키는 반복자나 참조가 무효화되지 않습니다. 반복자나 참조가 가리키는 항목을 삭제한 경우에만 무효화됩니다.

std::list의 장점은 리스트 항목을 복사하지 않고 ($O(1)$ 시간에) 특정 범위의 항목을 추출하거나 병합할 수 있다는 것입니다. 물론 특정 범위의 항목을 추출하거나 병합하더라도 std::list의 반복자는 무효화되지 않습니다. 프로그램이 삽입할 위치를 이미 알고 있다면 리스트의 중간 위치에 삽입하는 데 상수 시간이면 충분합니다. 따라서 프로그램에서 항목의 목록을 만든 다음 순서를 뒤섞는다면 std::vector보다 std::list를 사용하는 게 더 효율적입니다.

std::list는 메모리 관리자와 매우 간단하고 예측 가능한 방법으로 상호작용합니다. 리스트의 각 항목은 필요할 때 따로 할당됩니다. 따라서 리스트에서 사용하지 않는 용량은 없습니다 (그림 10-3).

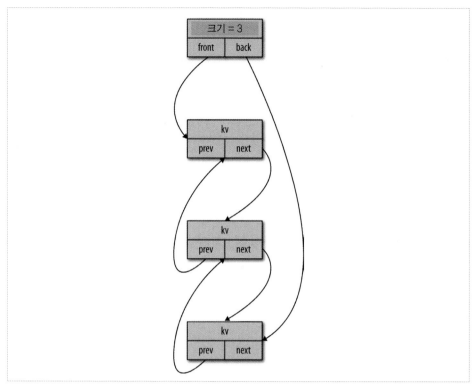

그림 10-3 std::list의 구현 방법 중 하나, 삽입/삭제 작동을 몇 번 수행한 후의 모습

리스트의 각 항목에 할당된 저장 공간의 크기는 모두 같습니다. 따라서 메모리 관리자가 메모리를 효율적으로 관리할 수 있으며 메모리 단편화가 생길 가능성이 줄어듭니다. 또한 이러한 특성을 활용해 std::list에서 효율적으로 작동하는 간단한 사용자 정의 할당자를 정의할 수도 있습니다(13.4.3절 고정된 크기의 블록을 갖는 할당자 참고).

10.4.1 std::list에서 삽입/삭제하기

insert(), push_back(), push_front()를 사용해 하나의 리스트를 다른 리스트에 복사하는 알고리즘은 처음에 자료구조를 선언한다는 점을 제외하고는 벡터와 데큐에서 설명했던 알고리즘들과 같습니다. std::list의 구조가 매우 간단하므로 컴파일러가 컴파일하는 동안 코드를 개선할 수 있는 부분이 많지 않습니다. 따라서 std::list의 모든 삽입/삭제 방법의 실행 시간을 측정해보면 [표 10-2]에서처럼 일관성을 보입니다.

표 10-2 std::list에서 성능을 측정한 결과 요약

std::vector, 항목 100,000개, 비주얼 스튜디오 2010 릴리스 버전, i7	시간	리스트 vs 벡터
대입	5.10밀리초	1046%
삭제	2.49밀리초	2141%
insert(end())	3.69밀리초	533%
반복자를 사용한 push_back()	4.26밀리초	88%
at()을 사용한 push_back()	4.50밀리초	120%
첨자를 사용한 push_back()	4.63밀리초	132%
반복자를 사용한 push_front()	4.77밀리초	
at()을 사용한 push_front()	4.82밀리초	
첨자를 사용한 push_front()	4.99밀리초	
반복자를 사용해 뒤쪽에 삽입	4.75밀리초	75%
at()을 사용해 뒤쪽에 삽입	4.84밀리초	77%
첨자를 사용해 뒤쪽에 삽입	4.88밀리초	75%
반복자를 사용해 앞쪽에 삽입	4.84밀리초	
at()을 사용해 앞쪽에 삽입	5.02밀리초	
첨자를 사용해 앞쪽에 삽입	5.04밀리초	

리스트의 뒤쪽에 항목을 삽입하는 방법이 가장 빨랐습니다. 무슨 이유에서인지 operator=()
보다 훨씬 빠릅니다.

10.4.2 std::list에서 반복하기

리스트에는 첨자 연산자가 없습니다. 리스트를 탐색하는 유일한 방법은 반복자를 사용하는 방
법입니다.

리스트에 저장된 100,000개의 항목을 반복하는 테스트를 수행한 결과 0.326밀리초가 걸렸습
니다. 이는 벡터를 탐색했을 때보다 38% 더 오래 걸립니다.

10.4.3 std::list 정렬하기

std::list의 반복자는 양방향 반복자인데 std::vector의 임의 접근 반복자보다는 강력하지 않습니다. 이 반복자가 갖는 특성은 두 양방향 반복자 사이의 **거리**나 항목의 개수를 찾는 비용이 $O(n)$이라는 것입니다. 따라서 std::sort()는 std::list에서 $O(n^2)$의 성능을 갖습니다. 컴파일러는 리스트에서 std::sort()를 호출하는 코드를 컴파일하겠지만, 개발자가 기대한 성능보다 훨씬 나쁠 것입니다.

다행히도 std::list에는 더 효율적인 $O(n\log_2 n)$의 성능을 갖는 정렬이 내장되어 있습니다. std::list에 내장된 sort()를 사용해 리스트를 정렬하는 테스트를 수행한 결과 23.2밀리초가 걸렸습니다. 벡터를 정렬했을 때보다 25% 오래 걸립니다.

10.4.4 std::list에서 검색하기

std::list는 양방향 반복자만 제공하므로 리스트에서 이진 검색 알고리즘의 수행 시간은 $O(n)$입니다. std::find()로 검색한 시간 또한 $O(n)$입니다. 여기서 n은 리스트의 항목 수입니다. 그래서 std::list는 연관 컨테이너를 대체할 수 있는 후보 중에서 성능이 그다지 좋지 않습니다.

10.5 std::forward_list

std::forward_list의 특성은 다음과 같습니다.

- 시퀀스 컨테이너

- 삽입 시간: 어느 위치에서나 $O(1)$

- 정렬 시간: $O(n\log_2 n)$

- 검색 시간: $O(n)$

- 항목을 삭제하는 경우를 제외하고 반복자와 참조가 절대 무효화되지 않습니다.

- 반복자는 앞에서 뒤로 항목을 방문합니다.

std::forward_list는 리스트에서 가장 기본적인 것만 남긴 시퀀스 컨테이너입니다. std::forward_list는 리스트의 헤드 노드를 가리키는 단일 포인터를 포함합니다. 또한 일부러 직접 코딩한 단일 연결 리스트와 구현 방법이 같도록 설계되었습니다. 여기에는 멤버 함수 back()이나 rbegin()이 없습니다.

std::forward_list는 메모리 관리자와 매우 간단하고 예측 가능한 방법으로 상호작용합니다. 포워드 리스트의 각 항목은 필요할 때 따로 할당됩니다. 따라서 포워드 리스트에서 사용하지 않는 용량은 없습니다(그림 10-4). 포워드 리스트의 각 항목에 할당된 저장 공간의 크기는 모두 같습니다. 따라서 메모리 관리자가 메모리를 효율적으로 관리할 수 있으며 메모리 단편화가 생길 가능성이 줄어듭니다. 또한 이러한 특성을 활용해 std::forward_list에서 효율적으로 작동하는 간단한 사용자 정의 할당자를 정의할 수도 있습니다(13.4.3절 고정된 크기의 블록을 갖는 할당자 참고).

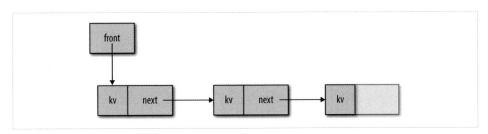

그림 10-4 std::forward_list의 구현 방법 중 하나

포워드 리스트는 리스트와는 다르게 순방향 반복자만 제공합니다. 그리고 일반적인 반복문으로 탐색할 수 있습니다.

```
std::forward_list<kvstruct> flist;
// ...
unsigned sum = 0;
for (auto it = flist.begin(); it != flist.end(); ++it)
    sum += it->value;
```

그러나 삽입할 때는 다른 접근 방법이 필요합니다. std::forward_list에는 insert() 매서드 대신 insert_after() 매서드가 있습니다. 또한 before_begin()이라는 함수로 리스트의 첫 번째 요소 앞을 가리키는 반복자를 얻을 수 있습니다(포워트 리스트의 요소에는 다음 요소를 가리키는 포인터만 있기 때문에 첫번째 요소 앞에 삽입할 수 있는 다른 방법은 없습니다).

```cpp
std::forward_list<kvstruct> flist;
std::vector<kvstruct> vect;
// ...
auto place = flist.before_begin();
for (auto it = vect.begin(); it != vect.end(); ++it)
    place = flist.insert_after(place, *it);
```

필자의 PC에서는 std::forward_list가 std::list보다 훨씬 빠르지는 않았습니다. std::list를 느리게 만들었던 요인들(항목마다 할당, 캐시 지역성의 감소)이 std::forward_list도 느리게 만들었기 때문입니다. 메모리 제약이 엄격한 소형 프로세서에서는 std::forward_list가 유용할 수 있지만, 데스크톱이나 스마트폰급 프로세서에서는 추천할 이유가 거의 없습니다.

10.5.1 std::forward_list에서 삽입/삭제하기

std::forward_list는 어떤 위치의 앞을 가리키는 반복자가 있을 경우 임의의 위치에 항목을 삽입하는 시간이 상수 시간입니다. 포워드 리스트에 100,000개의 항목을 삽입하는 시간은 4.24밀리초였습니다. 이는 std::list일 때 걸린 시간과 거의 동일합니다.

std::forward_list에는 push_front()라는 멤버 함수가 있습니다. 이 함수를 사용해 100,000개의 항목을 삽입하는 시간은 4.16밀리초였습니다. 이 방법 또한 std::list일 때 걸린 시간과 거의 동일합니다.

10.5.2 std::forward_list에서 반복하기

std::forward_list에는 첨자 연산자가 없습니다. 포워드 리스트를 탐색하는 유일한 방법은 반복자를 사용하는 것입니다.

포워드 리스트에 저장된 100,000개의 항목을 반복하는 테스트를 수행한 결과 0.343밀리초가 걸렸습니다. 이는 벡터를 탐색했을 때보다 45% 더 오래 걸립니다.

10.5.3 std::forward_list 정렬하기

std::list와 마찬가지로 std::forward_list에도 $O(n\log_2 n)$의 성능을 갖는 정렬이 내장되어 있습니다. std::forward_list에 내장된 sort()를 사용해 100,000개의 항목을 정렬하는 테스트를 수행한 결과 23.3밀리초가 걸렸습니다. 이는 std::list에 내장된 정렬 함수의 성능과 비슷합니다.

10.5.4 std::forward_list에서 검색하기

std::forward_list는 순방향 반복자만 제공하므로 포워드 리스트에서 이진 검색 알고리즘의 수행 시간은 $O(n)$입니다. std::find()로 검색한 시간 또한 $O(n)$입니다. 여기서 n은 포워드 리스트의 항목 수입니다. 이 때문에 std::forward_list는 연관 컨테이너를 대체할 수 있는 후보 중에서 성능이 그다지 좋지 않습니다.

10.6 std::map과 std::multimap

std::map과 std::multimap의 특성은 다음과 같습니다.

- 순서가 지정된 연관 컨테이너

- 삽입 시간: $O(\log_2 n)$

- 색인 시간: $O(\log_2 n)$ (키를 사용할 경우)

- 항목을 삭제하는 경우를 제외하고 반복자와 참조가 절대 무효화되지 않습니다.

- 반복자는 항목을 정렬한 순서나 역순으로 정렬한 순서로 생성합니다.

std::map은 키 타입의 인스턴스를 해당하는 값 타입의 인스턴스에 매핑합니다. std::map은 std::list처럼 노드 기반의 자료구조입니다. 하지만 맵은 키의 값에 따라 노드를 정렬합니다. 또한 맵은 내부적으로 균형 이진 트리로 구현되어 있으며, 반복자 기반의 탐색을 용이하게 하기 위해 별도의 링크가 있습니다(그림 10-5).

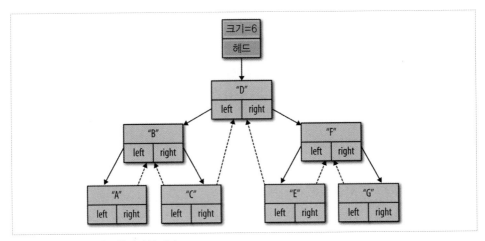

그림 10-5 std::map의 구현 방법 중 하나

std::map은 트리를 사용해 구현하지만 트리는 아닙니다. 맵에서는 링크를 검사하거나 너비 우선 탐색 또는 트리에서 할 수 있는 다른 일을 수행할 방법이 없습니다.

std::map은 메모리 관리자와 매우 간단하고 예측 가능한 방법으로 상호작용합니다. 맵의 각 항목은 필요할 때 따로 할당됩니다. std::map에는 재할당해야 하는 내부 배열이 없으므로 항목을 삽입하더라도 리스트의 항목을 가리키는 반복자나 참조가 무효화되지 않습니다. 반복자나 참조가 가리키는 항목을 삭제한 경우에만 무효화됩니다.

맵의 각 항목에 할당된 저장 공간의 크기는 모두 같습니다. 따라서 메모리 관리자가 메모리를 효율적으로 관리할 수 있으며 메모리 단편화가 생길 가능성이 줄어듭니다. 또한 이러한 특성을 활용해 std::map에서 효율적으로 작동하는 간단한 사용자 정의 할당자를 정의할 수도 있습니다(13.4.3절 고정된 크기의 블록을 갖는 메모리 관리자의 성능 참고).

10.6.1 std::map에서 삽입/삭제하기

벡터 반복자에서 무작위로 선택된 항목 100,000개를 std::map으로 삽입하는 데 33.8밀리초가 걸렸습니다.

보통 맵에 삽입하는 시간은 $O(\log_2 n)$입니다. 삽입점을 찾기 위해 맵의 내부 트리를 탐색해야 하기 때문입니다. 삽입 비용이 너무 크기 때문에 std::map은 맵 반복자를 추가 인수로 사용하는 insert() 함수를 제공합니다. 이 반복자는 이 시점에서 삽입하는 것이 더 효율적일 수 있다는 힌트로 사용합니다. 제공한 힌트가 최적이라면 삽입 시간은 $O(1)$이 됩니다.

삽입 힌트에 관한 좋은 소식과 나쁜 소식이 있습니다. 좋은 소식은 힌트를 통한 삽입 방법이 일반적인 삽입 방법보다 비용이 결코 크지 않다는 것입니다. 나쁜 소식은 C++11에서 삽입 힌트에 권장하는 최적값이 변경되었다는 것입니다. C++11 이전에 삽입 힌트의 최적값은 새로운 항목을 삽입할 위치의 앞이었습니다. 즉 항목들이 순서대로 정렬되어 있을 경우 이전에 삽입했던 위치였습니다. 하지만 C++11부터는 새로 항목을 삽입할 위치의 뒤를 최적값으로 사용합니다. 즉 항목들이 순서대로 정렬되어 있을 경우 힌트의 위치는 end()여야 합니다. 만약 C++11에서 최적값을 항목을 삽입할 위치의 앞으로 사용하고 싶다면 [예제 10-2]처럼 프로그램이 정렬된 항목들을 역순으로 탐색해야 합니다.

예제 10-2 C++11 스타일 힌트를 사용해 정렬된 벡터에 삽입

```
ContainerT test_container;
std::vector<kvstrct> sorted_vector;
...
std::stable_sort(sorted_vector.begin(), sorted_vector.end());
auto hint = test_container.end();
for (auto it = sorted_vector.rbegin(); it != sorted_vector.rend(); ++it)
    hint = test_container.insert(hint, value_type(it->key, it->value));
```

필자가 GCC와 비주얼 스튜디오 2010를 사용했던 경험에 따르면 표준 라이브러리는 최신 표준에 맞춰 구현했을 수도 있고 아닐 수도 있습니다. 결과적으로 컴파일러가 C++11을 완전히 적용하지 않았다고 하더라도 C++11 이전 스타일의 힌트를 사용해 최적화된 프로그램은 최신 컴파일러로 옮길 때 속도가 느려질 수 있습니다.

필자는 end(), C++11 이전 표준 라이브러리에서 지정했던 선행 노드를 가리키는 반복자, C++11 이후 표준 라이브러리에서 지정하는 후행 노드를 가리키는 반복자 등, 세 가지 힌트를 사용해 삽입 테스트를 실행했습니다. 결과는 [표 10-3]에 나와 있습니다. 이 테스트를 수행하기 위해서는 입력값들을 정렬해야 합니다.

표 10-3 힌트를 사용해 std::map에 삽입할 때의 성능

실험	호출 당 걸린 시간
정렬된 벡터에서 std::insert(), 힌트 사용 안함	18.0밀리초
정렬된 벡터에서 std::insert(), end() 힌트 사용	9.11밀리초
정렬된 벡터에서 std::insert(), C++11 이전 힌트 사용	14.4밀리초
정렬된 벡터에서 std::insert(), C++11 힌트 사용	8.56밀리초

비주얼 스튜디오 2010은 C++11 스타일의 힌트를 구현한 것으로 보입니다. 그러나 다른 힌트를 사용하더라도 힌트를 사용하지 않을 때보다 더 나은 성능을 보였습니다.

확인 및 갱신 코드 최적화하기

프로그램에서 맵 안에 키가 있는지 확인한 다음 그 결과에 따라 어떤 작동을 수행하는 코드를 작성하는 경우가 종종 있습니다. 이때 검색된 키에 해당하는 값을 삽입하거나 갱신하는 작동이 있다면 성능을 최적화할 수 있습니다.

최적화를 이해하려면 map::find()와 map::insert() 모두 $O(\log_2 n)$ 비용이 든다는 사실을 알아야 합니다. 왜냐하면 키의 존재를 확인하고 삽입점을 찾아야 하기 때문입니다. 두 함수 모두 맵의 이진 트리 자료구조에서 동일한 노드 집합을 탐색합니다.

```
iterator it = table.find(key);       // O(log n)
if (it != table.end()) {
    // 키를 찾은 경우
    it->second = value;
}
else {
    // 키를 삽입하는 경우
    it = table.insert(key, value);    // O(logn)
}
```

프로그램이 첫 번째 검색의 결과를 캡처한다면 이를 insert()의 힌트로 사용할 수 있으며 삽입 시간이 $O(1)$가 됩니다. 프로그램의 필요에 따라 두 가지 방법으로 이 코드를 개선할 수 있습니다. 맵에 저장된 항목이 존재하는지를 확인하고 싶다면 반복자와 bool 값으로 된 쌍을 반환하는 insert()를 사용할 수 있습니다. 이때 반복자는 검색된 위치나 삽입한 위치를 가리키

며 bool 값은 항목을 삽입한 경우 true, 찾은 경우 false가 됩니다. 이 해결책은 프로그램이 항목의 존재 여부를 알아내기 전에 초기화하는 방법을 알고 있거나, 값을 갱신하는 비용이 크지 않을 때 좋은 방법입니다.

```
std::pair<value_t, bool> result = table.insert(key, value);
if (result.second) {
    // 키를 찾은 경우
}
else {
    // 키를 찾지 못한 경우
}
```

두 번째 방법은 C++98 스타일 힌트의 경우 upper_bound(), C++11 스타일 힌트의 경우 lower_bound()를 호출해 키나 삽입점을 찾는 것입니다. lower_bound()는 맵에서 검색 키보다 작지 않은 첫 번째 항목 또는 end()를 가리키는 반복자를 반환합니다. 이 반복자는 키를 삽입해야 하는 경우에는 삽입 힌트가 되며 존재하는 항목을 갱신해야 하는 경우에는 키를 가리킵니다. 이 매서드는 삽입할 항목에 대한 가정을 하지 않습니다.

```
iterator it = table.lower_bound(key);
if (it == table.end() || key < it->first) {
    // 키를 찾지 못한 경우
    table.insert(it, key, value);
}
else {
    // 키를 찾은 경우
    it->second = value;
}
```

10.6.2 std::map를 사용한 반복문

맵에 저장된 100,000개의 항목을 반복하는 테스트를 수행한 결과 1.34밀리초가 걸렸습니다. 이는 벡터를 탐색했을 때보다 약 10배 더 오래 걸립니다.

10.6.3 std::map 정렬하기

맵은 내부 구조가 기본적으로 정렬되어 있습니다. 맵을 반복하면 사용 중인 키와 검색 조건에 따라 순서대로 항목을 생성합니다. 다른 검색 조건을 사용해 맵을 재정렬하려면 모든 요소를 다른 맵으로 복사해야 합니다.

10.6.4 std::map에서 검색하기

맵에 저장된 100,000개의 항목을 모두 검색하는 테스트를 수행한 결과, 42.3밀리초가 걸렸습니다. 이에 반해 `std::lower_bound()`를 사용해 정렬된 벡터에서 100,000개의 항목을 모두 검색하는 데는 28.9밀리초가 걸렸으며 정렬된 데큐에서는 35.1밀리초가 걸렸습니다. [표 10-4]는 벡터와 맵을 검색 테이블로 사용했을 때의 성능을 보여줍니다.

표 **10-4** 벡터와 맵의 삽입 및 검색 시간

	삽입 + 정렬	검색
벡터	19.1밀리초	28.9밀리초
맵	33.8밀리초	42.3밀리초

테이블에 100,000개의 항목을 한꺼번에 생성하고 검색하는 일이 잦다면 벡터 기반으로 구현하는 게 더 빠릅니다. 테이블에 항목을 자주 삽입하거나 삭제해서 변하는 경우가 잦다면 벡터 기반의 테이블을 정렬하는 비용이 검색에서 절약한 시간을 상쇄합니다.

10.7 std::set과 std::multiset

`std::set`과 `std::multiset`의 특성은 다음과 같습니다.

- 순서가 지정된 연관 컨테이너
- 삽입 시간: $O(\log_2 n)$

- 색인 시간: $O(\log_2 n)$ (키를 사용할 경우)

- 항목을 삭제하는 경우를 제외하고 반복자와 참조가 절대 무효화되지 않습니다.

- 반복자는 항목을 정렬한 순서나 역순으로 정렬한 순서로 생성합니다.

필자는 std::set의 성능을 테스트하지 않았습니다. 윈도우에서 std::set과 std::multiset
은 std::map과 동일한 자료구조를 사용하므로 성능의 특성은 맵과 동일합니다(그림 10-6).
이론상으로 셋은 다른 자료구조를 사용해 구현할 수 있지만 왜 그런지 이유는 알 수 없습니다.

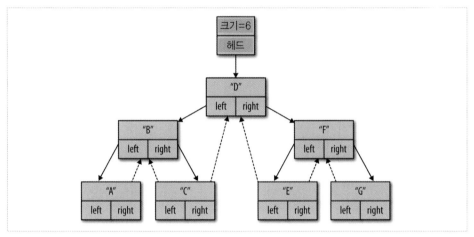

그림 10-6 std::set의 구현 방법 중 하나

std::map과 std::set의 차이점 한 가지는 검색으로 반환된 항목이 std::set에 있다는 것입
니다. 이는 그다지 문젯거리가 아닙니다. 정말로 셋 추상화를 사용하고 싶다면 순서 관계에 참
여하지 않는 값 자료형의 필드를 mutable로 선언하면 됩니다. 여기서 mutable은 순서 관계에
참여하지 않는다고 지정하는 역할을 합니다. 물론 컴파일러는 개발자를 무조건 믿기 때문에 순
서 관계에 참여하는 멤버들을 변경하지 않아야 합니다. 그렇지 않으면 셋 자료구조가 무효화됩
니다.

10.8 std::unordered_map과 std::unordered_multimap

std::unordered_map과 std::unordered_multimap의 특성은 다음과 같습니다.

- 순서가 지정되지 않은 연관 컨테이너

- 삽입 시간: 평균 $O(1)$, 최악의 경우 $O(n)$

- 색인 시간: 평균 $O(1)$, 최악의 경우 $O(n)$ (키를 사용할 경우)

- 반복자는 다시 해시하면 무효화되며 참조는 항목을 삭제하는 경우에만 무효화됩니다.

- 크기와 관계없이 용량이 증가하거나 감소할 수 있습니다.

std::unordered_map은 키 타입의 인스턴스를 해당하는 값 타입의 인스턴스에 매핑합니다. 이는 std::map과 유사합니다. 하지만 매핑을 수행하는 방법은 서로 다릅니다. std::unordered_map은 해시 테이블로 구현합니다. 이때 평균적으로 상수 시간에 값을 검색하기 위해 키를 정수 해시로 변환한 뒤, 배열의 색인으로 사용합니다.

C++ 표준은 std::string과 마찬가지로 std::unordered_map의 구현을 제한합니다. 해시 테이블을 구현할 수 있는 방법은 여러 가지가 있지만, 버킷들이 저장되어 있는 동적으로 할당된 내부 배열이 있는 설계만 C++ 표준의 정의를 준수할 가능성이 높습니다. 여기서 버킷은 동적으로 할당된 연결 리스트를 가리킵니다.

순서가 지정되지 않은 맵은 생성에 비용이 많이 듭니다. 이 맵에는 각 테이블 항목에 동적으로 할당된 노드와 동적으로 크기를 조정할 수 있는 버킷 배열을 포함합니다. 여기서 버킷 배열은 테이블의 크기가 커지면서 주기적으로 재할당됩니다(그림 10-7). 따라서 검색 성능을 향상하기 위해 메모리를 상당히 많이 소비합니다. 한편 버킷 배열을 재할당할 때마다 반복자가 무효화됩니다. 하지만 참조는 여전히 노드를 가리키며 삭제하는 경우에만 무효화됩니다.

std::unordered_map과 같은 해시 테이블에는 최적의 성능을 내기 위해 여러 매개변수를 조정할 수 있습니다. 이는 개발자의 관점에 따라 장점이 되기도 하고 약점이 되기도 합니다.

순서가 지정되지 않은 맵에 있는 항목의 개수를 **크기**size라고 합니다. 그리고 **크기를 버킷의 개수로 나눈 값**을 **로드 팩터**load factor라고 합니다. 로드 팩터가 1.0보다 크면, 일부 버킷에 여러 항목의 체인이 있어 해당 키의 검색 성능이 저하됩니다. 즉 해시가 **완전**perfect하지 않습니다. 실제로 해시 테이블에서 키 사이에 충돌이 발생하며 로드 팩터가 1.0보다 작더라도 항목에 체인이 나타납니다. 로드 팩터가 1.0보다 작으면 순서가 지정되지 않은 맵의 내부 배열에 공간을 소비하는 버킷 중 일부가 사용되지 않는다는 것을 의미합니다. 즉 **최소** 해시가 아닙니다. 로드 팩터가 1.0보다 작을 때, 빈 버킷 수의 하한값은 '**1 – 로드 팩터**'이지만 해시 함수가 불완전할 수 있기 때문에 보통 사용되지 않는 공간이 더 많습니다.

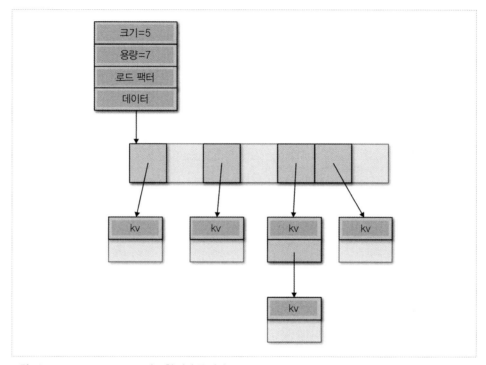

그림 10-7 std::unordered_map의 구현 방법 중 하나

로드 팩터는 std::unordered_map의 종속 변수입니다. 프로그램은 이 값을 관찰할 수 있지만 재할당한 후에는 값을 직접 설정하거나 예측할 수 없습니다. 순서가 지정되지 않은 맵에 새 항목을 삽입할 때 로드 팩터가 프로그램에서 지정한 **최대**^{maximum} **로드 팩터**를 초과하게 되면 버킷 배열이 재할당되고 모든 항목들이 새 배열의 버킷으로 다시 해시됩니다. 버킷의 개수는 1보다 큰 로드 팩터에 의해 항상 증가하기 때문에 삽입 비용은 $O(1)$이 됩니다. 최대 로드 팩터가 기본값인 1.0보다 크다면 삽입 및 검색 성능이 크게 저하됩니다. 최대 로드 팩터를 1.0 아래로 낮추면 성능을 약간 향상할 수 있습니다.

순서가 지정되지 않은 맵의 초기 버킷 수는 생성자 인수로 지정할 수 있습니다. 컨테이너의 크기가 '**버킷 * 로드 팩터**'를 초과하기 전에는 재할당하지 않습니다. 프로그램은 rehash() 멤버 함수를 호출해 순서가 지정되지 않은 맵의 버킷 수를 늘릴 수 있습니다. rehash(size_t n)는 버킷 수를 n 이상으로 설정하고 버킷 배열을 재할당합니다. 그리고 테이블을 재구성하고 모든 항목들을 새 배열의 해당 버킷으로 옮깁니다. n이 현재 버킷 수보다 작으면 rehash()가 테이블의 크기를 줄이고 다시 해시할 수도 있고 하지 않을 수도 있습니다.

reserve(size_t n)을 호출하면 재할당하기 전에 n개의 항목을 저장할 수 있는 공간을 미리 확보할 수 있습니다. 이는 rehash(ceil(n/max_load_factor()))를 호출하는 것과 같습니다.

순서가 지정되지 않은 맵의 멤버 함수 clear()를 호출하면 모든 항목들을 지우고 저장 공간을 메모리 관리자에게 반환합니다. 이 함수는 벡터나 문자열의 멤버 함수 clear()보다 더 강력한 기능을 제공합니다.

std::unordered_map은 다른 C++ 표준 라이브러리 컨테이너와는 달리 하나의 버킷에 있는 항목들을 반복하는 인터페이스뿐만 아니라 버킷들을 반복하는 인터페이스를 제공해 구현 구조를 노출합니다. 각 버킷에 있는 체인의 길이를 검사하면 해시 함수와 관련된 문제를 파악할 수 있습니다. 필자는 [예제 10-3]의 인터페이스를 사용해 해시 함수의 품질을 검사했습니다.

예제 10-3 std::unordered_map의 작동 염탐하기

```
template <typename T> void hash_stats(T const& table) {
    unsigned zeros = 0;
    unsigned ones  = 0;
    unsigned many  = 0;
    unsigned many_sigma = 0;
    for (unsigned i = 0; i < table.bucket_count(); ++i) {
        unsigned how_many_this_bucket = 0;
        for (auto it = table.begin(i); it !+ table.end(i); ++it) {
            how_many_this_bucket += 1;
        }
        switch (how_many_this_bucket) {
        case 0:
            zeros += 1;
            break;
        case 1:
            ones += 1;
            break;
```

```
            default:
                many += 1;
                many_sigma += how_many_this_bucket;
                break;
        }
    }
    std::cout << "unordered_map with " << table.size()
            << " entries" << std::endl;
            << "    " << table.bucket_count() << " buckets"
            << " load factor " << table.load_factor()
            << ", max load factor "
            << table.max_load_factor() << std::endl;
    if (ones > 0 && many > 0)
        std::cout << "      " << zeros << " empty buckets, "
                << ones << " buckets with one entry, "
                << many << " buckets with multiple entries, "
                << std::endl;
    if (many > 0)
        std::cout << "    average length of multi-entry chain "
                << ((float)many_sigma) / many << std::endl;
```

필자가 부스트 프로젝트의 해시 함수를 사용한 결과 필자가 삽입했던 항목들 중 15%가 충돌하고 자동 할당이 로드 팩터가 0.38인 테이블을 생성한다는 사실을 알게 되었습니다. 이는 내부 배열의 62%가 사용되지 않았음을 의미합니다. 필자가 시도했던 해시 함수는 예상보다 성능이 훨씬 좋았습니다.

10.8.1 std::unordered_map에서 삽입/삭제하기

std::unordered_map은 std::map처럼 두 가지 삽입 매서드를 제공합니다. 바로 삽입 힌트가 있는 매서드와 삽입 힌트가 없는 매서드입니다. 그러나 순서가 지정되지 않은 맵은 순서가 지정된 맵과 달리 삽입 힌트를 사용하지 않습니다. 단지 인터페이스 호환성만 제공할 뿐이며 아무 작동을 수행하지 않더라도 성능이 약간 저하됩니다.

삽입 테스트를 수행한 결과 15.5밀리초가 걸렸습니다. 이때 reserve()를 호출해 다시 해시하지 않도록 충분한 버킷 공간을 미리 할당하면 삽입 성능을 꽤 향상할 수 있습니다. 필자가 reserve()를 사용해 테스트했을 때 걸린 시간은 14.9밀리초로 성능이 불과 4% 향상했습니다.

최대 로드 팩터를 아주 높게 설정하면 재할당을 연기할 수 있습니다. 필자는 이 작업을 수행할 때 성능이 향상되었는지를 확인하고 나서 모든 항목을 삽입한 뒤 다시 해시했습니다. 그 결과 비주얼 스튜디오 2010의 표준 라이브러리에서 구현한 unordered_map을 반최적화^{deoptimization}한 것으로 밝혀졌습니다. 그 이유는 비주얼 스튜디오의 구현을 보면 알 수 있는데 충돌 체인의 끝에 항목을 삽입하므로 각 삽입 비용이 상수 시간에서 $O(n)$으로 증가했기 때문입니다. 구현을 좀 더 정교하게 했다면 이러한 문제가 생기지 않았을 수도 있습니다.

10.8.2 std::unordered_map에서 반복하기

[예제 10-4]는 std::unordered_map을 반복하는 코드를 보여줍니다.

예제 10-4 순서가 지정되지 않은 맵에 있는 항목들을 반복하는 코드

```
for (auto it = test_container.begin(); it != test_container.end(); ++it) {
    sum += it->second;
}
```

순서가 지정되지 않은 맵은 정렬할 수 없으며 컨테이너의 이름에서 알 수 있듯이 반복할 때 항목을 알 수 없는 순서로 생성합니다. 순서가 지정되지 않은 맵을 반복하는 데 걸린 시간은 0.34밀리초로 효율적입니다. std::vector를 반복하는 시간보다 2.8배 오래 걸립니다.

10.8.3 std::unordered_map에서 검색하기

std::unordered_map이 존재하는 이유는 바로 검색 때문입니다. 필자는 순서가 지정되지 않은 맵을 기반으로 하는 키/값 테이블과 벡터를 기반으로 하고 std::lower_bound()를 사용해 검색하는 정렬된 테이블에 100,000개 항목을 삽입한 뒤 검색하는 데 걸리는 시간을 비교했습니다.

std::unordered_map에서 100,000개의 쿼리를 조회하는 테스트를 수행한 결과 10.4밀리초가 걸렸습니다. [표 10-5]에서 볼 수 있듯이 std::map보다 3배 빠르며 std::lower_bound()를 사용해 정렬된 std::vector보다 1.7배 빠릅니다. 네, 정말 빠르죠. 하지만 해시 테이블은 정말 경이로운 수준으로 성능이 크게 향상될 것이라 기대합니다.

표 10-5 벡터, 맵, 순서가 지정되지 않은 맵의 삽입 및 검색 시간

	삽입 + 정렬	검색
맵	33.8밀리초	42.3밀리초
벡터	19.1밀리초	28.9밀리초
순서가 지정되지 않은 맵	15.5밀리초	10.4밀리초

순서가 지정되지 않은 맵은 `std::map`과 비교했을 때 구성 속도가 꽤 빠르며 검색 속도는 훨씬 빠릅니다. 순서가 지정되지 않은 맵의 단점은 사용하는 저장 공간의 크기입니다. 따라서 저장 공간이 제약된 환경에서는 `std::vector`를 기반으로 하는 소형 테이블을 사용해야 할 수도 있습니다. 하지만 저장 공간이 제약되어 있지 않다면 순서가 지정되지 않은 맵은 성능 면에서 확실히 유리합니다.

10.9 다른 자료구조

표준 라이브러리에 있는 컨테이너들은 매우 유용합니다. 하지만 이외에도 다른 자료구조들이 있습니다. 부스트 라이브러리는 표준 라이브러리 컨테이너를 모방한 수많은 자료구조를 포함하고 있습니다. 부스트는 대체 컨테이너가 들어있는 다음 라이브러리를 제공합니다.

boost::circular_buffer[4]

`std::deque`와 비슷한 면이 많지만 더 효율적입니다.

Boost.Container[5]

표준 라이브러리 컨테이너를 변형한 컨테이너들이 있습니다. 여기에는 재할당하더라도 반복자를 무효화하지 않는 벡터인 안정stable 벡터, `std::vector`용 컨테이너 어댑터로 구현된 맵/멀티맵/셋/멀티셋, 가변 길이를 가지며 최댓값이 고정되어 있는 정적static 벡터, 벡터에 요소가 몇 개만 있을 때 최적화된 작동을 하는 벡터 등이 있습니다.

---

4 *http://bit.ly/circ-buffer*
5 *http://bit.ly/boost-cont*

dynamic_bitset[6]

비트를 저장하는 벡터처럼 보입니다.

Fusion[7]

튜플tuple을 위한 컨테이너와 반복자

Boost Graph Library(BGL)[8]

그래프 순회를 위한 알고리즘과 자료구조

boost.heap[9]

간단한 `std::priority_queue` 컨테이너 어댑터보다 더 좋은 성능을 가지며 작동에 미묘한 차이가 있는 우선순위 큐.

Boost.Intrusive[10]

침습성intrusive 컨테이너(링크를 명시적으로 포함하는 노드 타입에 의존하는 컨테이너)를 제공합니다. 침습성 컨테이너의 요점은 아주 많이 실행되는 코드에서 성능을 향상하는 데 있습니다. 이 라이브러리에는 단일 연결 리스트와 이중 연결 리스트, 연관 컨테이너, 순서가 지정되지 않은 연관 컨테이너, 다양한 명시적 균형 트리의 구현 등을 포함하고 있습니다. `make_shared`, 이동 문법, 대부분의 컨테이너에 추가된 멤버 함수 `emplace()` 때문에 침습성 컨테이너의 필요성이 줄어듭니다.

boost.lockfree[11]

락프리lock-free 및 웨이트프리wait-free인 큐와 스택

---

6 *http://bit.ly/b-bitset*
7 *http://bit.ly/b-fusion*
8 *http://bit.ly/b-graphlib*
9 *http://bit.ly/b-heap*
10 *http://bit.ly/b-intrusive*
11 *http://bit.ly/b-lockfree*

Boost.MultiIndex[12]

서로 다른 작동을 가진 여러 색인이 있는 컨테이너입니다.

이외에도 부스트에는 다양한 컨테이너 클래스가 포함되어 있습니다.

게임 회사인 일렉트로닉 아츠Electronic Arts는 오픈 소스 표준 라이브러리 컨테이너 클래스인 EASTL[13] 을 만들었습니다. 일렉트로닉 아츠가 표준 라이브러리 컨테이너 클래스에 채택한 기능들은 다음과 같습니다.

- 더 간단하고 합리적인 Allocator 정의

- 일부 컨테이너의 강력한 보장. 여기에는 프로그램이 항목을 컨테이너에 넣을 때까지 컨테이너가 메모리 관리자를 호출하지 않는다는 보장을 포함합니다.

- std::deque의 프로그래밍 가능성 향상

- Boost에서 제공한 것과 유사한 컨테이너 묶음

10.10 마치며

- 스테파노프의 표준 템플릿 라이브러리는 효율적이면서 재사용 가능한 컨테이너와 알고리즘을 모아둔 최초의 라이브러리였습니다.

- 컨테이너 클래스의 big-O 성능이 모든 사실을 말해주지는 않습니다. 어떤 컨테이너는 다른 컨테이너보다 몇 배 더 빠릅니다.

- std::vector는 삽입, 삭제, 반복, 정렬이 가장 빠른 컨테이너입니다.

- 정렬된 std::vector에서 std::lower_bound를 사용한 검색은 std::map과 경쟁할 만합니다.

- std::deque는 std::list보다 약간 빠릅니다.

---

12 *http://bit.ly/b-multi*
13 *http://bit.ly/ea-stl*

- std::forward_list는 std::list보다 빠르지 않습니다.

- 해시 테이블 std::unordered_map은 std::map보다 빠릅니다. 하지만 해시 테이블의 명성에 비해 엄청나게 빠르지는 않습니다.

- 인터넷에는 표준 라이브러리 컨테이너를 모방하는 다양한 라이브러리들이 있습니다.

CHAPTER 11

입출력 최적화

프로그램은 컴퓨터에 입력을 오류 메시지로 바꾸라는 주문을 겁니다.

— 익명

이번 장에서는 텍스트 데이터를 읽고 쓸 때, C++ 스트리밍 입출력 함수를 어떻게 효율적으로 사용할 수 있는지 살펴봅니다. 데이터를 읽고 쓰는 작업은 너무 흔한 일이라 개발자가 그다지 주의를 기울이지 않습니다. 하지만 시간이 많이 드는 작업입니다.

디스크 플래터의 회전 속도는 오늘날의 초고속 컴퓨터 칩보다 대단히 무겁고 느립니다. 얼마나 느리냐면 지구가 회전하는 속도처럼 느껴질 정도입니다. 판독 헤드에는 관성이 있는데 현재 트랙에서 다른 트랙으로 헤드를 움직이려면 이 관성을 극복해야 합니다. 하드웨어의 성능을 향상하려고 시도하지만 관성이라는 물리적 특성에 부딪혀 한계를 보입니다. 제한된 데이터 속도와 바쁜 서버로 구성된 인터넷 네트워크 세계에서 응답 시간은 밀리초가 아닌 초 단위로 측정됩니다. 원격 컴퓨터에서 데이터를 스트리밍할 때에는 광속도 신경 써야 하는 중요한 요인이 됩니다.

입출력의 또 다른 문제점은 프로그램과 회전하는 디스크 플래터 또는 네트워크 인터페이스 카드 사이에 수많은 코드가 있다는 것입니다. 입출력을 최대한 효율적으로 수행하려면 모든 코드의 비용을 관리해야 합니다.

11.1 파일을 읽는 방법

인터넷에 파일을 읽고 쓰는 여러 가지 방법(*http://bit.ly/read-cpp*)이 나와 있으며 그중 일부는 속도가 빠르다고 주장합니다. 필자가 테스트한 결과 방법에 따르면 성능이 다양한 것으로 나타났습니다. 인터넷에서 확실하게 검증되지 않은 방법(예를 들어 폭발물이나 각성제를 만드는 위험하고 잘못된 방법)을 사용하지 않는 현명한 독자라면 C++로 파일을 읽는 방법을 추가하는 게 좋습니다.

최적화 전쟁 이야기

필자의 형수인 마샤는 파이를 굽는 일을 좋아했습니다. 하지만 파이 크러스트의 조리법을 찾아봐도 만족할 만한 조리법은 없었습니다. 아무리 만들어도 지금까지 그녀가 맛봤던 최고의 파이처럼 담백하고 바삭하지 않았기 때문입니다. 마샤는 소프트웨어 개발자는 아니었지만 주어진 것을 최대한 훌륭하게 활용하는 사람이었습니다.

그녀는 먼저 서로 '최고의 파이 크러스트'라고 주장하는 조리법들을 자세히 살펴봤습니다. 그 결과 모든 조리법에 밀가루, 소금, 물, 쇼트닝이 들어간다는 사실을 알아냈습니다. 그녀는 조리법마다 무슨 차이가 있는지 알아보기로 했습니다. 어떤 조리법은 식물성 쇼트닝 대신 버터나 돼지기름을 사용했습니다. 어떤 조리법은 특별히 차가운 재료를 사용하거나 밀가루 반죽을 밀어서 펴기 전에 식히라고 요구했습니다. 어떤 조리법은 설탕 조금, 식초 한 스푼, 달걀을 추가했습니다. 마샤는 몇 가지 조리법에서 독창적인 부분을 가져와 맛있게 만들기 위한 실험을 시작했습니다. 그렇게 몇 달 동안 노력한 결과 마샤는 최고의 파이를 만들 수 있었습니다.

맛있는 파이 만들기처럼, 필자는 파일을 읽는 함수의 성능을 향상할 수 있는 몇 가지 기법이 있다는 사실을 알게 되었습니다. 여러 기법을 결합할 수도 있고, 어떤 기법은 그다지 가치가 없다는 점도 발견했습니다.

[예제 11-1]은 텍스트 파일을 읽어 문자열로 저장하는 간단한 함수입니다. 필자는 이런 코드를 자주 접했었는데, 주로 XML이나 JSON 블록으로 된 문자열을 파싱하기 위한 목적으로 사용합니다.

```
std::string file_reader(char const* fname) {
    std::ifstream f;
    f.open(fname);
    if (!f) {
        std::cout << "Can't open " << fname
                  << " for reading" << std::endl;
        return "";
    }

    std::stringstream s;
    std::copy(std::istreambuf_iterator<char>(f.rdbuf()),
              std::istreambuf_iterator<char>(),
              std::ostreambuf_iterator<char>(s) );
    return s.str();
}
```

인수 **fname**에는 파일 이름이 저장되어 있습니다. **file_reader()**는 파일을 열 수 없을 경우 표준 출력에 오류 메시지를 출력하고 빈 문자열을 반환합니다. 파일을 열었다면 **std::copy()**는 f의 스트림 버퍼를 **std::stringstream s**의 스트림 버퍼로 복사합니다.

11.1.1 저렴한 함수 시그니처 만들기

라이브러리 설계 관점에서 보면 **file_reader()**를 개선할 수 있습니다(8.3.2절 절약은 라이브러리 설계의 덕목입니다 참고). 이 함수는 여러 일을 합니다. 먼저 파일을 열지 못할 경우 오류 메시지를 출력합니다. 파일을 열었다면 파일 스트림 버퍼를 문자열 스트림 버퍼로 읽습니다. 이렇게 여러 일을 하기 때문에 **file_reader()**를 라이브러리 함수로 사용하기는 어렵습니다. 예를 들어 클라이언트 프로그램이 예외 처리를 구현하거나, 오류 메시지 문자열에 윈도우 자원을 사용하려고 하거나, **std::cerr**로 출력하려 한다면 **file_reader()**를 사용할 수 없습니다. 또한 **file_reader()**는 새 메모리 공간을 만들고 반환합니다. 이로 인해 잠재적으로 여러 복사본을 반환값으로 만드는 패턴을 호출 체인에 전달합니다(6.5.4절 복사 없는 라이브러리 참고). **file_reader()**는 파일을 열지 못할 경우 빈 문자열을 반환합니다. 또한 파일을 읽을 수 있더라도 아무 내용이 없다면 빈 문자열을 반환합니다. 이 경우를 구별할 수 있도록 오류 메시지를 표시하는 게 좋습니다.

[예제 11-2]는 file_reader()를 갱신한 코드인데 파일을 열고 스트림을 읽는 부분을 구분합니다.

예제 11-2 stream_read_streambuf_stringstream() 함수를 저렴하게!

```
void stream_read_streambuf_stringstream(
    std::istream& f,
    std::string& result) {
    std::stringstream s;
    std::copy(std::istreambuf_iterator<char>(f.rdbuf()),
              std::istreambuf_iterator<char>(),
              std::ostreambuf_iterator<char>(s) );
    std::swap(result, s.str());
}
```

stream_read_streambuf_stringstream()의 마지막 줄은 result의 동적 저장 공간과 s.str()의 동적 저장 공간을 교환합니다. 필자는 대안으로 s.str()을 result에 할당하는 방법을 생각했습니다. 하지만 컴파일러와 문자열 라이브러리 모두 이동 문법을 제공하지 않을 경우 할당과 복사를 할 것입니다. std::swap()은 멤버 함수 swap()을 호출하는 많은 표준 라이브러리 클래스에서 특수화되어 있습니다. 멤버 함수는 이제 차례대로 포인터를 교환하기 때문에, 할당하고 복사하는 것보다 비용이 훨씬 적게 듭니다.

함수를 저렴하게 만든 보너스로 f의 타입이 std::ifstream이 아닌 std::istream가 됩니다. 따라서 이 함수는 std::stringstream처럼 다른 종류의 스트림에서도 작동합니다. 또한 함수가 하나의 작동만 수행하므로 코드 길이가 더 짧고 가독성이 뛰어납니다.

다음 클라이언트 코드로 stream_read_streambuf_stringstream()을 호출할 수 있습니다.

```
std::string s;
std::ifstream f;
f.open(fname);

if (!f) {
    std::cerr << "Can't open " << fname
              << " for reading" << std::endl;
```

```
    }
    else {
        stream_read_streambuf_stringstream(f, s);
    }
```

클라이언트는 파일을 연 뒤 적절한 방법으로 오류를 보고해야 할 책임이 있다는 것에 주의하세요. 스트림을 읽는 '마법'은 여전히 `stream_read_streambuf_stringstream()`에 있지만, 마법 같은 함수가 이것 하나뿐인 건 아닙니다.

필자는 10,000줄로 된 파일을 100번 읽는 실험을 했습니다. 이 실험은 C++ 표준 입출력에서 많은 머신을 대상으로 했는데, 테스트를 반복하기 때문에 운영체제가 파일 내용을 캐시합니다. 실제 환경이라면 테스트를 반복해서 시뮬레이션하기 어려우므로 비주얼 스튜디오 2010와 2015에서 측정했던 1,548밀리초보다 오래 걸릴 것입니다.

이 프로그램은 디스크를 읽는데, 필자의 컴퓨터에는 디스크가 하나만 있었습니다. 그래서 필자가 그동안 실험했던 다른 테스트보다 PC에서 발생하는 다른 디스크 작동에 더 민감했을 것입니다. 필자는 불필요한 프로그램을 닫고 중요하지 않은 서비스를 모두 중단했습니다. 또한 테스트를 몇 번 실행한 뒤 가장 짧은 시간이 걸린 측정 결과를 보고했습니다.

`stream_read_streambuf_stringstream()`은 표준 라이브러리 관용구를 사용하지만, 특별히 효율적이지는 않습니다. 이 함수는 문자 반복자를 사용하여 한 번에 한 문자씩 복사합니다. 따라서 각 문자의 복사는 `std::istream`과 호스트 운영체제의 파일 입출력 API에서도 상당히 많은 명령들을 수행할 것이라고 가정하는 게 합리적입니다. 이뿐만 아니라 `std::stringstream`에 있는 `std::string`이 한 번에 한 문자씩 확장되어 메모리 할당자를 상당히 많이 호출할 것입니다.

스트림 반복자를 사용하는 아이디어에는 몇 가지 변형이 있습니다. [예제 11-3]은 `std::string::assign()`을 사용해 반복자를 입력 스트림에서 `std::string`으로 복사합니다.

예제 11-3 스트림 반복자를 복사하는 또 다른 파일 리더

```
void stream_read_streambuf_string(
    std::istream& f,
    std::string& result) {
    result.assign(std::istreambuf_iterator<char>(f.rdbuf()),
```

```
            std::istreambuf_iterator<char>());
}
```

이 코드를 사용해 테스트한 결과, 비주얼 스튜디오 2010으로 컴파일할 경우 1,510밀리초, 비
주얼 스튜디오 2015로 컴파일할 경우 1,787밀리초가 걸렸습니다.

11.1.2 호출 체인 짧게 만들기

[예제 11-4]는 한 번에 한 문자씩 복사하는 또 다른 코드입니다. std::istream은 스트림 버퍼
를 인수로 취하는 operator<<()가 있습니다. operator<<()는 istream API를 우회해 스트
림 버퍼에 직접 복사합니다.

예제 11-4 한 번에 한 문자씩 문자열 스트림에 추가

```
void stream_read_streambuf(std::istream& f, std::string& result) {
    std::stringstream s;
    s << f.rdbuf();
    std::swap(result, s.str());
}
```

이 코드를 사용해 테스트한 결과 비주얼 스튜디오 2010으로 컴파일할 경우 1,294밀리초, 비
주얼 스튜디오 2015로 컴파일할 경우 1,181밀리초가 걸렸습니다. stream_read_streambuf_
string()보다 각각 약 17%, 51% 빠릅니다. 확실하지는 않지만, 더 빠른 실행 결과를 보이는
이유는 실제 실행되는 코드가 더 적기 때문일 것입니다.

11.1.3 재할당 줄이기

stream_read_streambuf_string()에는 최적화할 수 있는 희망의 씨앗이 있습니다. 스트림
버퍼를 반복하는 관용구를 확실하게 최적화할 방법은 없습니다. 하지만 파일에서 읽은 내용을
저장하는 std::string에 reserve()를 호출해 미리 할당한다면, 한 문자씩 저장해 문자열이
길어져 발생하는 비용이 큰 재할당을 방지할 수 있습니다. [예제 11-5]는 이 아이디어가 성능

을 향상하게 하는지 여부를 테스트합니다.

예제 11-5 stream_read_string_reserve(): 결과를 위한 저장 공간을 미리 할당하기

```
void stream_read_string_reserve(std::istream& f,
                                std::string& result)
{
    f.seekg(0,std::istream::end);
    std::streamoff len = f.tellg();
    f.seekg(0);
    if (len > 0)
        result.reserve(static_cast<std::string::size_type>(len));

    result.assign(std::istreambuf_iterator<char>(f.rdbuf()),
                  std::istreambuf_iterator<char>());
}
```

stream_read_string_reserve()는 스트림 포인터를 스트림의 마지막 위치로 옮기고 오프셋을 읽어 스트림의 길이를 알아낸 뒤 포인터를 처음 위치로 다시 설정합니다. istream::tellg()은 부분적으로 읽은 UTF-8 멀티바이트 문자의 오프셋을 포함하는 작은 구조체를 반환합니다. 다행히 이 구조체는 부호가 있는 정수 타입으로의 변환이 구현되어 있습니다. 정수가 부호 있는 타입인 이유는 tellg()를 실패할 경우 -1을 반환하기 때문입니다. tellg()는 스트림이 열리지 않았거나, 스트림에 오류가 있거나, 파일 끝에 도달한 경우 실패합니다. tellg()가 -1 대신 오프셋을 반환하면 std::string::reserve()를 위한 힌트로 사용해, 파일 전체를 위한 저장 공간을 미리 할당할 수 있습니다. 이는 [예제 4-3]의 remove_ctrl_reserve()와 비슷한 방법입니다.

stream_read_string_reserve()는 파일 포인터를 두 번 탐색하는 비용이 reserve()를 호출해 없어진 재할당 비용보다 적다는 가설을 테스트합니다. 이 가설은 뻔한 결론이 나오지 않습니다. 만약 파일의 끝까지 탐색한다면 파일이 들어 있는 모든 디스크 섹터를 읽어야 하므로 비용이 많이 듭니다. 반면에 디스크 섹터를 읽으면 운영체제가 캐시에 저장하므로 다른 비용을 줄일 수 있습니다. 이는 파일 크기에 따라 달라집니다. C++은 파일의 디렉터리 항목을 제외한 내용을 읽지 않고 파일 끝을 가리키는 파일 포인터를 탐색할 수 있습니다. 또는 이를 수행할 수 있는 운영체제 종속 함수가(두 개 이상) 있을 수도 있습니다.

이렇게 추측이 쌓이기 시작하면, 숙련된 최적화 담당 개발자는 모든 질문에 대한 답을 찾는 비용이 높은데, 이익이 무엇인지는 알 수 없다는 점을 깨닫게 됩니다. 하나의 실험으로 파일의 크기를 얻기 위해 파일의 끝을 탐색하는 C++ 관용구가 도움이 되는지 빠르게 확인할 수 있습니다. 윈도우에서 테스트한 결과 stream_read_string_reserve()는 stream_read_streambuf_string()보다 더 나은 성능을 보였습니다. 그러나 파일을 읽는 방법에서 다른 비효율적인 부분보다 개선 정도가 눈에 띌 정도는 아닙니다.

스포일러 주의: 스트림의 길이를 찾고 저장 공간을 미리 할당하는 기법은 매우 유용한 도구입니다. 재사용할 수 있는 도구를 자체 함수로 분리하는 것은 좋은 라이브러리 설계입니다. [예제 11-6]은 이 기법을 구현한 함수 stream_size()를 보여줍니다.

예제 11-6 stream_size(): 스트림 길이 계산

```
std::streamoff stream_size(std::istream& f) {
    std::istream::pos_type current_pos = f.tellg();
    if (-1 == current_pos)
        return -1;
    f.seekg(0,std::istream::end);
    std::istream::pos_type end_pos = f.tellg();
    f.seekg(current_pos);
    return end_pos - current_pos;
}
```

이미 부분적으로 소비한 스트림을 사용해 스트림을 읽는 함수를 호출할 수 있습니다. stream_size()는 현재 위치를 저장하고 스트림의 마지막 위치를 찾은 뒤, 현재 위치와 마지막 위치의 차이를 계산합니다. 함수를 끝내기 전에 스트림 포인터가 저장된 위치를 가리키도록 복원합니다. 실제로 이 함수는 stream_read_string_reserve()의 단순화된 계산보다 정확합니다. 이는 좋은 라이브러리 설계가 함수를 얼마나 더 유연하고 보편적으로 만드는지 보여주는 또 다른 예입니다.

[예제 11-7]은 함수 외부에서 예측한 파일 크기를 사용하는 stream_read_string_2()입니다. 이 함수로 개발자는 크기를 결정할 수 없는 스트림에서 호출할 때 예측값을 제공할 수 있습니다. 예측값을 사용할 수 없는 경우 stream_read_string()과 똑같이 작동합니다.

```
void stream_read_string_2(std::istream& f,
                          std::string& result,
                          std::streamoff len = 0)
{
    if (len > 0)
        result.reserve(static_cast<std::string::size_type>(len));

    result.assign(std::istreambuf_iterator<char>(f.rdbuf()),
                  std::istreambuf_iterator<char>());
}
```

stream_read_string_2()로 사용해 테스트한 결과 비주얼 스튜디오 2010으로 컴파일할 경우 1,566밀리초, 비주얼 스튜디오 2015로 컴파일할 경우 1,766밀리초가 걸렸습니다. stream_size()를 호출하는 데 추가 비용이 없진 않겠지만 필자가 테스트했을 때는 발견할 수 없었습니다. 반면에 stream_read_string_2()는 stream_read_string()보다 그다지 빠르지 않았습니다. 그렇다면 실패한 기법일까요? 나중에 알게 될 것입니다.

11.1.4 더 큰 입력 버퍼 사용하기

C++ 스트림은 std::streambuf에서 파생된 클래스를 포함하는데 운영체제에서 데이터를 더 큰 덩어리로 읽어 파일 읽기 성능을 향상합니다. 데이터는 스트림 버퍼의 내부 버퍼에 저장되며 앞에서 설명했던 반복자 기반 입력 방법으로 바이트 단위로 추출됩니다. 인터넷에 있는 어떤 글에서는 이 입력 버퍼의 크기가 증가하면 성능이 향상할 것이라고 말합니다. [예제 11-8]은 이 작업을 수행하는 간단한 코드를 보여줍니다.

예제 11-8 std::streambuf의 내부 버퍼 크기 증가

```
std::ifstream in8k;
in8k.open(filename);
char buf[8192];
in8k.rdbuf()->pubsetbuf(buf, sizeof(buf));
```

인터넷에 수많은 사람들이 pubsetbuf()를 사용하기 어렵다고 말합니다. 일단 스트림을 연 뒤 문자를 읽기 전에 pubsetbuf()를 호출해야 합니다. 스트림에 상태 비트(failbit, eofbit)를 설정하면 호출은 실패합니다. 또한 버퍼는 스트림이 닫힐 때까지 유효해야 합니다. 스트림 버퍼에 더 큰 버퍼를 설정한 결과 이 절에서 테스트한 대부분의 입력 함수에서 실행 시간이 작지만 20~50밀리초 줄었습니다. 하지만 크기가 8KB를 넘어가면 별다른 영향을 미치지 않습니다. 다소 실망스럽습니다. 예전에 C의 FILE 구조체에서 버퍼 크기를 비슷하게 늘렸을 때 필자가 작성했던 코드의 성능이 극적으로 향상했기 때문입니다. 이를 통해 과거 경험이 최적화 담당 개발자를 어떻게 잘못된 길로 빠뜨리는지를 다시 한번 확인하게 되었습니다. 이 개선 작업으로 줄인 시간은 1,500밀리초가 걸리는 테스트 실행 시간의 약 5%에 해당하지만, 전체 실행 시간을 줄일 수 있다면 성능은 더 향상할 것입니다.

11.1.5 한 번에 한 줄씩 읽기

필자는 이 절의 도입부에서 읽어야 할 파일이 종종 텍스트 파일이라고 말했었습니다. 행으로 나눠진 텍스트 파일이라면 행을 읽는 함수를 사용해 호출 횟수를 줄이고 내부에서 행 지향적이거나 버퍼를 채우는 인터페이스를 사용하는 것은 정당한 가설이라고 할 수 있습니다. 또한 결과 문자열을 자주 갱신하지 않는다면 복사와 재할당 횟수가 줄어듭니다. 사실 표준 라이브러리에는 getline()이라는 함수가 있으며 [예제 11-9]를 사용해 이 가설을 테스트할 수 있습니다.

예제 11-9 stream_read_getline()은 파일을 한 번에 한 줄씩 읽습니다.

```
void stream_read_getline(std::istream& f, std::string& result) {
    std::string line;
    result.clear();
    while (getline(f, line))
        (result += line) += "\n";
}
```

stream_read_getline()은 result에 문자열을 추가합니다. 함수에 result를 전달할 때 내용이 있을 수 있으므로 시작 시 지워야 합니다. clear()는 문자열의 동적 버퍼를 메모리 관리자에 반환하지 않습니다. 문자열의 길이를 0으로 설정할 뿐입니다. 호출하기 전에 문자열 인수를 어떻게 사용했느냐에 따라 이미 상당한 크기를 갖는 동적 버퍼가 있을 수 있으므로 할당하는 부담이 줄어듭니다.

stream_read_getline()을 사용한 테스트는 가설을 검증합니다. 10,000줄로 된 파일을 100번 반복해서 읽는 테스트를 수행한 결과, 비주얼 스튜디오 2010으로 컴파일할 경우 1,284밀리초, 비주얼 스튜디오 2015로 컴파일할 경우 1,440밀리초가 걸렸습니다.

result의 크기가 이미 재할당하지 않아도 될 정도로 충분히 클 수 있지만 만약을 대비해 공간을 확보하는 게 좋습니다. stream_read_string_2()를 stream_read_getline()에 추가해 [예제 11-10]의 함수를 만들 수 있습니다.

예제 11-10 stream_read_getline_2(): 한 번에 한 줄씩 읽으며 결과 변수를 미리 할당함

```
void stream_read_getline_2(std::ifstream& f,
                           std::string& result,
                           std::streamoff len = 0)
{
    std::string line;
    result.clear();

    if (len > 0)
        result.reserve(static_cast<std::string::size_type>(len));

    while (getline(f, line))
        (result += line) += "\n";
}
```

이 최적화는 stream_read_getline()보다 성능이 3% 향상했습니다. 이 방법을 더 큰 스트림 버퍼와 결합해서 테스트를 수행한 결과 비주얼 스튜디오 2010으로 컴파일할 경우 1,193밀리초, 비주얼 스튜디오 2015로 컴파일할 경우 1,404밀리초가 걸렸습니다.

또 다른 방법은 std::streambuf의 멤버 함수 sgetn()을 사용하는 것입니다. sgetn()은 데이터를 임의의 길이만큼 검색해 호출할 때 지정한 버퍼 인수로 가져옵니다. 파일의 크기가 적당하다면 파일 전체를 한 번에 검색할 수 있습니다. [예제 11-11]의 stream_read_sgetn() 함수는 sgetn()의 사용 방법을 보여줍니다.

```cpp
bool stream_read_sgetn(std::istream& f, std::string& result) {
    std::streamoff len = stream_size(f);
    if (len == -1)
        return false;

    result.resize (static_cast<std::string::size_type>(len));

    f.rdbuf()->sgetn(&result[0], len);
    return true;
}
```

stream_read_sgetn()에서 sgetn()은 데이터를 result에 직접 복사합니다. 이때 result는 데이터를 저장할 수 있는 충분한 공간을 갖고 있어야 합니다. 따라서 sgetn()을 호출하기 전에 스트림의 크기를 결정해야 합니다. 이는 [예제 11-7]의 stream_read_string_2() 함수처럼 선택 사항이 아닙니다. 크기는 stream_size()를 호출해 결정합니다.

앞서 언급했지만 stream_size()는 실패할 수 있습니다. 따라서 stream_read_sgetn()에서 성공/실패를 나타내는 게 좋습니다. 다행히 이 라이브러리 함수는 값을 복사하는 변수가 없으므로(6.5.4절 복사 없는 라이브러리 참고) 반환값을 성공/실패를 나타내는 데 사용할 수 있습니다.

stream_read_sgetn()은 빠릅니다. 이 함수를 사용해 테스트한 결과 비주얼 스튜디오 2010으로 컴파일할 경우 307밀리초, 비주얼 스튜디오 2015로 컴파일할 경우 148밀리초가 걸렸습니다. stream_read_streambuf()보다 4배 빠릅니다. 더 큰 rdbuf와 결합해서 테스트를 수행한 결과 비주얼 스튜디오 2010으로 컴파일할 경우 244밀리초, 비주얼 스튜디오 2015로 컴파일할 경우 134밀리초가 걸렸습니다. 전체 소요 시간이 적으면 별거 아니던 rdbuf의 크기 증가가 더 크게 기여합니다.

11.1.6 다시 호출 체인 짧게 만들기

std::istream은 문자를 버퍼에 직접 복사하는 멤버 함수 read()를 제공합니다. 이 함수는 리눅스의 저수준 함수 read()와 윈도우의 ReadFile()을 모방합니다. std::istream::read()가 버퍼링과 C++ 스트림 입출력의 무더기를 우회하는 저수준 기능에 직접 연결되어 있다면 더 효율적일 것입니다. 또한 파일 전체를 한번에 읽을 수 있으면 매우 효율적으로 호출할 수 있습니다. [예제 11-12]는 이 기능을 구현합니다.

예제 11-12 stream_read_string()은 문자열의 저장 공간에 read()를 사용합니다.

```
bool stream_read_string(std::istream& f, std::string& result) {
    std::streamoff len = stream_size(f);
    if (len == -1)
        return false;

    result.resize(static_cast<std::string::size_type>(len));
    f.read(&result[0], result.length());
    return true;
}
```

stream_read_string() 함수를 사용해 테스트한 결과 비주얼 스튜디오 2010으로 컴파일할 경우 267밀리초, 비주얼 스튜디오 2015로 컴파일할 경우 144밀리초가 걸렸습니다. stream_read_sgetn()보다 약 25% 빠르며 file_reader()보다 5배 빠릅니다

stream_read_sgetn()과 stream_read_string()의 문제는 포인터 &s[0]가 연속된 저장 공간 블록을 가리킨다고 가정하는 것입니다. C++11 이전 표준에서는 문자열의 문자를 연속적으로 **저장하지 않아도 되지만** 모든 표준 라이브러리들은 이 방법으로 구현되었습니다. C++11 표준 문서의 21.4.1 섹션에 문자열의 저장 공간은 연속적이라고 명시되어 있습니다.

필자는 동적으로 할당된 문자 배열에 데이터를 읽은 뒤 assign()을 사용해 문자열로 복사하는 함수를 테스트했습니다. 이 함수는 문자열의 저장 공간이 연속적이어야 한다는 규칙을 위반하더라도 사용할 수 있습니다.

```
bool stream_read_array(std::istream& f, std::string& result) {
    std::streamoff len = stream_size(f);
    if (len == -1)
        return false;

    std::unique_ptr<char> data(new char[static_cast<size_t>(len)]);

    f.read(data.get(), static_cast<std::streamsize>(len));
```

```
    result.assign(data.get(), static_cast<std::string::size_type>(len));
    return true;
}
```

이 함수를 테스트한 결과 비주얼 스튜디오 2010으로 컴파일할 경우 307밀리초, 비주얼 스튜디오 2015로 컴파일할 경우 186밀리초가 걸렸습니다. stream_read_string()보다 약간 느립니다.

11.1.7 도움이 되지 않는 것들

필자는 성능을 향상하기 위해 사용자 정의 스트림 버퍼를 만드는 꽤 복잡한 방법을 발견했습니다. [예제 11-13]은 야생에서 찾은 함수 중 하나입니다.

예제 11-13 아이들은 절대 따라하지 마세요!

```
// 출처 : http://stackoverflow.com/questions/8736862
class custombuf : public std::streambuf
{
public:
    custombuf(std::string& target): target_(target) {
        this->setp(this->buffer_, this->buffer_ + bufsize - 1);
    }
private:
    std::string& target_;
    enum { bufsize = 8192 };
    char buffer_[bufsize];
    int overflow(int c) {
        if (!traits_type::eq_int_type(c, traits_type::eof())) {
            *this->pptr() = traits_type::to_char_type(c);
            this->pbump(1);
        }
        this->target_.append(this->pbase(),
                             this->pptr() - this->pbase());
        this->setp(this->buffer_, this->buffer_ + bufsize - 1);
        return traits_type::not_eof(c);
    }
    int sync() { this->overflow(traits_type::eof()); return 0; }
};
```

```
std::string stream_read_custombuf(std::istream& f) {
    std::string data;
    custombuf sbuf(data);
    std::ostream(&sbuf) << f.rdbuf() << std::flush;
    return data;
}
```

이 코드 샘플의 문제점은 비효율적인 알고리즘을 최적화하려는 것입니다. 이전에 `stream_read_streambuf()`에서 봤지만 ostream에 스트림 버퍼를 삽입하는 방법은 그리 빠르지 않았습니다. 이 코드 샘플을 테스트한 결과 비주얼 스튜디오 2010으로 컴파일할 경우 1,312밀리초, 비주얼 스튜디오 2015로 컴파일할 경우 1,182밀리초가 걸렸습니다. `stream_read_streambuf()`보다 성능이 좋지 않습니다. 개선 사항이 있다면 아마 사용자 정의 스트림 버퍼에서 8KB 버퍼를 사용했기 때문일텐데 이는 코드 몇 줄이면 해결됩니다.

11.2 파일 쓰기

파일 읽기 함수를 테스트하기 위한 파일을 만들어야 합니다. 이를 통해 파일 쓰기 함수를 테스트할 수 있습니다. [예제 11-14]는 필자가 첫 번째로 시도한 파일 쓰기 함수입니다.

예제 11-14 stream_write_line()

```
void stream_write_line(std::ostream& f, std::string const& line) {
    f << line << std::endl;
}
```

파일을 만들기 위해 이 함수를 10,000번 호출하고 시간 측정 데이터를 생성하기 위해 100번 반복한 결과 비주얼 스튜디오 2010으로 컴파일할 경우 1,972밀리초, 비주얼 스튜디오 2015로 컴파일할 경우 2,110밀리초가 걸렸습니다.

`stream_write_line()`은 각 행을 std::endl로 밀어냅니다. 필자는 endl이 출력 버퍼를 비운다는 사실을 몰랐습니다. std::endl이 없으면 std::ofstream이 운영체제에 큰 데이터 블록

을 몇 개만 밀어내면 되기 때문에 쓰기 속도가 더 빨라집니다. [예제 11-15]는 이 가설을 테스트합니다.

예제 11-15 stream_write_line_noflush()가 더 빠릅니다.

```
void stream_write_line_noflush(std::ostream& f,
                               std::string const& line)
{
    f << line << "\n";
}
```

물론 stream_write_line_noflush()는 마지막 줄에 f.flush()을 넣거나 스트림을 닫아야 데이터로 가득찬 마지막를 비웁니다. stream_write_line_noflush()로 파일을 만든 결과 비주얼 스튜디오 2010으로 컴파일할 경우 367밀리초, 비주얼 스튜디오 2015로 컴파일할 경우 302밀리초가 걸렸습니다. stream_write_line()보다 약 5배 빠릅니다.

또한 stream_write_line_noflush()를 호출해 하나의 문자열을 파일 전체에 쓰기로 했습니다. 예상대로 비주얼 스튜디오 2010으로 컴파일할 경우 132밀리초, 비주얼 스튜디오 2015로 컴파일할 경우 137밀리초가 걸려 훨씬 더 빨랐습니다. 파일에 줄 단위로 쓰는 방법보다 약 1.7배 빠릅니다.

11.3 std::cin으로 읽어서 std::cout으로 쓰기

표준 입력에서 읽을 때 알아야 할 중요한 사실은 std::cin이 std::cout에 묶여 있다는 것입니다. std::cin에서 입력을 요청하면 대화식 콘솔 프로그램이 프롬프트를 표시할 수 있도록 먼저 std::cout을 비웁니다. istream::tie()를 호출하면(존재할 경우) 묶여 있는 스트림을 가리키는 포인터를 생성합니다. istream::tie(nullptr)을 호출하면 기존에 묶여 있던 스트림을 끊습니다. 이전 절에서 봤겠지만 비우는 작동은 비용이 꽤 많이 듭니다.

std::cin과 std::cout에 대해 알아야 할 또 다른 사실은 C++ 스트림이 개념적으로 C의 FILE* 객체인 stdin과 stdout에 연결되어 있다는 것입니다. 이를 통해 프로그램은 C++과

C의 입출력문을 모두 사용할 수 있으며 출력이나 입력의 인터리빙[1]이 의미를 갖게 해줍니다. std::cout이 stdcout에 연결되는 방법은 구현 방법에 따라 작동이 정의되어 있습니다. 표준 라이브러리 대부분은 기본적으로 std::cout을 stdout에 직접 전달하도록 구현합니다. stdout은 기본적으로 C++의 iostream에 없는 모드인 라인 버퍼링[2]을 사용합니다. stdout은 줄바꿈을 할 때 버퍼를 비웁니다.

기본적으로 이런 연결로 성능이 향상됩니다. 하지만 프로그램이 C와 C++의 입출력 함수를 모두 사용한다면, 정적 멤버 함수인 std::ios_base::sync_with_stdio(false)를 호출하여 FILE* 객체에 대한 연결을 끊고 예측할 수 없는 인터리빙을 제거하여 성능을 향상할 수도 있습니다.

성능 차이가 얼마나 큰 지 알아보기 위한 테스트는 하지 않았습니다.

11.4 마치며

- 인터넷에서 속도가 빠르다고 주장하는 파일 입출력 코드가 반드시 빠르지는 않습니다. 사이트에서 여러분에게 속도가 빠른 코드를 판매한다고 해도 마찬가지입니다.

- rdbuf의 크기를 늘리면 파일 읽기 성능이 몇 % 향상됩니다.

- 파일을 가장 빨리 읽는 방법은 std::stringbuf::sgetn() 함수를 사용해 파일의 크기만큼 미리 할당된 문자열 버퍼를 채우는 것입니다.

- std::endl은 출력을 비웁니다. 콘솔 출력을 하지 않는다면 비용이 꽤 큽니다.

- std::cout은 std::cin과 stdout에 묶여 있습니다. 묶여 있는 스트림을 끊으면 성능을 향상할 수 있습니다.

---

1 감수자_ 데이터의 입출력 속도를 높이기 위해 인접한 데이터를 비연속적으로 배치하는 기법
2 옮긴이_ 입력된 문자 중 개행 문자가 나타날 때마다 버퍼 안의 내용을 보내는 방식

CHAPTER 12

동시성 최적화

미래를 예측하는 것은 특히 어렵습니다.

— 요기 베라, 야구 선수

가장 작은 최신 컴퓨터를 제외한 모든 컴퓨터는 여러 실행 스트림을 동시에 처리합니다. 여기에는 여러 CPU 코어, 수백 개의 코어가 있는 그래픽 프로세서, 오디오 프로세서, 디스크 컨트롤러, 네트워크 카드, 별도의 성능과 메모리를 갖춘 키보드가 있습니다. 개발자는 각자의 취향에 상관없이 동시성의 세계에서 살아가고 있으며, 동시성 프로그래밍을 어떻게 하는지 알고 있어야 합니다.

동시성에 대한 소프트웨어 관행은 싱글 코어 프로세서 세계에서 발전했습니다. 2005년 이후 진정한 동시성을 제공하는 멀티 코어 마이크로프로세서가 등장하면서 개발 환경이 변했고 모범 사례에 새 규칙을 적용하게 되었습니다. 이 규칙은 싱글 코어 프로세서 시스템에서 발생하는 동시성 문제를 경험했던 개발자들에게도 익숙하지 않을 수 있습니다.

프로세서의 향후 개발 방향이 수십 또는 수백 개의 코어를 갖는 상업용 장치로 이어질 경우 프로그래밍 모범 사례는 계속 변할 것입니다. 미래를 주도하기 위해 세분화된 동시성을 촉진하는 몇 가지 경쟁 도구가 등장했습니다. 그러나 코어 수가 많은 범용 하드웨어는 아직 대세가 되지 않았고[1] 개발자 커뮤니티에서 직무 표준이 확고해지지 않았으며 세분화된 동시성 사이에서 아직 확실한 해결책이 등장하지 않았습니다. 미래는 아무도 모릅니다. 필자는 이 흥미로운 주제

---

1 네, GPU가 있습니다. 수백만 명의 개발자들이 GPU를 직접 프로그래밍한다면 대세가 될 것입니다. 하지만 그때는 아직 오지 않았습니다.

를 다른 사람들이 이야기하도록 남겨두는 게 너무 슬픕니다.

다양한 메커니즘으로 프로그램에 동시성을 제공할 수 있습니다. 그중 일부는 운영체제나 하드웨어처럼 C++ 바깥에 있습니다. 단일 프로그램이나 I/O로 통신하는 프로그램 그룹에서는 C++ 코드가 정상 작동합니다. 그런데도 동시성에 대한 접근법은 C++ 프로그램의 설계와 어느 정도 관련이 있습니다.

C++ 표준 라이브러리는 동시성 공유 메모리 스레드 모델을 지원합니다. 많은 개발자들은 운영체제의 동시성 기능이나 C언어로 된 POSIX 스레드(pthread) 라이브러리 호출에 더 익숙합니다. 필자의 경험에 따르면 보통 개발자들은 C++ 프로그램의 다른 분야보다 C++의 동시성 기능과 개념은 잘 모릅니다. 이런 이유로 필자는 이 책에서 다루는 다른 기능보다 C++의 동시성 기능을 어떻게 사용할 수 있는지를 자세하게 설명할 것입니다.

C++ 표준 라이브러리의 동시성 기능 지원은 현재 작업 진행 중입니다. C++ 표준은 기본적인 개념과 기능 제공에 장족의 발전을 이뤘지만, 여전히 많은 기능들이 표준에 채택되기 위한 작업을 진행하고 있습니다. 하지만 C++17 이후에도 채택될 것 같진 않습니다.[2]

이 장에서는 스레드 기반 동시성 프로그램의 성능을 개선하기 위한 몇 가지 기법을 설명합니다. 여러분이 기본적으로 스레드 수준의 동시성과 동기화 원리를 잘 알고 있으며, 멀티스레드로 작성된 프로그램에서 최적화할 방법을 찾고 있다고 가정합니다. 스레드 수준의 동시성에 관한 정보를 알고 싶다면 다른 책을 찾아보길 바랍니다.

12.1 동시성

동시성이란 여러 스레드를 동시에 실행하는 성질을 말합니다. 동시성의 목표는 명령어 실행 수나 데이터 워드 접근 횟수 자체를 줄이는 것이 아니라 자원을 최대한 활용해 전체 실행 시간을 줄이는 것입니다.

동시성은 이벤트가 발생하거나 자원을 사용할 수 있을 때까지 기다리는 동안 프로그램의 일부 작동을 진행하게 해 성능을 향상합니다. 이 덕분에 자원을 더 많이 활용할 수 있습니다. 동시에

----

2 옮긴이_ C++17에는 병렬 STL이 추가되었고 C++20에는 코루틴(coroutine), atomic_shared_ptr, atomic_weak_ptr 외에도 많은 기능이 추가될 예정입니다.

진행되는 작동이 많을수록 더 많은 자원을 사용하며, 이벤트와 자원을 기다리는 작동도 많아집니다. 이는 긍정적인 피드백을 반복하게 만들어 컴퓨터 계산 및 I/O 자원의 전체 사용 효율을 100%에 가깝게 만듭니다. 그 결과 컴퓨터가 다음 태스크를 시작하기 전 다음 이벤트를 기다리며 대기 상태에서 각 태스크를 실행하는 경우보다 벽시계 시간이 줄어듭니다.

최적화 측면에서 동시성 과제는 일부 작업이 외부에서 발생하는 이벤트나 자원을 사용할 수 있을 때까지 기다려야 하더라도 현재 사용 가능한 자원을 충분히 활용할 수 있는 독립적인 다른 작업을 찾는 것입니다.

C++은 메모리 스레드 기반 동시성을 위한 라이브러리를 제공합니다. 물론 C++ 프로그램이 서로 협력하는 시스템을 구현할 수 있는 방법은 많이 있습니다. 다른 종류의 동시성도 C++ 프로그램에 영향을 미치므로 잠깐이지만 봐두는 게 좋습니다.

다음 절에서는 C++ 메모리 모델과 멀티스레드 프로그램에서 공유 메모리를 사용하기 위한 기본 툴킷을 살펴봅니다. 필자는 이 주제가 C++에서 가장 끔찍하다고 생각합니다. 슬프게도 인간의 뇌는 싱글스레드이기 때문입니다. 우리는 자연적으로 한 번에 하나의 인과관계밖에 추론하지 못합니다.

12.1.1 동시성 용어 살펴보기

컴퓨터 하드웨어, 운영체제, 함수 라이브러리 및 C++ 자체 기능으로 프로그램에 동시성을 제공할 수 있습니다. 이 절에서는 동시성이 갖는 여러 특성과 이러한 특성이 C++에 어떻게 영향을 주는지 설명합니다.

어떤 동시성 기능은 C++에 내장되어 있고, 어떤 기능은 라이브러리 코드나 운영체제로 제공된다고 해서 하나의 동시성 모델을 지지한다고 해석해서는 안 됩니다. 어떤 기능들은 반드시 필요하기 때문에 내장되어 있고, 다른 방법으로 제공할 수 없습니다. 가장 주목할 만한 동시성 형태는 다음과 같습니다.

시분할

시분할 방법은 운영체제에 있는 스케줄러의 기능입니다. 운영체제는 시분할을 위해 현재 실행 중인 프로그램과 시스템 작업 목록을 유지하고 각 프로그램에 사용할 수 있는 시간을 할당하니다. 프로그램이 이벤트나 자원을 기다릴 때마다, 운영체제의 실행 가능한 목록에서 프로그램이 제외되며, 다른 프로그램이 프로세서를 사용할 수 있게 합니다.

운영체제는 프로세서와 하드웨어에 의존합니다. 타이머와 주기적인 인터럽트를 사용해 프로세스의 스케줄링을 조정합니다. C++은 프로세스가 시분할 환경에서 실행된다는 사실을 알지 못합니다.

가상화

일반적인 유형의 가상화는 **하이퍼바이저**hypervisor라고 하는 경량 운영체제가 프로세서의 사용 가능 시간을 **게스트 가상 머신**에 할당합니다. 게스트 가상 머신은 하나 이상의 프로그램을 실행하는 운영체제인 파일 시스템 이미지와 메모리 이미지를 포함하고 있습니다. 하이퍼바이저가 게스트 가상 머신을 실행할 때 특정 프로세서 명령과 특정 메모리 영역에 접근하면 하이퍼바이저에 트랩이 발생해 하이퍼바이저가 I/O 장치와 다른 하드웨어 자원을 흉내내도록 해줍니다. 하이퍼바이저를 실행하는 호스트 운영체제와 그 위에서 실행되는 게스트 가상 머신의 운영체제가 동일한 경우, 호스트 운영체제의 I/O 관련 도구를 이용하여 하이퍼바이저가 좀 더 효율적으로 I/O 등을 흉내낼 수 있습니다.

가상화의 장점은 다음과 같습니다.

- 게스트 가상 머신은 실행 상태가 아닐 경우 디스크의 파일 형태로 존재합니다. 게스트 가상 머신은 여러 컴퓨터 호스트에서 체크포인트 지정 및 저장, 불러오기 및 재시작, 복사 및 실행을 할 수 있습니다.

- 자원이 충분히 있다면 동시에 여러 게스트 가상 머신을 실행할 수 있습니다. 각 게스트 가상 머신은 하이퍼바이저로 컴퓨터의 가상 메모리 하드웨어와 협력해 다른 가상 머신과 분리됩니다. 이를 통해 하드웨어를 시간 단위로 대여하고 이익을 낼 수 있습니다.

- 게스트 가상 머신은 호스트 컴퓨터의 자원(물리 메모리, 프로세서 코어) 일부를 사용하도록 구성할 수 있습니다. 각 게스트 가상 머신에서 실행 중인 프로그램의 요구 사항에 맞게 자원을 조정할 수 있으므로 일관된 수준의 성능을 제공하고, 똑같은 하드웨어에서 동시에 실행 중인 여러 가상 머신 사이에 의도하지 않은 상호작용을 방지할 수 있습니다.

C++은 전통적인 시분할 기법과 마찬가지로 하이퍼바이저 아래에 있는 게스트 가상 머신 내에

서 실행되고 있다는 사실을 인지하지 못합니다. C++ 프로그램은 제한된 자원을 갖고 있다는 점을 간접적으로 인지할 수 있습니다. 가상화는 C++ 프로그램의 설계와 관련이 있습니다. 왜냐하면 가상화는 프로그램이 사용하는 계산 자원을 제한하고 실제로 사용 가능한 자원을 알 수 있도록 만들어주기 때문입니다.

컨테이너화

컨테이너화는 컨테이너가 파일 시스템 이미지와 체크포인트된 프로그램 상태를 포함하는 메모리 이미지를 저장한다는 점에서 가상화와 비슷합니다. 하지만 컨테이너 호스트가 운영체제라는 점이 다릅니다. 따라서 하이퍼바이저로 I/O 및 시스템 자원을 흉내내는 대신 직접 제공할 수 있습니다.

컨테이너화는 가상화(패키징, 구성, 분리)와 똑같은 장점을 갖고 있을 뿐만 아니라 좀 더 효율적으로 작동할 수 있습니다.

컨테이너 내에서 실행 중인 C++ 프로그램은 자신이 컨테이너 내부에서 실행된다는 사실을 알지 못합니다. 컨테이너화는 가상화와 같은 이유로 C++ 프로그램과 관련이 있습니다.

대칭적 멀티프로세서

대칭적 멀티프로세서symmetric multiprocessor는 똑같은 기계 코드를 실행하고 동일한 물리 메모리에 접근하는 여러 실행 단위가 포함된 컴퓨터입니다. 현대의 멀티 코어 프로세서는 대칭적 멀티프로세서입니다. 현재 실행 중인 프로그램과 시스템 태스크를 사용 가능한 실행 단위에서 실행할 수 있습니다. 물론 실행 단위로 무엇을 선택하느냐에 따라 성능에 영향을 미칠 수 있지만 말이죠.

대칭적 멀티프로세서는 진정한 하드웨어 동시성으로 여러 제어 스레드를 실행합니다. 만약 실행 단위가 n개라면 계산 제약 프로그램의 총 실행 시간을 $1/n$로 줄일 수 있습니다. 하드웨어 스레드는 이런 점에서 소프트웨어 스레드와 대조됩니다. 나중에 설명하겠지만 소프트웨어 스레드는 다른 하드웨어 스레드에서 실행될 수도 있고 실행되지 않을 수도 있으므로, 총 실행 시간이 감소할 수도 있고 감소하지 않을 수도 있습니다.

동시 멀티스레딩

어떤 프로세서는 각 하드웨어 코어가 레지스터 집합을 2개 이상 갖고 연관된 명령 스트림을 2개 이상 실행하도록 설계되었습니다. (메인 메모리에 대한 접근과 마찬가지로) 하나의 스트림이 지연되면 다른 스트림의 명령들을 실행할 수 있습니다. 이 기능이 있는 프로세서 코어는 마치 코어가 2개 이상인 것처럼 작동하므로 '4코어 프로세서'는 하드웨어 스레드 8개를 호스팅할 수 있습니다. 이는 '12.3.2절 블록 아레나'에서 확인할 수 있듯이 중요한 내용입니다. 왜냐하면 소프트웨어 스레드를 가장 효율적으로 사용하는 방법은 소프트웨어 스레드 수와 하드웨어 스레드 수를 같게 만드는 것이기 때문입니다.

다중 프로세스

프로세스들은 각각 자체적으로 보호된 가상 메모리 공간을 갖는 동시적 실행 스트림입니다. 프로세스는 파이프, 큐, 네트워크 I/O, 공유되지 않은 다른 메커니즘을 사용해 통신합니다.[3] 프로세스는 운영체제 등이 제공하는 동기화 장치를 사용하거나 입력을 사용할 수 있을 때까지 막으며 동기화합니다.

프로세스의 주요 장점은 운영체제가 하나의 프로세스를 다른 프로세스들에서 분리한다는 것입니다. 만약 하나의 프로세스에 문제가 발생한다고 하더라도 다른 프로세스들은 살아있습니다. 비록 할 수 있는 일은 없지만 말이죠.

프로세스의 가장 큰 단점은 가상 메모리 테이블, 다중 실행 단위 콘텍스트, 일시 중지된 모든 스레드의 콘텍스트 등 상태를 너무 많이 갖고 있다는 것입니다. 이 때문에 프로세스는 스레드보다 시작, 중지, 전환 속도가 더 느립니다.

C++은 프로세스를 직접 처리하지 않습니다. 보통 C++ 프로그램은 운영체제의 프로세스로 표시됩니다. 그리고 C++에는 프로세스를 조작할 수 있는 도구가 없습니다. 왜냐하면 모든 운영체제가 프로세스라는 개념을 갖고 있지는 않기 때문입니다. 소형 프로세서에서는 프로그램을 시분할 하더라도 서로 보호하지 않기 때문에 스레드와 같은 역할을 합니다.

분산 처리

분산 처리는 서로 다른 일련의 프로세서에 작업을 분산하는 것을 말하며 보통 프로세서보다 느린 링크를 통해 통신합니다. 분산 처리의 예로 TCP/IP 링크를 통해 통신하는 클라우드 인스턴스 클러스터가 있습니다. 단일 PC에서 분산 처리의 예로 드라이버를 디스크 드라이브와 네트

---

3 일부 운영체제는 프로세스 간에 지정된 메모리 블록을 공유하는 것을 허용합니다. 프로세스 간에 메모리를 공유하는 메커니즘은 복잡할 뿐만 아니라 운영체제마다 다르기 때문에 여기에서는 다루지 않습니다.

워크 카드에서 실행 중인 프로세서에 오프로딩하는 것이 있습니다. 또 다른 예로 그래픽 작업을 그래픽 처리 장치graphics processing unit (GPU)에 있는 많은 종류의 특수 프로세서에 오프로딩하는 것이 있습니다. 기존에는 비디오 카드에 GPU를 넣었지만 최근 몇몇 제조업체의 실리콘 스타일링을 보면 마이크로프로세서에도 GPU를 넣습니다.

일반적인 분산 처리 설정에서는 파이프라인이나 프로세스 네트워크를 통해 데이터를 전달합니다. 여기서 각 프로세스는 입력을 변환하는 작업을 수행하며 변환된 데이터를 파이프라인의 다음 단계로 전달합니다. 유닉스의 커맨드 라인 파이프라인만큼 오래된 이 모델은 상대적으로 비중이 큰 프로세스를 효율적으로 실행할 수 있게 해줍니다. 파이프라인에 있는 프로세스는 오래 살아남으며 시작 비용을 피할 수 있습니다. 프로세스는 작업의 단위를 지속해서 변경할 수 있어서 입력 가용성에 따라 전체 시간을 분할해서 사용합니다. 가장 중요한 점은 프로세스가 메모리를 공유하거나 서로 동기화하지 않기 때문에 최대 속도로 실행한다는 것입니다.

C++에는 프로세스 개념이 없지만 분산 처리는 프로그램의 설계와 구조에 영향을 미치기 때문에 C++ 개발과 관련이 있습니다. 공유 메모리는 스레드를 몇 개 이상으로 확장하지 않습니다. 동시성 처리 방법 중 몇 가지는 공유 메모리를 절대 사용말라고 권고하기도 합니다. 보통 분산 처리 시스템은 자연스럽게 서브시스템으로 분해되어 이해하기 쉽고 재구성 가능한 모듈식 구조를 생성합니다.

스레드

스레드는 같은 메모리를 공유하는 프로세스 내 동시적 실행 스트림을 말합니다. 스레드는 운영체제 등이 제공하는 동기화 장치를 사용해 동기화하고 공유 메모리를 사용해 통신합니다.

프로세스보다 스레드가 갖는 장점은 스레드가 자원을 더 적게 소비하며, 생성 및 전환 속도가 더 빠르다는 것입니다. 그러나 단점도 여러 가지 있습니다. 프로세스에 있는 모든 스레드는 똑같은 메모리 공간을 공유하기 때문에 어떤 스레드가 잘못된 메모리 위치에 값을 쓰면 다른 스레드의 자료구조를 덮어써서 충돌이나 예기치 않은 작동이 발생할 수 있습니다. 또한 공유 메모리에 접근하는 속도는 공유되지 않은 메모리에 접근하는 속도보다 몇 배 느릴 뿐만 아니라 스레드 간에 동기화되어야 하며 내용을 해석하기 어렵습니다.

대부분의 운영체제는 운영체제에 종속적인 라이브러리로 스레드를 지원합니다. 최근까지 동시성 작업을 해봤던 C++ 개발자들은 서로 다른 플랫폼을 지원하는 네이티브 스레드 라이브러리 또는 POSIX 스레드(pthread) 라이브러리를 사용했을 것입니다.

태스크

태스크는 별도의 스레드 콘텍스트에서 비동기적으로 호출될 수 있는 실행 단위를 말합니다. 태스크 기반 동시성에서는 태스크와 스레드를 별도로 명시적으로 관리해 태스크를 실행할 스레드에 할당할 수 있도록 합니다. 반면에 스레드 기반 동시성에서는 스레드와 스레드에서 실행하는 코드를 하나의 단위로 관리합니다.

태스크 기반 동시성은 스레드 위에 구축되므로 스레드의 장점과 단점을 모두 갖습니다.

태스크 기반 동시성의 또 다른 장점은 활성 상태인 소프트웨어 스레드 수를 하드웨어 스레드 수와 일치시켜 스레드를 효율적으로 실행할 수 있다는 것입니다. 프로그램은 실행할 태스크의 우선순위를 정하고 대기하게 만들 수 있습니다. 반면에 스레드 기반 동시성에서는 운영체제가 나름대로 정한 불투명한 방법으로 스레드의 우선순위를 정합니다.

태스크의 추가 유연성을 위한 비용은 더 큰 프로그램 복잡도입니다. 프로그램은 태스크의 우선순위나 순서를 정하는 방법을 구현해야 합니다. 또한 태스크를 실행할 스레드 풀도 관리해야 합니다.

12.1.2 교차 실행

천문학자들은 우주에 대해 재미있는 생각을 갖고 있습니다. 수소는 우주에서 보이는 물질의 73%를 차지합니다. 헬륨은 25%를 차지합니다. 나머지는 2% 미만을 차지합니다. 천문학자들은 관찰할 수 있는 우주의 특징 대부분을 마치 우주가 수소와 헬륨으로만 구성되어 있는 것처럼 설명합니다. 또한 (행성, 프로세서, 사람을 구성하는) 나머지 원소들을 '금속'이라고 부르며 그다지 정체성이 없다고 생각해 거의 무시합니다.

비슷하게 동시성 프로그램도 적재, 저장, 분기로 추상화될 수 있는데, 이 중 분기는 마치 프로그래밍의 복잡성과 무관한 것처럼 거의 무시됩니다. (이 책에 나오는 내용을 포함해) 동시성에 대한 논의는 동시성 개념을 설명하는 일련의 대입문으로 구성된 단순한 프로그램 조각을 특징으로 합니다.

두 제어 스레드를 동시 실행하는 작동은 두 스레드가 적재 및 저장하는 간단한 작동에 대한 교차 실행으로 모델링할 수 있습니다. 만약 스레드 1과 스레드 2가 하나의 문장으로 구성되면 가능한 인터리빙은 12와 21일 것입니다. 만약 각 스레드가 2개의 문장으로 구성되면 가능한 인터리빙은 1122, 1212, 2112, 1221, 2121, 2211등 여러 개일 것입니다. 실제 프로그램에서는 가능한 인터리빙이 매우 많습니다.

싱글 코어 프로세서를 사용하던 시절에는 운영체제의 시분할을 사용해 동시성을 구현했습니다. 이때는 운영체제가 하나의 스레드가 다른 스레드에게 제어 권한을 부여하기 전에 많은 명령들을 실행하기 때문에 경쟁 상태가 발생하는 경우가 상대적으로 적었습니다. 실제로 봤던 교차 실행 결과는 '1111…11112222…2222'였습니다.

오늘날의 멀티 코어 프로세서는 각 문장의 교차 실행이 가능하기 때문에 경쟁 상태가 자주 발생합니다. 과거에 싱글 코어 프로세서로 동시성 프로그램을 만들던 개발자는 더는 정당화할 수 없는 기술에 안주하고 있을지도 모릅니다.

12.1.3 순차적 일관성

2장에서 말했지만 C++은 단순하고 직관적인 컴퓨터 모델이 존재한다고 믿습니다. 이 모델은 프로그램이 순차적으로 일관성^{sequentially consistent}있어야 한다는 요구 사항을 포함하고 있습니다. 즉 프로그램은 C++의 제어문 흐름에 따라 마치 문장을 작성한 순서대로 실행하는 것처럼 작동합니다. 이 요구 사항이 명백하게 보이지만 '마치'라는 애매모호한 말 덕분에 많은 컴파일러 최적화와 혁신적인 마이크로프로세서 설계를 할 수 있습니다.

예를 들어 [예제 12-1]의 코드는 x를 0으로 설정하기 전에 y를 0으로 설정하거나, y를 1로 설정한 후에 x를 1로 설정하거나, if문에서 y == 1을 비교한 후에 x를 1로 설정하거나, assert(x == 1)에서 값에 접근하기 전에 대입문 x = 1을 수행하더라도 순차적으로 일관성이 있습니다.

예제 12-1 순차적 일관성은 '마치' 순서대로 실행하는 것처럼 작동함을 의미합니다.

```
int x = 0, y = 0;
x = 1;
y = 1;
if (y == 1) {
    assert(x == 1);
}
```

"왜 컴파일러가 문장의 실행 순서를 바꾸려고 하죠?"라고 질문하는 분이 있을 것입니다. 사실 많은 이유가 있는데 필자는 감히 말할 수 없는 최적화 코드 생성의 흑마법에 관한 내용입니다. 게다가 현대의 마이크로프로세서는 값을 적재 및 저장하는 명령의 순서도 바꿉니다(2.2.8절 프로그램 실행에는 여러 스트림이 있습니다 참고).

중요한 점은 변수를 사용하는 문장을 다른 문장의 위아래로 옮길 때 해당 변수를 갱신하는 문장 앞으로 옮기지 않으면 프로그램은 순차적으로 일관성이 있다는 것입니다. 마찬가지로 변수를 갱신하는 문장을 위아래로 옮길 때 해당 변수를 사용하는 문장 앞으로 옮기지 않으면 프로그램은 순차적으로 일관성이 있습니다.

12.1.4 경쟁 상태

동시성은 C++에 두 함수를 언제 동시에 실행하는지 그리고 어떤 변수를 공유하는지를 알 수 있는 방법을 제공하지 않는다는 문제를 만듭니다. 코드를 옮기는 최적화는 한 번에 하나의 함수만 실행한다고 고려할 때는 완벽하게 합리적이지만 두 함수를 동시에 실행할 때는 문제를 일으킬 수도 있습니다.

만약 스레드 1이 문장 x = 0로 구성되고 스레드 2가 문장 x = 100으로 구성되면 프로그램의 결과는 두 스레드 사이의 **경쟁 상태**race condition에 따라 달라집니다. 경쟁 상태는 프로그램을 실행했을 때 어떤 교차 실행이 발생하는지에 따라 두 문장을 동시에 실행한 결과가 달라질 수 있는 상태를 말합니다. 교차 실행 '12'는 x == 100이라는 결과를 생성하며 교차 실행 '21'은 x == 0이라는 결과를 생성합니다. 이 프로그램의 결과나 경쟁 상태를 포함하는 모든 프로그램의 결과는 **비결정적**입니다. 즉 예측할 수 없습니다.

C++ 표준 메모리 모델은 프로그램이 경쟁 상태를 포함하지 않는다면 순차적으로 일관성이 있는 것처럼 행동한다고 말합니다. **만약 프로그램이 경쟁 상태를 포함하고 있다면 순차적 일관성을 위반할 수 있습니다.**

[예제 12-2]는 [예제 12-1]의 멀티스레드 버전입니다. 가독성을 위해 변수의 이름을 변경했습니다.

```
// 스레드 1, 코어 1에서 실행
shared_result_x = 1;
shared_flag_y = 1;
...
// 스레드 2, 코어 2에서 실행
while (shared_flag_y != 1)
    /* shared_flag_y가 1로 설정될 때까지 바쁜 대기 */ ;
assert(shared_result_x == 1);
```

스레드 1에서 계산한 `shared_result_x` 값을 스레드 2에서 사용합니다. 스레드 1에서 `shared_flag_y`의 플래그를 설정해 스레드 2에서 사용할 준비가 되었다고 알려줍니다. 컴파일러 나 프로세서가 `shared_result_x` 값보다 `shared_flag_y` 값을 먼저 설정하도록 스레드 1에 있는 두 문장의 순서를 바꾼다면, 스레드 2는 새로 설정된 `shared_flag_y` 값을 확인한 뒤 `while` 문을 빠져나갈 가능성이 있습니다. 하지만 이 경우 이전 `shared_result_x` 값을 확인하기 때문에 단정문을 통과하지 못합니다. 각 스레드는 순차적으로 일관성이 있지만 두 스레드의 상호작용은 경쟁 상태입니다.

스레드 간에 공유되는 변수의 순차적 일관성은 정의에서 '마치'라는 성가신 단어가 없는 일부 언어가 보장합니다. 다른 언어에서는 공유 변수를 명시적으로 선언하는 방법으로 순차적 일관성을 제공합니다. 이때 컴파일러는 공유 변수를 옮기지 않으며 특별한 코드를 생성해 하드웨어가 공유 변수를 옮기지 않게 합니다. C++ 동시성 프로그램은 순차적 일관성을 유지하기 위해 특정 교차 실행을 명시적으로 강제해야 합니다.

12.1.5 동기화

동기화는 여러 스레드에 있는 문장의 교차 실행 순서를 강제하는 것입니다. 동기화는 개발자가 멀티스레드 프로그램에서 어떤 순서로 문장을 실행하는지를 추론할 수 있게 해줍니다. 동기화를 하지 않으면 어떤 순서로 문장을 실행하는지 예측할 수 없으므로 스레드 간의 작업을 조정하기 어려워집니다.

운영체제가 제공하는 동기화 장치는 동시성 프로그램의 특정 교차 실행을 강제해 동기화를 하기 위한 프로그래밍 구성 요소입니다. 모든 동기화 장치는 하나의 스레드가 다른 스레드를 기다리거나 **대기**하도록 만듭니다. 동기화 장치는 특정 실행 순서를 적용함으로써 경쟁 상태를 방지합니다.

지난 50년 동안 다양한 동기화 장치가 제안되고 구현되었습니다. 마이크로소프트 윈도우는 어떤 스레드를 **대기**할 수 있는 이벤트, 두 종류의 뮤텍스, 매우 일반적인 세마포어semaphore, 유닉스 스타일의 시그널을 포함해 다양한 동기화 장치들을 갖고 있습니다. 리눅스는 자체적으로 풍부한 별도의 동기화 장치들을 갖고 있습니다.

동기화 장치는 개념적으로만 존재한다는 점을 이해하고 있어야 합니다. 세마포어가 무엇이고 모니터[4]를 어떻게 구현해야 하는지 정확하게 말할 수 있는 사람은 없습니다. 윈도우에서 세마포어라고 하는 것은 에츠허르 데이크스트라Edsger W. Dijkstra의 설명[5]으로 이해하기엔 어려울 수 있습니다. 게다가 제안된 모든 동기화 장치들은 다른 많은 장치의 조합으로 만들어 낼 수 있습니다. 이는 NAND 게이트나 OR 게이트에서 하드웨어에 있는 모든 불boole 함수를 합성할 수 있는 것과 같은 방법입니다. 따라서 운영체제마다 서로 다르게 구현했을 거라고 예상할 수 있습니다.

동기화 장치는 운영체제와 상호작용해 스레드를 활성 상태와 대기 상태 사이로 옮깁니다. 이 구현은 상대적으로 느린 연산 장치를 하나만 갖는 컴퓨터에 적합합니다. 그러나 운영체제를 사용해 스레드를 시작하고 멈추는 지연 시간은 중요할 수 있습니다. 진짜 동시성 방법으로 명령 스트림을 실행하는 멀티프로세서가 있을 때 공유 변수를 바쁜 대기busy-wait 상태로 동기화하면 대기 시간이 매우 짧습니다. 동기화 라이브러리 설계자는 하이브리드 접근 방법을 사용할 수도 있습니다.

12.1.6 원자성

공유 변수(특히 여러 멤버를 갖는 클래스 인스턴스)에 대한 연산이 절반만 완료된 상태에서 다른 스레드가 갱신한 값을 볼 수 있는 스레드가 하나도 없다면 해당 연산은 **원자성**atomic을 갖는다고 합니다. 만약 값을 갱신하는 연산이 원자성을 갖지 않는다면, 두 스레드 코드의 교차 실행

---

4 옮긴이_ 프로세스 또는 스레드를 동기화하는 방법 중 하나입니다. 자세한 내용은 다음 문서를 참고하세요. *https://en.wikipedia.org/wiki/Monitor_(synchronization)*

5 Edsger W. Dijkstra, "Cooperating Sequential Processes (EWD-123)," (*http://bit.ly/ewd-123*) E.W. Dijkstra Archive, Center for American History, University of Texas at Austin (September 1965).

중 일부는 하나의 스레드에서 공유 변수에 접근할 수 있게 됩니다. 이는 다른 스레드에서 값을 갱신하는 연산을 하는 중이기 때문에, 절반만 완료된 상태에서 값이 서로 다를 때 발생합니다. 다른 관점에서 볼 때 원자성은 앞에서 봤던 것처럼 바람직하지 않은 상호 관계가 발생할 수 없다는 일종의 약속입니다.

상호 배제에 의한 원자성

전통적으로 원자성은 상호 배제를 통해 제공됩니다. 공유 변수에 접근하려고 하는 각 스레드는 공유 변수에 접근하기 전에 뮤텍스를 **획득**acquire해야 하고, 연산이 끝나면 뮤텍스를 **해제**release해야 합니다. 프로그램에서 뮤텍스를 획득하고 해제하는 코드 사이에 있는 부분을 **임계 구역**critical section이라고 합니다. 한 스레드가 뮤텍스를 획득했다면 다른 모든 스레드에서 뮤텍스를 획득하려고 시도할 경우 대기 상태가 됩니다. 따라서 공유 데이터에 연산을 수행할 수 있는 스레드는 오직 한 번에 하나뿐입니다. 우리는 이 상황을 '이 스레드가 뮤텍스를 **잡고** 있다'고 말합니다. 뮤텍스는 스레드들이 임계 구역에 차례대로 접근할 수 있도록 **직렬화**합니다.

공유 변수를 적재 및 저장하는 연산은 반드시 임계 구역 내부에서 수행해야 합니다. 임계 구역에는 오직 하나의 스레드만 접근해야 합니다. 그렇지 않으면 경쟁 상태가 발생해 예기치 않은 결과가 나오게 됩니다. 그러나 '12.1.3절 순차적 일관성'에서 설명한 것처럼 컴파일러와 프로세서는 적재 및 저장하는 연산을 모두 옮깁니다. **메모리 펜스**memory fence라고 하는 메커니즘은 공유 변수를 적재 및 저장하는 연산이 임계 구역 바깥으로 빠져나가는 것을 막습니다. 프로세서에는 메모리 펜스 전에 적재 및 저장하는 연산을 옮기지 말라고 지시하는 특별한 명령이 있습니다. 컴파일러에서 메모리 펜스는 개념적입니다. 최적화 담당 개발자는 적재하는 연산을 함수 호출 전 위치로 옮겨서는 안 됩니다. 호출하는 함수 중 임계 구역을 포함하는 함수가 있을 수도 있기 때문입니다.

임계 구역 위에 있는 메모리 펜스는 공유 변수를 적재하는 연산이 임계 구역 위로 빠져나가지 않도록 막아야 합니다. 우리는 이 상황을 '이 메모리 펜스는 **시멘틱**semantic을 획득한다'고 말합니다. 왜냐하면 스레드가 뮤텍스를 획득할 때 발생하기 때문입니다. 마찬가지로 임계 구역 아래에 있는 메모리 펜스는 공유 변수를 저장하는 연산이 임계 구역 아래로 빠져나가지 않도록 막아야 합니다. 우리는 이 상황을 '이 메모리 펜스는 **시멘틱을 해제**한다'고 말합니다. 왜냐하면 스레드가 뮤텍스를 해제할 때 발생하기 때문입니다.

싱글 코어 프로세서 시대에는 메모리 펜스가 필요하지 않았습니다. 컴파일러는 여러 함수를 호출하는 코드에서 적재 및 저장하는 연산의 위치를 바꾸지 않았고 운영체제가 스레드를 바꿀 때 메모리는 거의 필연적으로 동기화되었습니다. 그러나 멀티 코어 세계에 사는 프로그래머들은 이 새로운 문제와 싸워야 합니다. C++ 표준 라이브러리나 운영체제의 네이티브 동기화 라이브러리에서 제공하는 동기화 장치를 사용하는 개발자는 메모리 펜스를 걱정할 필요가 없습니다. 하지만 동기화 장치나 락프리lock-free 자료구조를 구현하는 프로그래머는 관심을 깊게 가져야 합니다.

원자성을 보장하는 하드웨어 연산

상호 배제에 의한 원자성을 구현하려면 원자성을 골칫거리 도구로 만들어 휘두르기 위한 비용이 듭니다.

- 오직 하나의 스레드만 뮤텍스를 붙잡을 수 있으므로, 공유 변수에서의 연산은 동시에 실행할 수 없습니다. 임계 구역이 더 많은 시간을 소비할수록, 임계 구역이 동시 실행에서 벗어나는 시간이 더 길어집니다. 공유 변수에서 연산하는 스레드가 더 많을수록, 임계 구역이 동시 실행에서 벗어나는 시간이 더 길어집니다.

- 스레드가 뮤텍스를 해제하면 대기 중이던 다른 스레드가 뮤텍스를 획득할 수 있습니다. 그러나 뮤텍스는 **어떤 다른 스레드**가 뮤텍스를 획득하는지 보장하지 않습니다. 왜냐하면 보장하는 데 드는 비용이 크기 때문입니다. 만약 뮤텍스를 획득하기 위해 대기 중인 스레드가 많다면 어떤 스레드는 뮤텍스를 영원히 획득하지 못할 수도 있습니다. 따라서 이 스레드에서 수행하는 연산은 앞으로 나아갈 수 없습니다. 이 상황을 **기아**starvation 상태라고 합니다.

- 스레드가 첫 번째 뮤텍스를 붙잡고 있는 상태에서 두 번째 뮤텍스가 필요하고 다른 스레드가 두 번째 뮤텍스를 붙잡고 있는 상태에서 첫 번째 뮤텍스가 필요해 스레드가 앞으로 나아갈 수 없는 상황이 발생할 수 있습니다. 이 상황을 데드락deadlock라고 합니다. 어떤 사람들은 **죽음의 포옹**the deadly embrace이라고도 부릅니다. 스레드에서 똑같은 뮤텍스에 락을 두 번 걸면 스스로 데드락에 빠질 수 있습니다. 스레드 간에 뮤텍스에 대한 순환 의존 관계가 생기면 많은 스레드들이 데드락에 빠질 수 있습니다. 여러 뮤텍스를 획득하려는 프로그램에 교착 회피 전략이 있다고 하더라도 데드락 프리deadlock-free임을 보장할 방법은 없습니다.

정수나 포인터처럼 변수가 기본 타입을 갖는 경우에는 특정 연산을 한 번의 기계어 명령으로 수행할 수 있기 때문에, 일부 컴퓨터에서는 명령을 원자적으로 수행할 수 있습니다. 이렇게 원자적으로 수행하는 특수 명령들은 실행 중간에 명령이 중단되는 일이 없도록 메모리 펜스를 포함하고 있습니다.

원자적 명령은 뮤텍스와 다른 동기화 장치를 구현하기 위한 기반을 형성합니다. 하드웨어를 통해 원자적으로 수행할 수 있는 연산만 사용해 매우 정교한 스레드 안전^{thread-safe} 자료구조를 구현할 수 있습니다. 이러한 방법으로 작동하는 코드는 뮤텍스를 획득하기 위해 기다릴 필요가 없으므로 이를 **락프리 프로그래밍**이라고 합니다.

락프리 프로그래밍은 동시 스레드 수를 매우 많이 늘릴 수 있지만 만병통치약은 아닙니다. 스레드는 여전히 원자적 연산으로 직렬화됩니다. 심지어 스레드가 수행하는 명령이 단 하나라도 말입니다. 그러나 임계 구역의 소요 시간은 가장 효율적인 뮤텍스의 소요 시간보다 적습니다.

12.2 C++ 동시성 기능

C++14부터 C++ 표준 라이브러리에서의 동시성 지원은 대중적인 운영체제에서 지원하는 풍부한 기능들보다 다소 엄격해졌습니다. 왜냐하면 C++은 모든 운영체제에서 구현 가능한 작동만을 포함해야 하기 때문입니다. 그리고 C++ 동시성 기능은 현재도 작업 진행 중이며, C++17에서 상당히 개선될 예정이었기 때문이기도 합니다. 운영체제에 네이티브로 호출하는 방법보다 C++ 동시성 기능을 사용하는 방법이 갖는 장점은 플랫폼에 상관없이 일관된 방법으로 작동하도록 정의된다는 것입니다.

C++ 표준 라이브러리의 동시성 기능들은 마치 쌓기 놀이 블록처럼 서로 잘 맞습니다. 덕분에 운영체제의 아주 'C'스러운 스레드 라이브러리부터 C++의 스레딩 기법에 이르기까지 임의의 인수 목록을 전달하고, 값을 반환하고, 예외를 던지고, 컨테이너에 저장하는 등등의 방법으로 동시성을 구현할 수 있습니다.

12.2.1 스레드

헤더 파일 `<thread>`는 템플릿 클래스인 `std::thread`를 제공합니다. 템플릿 클래스 `std::thread`는 운영체제의 자체 스레딩 기능을 얇게 감싸고 있는 것인데, 프로그램은 이 클래스를 통해 스레드 객체를 만들 수 있습니다. std::thread의 생성자는 인수로 **호출 가능한 객체**callable object(함수 포인터, 함수 객체, 람다, bind 표현식)를 취하고 새로운 소프트웨어 스레드의 콘텍스트에서 실행합니다. C++은 가변 템플릿 인수 포워딩 마법을 사용해 임의의 인수 목록을 갖는 함수를 호출합니다. 반면 운영체제의 기본 스레드 함수는 보통 인수가 void* 하나인 void 함수를 가리키는 포인터를 취합니다.

std::thread는 운영체제 스레드를 관리하는 RAII(3장 참조) 클래스입니다. std::thread는 운영체제의 네이티브 스레드 핸들을 반환하는 멤버 함수 get()을 제공합니다. 이 함수를 사용하면 스레드에서 작동하는 운영체제의 더 풍부한 기능 집합에 접근할 수 있습니다.

[예제 12-3]은 std::thread를 사용하는 간단한 예를 보여줍니다.

예제 12-3 몇 가지 단순한 스레드를 사용해보기

```
void f1(int n) {
    std::cout << "thread " << n << std::endl;
}

void thread_example() {
    std::thread t1;              // 스레드가 아닌 스레드 변수
    t1 = std::thread(f1, 1);  // 스레드 변수에 스레드를 대입
    t1.join();                   // 스레드가 완료될 때까지 기다림
    std::thread t2(f1, 2);
    std::thread t3(std::move(t2));
    std::thread t4([]() { return; }); // 람다를 사용할 수도 있습니다.
    t4.detach();
    t3.join();
}
```

처음에 스레드 t1은 비어 있습니다. 각 스레드는 기본 자원을 가리키는 고유한 핸들을 포함하고 있기 때문에 복사할 수 없지만 빈 스레드의 경우 이동 연산자로 우측값을 대입할 수 있습니다. t1에는 정수 인수를 취하는 함수를 실행하는 모든 스레드를 대입할 수 있습니다. 스레드의 생성자에 f1을 가리키는 함수 포인터와 정수 인수가 전달됩니다. 두 번째 인수는 std::thread의 생성자에서 시작되는 호출 가능한 객체(f1)로 전달됩니다.

스레드 t2는 똑같은 함수로 시작하지만 두 번째 인수가 다릅니다. 스레드 t3은 이동 생성자를

사용하는 예제입니다. 이동 생성자가 호출되고 나면 t3은 t2에서 시작한 스레드를 실행하고 t2는 빈 스레드가 됩니다. 스레드 t4는 호출 가능한 객체에 람다를 사용할 수도 있다는 점을 보여줍니다.

운영체제 스레드를 std::thread로 표시할 경우 std::thread가 파괴되기 전에 처리해야 합니다. 스레드는 t3.join()처럼 조인할 수 있는데, 이렇게 하면 현재 스레드는 조인된 스레드가 완료될 때까지 기다립니다. 운영체제 스레드는 t4.detach()처럼 std::thread 객체와 분리할 수도 있습니다. 이 경우 스레드는 계속 실행되지만 시작했던 스레드에서 더는 볼 수 없습니다. 분리된 스레드는 호출 가능한 객체가 반환하면 완료됩니다. 만약 호출 가능한 객체가 반환하지 않으면 스레드에 자원 누수가 발생해 프로그램 전체가 끝날 때까지 계속 자원을 소비하게 됩니다. std::thread를 파괴하기 전에 join()과 detach()를 모두 호출하지 않으면 소멸자가 terminate()를 호출해 프로그램 전체가 갑자기 중단됩니다.

물론 std::thread로 직접 작업할 수도 있지만 std::thread를 더 복잡한 기능의 빌딩 블록으로 생각하는 게 더 생산적일 수 있습니다. 함수 객체로 반환된 모든 값은 무시됩니다. 함수 객체에서 던져진 모든 예외는 terminate()를 호출해 무조건 프로그램을 즉시 종료시킵니다. 이러한 제한 때문에 std::thread를 무방비 상태로 호출하면 깨지기 쉽습니다. 마치 표준을 만드는 사람들이 사용을 방해하려는 것처럼 보입니다.

12.2.2 프로미스와 퓨처

C++의 템플릿 클래스인 std::promise와 std::future는 하나의 스레드에서 다른 스레드로 메시지를 보내고 받습니다. 프로미스promise와 퓨처future는 값을 비동기로 생성하고 예외를 던질 수 있습니다. 프로미스와 퓨처는 **공유 상태**shared state라고 하는 동적으로 할당된 변수를 공유합니다. 공유 상태는 정의된 타입의 값 또는 표준 래퍼로 캡슐화된 모든 타입의 예외를 저장할 수 있습니다. 스레드는 퓨처에서 결괏값을 받을 때까지 실행을 대기할 수 있으므로 동기화 장치의 역할을 합니다.

프로미스와 퓨처는 비동기 함수 호출과 반환을 구현하기 위해 사용할 수 있지만 단순히 이렇게 사용하는 것보다 훨씬 더 일반적으로 사용됩니다. 프로미스와 퓨처를 이용한 스레드 간 통신은 종잡을 수 없습니다. 즉 구조화 방법을 제공하지 않으므로 디버깅하기 힘들 수 있습니다.

C++의 헤더 파일인 `<future>`는 프로미스와 퓨처의 기능을 포함하고 있습니다. `std::promise` 템플릿의 인스턴스는 스레드가 지정된 타입의 값이나 예외를 저장하는 공유 상태를 설정할 수 있게 해줍니다. 값을 보내는 스레드는 값을 받는 스레드가 공유 상태를 읽을 때까지 기다리지 않고 즉시 실행을 재개합니다.

프로미스의 공유 상태는 값이나 예외가 설정될 때까지 **준비** 상태가 되지 않습니다. 공유 상태는 정확히 한 번 설정되어야 합니다. 그렇지 않으면 다음과 같은 문제가 발생합니다.

- 스레드가 값이나 예외를 두 번 이상 설정하려고 하면 공유 상태는 `promise_already_satisfied`라는 오류 코드와 함께 `std::future_error` 예외를 설정하고 공유 상태는 프로미스를 기다리는 모든 퓨처를 해제하고 준비 상태가 됩니다.

- 스레드가 값이나 예외를 설정하지 않으면 프로미스가 소멸될 때 소멸자는 공유 상태에 `broken_promise`라는 오류 코드와 함께 `std::future_error` 예외를 설정하고 프로미스를 기다리는 모든 퓨처를 해제할 준비 상태가 됩니다. 이런 유용한 오류 코드를 얻기 위해서, 프로미스는 스레드의 호출 가능한 객체에서 소멸되어야만 합니다.

스레드는 `std::future`를 통해 프로미스의 공유 상태에 저장된 값이나 예외를 받을 수 있습니다. 퓨처는 동기화 장치입니다. 값을 받는 스레드는 값이나 예외를 설정하는 함수 호출로 해당 프로미스가 **준비** 상태가 될 때까지 퓨처의 멤버 함수 `get()`의 호출을 보류합니다.

퓨처는 프로미스로부터 값을 생성하거나 대입 받을 때까지 **유효**하지 않습니다. 값을 받는 스레드는 퓨처가 유효한 값을 가질 때까지 대기할 수 없습니다. 퓨처는 값을 보내는 스레드가 실행되기 전까지 프로미스로부터 값을 생성해야 합니다. 그렇지 않으면 값을 받는 스레드는 퓨처가 **유효한** 값을 가질 때까지 대기하려고 시도할 수 있습니다.

프로미스와 퓨처는 복사할 수 없습니다. 이 둘은 특정 커뮤니케이션을 하기 위한 만남의 장소를 나타내는 엔티티입니다. 프로미스와 퓨처는 생성 및 이동 생성할 수 있으며 퓨처는 프로미스를 대입할 수 있습니다. 이상적으로 프로미스는 값을 보내는 스레드에서 만들어지며 퓨처는 값을 받는 스레드에서 만들어집니다. 한편 값을 보내는 스레드에서 프로미스를 만든 다음 `std::move(promise)`를 사용해 우측값 참조를 값을 받는 스레드에 전달해 내용을 값을 받는 스레드가 소유하는 프로미스로 옮기는 관용구가 있습니다. `std::async()`는 개발자에게 이 이상한 마법을 시전합니다. 값을 보내는 스레드를 가리키는 참조를 통해 프로미스를 전달할 수도 있습니다. [예제 12-4]는 프로미스와 퓨처를 사용해 스레드 간에 상호작용을 어떻게 제어하는지 보여줍니다.

예제 12-4 프로미스, 퓨처, 스레드

```
void promise_future_example() {
    auto meaning = [](std::promise<int>& prom) {
        prom.set_value(42); // 인생의 의미를 계산합니다.
    };

    std::promise<int> prom;
    std::thread(meaning, std::ref(prom)).detach();

    std::future<int> result = prom.get_future();
    std::cout << "the meaning of life: " << result.get() << "\n";
}
```

[예제 12-4]에서 프로미스 prom은 std::thread가 호출되기 전에 생성됩니다. 물론 이 코드는 프로미스가 깨졌는지 확인하지 않기 때문에 완벽한 코드는 아닙니다. 하지만 스레드가 시작되기 전에 prom이 생성되지 않았다면 result.get()을 호출하기 전에 퓨처 result가 **유효할** 것이라고 보장할 방법이 없기 때문에 필요한 코드입니다.

그런 다음 프로그램은 익명 std::thread를 생성합니다. 스레드의 인수는 호출 가능한 객체인 람다 meaning과 meaning의 인수인 프로미스 prom입니다. prom은 참조 인수이므로 std::ref()로 감싸야 인수 전달 마법이 잘 작동할 것입니다. detech()를 호출하면 실행 중인 스레드가 파괴된 익명 std::thread에서 분리됩니다.

이제 두 가지 일이 발생합니다. 운영체제는 meaning을 실행할 준비를 하고 프로그램은 퓨처 result를 만듭니다. 프로그램은 스레드가 실행되기 전에 prom.get_future()를 실행할 수도 있습니다. 이것이 바로 스레드가 생성되기 전에 prom을 만들어야 하는 이유입니다. 이제 퓨처는 **유효할** 것이며 프로그램은 스레드를 기다리며 대기할 수 있습니다.

프로그램은 스레드가 prom의 공유 상태를 설정하기를 기다리며 result.get()에서 대기합니다. 스레드는 prom.set_value(42)를 호출해 공유 상태를 **준비** 상태로 만들고 프로그램을 해제합니다. 프로그램은 "the meaning of life: 42"를 출력하며 종료됩니다.

먼저 int를 반환한 뒤 std::string을 반환하는 스레드를 설계하고 싶다면 프로미스를 2개 만들면 됩니다. 이때 값을 받는 프로그램은 각 프로미스에서 값을 받을 수 있도록 퓨처를 2개 만들어야 합니다.

퓨처가 **준비**되면 계산이 완료되었다는 시그널을 보냅니다. 프로그램은 퓨처에서 대기할 수 있으므로 스레드 종료 시점에서 대기할 필요는 없습니다. 이는 다음 절에서 std::async()를 설명할 때와 '12.3.3절 태스크 큐와 스레드 풀 구현하기'에서 스레드 풀을 설명할 때 중요한 내용입니다. 스레드를 파괴하고 다시 만드는 방법보다 재사용하는 방법이 더 효율적이기 때문입니다.

12.2.3 비동기 태스크

C++ 표준 라이브러리의 태스크 템플릿 클래스는 호출 가능한 객체를 try 블록으로 감싸고 프로미스에 반환된 값이나 던져진 예외를 저장합니다. 태스크는 스레드에서 호출 가능한 객체를 비동기적으로 호출할 수 있게 합니다.

C++ 표준 라이브러리의 태스크 기반 동시성은 반쪽짜리에 불과합니다. C++11은 호출 가능한 객체를 태스크로 패키징하는 템플릿 함수 async()를 제공하며 재사용 가능한 스레드에서 이 함수를 호출합니다. async()는 스레드 풀과 태스크 큐에 대한 세부 사항을 숨기는 '신의 함수'입니다(8.3.10절 '신의 함수'를 조심하세요 참고).

태스크는 C++ 표준 라이브러리의 헤더 파일 <future>에 있습니다. 템플릿 클래스인 std::packaged_task는 모든 **호출 가능한** 객체(함수 포인터, 함수 객체, 람다, bind 표현식)를 감싸서 비동기적으로 호출할 수 있도록 합니다. std::packaged_task는 호출 가능한 객체며 std::thread의 호출 가능한 인수로 사용할 수 있습니다. 다른 호출 가능한 객체들보다 태스크가 갖는 큰 장점은 값을 반환하거나 프로그램을 갑자기 종료하지 않고 예외를 던질 수 있다는 것입니다. 태스크의 반환값이나 던져진 예외는 공유 상태에 저장됩니다. 공유 상태는 std::future 객체를 통해 접근할 수 있습니다.

[예제 12-5]는 [예제 12-4]를 단순화한 코드로 std::packaged_task를 사용합니다.

예제 12-5 std::packaged_task와 스레드

```
void promise_future_example_2() {
```

```
        auto meaning = std::packaged_task<int(int)>(
                          [](int n) { return n; });
        auto result = meaning.get_future();
        auto t = std::thread(std::move(meaning), 42);

        std::cout << "the meaning of life: " << result.get() << "\n";
        t.join();
    }
```

std::packaged_task 타입인 meaning은 호출 가능한 객체와 std::promise를 모두 포함하고 있습니다. 이는 스레드의 콘텍스트에서 호출되는 프로미스의 소멸자를 가져오는 문제를 해결합니다. 참고로 meaning의 람다는 단순히 반환만 합니다. 프로미스를 설정하는 절차는 모두 숨겨져 있습니다.

이 예제에서는 스레드를 분리시키는 대신 조인시켰습니다. 예제에 명확하게 나와있지는 않지만 메인 프로그램이 퓨처의 값을 얻었다면 메인 프로그램과 스레드를 동시에 실행할 수 있습니다.

<async> 라이브러리는 태스크를 기반으로 하는 기능을 제공합니다. 템플릿 함수인 std::async()는 인수로 받은 **호출 가능한** 객체를 실행하고, 호출 가능한 객체는 새 스레드의 콘텍스트에서 실행될 수 있습니다. 그러나 std::async()는 std::future를 반환하는데 반환 값이나 std::async()에 의해 호출된 호출 가능한 객체에서 던진 예외 중 하나를 저장할 수 있습니다. 게다가 효율성을 향상하기 위해 스레드 풀에서 std::async()를 할당하는 방법으로 구현할 수도 있습니다. 이는 [예제 12-6]에 설명되어 있습니다.

예제 12-6 태스크와 async()

```
void promise_future_example_3() {
    auto meaning = [](int n) { return n; };
    auto result = std::async(std::move(meaning), 42);
    std::cout << "the meaning of life: " << result.get() << "\n";
}
```

meaning으로 정의된 람다와 람다의 인수는 std::async()로 전달됩니다. std::async()의 템플릿 매개변수를 결정하기 위해 타입 추론을 사용합니다. std::async()는 int 타입의 결과나 예외를 가져갈 수 있는 퓨처를 반환하며 이 값은 result로 이동됩니다. result.get()을 호출하면 std::async()에 의해 호출된 스레드가 int 타입의 인수를 반환함으로써 프로미스에 값을 채울 때까지 대기합니다. 스레드 종료는 std::async() 안에서 관리하는데 이는 스레드 풀에서 스레드를 유지할 수 있습니다.

예제 코드는 스레드 종료를 명시적으로 관리할 필요가 없습니다. std::async()는 C++ 런타임 시스템에서 유지/관리하는 스레드 풀을 사용하는데, 필요에 따라 스레드를 파괴하고 다시 만드는 데 드는 비용보다 재활용하는 비용이 적다면 스레드를 재활용합니다.

12.2.4 뮤텍스

C++은 임계 구역에 대해 상호 배제를 제공하기 위해 여러 뮤텍스 템플릿을 지원합니다. 뮤텍스 템플릿의 정의는 특정 운영체제에 종속적인 네이티브 뮤텍스 클래스에 대해 충분히 특수화되어 있어 간단합니다.

<mutex> 헤더 파일은 4종류의 뮤텍스 템플릿을 포함하고 있습니다.

std::mutex

간단하고 비교적 효율적인 뮤텍스. 이 클래스는 윈도우에서 우선 바쁜 대기를 시도하고 뮤텍스를 빨리 획득할 수 없을 경우 운영체제 호출로 돌아갑니다.

std::recursive_mutex

중첩된 함수 호출처럼 뮤텍스를 이미 가진 스레드가 뮤텍스를 다시 획득할 수 있게 해주는 뮤텍스. 이 클래스는 뮤텍스를 획득한 횟수를 세야 하므로 효율성이 떨어질 수 있습니다.

std::timed_mutex

뮤텍스를 획득하기 위해 시도하는 시간을 지정할 수 있는 뮤텍스. 시도하는 시간에 대한 요구 사항은 보통 운영체제의 개입이 필요하므로 std::mutex보다 뮤텍스의 대기 시간이 상당히 길어집니다.

std::recursive_timed_mutex

std::recursive_mutex와 std::timed_mutex를 합쳐 놓은 뮤텍스. 다양한 기능을 지원하지

만 비용이 큽니다.

필자의 경험에 따르면 std::recursive_mutex와 std::timed_mutex는 단순화할 수 있는 설계의 경고일 수 있습니다. 재귀 락의 스코프는 추론하기가 어렵기 때문에 데드락의 전초가 되기 십상입니다. 이러한 뮤텍스의 비용은 필요할 때만 용인해야 되며 새로운 코드를 설계할 때는 피해야 합니다.

C++14에서는 <shared_mutex>라는 헤더 파일을 추가했는데 읽기/쓰기 뮤텍스라고도 알려져 있는 공유 뮤텍스를 지원합니다. 싱글스레드는 자료구조를 원자적으로 갱신하기 위해 공유 뮤텍스에 배타적 락을 걸 수 있습니다. 멀티스레드는 자료구조를 원자적으로 읽기 위해 공유 모드에서 공유 뮤텍스에 락을 걸 수 있습니다. 하지만 값을 읽는 모든 스레드가 뮤텍스를 해제할 때까지 배타적 접근은 불가능합니다. 공유 뮤텍스는 데이터를 읽기 위한 접근일 경우에는 대기 없이 더 많은 스레드가 데이터에 접근할 수 있도록 해줍니다. 사용 가능한 뮤텍스는 다음과 같습니다.

std::shared_time_mutex

뮤텍스를 획득하기 위해 시도하는 시간을 지정하거나 지정하지 않을 수 있는 공유 뮤텍스

std::shared_mutex

간단한 공유 뮤텍스. C++17에 추가되었습니다.

필자의 경험에 따르면 읽기가 드물게 발생하는 경우가 아니라면 읽기/쓰기 뮤텍스가 값을 쓰는 스레드의 기아 상태를 초래할 수 있습니다. 이 경우 값을 읽고 쓰는 뮤텍스의 최적화는 무시해도 될 정도입니다. 개발자는 재귀 뮤텍스와 마찬가지로 더 복잡한 뮤텍스를 사용하기 위한 강력한 사례를 제시해야 하며 보통 간단하고 예측 가능한 뮤텍스를 선택해야 합니다.

12.2.5 락

C++에서 **락**lock이라는 단어는 구조화된 방법으로 뮤텍스를 획득하고 해제하는 RAII 클래스를 말합니다. 가끔 뮤텍스를 락이라고도 말하기 때문에 단어를 사용하는 데 혼란스러울 수 있습니다. '뮤텍스를 획득한다'는 '뮤텍스에 **락을 건다**locking'라고도 하며 '뮤텍스를 해제한다'는 '뮤텍스에 걸린 **락을 푼다**unlocking'라고도 합니다. C++의 뮤텍스 멤버 함수인 lock()을 통해 뮤텍스를

획득할 수 있습니다. 필자는 뮤텍스를 20년 이상 사용해왔지만 여전히 뮤텍스와 관련된 개념들을 똑바로 이해하는 데 온 정신을 집중해야 합니다.

C++ 표준 라이브러리는 하나의 뮤텍스를 획득하기 위한 간단한 락과 여러 뮤텍스를 획득하기 위한 더 일반화된 락을 제공합니다. 일반화된 락은 데드락 회피 알고리즘으로 구현되어 있습니다.

<mutex> 헤더 파일은 두 종류의 락 템플릿을 포함하고 있습니다.

std::lock_guard

간단한 RAII 락. 프로그램은 클래스를 생성하는 과정에서 락을 획득하기 위해 기다리며 lock_guard가 파괴될 때 락을 풉니다. 이 클래스는 이전 표준에서 scope_guard라는 이름으로 구현되었습니다.

std::unique_lock

RAII 락, 지연 락, 시간을 지정하는 락, 뮤텍스의 소유권 전달, 조건 변수의 사용을 제공하는 범용 뮤텍스 소유권 클래스입니다.

C++14에서는 <shared_mutex> 헤더 파일에 공유 뮤텍스가 추가되었습니다.

std::shared_lock

공유(읽기/쓰기) 뮤텍스를 위한 뮤텍스 소유권 클래스. std::unique_lock의 모든 기능과 공유 뮤텍스의 제어 기능을 제공합니다.

싱글스레드는 자료구조를 원자적으로 갱신하기 위해 배타적 모드에서 공유 뮤텍스에 락을 걸 수 있습니다. 멀티스레드는 자료구조를 원자적으로 읽기 위해 공유 모드에서 공유 뮤텍스에 락을 걸 수 있습니다. 하지만 값을 읽는 모든 스레드가 뮤텍스를 해제할 때까지 배타적 접근이 불가능합니다.

12.2.6 조건 변수

조건 변수condition variables는 C++ 프로그램이 유명한 컴퓨터 과학자 토니 호어Tony Hoare와 피어 브

린치 핸슨Per Brinch-Hansen이 제안한 **모니터**monitor 개념[6]을 구현할 수 있게 해주며 자바에서는 동기화 클래스라는 개념으로 사용하고 있습니다.

모니터는 여러 스레드 간에 자료구조를 공유합니다. 스레드가 성공적으로 모니터에 들어가면 공유 자료구조를 갱신할 수 있는 뮤텍스를 소유하게 됩니다. 스레드는 공유 자료구조를 갱신한 후 독점 접근을 포기하며 모니터를 떠날 수 있습니다. 그리고 특정 변화가 있을 때까지 독점 접근을 일시적으로 포기하며 조건 변수에서 대기할 수도 있습니다.

모니터는 하나 이상의 조건 변수를 가질 수 있습니다. 각 조건 변수는 자료구조의 개념적 상태 변경 이벤트를 나타냅니다. 모니터 내부에서 실행 중인 스레드가 자료구조를 갱신할 때는 영향을 받는 모든 공유 변수에게 공유 변수가 연관된 이벤트가 발생했다고 알려야 합니다.

C++은 `<condition_variable>` 헤더 파일로 두 종류의 조건 변수를 제공합니다. 두 조건 변수는 인수로 취하는 락의 종류가 서로 다릅니다.

std::condition_variable

가장 효율적인 조건 변수. 뮤텍스에 락을 걸려면 `std::unique_lock`을 사용해야 합니다.

std::condition_variable_any

`BasicLockable` 락을 사용할 수 있는 조건 변수. 즉 멤버 함수 `lock()`과 `unlock()`을 제공하는 모든 락에서 사용할 수 있습니다. 이 조건 변수는 `std::condition_variable`보다 효율적이지 않을 수 있습니다.

스레드가 조건 변수에 의해 해제될 때 자료구조가 예상된 상태에 있는지 확인해야 합니다. 일부 운영체제가 조건 변수에게 가짜로 알릴 수 있기 때문입니다(필자의 경험에 따르면 프로그래머 오류 때문에 발생할 수도 있습니다). [예제 12-7]은 조건 변수를 사용해 멀티스레드 생산자/소비자를 구현합니다.

예제 12-7 조건 변수를 사용하는 간단한 생산자와 소비자

```
void cv_example() {
```

---

6   C.A.R Hoare, "Monitors: An Operating System Structuring Concept," ACM Communications 17 (Oct 1974): 549 – 557.

```cpp
    std::mutex m;
    std::condition_variable cv;
    bool terminate = false;
    int shared_data = 0;
    int counter = 0;

    auto consumer = [&]() {
        std::unique_lock<std::mutex> lk(m);
        do {
            while (!(terminate || shared_data != 0))
                cv.wait(lk);
            if (terminate)
                break;
            std::cout << "consuming " << shared_data << std::endl;
            shared_data = 0;
            cv.notify_one();
        } while (true);
    };

    auto producer = [&]() {
        std::unique_lock<std::mutex> lk(m);
        for (counter = 1; true; ++counter) {
            cv.wait(lk,[&]() {return terminate || shared_data == 0;});
            if (terminate)
                break;
            shared_data = counter;
            std::cout << "producing " << shared_data << std::endl;
            cv.notify_one();
        }
    };

    auto p = std::thread(producer);
    auto c = std::thread(consumer);
    std::this_thread::sleep_for(std::chrono::milliseconds(1000));
    {
        std::lock_guard<std::mutex> l(m);
        terminate = true;
    }
    std::cout << "total items produced " << counter << std::endl;
    cv.notify_all();
    p.join();
    c.join();
    exit(0);
}
```

[예제 12-7]에 있는 생산자 스레드는 정수 타입을 갖는 shared_data를 0이 아닌 값으로 설정해 '생산'합니다. 소비자는 shared_data를 0으로 다시 설정해 '소비'합니다. 메인 프로그램 스레드는 생산자와 소비자를 시작한 다음 1,000밀리초 동안 실행을 멈춥니다. 메인 스레드가 깨어나면 뮤텍스 m에 락을 걸어 모니터에 잠시 들어간 다음 terminate 플래그를 설정합니다. 그러면 생산자와 소비자 스레드 모두 종료됩니다. 메인 프로그램은 조건 변수에게 종료 상태가 변경되었다고 알리고 두 스레드를 조인한 뒤 종료합니다.

consumer는 뮤텍스 m에 락을 걸어 모니터에 들어갑니다. 소비자는 조건 변수 cv에서 대기하는 반복문입니다. 소비자는 cv에서 대기하지만 consumer는 모니터에 없습니다. 따라서 뮤텍스 m은 사용 가능합니다. 소비할 무언가가 생기면 cv에게 알립니다. 그러면 소비자가 깨어나고 뮤텍스 m에 다시 락을 건 뒤, cv.wait()로 반환해 개념적으로 모니터에 다시 들어가게 됩니다.

[예제 12-7]은 '자료구조가 갱신되었습니다'라는 의미를 갖는 조건 변수를 하나 사용합니다. consumer는 보통 shared_data != 0을 기다리지만 terminate == true일 때도 깨어나야 합니다. 이 방법은 윈도우의 WaitForMultipleObjects() 함수의 시그널 배열과 달리 동기화 장치를 경제적으로 사용합니다. 비슷한 예제로 하나의 조건 변수는 소비자를 깨우는 데 사용하고 다른 조건 변수는 생산자를 깨우는 데 사용할 수 있습니다.

소비자는 반복문에서 cv.wait()를 호출해 매번 깨워서 적합한 조건이 존재하는지 확인합니다. 일부 구현에서 조건이 적합하지 않을 때 우연히 조건 변수를 기다리는 스레드를 가짜로 깨울 수 있기 때문입니다. 만약 조건을 충족하면 while문을 빠져나갑니다. 만약 consumer를 깨우는 조건이 terminate == true였다면, consumer는 바깥에 있는 반복문을 빠져나가고 반환합니다. 그렇지 않다면 조건은 shared_data != 0이었을 것입니다. consumer는 메시지를 출력하고 shared_data를 0으로 설정하고 cv에게 공유 데이터가 변경되었다고 알려 데이터가 소비되었음을 나타냅니다. 이 시점에서 consumer는 여전히 모니터 안에 있으며 뮤텍스 m에 걸린 락을 잡고 있습니다. 하지만 반복문을 계속 진행하고 cv.wait()에 다시 들어가서 뮤텍스에 걸린 락을 풀고 개념적으로 모니터를 빠져나갑니다.

생산자도 비슷합니다. 뮤텍스 m에 락을 걸 수 있을 때까지 대기하다가 바깥쪽 반복문에 들어가 terminate == true일 때까지 계속 반복합니다. 생산자는 cv에서 상태가 변하기를 기다립니다. 이 예제에서 생산자는 인수로 참 또는 거짓을 반환하는 wait() 함수를 사용하는데, 반환값이 false가 될 때까지 계속 반복합니다. 따라서 반환값은 조건 변수에 무언가 알렸다는 것을 암시하는 조건입니다. 이 두 번째 형태는 문법적 설탕^{syntactic sugar}으로 **while**문을 숨깁니다. 처음에 shared_data의 값이 이미 0이므로 생산자는 cv를 기다리지 않습니다. 생산자는 shared_data의 값을 갱신한 다음 cv에 알리고 반복문을 빠져나간 뒤 **cv.wait()**에 들어갑니다. 그리고 뮤텍스를 해제하고 개념적으로 모니터를 빠져나갑니다.

12.2.7 공유 변수에 대한 원자적 연산

C++ 표준 라이브러리의 헤더 파일 **<atomic>**은 멀티스레드 동기화 장치를 구축하기 위한 저수준 도구들을 제공합니다. 바로 메모리 펜스와 원자적 적재 및 저장입니다.

std::atomic은 임의의 자료구조가 복사 및 이동 생성할 수 있다면 이를 갱신하는 표준 메커니즘을 제공합니다. **std::atomic**를 특수화하는 클래스는 모든 타입 T에 대해 다음 함수를 제공해야 합니다.

load()

std::atomic<T>는 멤버 함수 **T load(memory_order)**를 제공합니다. 이 함수는 원자적으로 T 객체를 **std::atomic<T>** 밖으로 복사합니다.

store()

std::atomic<T>는 멤버 함수 **void store(T, memory_order)**를 제공합니다. 이 함수는 원자적으로 T 객체를 **std::atomic<T>** 안으로 복사합니다.

is_lock_free()

is_lock_free()는 이 타입에 정의된 모든 연산이 읽기/수정/쓰기^{read/modify/write}하는 하나의 기계어처럼 상호 배제를 사용하지 않고 구현된 경우 **true**를 반환합니다.

std::atomic을 정수와 포인터 타입에 대해 특수화한 클래스가 제공됩니다. 프로세서가 특수화한 클래스를 지원하는 경우 운영체제의 동기화 장치를 호출하지 않고 메모리를 동기화합니다. 특수화한 클래스는 최신 하드웨어에서 원자적으로 구현될 수 있는 수많은 연산들을 제공합니다.

std::atomic의 성능은 코드를 컴파일하는 프로세서에서 따라 다릅니다.

- 인텔 아키텍처 PC는 다양한 읽기/수정/쓰기 명령이 있으며 원자적으로 접근하는 비용은 메모리 펜스에 따라 달라집니다. 그중 일부는 비용이 전혀 들지 않습니다.

- std::atomic은 읽기/수정/쓰기 명령이 있는 싱글 코어 프로세서에서 추가 코드를 전혀 생성하지 않을 수 있습니다.

- std::atomic은 읽기/수정/쓰기 명령이 없는 프로세서에서 비용이 큰 상호 배제를 사용해 구현될 수 있습니다.

메모리 펜스

std::atomic의 멤버 함수 대부분은 연산 주위에 세울 메모리 펜스를 선택하는 memory_order라는 인수를 선택적으로 취합니다. 만약 인수 memory_order에 값을 지정하지 않았다면 기본값으로 memory_order_acq_rel이 지정됩니다. 이는 항상 안전한 전체 펜스를 제공하지만 비용이 비쌀 수 있습니다. 물론 좀 더 정교한 펜스를 선택할 수 있지만 관련 지식이 풍부한 사람만 선택하기를 권장합니다.

메모리 펜스는 메인 메모리를 여러 하드웨어 스레드의 캐시와 동기화합니다. 보통 하나의 스레드를 다른 스레드와 동기화하기 위해 두 스레드 모두 메모리 펜스를 실행합니다. C++에서 사용할 수 있는 메모리 펜스는 다음과 같습니다.

memory_order_acquire

memory_order_acquire는 자연스럽게 '다른 스레드가 수행한 모든 작업을 획득한다'는 의미로 생각할 수 있습니다. 이 펜스는 다음 적재 연산을 현재 적재 연산이나 이전 적재 연산 앞으로 옮기지 못하게 합니다. 이 작동은 역설적으로 수행하는데 현재 프로세서와 메인 메모리 사이에서 진행 중인 저장 연산을 완료하기 위해 기다립니다. 펜스가 없으면 이 스레드가 같은 주소의 데이터를 읽어올 때 저장 연산을 처리 중이라면 스레드는 기존 정보를 얻게 됩니다. 마치 적재 연산이 프로그램 내부로 옮겨진 것처럼 말입니다.

memory_order_acquire는 기본값으로 지정되는 전체 펜스보다 비용이 저렴할 수 있습니다. 예를 들어 바쁜 대기 상태의 while문에서 원자적으로 플래그를 읽을 경우 memory_order_acquire를 사용하는 게 바람직할 수 있습니다.

memory_order_release

memory_order_release는 자연스럽게 '이 시점에 스레드에서 수행한 모든 작업을 해제한다'는 의미로 생각할 수 있습니다. 이 펜스는 스레드에서 수행한 이전 적재 연산이나 저장 연산을 현재 저장 연산 앞으로 옮기지 못하게 합니다. 이 작동은 현재 스레드에서 진행 중인 저장 연산을 완료하기 위해 기다립니다.

memory_order_release는 기본값으로 지정되는 전체 펜스보다 비용이 저렴할 수 있습니다. 예를 들어 손수 만든 뮤텍스의 끝에서 원자적으로 플래그를 설정할 경우 바람직할 수 있습니다.

memory_order_acq_rel

앞에서 소개한 두 가지 펜스를 결합해 전체 펜스를 만듭니다.

memory_order_consume

memory_order_consume은 잠재적으로 더 약한 (그리고 더 빠른) memory_order_acquire의 형태로서 데이터에 의존하는 다른 연산을 수행하기 전에 현재 적재 연산이 수행되기만 하면 됩니다. 예를 들어 포인터를 로드하는 연산이 memory_order_consume으로 지정되면, 이후에 이 포인터를 역참조하는 연산은 포인터를 읽어오는 연산 앞으로 옮기지 않습니다.

memory_order_relaxed

이 값을 사용하면 모든 연산을 재배열할 수 있습니다.

현재 대부분의 프로세서에서 구현되는 메모리 펜스는 무딘 도구입니다. 메모리 펜스는 현재 처리중인 **모든** 쓰기 연산이 완료될 때까지 앞으로의 진행을 막습니다. 원래는 공유 위치에서의 쓰기 연산만 완료하면 되지만 실제로 C++과 x86 호환 프로세서는 하나의 스레드에서 다음 스레드로 특히나 집합이 다양한 위치 집합 중에서, 무엇이 더 제한적인 집합인지 식별할 수 있는 수단이 없습니다.

원자적 접근은 만병통치약이 아닙니다. 메모리 펜스는 비용이 꽤 큽니다. 필자는 메모리 펜스의 비용이 얼마나 큰지 알아보기 위해 원자적 저장 연산과 단순 저장 연산의 실행 시간을 비교하는 실험을 진행했습니다. [예제 12-8]은 반복문에서 (완전 펜스 상태에서) 간단한 원자적 저장 연산을 수행하는 코드입니다.

예제 12-8 원자적 저장 연산 테스트

```
typedef unsigned long long counter_t;
std::atomic<counter_t> x;
for (counter_t i = 0, iterations = 10'000'000 * multiplier; i < iterations; ++i)
    x = i;
```

필자의 PC에서 위 코드를 테스트한 결과 15,318밀리초가 걸렸습니다. [예제 12-9]는 단순 저장 연산을 수행하는 코드인데 테스트한 결과 992밀리초가 걸렸습니다. 약 14배 빠릅니다. 진행 중인 쓰기 연산이 더 많다면 차이는 훨씬 클 수 있습니다.

예제 12-9 단순 저장 연산 테스트

```
typedef unsigned long long counter_t;
counter_t x;
```

```
for (counter_t i = 0, iterations = 10'000'000 * multiplier; i < iterations; ++i)
    x = i;
```

만약 std::atomic이 운영체제의 뮤텍스로 구현되었다면 일부 소형 프로세서의 경우 성능이 몇 배 정도 차이날 수 있습니다. 따라서 std::atomic은 대상 하드웨어에 대한 지식을 알고 나서 사용해야 합니다.

수치 상수에 있는 작은 따옴표가 무슨 역할을 하는지 궁금해하는 분들이 있을 것입니다. 이는 C++14에 추가된, 비중은 적지만 멋진 기능들 중 하나로 수치에 구분자를 넣음으로써 가독성 향상에 도움을 줍니다. 어떤 사람들은 이 밖에도 C++14의 다른 사소한 변화를 발견할 수 있을 것입니다. 필자는 이러한 변화가 매우 도움이 된다고 생각합니다.

12.2.8 미래의 C++ 동시성 기능

개발자 커뮤니티는 동시성에 대해 엄청난 관심을 보여줬으며, 가용성과 빠르게 성장하는 컴퓨터 자원을 활용해야 한다는 필요성을 의심하는 사람은 없습니다. 많은 개발자는 네이티브 호출이나 POSIX 스레드(pthread) 라이브러리의 C 스타일 함수 중 하나를 사용해 스레드 기반 동시성에 익숙해졌습니다. 이러한 개발자 중 일부는 네이티브 호출을 중심으로 C++ 스타일의 래퍼를 만들었습니다. 이러한 노력의 최고점은 사람들이 있는 데서 모습을 드러내 사용자 커뮤니티를 모으고 서로 교차 수정하는 것입니다. 현재 표준화 과정을 통해 새로운 C++ 동시성 기능을 위한 수많은 제안들을 진행하고 있습니다. 다음은 몇 가지 샘플입니다.

협력형 멀티스레딩

협력형 멀티스레딩cooperative multithreading에서는 둘 이상의 소프트웨어 스레드가 명시적 문장으로 두 스레드 사이에서 실행을 전달하므로 실제로는 한 번에 하나의 스레드만 실행됩니다. 코루틴coroutine은 협력형 멀티스레딩의 한 예입니다.

협력형 멀티스레딩의 주요 장점은 다음과 같습니다.

- 각 스레드는 활발하게 실행 중이지 않을 경우 콘텍스트를 유지할 수 있습니다.

- 한 번에 하나의 스레드만 실행하므로 변수는 공유되지 않습니다. 따라서 상호 배제는 필

요하지 않습니다.

코루틴은 C++17에 추가될 예정이었으나, 추가되지 않았으며[7] 현재 부스트 라이브러리에서 사용할 수 있습니다(*http://www.boost.org/doc/libs/1_59_0/libs/coroutine/doc/html/index.html*). C++ Concurrency TR 작업 그룹의 최근 제안 문서(*http://bit.ly/doc-n4399*)를 보면 다양하고 혁신적인 동시성 방법을 위한 빌딩 블록이 여러 개 나열되어 있습니다.

SIMD 명령

SIMD는 **single instruction multiple data**의 약자로 하나의 명령어로 여러 개의 값을 동시에 계산하는 방법입니다. SIMD를 지원하는 프로세서에서 특정 명령은 레지스터의 벡터에서 작동합니다. 프로세서는 벡터의 각 레지스터에서 동시에 똑같은 작동을 수행하므로 스칼라 연산보다 오버헤드를 줄입니다.

C++ 컴파일러는 보통 SIMD 명령을 생성하지 않습니다. 작동이 복잡하고 C++이 프로그램을 설명하는 방법과 잘 맞지 않기 때문입니다. 컴파일러에 의존하는 #pragma나 인라인 어셈블리 기능을 사용하면 SIMD 명령을 함수에 삽입할 수 있습니다. 이러한 함수는 디지털 신호 처리나 컴퓨터 그래픽스처럼 특수한 작업을 하는 라이브러리에서 사용합니다. 따라서 SIMD 프로그래밍은 프로세서와 컴파일에 의존합니다. 스택 익스체인지 Q&A(*http://bit.ly/simd-c-lib*)에는 C++에서 사용하는 SIMD 명령에 관한 참고 자료가 많이 포함되어 있습니다.

12.3 C++ 프로그램 스레드 최적화

> 세상에 공짜는 없다.

2016년 초에 널리 사용되던 데스크톱급 마이크로프로세서에는 파이프라인이 잘 구성된 실행 유닛과 다양한 캐시 레벨을 갖춘 코어가 몇 개 포함되어 있습니다. 이 아키텍처는 제어의 흐름 몇 개를 고성능으로 실행하기에 적합합니다. 많은 스레드를 실행하려면 비용이 큰 콘텍스트 스

---

7 옮긴이_ C++20에도 추가될 예정입니다.

위치가 자주 필요합니다.

이 아키텍처는 동시성 프로그램을 설계할 때 염두에 두어야 합니다. 데이터 병렬 및 세분화된 동시성 모델을 현재 데스크톱 프로세서 설계에 강제로 적용하려고 하면, 동시성을 비효율적으로 사용하는 프로그램이 될 수 있습니다.

공중 도시를 짓고 개인이 날아다니는 자동차를 소유하는 밝은 미래에는 프로그래밍 언어도 프로그램을 효과적인 방법으로 자동 병렬 처리할 것입니다. 그때까지는 개발자가 동시에 수행할 수 있는 태스크를 찾아야 합니다. 동시성을 위한 기회는 프로그램만큼이나 다양하지만, 스레드 가능한 코드를 찾을 수 있는 믿을 만한 위치들이 있습니다. 필자는 다음 절에서 몇 군데를 소개할 생각입니다.

프로그램의 스레딩 작동은 프로그램의 구조와 깊숙이 연결될 수 있습니다. 따라서 할당이나 함수 호출을 최적화하는 것보다 스레딩 작동을 수정하는 게 더 어려울 수 있습니다. 그렇기에, 성능을 최적화하는 동시성 프로그램을 위한 또 다른 설계 방법이 있습니다. 설계 방법 중 일부는 최근에 발전했기 때문에 숙련된 사용자에게도 익숙하지 않을 수 있습니다.

12.3.1 std::thread보다는 std::async를 사용하세요

성능 관점에서 std::thread의 중요한 문제는 호출할 때마다 새로운 소프트웨어 스레드를 시작한다는 것입니다. 스레드를 시작하면 직접 비용과 간접 비용 모두 필요하므로 비용이 매우 많이 듭니다.

- 직접 비용은 운영체제의 테이블에 스레드를 위한 공간과 스레드의 스택을 위한 메모리를 할당하고, 스레드의 레지스터 집합을 초기화해 실행할 스레드를 예약하는 비용을 포함합니다. 만약 스레드가 새 스케줄링 퀀텀[8]을 얻는다면 실행을 시작하기 전에 지연이 발생합니다. 만약 호출하는 스레드의 스케줄링 퀀텀의 나머지를 얻는다면 호출하는 스레드의 레지스터를 저장하는 동안 지연이 발생합니다.

- 스레드를 만드는 간접 비용은 사용하는 메모리량이 증가하면서 생깁니다. 각 스레드는 호출된 함수의 자체 스택을 위한 저장 공간을 예약해야 합니다. 만약 수많은 스레드가 자주

---

8 감수자_ 퀀텀은 시분할 스케줄러에서 각 프로세스별로 할당되는 시간량을 의미합니다.

시작/중지되면 컴퓨터에서 실행 중인 스레드가 제한된 캐시에 접근하기 위해 경쟁하므로 캐시에서 스래싱[9]이 생길 수 있습니다.

- 소프트웨어 스레드 수가 하드웨어 스레드 수를 초과하면 다른 간접 비용이 발생합니다. 모든 스레드는 운영체제에서 예약해야 하기 때문에 속도가 느려집니다.

필자는 [예제 12-10]의 프로그램 조각을 반복문에 넣고 실행해 스레드를 시작하고 멈추는 데 드는 비용을 측정했습니다. 스레드 안에 있는 void 함수는 가장 간단한 함수로 즉시 반환합니다. join()을 호출하면 메인 프로그램은 스레드 호출이 서로 겹치지 않고 끝과 끝으로 배치되면서 스레드가 종료될 때까지 기다립니다. 스레드를 시작하는 데 드는 비용을 측정하는 특정한 목표가 없다면 이 예제는 잘못된 동시성 설계라고 말할 수 있습니다.

예제 12-10 std::thread 시작 및 중지

```
std::thread t;
t = std::thread([]() { return; });
t.join();
```

사실 이 테스트는 아마도 스레드를 호출하는 데 걸리는 시간을 실제보다 적게 표시할 것입니다. 스레드가 캐시에 아무것도 쓰지 않기 때문입니다. 그러나 결과는 여전히 의미가 있습니다. 윈도우에서 스레드 10,000개를 호출하는 데 13,350밀리초의 시간이 걸렸습니다. 다시 말해서 스레드 하나를 시작하고 멈추는 데 135마이크로초가 걸린 셈입니다. 이는 람다를 실행하는 시간의 수천 배에 해당합니다. std::shread는 간단한 계산을 동시에 할 수 있지만 비용이 엄청나게 큰 방법입니다.

하지만 이는 지연 시간으로 발생하는 비용이기 때문에 비용을 피할 수 없습니다. 이는 std::thread의 생성자를 호출한 뒤 반환하기 전까지의 시간과 join()을 호출한 뒤 끝나기 전까지의 시간입니다. 프로그램이 스레드가 조인하기를 기다리는 대신 분리하더라도 테스트를 수행하는 시간은 여전히 700밀리초보다 깁니다.

동시성 프로그래밍에서 유용한 최적화 기법은 스레드를 사용할 때 새로운 스레드를 만드는 대

---

9 감수자_ 캐시 스래싱은 필요한 데이터를 메모리에서 가져와 캐시에 저장하는 경우가 캐시에서 데이터를 찾아서 사용하는 것보다 많아지는 것을 의미합니다.

신 기존 스레드를 다시 사용하는 것입니다. 스레드는 필요할 때까지 어떤 조건 변수에서 대기하고 해제된 다음 호출 가능한 객체를 실행할 수 있습니다. 스레드를 전환(레지스터 저장 및 복원, 캐시 비우기 및 다시 채우기)하는 비용은 똑같지만, 스레드를 위한 메모리를 할당하고 운영체제에서 예약하는 것과 같은 다른 비용은 없어지거나 줄어듭니다.

템플릿 함수 std::async()는 스레드의 콘텍스트에서 호출 가능한 객체를 실행하지만 구현에서는 스레드를 재사용할 수 있습니다. C++ 표준은 std::async()가 스레드 풀을 사용해 구현될 수 있다는 힌트를 줍니다. 윈도우에서는 std::async()가 훨씬 빠릅니다. 필자는 [예제 12-11]의 프로그램 조각을 반복문에 넣고 실행해 성능을 측정했습니다.

예제 12-11 async()를 사용해 시작 및 중지

```
std::async(std::launch::async, []() { return; });
```

std::async()는 std::future를 반환하는데, 위 예제에서는 이름이 지정되지 않은 임시 std::future를 반환합니다. 이 프로그램은 std::async()가 반환하자마자 이름 없는 std::future의 소멸자를 호출합니다. 소멸자는 퓨처가 **준비**될 때까지 기다리므로 발생할 가능성이 있는 모든 예외를 던질 수 있습니다. 그리고 join()이나 detach()를 명시적으로 호출할 필요가 없습니다. [예제 12-11]은 [예제 12-10]과 같이 스레드 실행을 끝과 끝으로 배치합니다.

향상된 결과는 놀라웠습니다. 단순한 람다를 10,000번 호출하는 데 86밀리초밖에 걸리지 않았습니다. 이는 새 스레드가 매번 시작했을 때의 실험 결과보다 약 14배 빠릅니다.

12.3.2 실행 가능한 스레드를 코어 수만큼 많이 만드세요

오래된 동시성 관련 논문을 보면 스레드를 동적 변수를 만드는 것과 유사한 방법으로 편리한 만큼 많이 만들라고 조언합니다. 예전에 스레드가 싱글 프로세서의 관심을 끌기 위해 경쟁했던 시절에는 괜찮은 생각이었습니다. 하지만 현재는 멀티 코어 프로세서 세상이기에 예전의 조언은 너무 단순합니다.

최적화 담당 개발자는 두 가지 종류의 스레드를 서로 다른 작동으로 구분할 수 있습니다.

실행 가능한 스레드는 끊임없이 계산합니다

실행 가능한 스레드는 실행 중인 코어의 컴퓨팅 자원을 100% 소비합니다. 만약 코어가 n개라면 각 코어에 실행 가능한 스레드를 스케줄링했을 때 전체 실행 시간을 $1/n$까지 줄일 수 있습니다. 하지만 일단 사용 가능한 각 코어에서 스레드를 실행하고 나면 추가 스레드를 스케줄링했을 때 실행 시간이 더는 개선되지 않습니다. 대신 스레드는 사용할 수 있는 하드웨어 파이 조각을 잘게 자릅니다. 시분할 기법만으로는 아무리 정교하게 스케줄링한다고 해도, 결국 스레드를 시작하고 멈추는 작업을 처리하느라 정작 계산에 필요한 시간을 확보하지 못하는 한계가 발생합니다. 실행 가능한 스레드 수가 증가하면 성능이 전반적으로 떨어져 궁극적으로는 0에 가까워질 수 있습니다.

대기 가능한 스레드는 외부 이벤트를 기다린 후 잠시 계산합니다

대기 가능한 스레드는 코어에서 사용 가능한 계산 자원 중 몇 %만 소비합니다. 하나의 코어에서 대기 가능한 여러 스레드를 스케줄링하면, 사용 가능한 자원의 상당 부분을 사용합니다. 대기 가능한 스레드의 실행이 서로 교차되면, 다른 스레드를 기다리는 동안 또 다른 스레드 하나에서 계산이 진행될 수 있기 때문입니다. 이렇게 하면 전체 실행 시간을 모든 계산 자원을 사용하는 포화점까지 줄일 수 있습니다.

예전 싱글 코어 시절에는 실행 가능한 스레드로 계산을 스케줄링하더라도 아무런 이점이 없었습니다. 대신 대기 가능한 스레드를 다른 스레드와 교차 실행해 성능을 향상했습니다. 하지만 멀티 코어 세상에서는 더는 그렇지 않습니다.

C++은 사용 가능한 코어 수를 반환하는 `std::thread::hardware_concurrency()` 함수를 제공합니다. 이 함수는 하이퍼바이저에 의해 다른 가상 시스템에 할당된 코어와 동시 멀티스레딩으로 둘 이상의 논리적 코어로 작동하는 코어를 설명합니다. 또한 시간이 지날수록 프로그램이 더 많거나 적은 코어를 포함하는 하드웨어로 확장할 수 있게 해줍니다.

필자는 멀티스레드가 성능에 미치는 영향을 테스트하기 위해 시간을 소비하는 계산을 반복해서 수행하는 `timewaster()` 함수(예제 12-12)를 작성했습니다. 프로그램에서 `timewaster()` 함수를 하나의 반복문에서 모두 수행한 결과 실행에 3,087밀리초가 걸렸습니다.

예제 **12-12** 하나의 반복문에서 수행되는 timewaster()

```
void timewaster(unsigned iterations) {
    for (counter_t i = 0; i < iterations; ++i)
        fibonacci(n);
}
```

그런 다음 스레드를 생성해 각 스레드가 timewaster()를 반복문의 수행 횟수에서 스레드 수로 나눈 값만큼 반복해서 실행하도록 함수를 작성했습니다(예제 12-13). 필자는 이 함수를 사용해 스레드 수를 다양하게 바꿔가며 성능을 테스트했습니다.

예제 **12-13** 멀티스레드로 수행되는 timewaster()

```
void multithreaded_timewaster(
        unsigned iterations,
        unsigned threads)
{
    std::vector<std::thread> t;
    t.reserve(threads);
    for (unsigned i = 0; i < threads; ++i)
        t.push_back(std::thread(timewaster, iterations/threads));
    for (unsigned i = 0; i < threads; ++i)
        t[i].join();
}
```

필자는 테스트를 진행하면서 몇 가지를 관찰할 수 있었습니다.

- 필자가 테스트한 PC에서 std::thread::hardware_concurrency()의 값은 4였습니다. 4개의 스레드로 실행한 결과 1,870밀리초가 걸려 예상대로 가장 빨랐습니다

- 놀랍게도 가장 짧게 걸린 시간은 싱글스레드에서 걸렸던 시간의 절반에 불과했습니다.

- 보통 스레드 수가 4보다 크면 테스트 수행에 더 오랜 시간이 걸립니다. 하지만 테스트할 때마다 차이가 많이 나기 때문에 테스트 결과를 신뢰하기엔 무리가 있었습니다.

물론 프로그램에서 실행되는 스레드 수를 제한하는 장애물들이 있습니다. 여러 개발자가 참여하거나 서드 파티 라이브러리가 있는 대규모 프로그램에서는 다른 곳에서 얼마나 많은 스레드

가 실행되었는지 알기 어려울 수 있습니다. 스레드는 프로그램에서 필요하면 어디에서나 만들 수 있습니다. 운영체제는 실행 중인 모든 스레드를 알고 있는 컨테이너 역할을 하지만 C++에는 이 정보가 명확하게 드러나지 않습니다.

12.3.3 태스크 큐와 스레드 풀 구현하기

실행 중인 스레드의 수를 알 수 없는 문제는 스레딩을 명시적으로 만들어 해결할 수 있습니다. 다시 말해서 수명이 긴 스레드를 포함하는 자료구조인 **스레드 풀**thread pool과 수행할 계산 목록을 포함하는 자료구조인 **태스크 큐**task queue를 제공하는 것을 말합니다. 여기서 계산 목록은 스레드 풀에 있는 스레드가 처리합니다.

태스크지향 프로그래밍task-oriented programming에서 프로그램은 실행 가능한 태스크 객체의 모음으로 작성됩니다. 여기서 태스크 객체는 스레드 풀에 있는 스레드를 통해 실행됩니다. 스레드를 사용할 수 있게 되면 태스크 큐에서 태스크를 가져옵니다. 스레드가 태스크를 끝냈을 때 스레드는 종료되지 않으며 실행할 새 태스크가 도착할 때까지 대기하며 다음 태스크 또는 블록을 실행합니다.

태스크지향 프로그램의 장점은 다음과 같습니다.

- 태스크지향 프로그램은 논블로킹 I/O 호출로부터 I/O 완료 이벤트를 효율적으로 처리해 프로세서 활용률을 높일 수 있습니다.

- 스레드 풀과 태스크 큐를 사용하면 수명이 짧은 태스크를 수행하는 스레드를 시작할 때 발생하는 오버헤드를 제거할 수 있습니다.

- 태스크지향 프로그래밍은 비동기 처리를 하나의 자료구조 집합으로 중앙 집중화해 사용 중인 스레드 수를 쉽게 제한할 수 있습니다.

태스크지향 프로그램의 단점은 **제어 반전**inversion of control 문제가 있다는 것입니다. 제어 반전은 제어 흐름flow of control이 프로그램에서 지정되는 대신, 이벤트 메시지가 수신된 순서대로 포함됩니다. 필자의 개인적인 경험에 따르면 실제로 이런 혼란이 발생하는 경우는 거의 없지만 태스크지향 프로그램을 추론하거나 디버깅하기 어려울 수 있습니다.

스레드 풀과 태스크 큐는 부스트 라이브러리와 인텔의 스레딩 빌딩 블록threading bulding block (TBB) (*http://www.threadingbuildingblocks.org/*)을 사용할 수 있습니다.

12.3.4 별도의 스레드에서 I/O 수행하기

회전하는 디스크와 원거리 네트워크 연결이 갖는 물리적인 현실은 프로그램이 데이터를 요청하는 시간과 데이터를 사용할 수 있는 시간 사이에 지연을 일으킵니다. 따라서 I/O는 동시성을 찾을 수 있는 완벽한 장소라고 할 수 있습니다. 프로그램에서 데이터를 쓰기 전이나 읽은 후에 변환해야 하는 것 또한 전형적인 I/O입니다. 예를 들어 XML 데이터 파일은 인터넷에서 읽을 수 있습니다. 그런 다음 데이터를 파싱해 프로그램에 흥미로운 정보를 추출합니다. 데이터를 변환하기 전에는 사용할 수 없기 때문에 읽기나 파싱을 포함한 모든 과정은 별도의 스레드로 옮길 수 있는 확실한 후보가 됩니다.

12.3.5 동기화 없는 프로그램

동기화와 상호 배제는 멀티스레드 프로그램을 느리게 만듭니다. 동기화를 없앤다면 성능을 향상할 수 있습니다. 명시적인 동기화 없이 프로그래밍을 할 수 있는 방법에는 여러 가지가 있는데 쉬운 방법 3가지와 어려운 방법 1가지가 있습니다.

이벤트지향 프로그래밍

이벤트지향 프로그래밍event-oriented programming에서 프로그램은 프레임워크에서 호출되는 이벤트처리 함수의 모음으로 작성됩니다. 기본 프레임워크는 각 이벤트를 이벤트 큐에서 해당 이벤트에 등록된 핸들러 함수로 보냅니다. 이벤트지향 프로그래밍은 태스크지향 프로그래밍과 비슷한 점이 많습니다. 이벤트지향 프로그램의 프레임워크는 태스크 스케줄러처럼 행동하며 이벤트 핸들러는 태스크와 비슷합니다. 중요한 차이점은 이벤트지향 프로그램에서 프레임워크는 싱글스레드이며 이벤트 핸들러 함수는 동시에 실행되지 않는다는 것입니다.

이벤트지향 프로그램의 장점은 다음과 같습니다.

- 기본 프레임워크는 싱글스레드이므로 동기화할 필요가 없습니다.

- 이벤트지향 프로그램은 논블로킹 I/O 호출로부터 I/O 완료 이벤트를 효율적으로 처리할 수 있습니다. 이벤트지향 프로그램은 멀티스레드 프로그램처럼 높은 활용률을 갖습니다.

이벤트지향 프로그램의 주요 단점은 태스크지향 프로그램과 마찬가지로 **제어 반전** 문제가 있다는 것입니다. 제어 반전이란 제어 흐름이 이벤트 메시지가 수신된 순서대로 포함되는 것을 말합니다. 이 때문에 이벤트지향 프로그램을 추론하거나 디버깅하기 어려울 수 있습니다.

코루틴

코루틴은 실행을 명시적으로 하나의 객체에서 다른 객체로 넘기는 실행 가능한 객체입니다. 하지만 다시 호출할 경우 재개할 수 있도록 코루틴의 실행 포인터를 기억합니다. 코루틴은 이벤트지향 프로그램과 마찬가지로 진짜 멀티스레드가 아니므로 여러 스레드에서 제어하지 않는 한 동기화할 필요가 없습니다.

코루틴에는 두 가지 종류가 있습니다. 하나는 자체 스택을 가지며 실행 지점에 상관없이 제어권을 다른 코루틴에게 넘길 수 있습니다. 다른 하나는 다른 스레드의 스택을 빌리며 최상위 레벨에서만 제어권을 넘길 수 있습니다.

코루틴은 C++20에 추가될 예정입니다.

메시지 전달

메시지 전달 프로그램에서 제어의 흐름은 하나 이상의 소스에서 입력을 받아 변환한 뒤, 하나 이상의 출력 싱크에 놓습니다. 연결된 출력과 입력은 잘 정의된 진입 및 진출 노드가 있는 그래프를 형성합니다. 메시지 전달 프로그램의 각 단계를 구현하는 스레드로 읽고 쓰는 항목들은 네트워크 데이터그램, 문자 I/O 스트림, 명시적인 큐의 자료구조로 구현될 수 있습니다.

메시지 전달 프로그래밍의 예로 유닉스의 명령줄 파이프라인과 웹 서비스가 있습니다. 메시지 전달 프로그램은 분산 처리 시스템의 구성 요소이기도 합니다.

메시지 전달 프로그램의 장점은 다음과 같습니다.

- 각 단계의 출력과 다음 단계의 입력은 서로 묵시적인 동기화를 합니다. 단계들이 데이터 그램과 의사소통할 경우 운영체제로 동기화를 처리합니다. 또는 각 단계를 연결하는 큐 내에서 동기화를 제공합니다. 시스템의 동시성은 단계 바깥에서 발생하므로 단계들은 입력과 출력을 막는 싱글스레드 코드로 간주할 수 있습니다.

- 한 단계의 출력은 각각 다음 단계의 단일 입력과 연결되어 있으므로 기아 상태와 공정성 문제의 발생 빈도가 줄어듭니다.

- 동기화는 데이터 단위가 클수록 발생 빈도가 줄어듭니다. 이는 여러 스레드가 동시에 실행될 수 있는 시간의 비율을 증가시킬 수 있습니다.

- 파이프라인 단계는 변수를 공유하지 않아서 뮤텍스와 메모리 펜스 때문에 속도가 느려지지 않습니다.

- 파이프라인 단계 사이에 더 큰 작업 단위를 전달해 각 단계가 상호 배제를 위해 멈추거나 시작하지 않고 타임 슬라이스 전체를 사용할 수 있습니다. 이렇게 하면 프로세서 활용률을 높일 수 있습니다.

메시지 전달 프로그램의 단점은 다음과 같습니다.

- 메시지는 본질적으로 객체지향적이지 않습니다. C++ 개발자는 입력 메시지를 멤버 함수 호출로 마샬링marshalling[10]하는 코드를 작성해야 합니다.

- 파이프라인 단계에서 오류가 발생할 때 오류 복구가 문제가 될 수 있습니다.

- 모든 문제가 메시지를 전달하는 독립 프로그램의 파이프라인으로 명백한 해결책이 있지는 않습니다.

잠시 멈추고 생각해봅시다

이 책은 변수를 공유하고 스레드를 동기화하는 C++ 기능을 설명합니다. 이 기능들은 C++로 구현했을 때 효율적으로 작동하기 때문입니다. 메시지 전달 프로그램은 C++ 외부 라이브러리를 사용하므로 책에서는 단어 몇 개로만 설명하고 있습니다. 그렇다고 해서 메시지를 전달하는 게 중요하지 않다는 것은 아닙니다.

강경한 입장을 취하는 큰 설계 커뮤니티에서는 명시적인 동기화와 공유 변수가 복잡하고, 경쟁 상태가 발생하기 쉬우며, 확장할 수 없는 **나쁜 아이디어라고 생각합니다.** 이러한 개발자들은 프로그램을 동시성 있게 확장할 수 있는 방법은 파이프라인을 이용하는 방법뿐이라고 생각합니다.

동시성이 아주 강한 GPU 아키텍처는 공유 메모리조차 제공하지 않습니다. 따라서 이러한 프로세서의 경우 메시지 전달 프로그램 설계가 필요합니다.

---

10 감수자_ 마샬링은 메모리에 저장된 데이터를 전송 혹은 다른 매체에 저장 가능한 형태로 변환하는 것을 의미합니다.

락프리 프로그래밍

Hic Sunt Dracones(여기에 용이 있습니다)

— 신대륙이 묘사된 16세기 지구본 헌트레녹스(Hunt-Lenox Globe)에 적힌 말. 미지의 해안을 암시한다.

락프리 프로그래밍은 상호 배제 없이 멀티스레딩으로 자료구조를 갱신할 수 있게 해주는 프로그래밍 방법을 말합니다. 락프리 프로그램에서 비용이 큰 뮤텍스는 하드웨어로 동기화되는 원자적 연산으로 대체됩니다. 락프리 자료구조는 뮤텍스로 보호를 받는 기존 컨테이너보다 훨씬 더 나은 성능을 발휘할 수 있습니다. 특히 여러 스레드가 같은 컨테이너에 접근하는 경우 더욱 그렇습니다.

C++의 락프리 배열, 큐, 해시 테이블 컨테이너 클래스가 공개 릴리스되었습니다. 부스트에는 락프리 스택과 큐 컨테이너(*http://bit.ly/b-lock-free*)가 있지만 GCC와 Clang 컴파일러에서만 테스트되었습니다. 인텔의 스레딩 빌딩 블록(*http://www.threadingbuildingblocks. org/*)에는 락프리 배열, 큐, 해시맵 컨테이너가 있습니다. 이러한 컨테이너는 락프리 프로그래밍의 요구 사항 때문에 동일한 역할을 하는 C++ 표준 라이브러리 컨테이너와 동일하지 않습니다.

락프리 자료구조는 추론하기 매우 어렵습니다. 유명한 전문가들조차 공개된 알고리즘의 정확성에 대해 논쟁할 정도입니다. 이러한 이유로 필자는 락프리 자료구조를 스스로 구축하기보다는 널리 공개되어 있고 잘 지원되는 코드를 고수하기를 권장합니다.

12.3.6 시작 및 종료 코드 제거하기

프로그램은 작업을 동시에 수행하거나 CPU 코어를 여러 개 사용하기 위해 스레드를 필요한 만큼 실행할 수 있습니다. 그러나 프로그램 중 한 부분은 동시에 실행하기 매우 어렵습니다. 바로 main()이 제어권을 얻기 전 그리고 main()이 종료된 후 실행되는 코드입니다.

main()이 시작되기 전에 정적 저장 기간(6.1.1절 변수의 저장 기간 참고)을 갖는 모든 변수가 초기화됩니다. 이때 POD plain old data[11] 자료형은 초기화하는 데 비용이 들지 않습니다. 링커

---

11 감수자_ plain old data는 전통적인 C 스타일의 구조체, 또는 정수형 등과 같이 메모리에서 연속적이고 그 레이아웃을 바로 알 수 있는 자료형을 통칭하는 말로, 그 크기가 컴파일 시점에 확정되므로 할당 및 초기화하는 비용이 상수 시간 또는 0에 수렴합니다.

는 변수들이 초기화 데이터를 가리키도록 연결합니다. 그러나 클래스 타입 변수와 정적 저장 기간을 갖는 변수들은 싱글스레드에서 표준에서 정의된 특정 순서대로 각 변수의 생성자를 호출해 초기화합니다.

정적 문자열 상수로 초기화되는 문자열과 같은 변수들이 실제로 초기화하는 과정에서 코드를 실행한다는 점을 잊어버리기 쉽습니다. 마찬가지로 이니셜라이저 리스트에 함수 호출이나 const가 아닌 표현식을 포함하는 생성자도 런타임에 실행됩니다. 생성자의 본문이 비어 있더라도 말입니다.

이 비용을 분리해서 따로 생각하면 적을 수 있지만, 극적으로 합산되면 대규모 프로그램은 시작 후 몇 초 동안 응답이 없을 수도 있습니다.

최적화 전쟁 이야기

구글의 크롬 브라우저는 몇 년 동안 수백 명의 사람이 개발한 대규모 프로그램입니다. 크롬에서 초기화해야 하는 테이블 수는 상상을 초월할 정도입니다. 크로미엄 프로젝트의 관리자들은 프로그램 시작 시 성능이 저하되지 않도록, 실행 코드로 초기화되는 변수에 대해 승인이 필요하다는 규칙을 리뷰 절차에 추가했습니다.

12.4 더 효율적인 동기화 만들기

동기화는 공유 메모리 동시성의 오버헤드 비용입니다. 성능을 최적화하려면 이 오버헤드 비용을 줄이는 것이 매우 중요합니다.

사회적 통념에 따르면 뮤텍스와 같은 동기화 장치는 비용이 큽니다. 물론 진실은 복잡합니다. 예를 들어 윈도우와 리눅스에서 std::mutex를 기반으로 하는 뮤텍스는 원자적 변수에서 바쁜 대기 상태로 잠깐 있다가 뮤텍스를 빠르게 획득할 수 없는 경우 운영체제의 시그널에서 대기하는 하이브리드 설계를 채택합니다. 다른 스레드가 뮤텍스를 붙잡지 않는 행복 경로happy path [12]의 비용은 낮습니다. 뮤텍스가 시그널에서 대기해야 할 때 드는 비용은 밀리초 단위입니다. 뮤텍

---

12 옮긴이_ 예외나 오류 조건이 없는 기본 시나리오를 말합니다.

스에서 중요한 비용은 lock()을 호출하는 비용이 아니라 뮤텍스를 해제할 때까지 다른 스레드가 기다리는 비용입니다.

멀티스레드 프로그램은 많은 스레드가 똑같은 뮤텍스를 얻기 위해 경쟁할 때 문제를 매우 자주 일으킵니다. 경쟁 상태가 심하지 않다면 뮤텍스를 붙잡더라도 다른 스레드의 속도가 느려지지 않습니다. 하지만 경쟁 상태가 심하면 뮤텍스 때문에 스레드가 하나씩 실행되므로 프로그램의 일부를 동시에 실행하려는 개발자의 의도를 망쳐버립니다.

C++ 동시성 프로그램은 싱글스레드 프로그램보다 훨씬 더 복잡합니다. C++ 동시성 프로그램으로 의미있는 결과를 내는 예제나 테스트 케이스를 만드는 게 더 어려우므로 필자는 이 절에서 다루는 경험적인 근거에 의지해야 합니다.

12.4.1 임계 구역의 범위 줄이기

임계 구역은 뮤텍스를 획득하고 해제하는 코드로 둘러싸인 코드 영역입니다. 임계 구역을 실행하는 동안 다른 스레드는 해당 뮤텍스로 제어되는 공유 변수에 접근할 수 없습니다. 쉽게 말하면 이것이 문제입니다. 임계 구역은 공유 변수에 접근하는 것 **외에는** 아무것도 하지 않으므로 다른 스레드는 아무 이유 없이 기다려야 합니다.

이 문제를 설명하기 위해 [예제 12-7]를 다시 살펴보겠습니다. 람다식 producer와 consumer는 두 스레드에서 동시에 실행합니다. 두 스레드는 즉시 뮤텍스 m으로 제어되는 모니터에 들어가려고 시도합니다. 두 스레드는 cv.wait()에 있을 때를 제외하고 모니터에 남아 있습니다. producer는 공유 변수 shared_data를 순서대로 다음 값으로 설정합니다. consumer는 shared_data를 지웁니다. 하지만 producer와 consumer는 각각 다른 한 가지 일을 합니다. 바로 텍스트 한 줄을 cout으로 출력하는 일입니다.

cv_example은 필자의 i7 시스템에서 비주얼 스튜디오 2015 릴리스 모드로 컴파일했을 때 1,000밀리초 동안 shared_data를 35~45번 갱신할 수 있습니다. 갱신 횟수가 많든 적든 당장은 명확하지 않을 수도 있습니다. 그러나 두 출력문을 주석 처리하면 cv_example은 **125만 번** 갱신할 수 있습니다. 콘솔에 문자를 출력하면 은밀한 마법을 부립니다. 돌이켜 생각해보면 그리 놀라운 일은 아닙니다.

여기에는 두 가지 교훈이 있습니다. 첫 번째 교훈은 조건 변수를 기다리는 동안을 제외하고 코드가 모니터에 항상 있는 모니터 개념은 효율적으로 사용하기 어려울 수 있다는 것입니다. 두 번째 교훈은 **임계 구역에서 I/O를 수행하면 최적의 성능을 이끌어내지 못한다는 것입니다.**

12.4.2 동시 스레드 수 제한하기

'12.3.2절 실행 가능한 스레드를 코어 수만큼 많이 만드세요'에서 설명했듯이 콘텍스트 스위칭의 오버헤드를 제거하기 위해 **실행 가능한 스레드 수는 프로세서의 코어 수보다 작거나 같아야 합니다.** 두 번째 이유를 말하기 위해서는 우선 뮤텍스가 어떻게 구현되는지 설명해야 합니다.

윈도우, 리눅스, 그리고 대부분의 다른 현대 운영체제에서 제공하는 뮤텍스 클래스는 멀티 코어 프로세서에 최적화된 하이브리드 설계를 채택합니다. 락이 걸리지 않은 뮤텍스를 획득하려고 시도하는 스레드 t_1은 뮤텍스를 즉시 획득합니다. 만약 t_1이 다른 스레드 t_2에서 붙잡고 있는 뮤텍스를 획득하려고 시도한다면, t_1은 먼저 제한된 시간 동안 바쁜 대기 상태가 됩니다. 만약 t_2가 제한 시간 내에 뮤텍스를 해제하면 t_1은 뮤텍스를 획득하고 자신에게 할당된 시간을 효율적으로 사용하며 계속 실행합니다. 만약 t_2가 제한 시간 내에 뮤텍스를 해제하지 않으면 t_1은 자신에게 할당된 시간을 포기하며 운영체제 이벤트에서 보류합니다. t_1은 운영체제의 '보류' 목록에 들어갑니다.

스레드 수가 코어 수보다 많다면 스레드 중 일부만 코어에 할당되고 실제로 어느 순간에 진행합니다. 나머지 스레드는 운영체제의 '실행 가능한' 큐에서 대기하며 마침내 시간 할당을 받게 됩니다. 운영체제는 인터럽트를 주기적으로 발생시켜 무엇을 실행할 것인지를 결정합니다. 이 인터럽트는 명령을 각각 실행하는 속도보다 느립니다. 따라서 '실행 가능한' 큐에 있는 스레드는 운영체제가 어떤 코어에서 실행할 것인지를 할당하기 전에 수 밀리초 동안 기다릴 수 있습니다.

만약 t_2가 뮤텍스를 붙잡고 있지만 실제로 실행하는 대신 운영체제의 '실행 가능한' 큐에 있다면 뮤텍스를 해제할 수 없습니다. t_1이 뮤텍스를 획득하려고 시도하면 바쁜 대기 상태의 제한 시간을 초과하게 되고 t_1은 운영체제 이벤트에서 대기합니다. 즉 t_1은 할당된 시간과 코어를 포기하고 운영체제의 '대기' 목록에 들어갑니다. 결국 t_2는 t_1이 기다리는 이벤트 시그널을 보내며 실행할 코어를 얻고 뮤텍스를 해제합니다. 운영체제는 이벤트가 발생했다고 기록하고 t_1을 '실행 가능한' 큐로 옮깁니다. 그러나 운영체제가 t_1을 즉시 실행하기 위해 코어를 반드시 할당할 필요는 없습니다.[13] 운영체제는 이벤트를 차단하지 않는 한 현재 코어에 할당된 스레드를 할당된 시간 전체에서 실행합니다. 운영체제는 다른 스레드가 몇 밀리초가 걸릴 수 있는 자신에게 할당된 시간을 모두 사용할 때까지 실행 가능한 새 스레드 t_1에 코어를 할당하지 않습니다.

이는 개발자가 활성 상태인 스레드 수를 제한해 제거하려는 느린 경로입니다. 느린 경로를 피하면 초당 수백 번의 인터락 대신 t_1과 t_2가 초당 수백만 번의 인터락을 수행할 수 있습니다.

임계 구역을 짧게 만들기 위해 경쟁하는 스레드의 이상적인 개수는 2개입니다. 만약 스레드 수가 2개뿐이라면 기아 상태와 공정성 문제가 없으며 다음 절에서 설명할 놀란 양 떼 문제가 생길 가능성도 없습니다.

12.4.3 놀란 양 떼 피하기

놀란 양 떼thundering herd 현상은 하나의 스레드만 서비스할 수 있는 이벤트에서 많은 스레드가 대기 중일 때 발생합니다. 이벤트가 발생하면 모든 스레드를 실행할 수 있게 되지만, 코어가 적어서 즉시 실행할 수 있는 스레드는 몇 개뿐입니다. 이 중 하나를 작업 항목으로 가져옵니다. 운영체제는 나머지 스레드를 실행 가능한 큐로 옮기고 결국 하나씩 실행합니다. 각 스레드는 시그널을 보낸 이벤트가 이미 서비스되었다는 사실을 알게 되고 그 이벤트에서 다시 대기하며 진척을 이루지 못한 채 물류 작업에 시간을 보내게 됩니다.

놀란 양 떼를 피하는 것은 이벤트에 서비스를 제공하기 위해 만들어진 스레드 수를 제한하는 것만큼 쉽습니다. 스레드 수가 2개라면 1개일 때보다 좋을 수 있습니다. 그러나 스레드 수를 100개로 늘린다고 더 좋지는 **않을** 것입니다(12.4.2절 동시 스레드 수 제한하기 참고). 스레드 수를 제한하면 각 작업 항목과 스레드를 연결하는 설계보다 작업 큐를 구현하는 소프트웨어 설계가 더 쉬울 수 있습니다.

---

13 세부 사항들은 너무 난해해서 언급하지 않으려고 합니다. 윈도우는 스레드 우선 순위를 조작해 실행 가능한 새 스레드에 차례를 우선적으로 부여합니다. 다른 운영체제는 임계 구역의 지속 시간을 줄이기 위해 다른 일들을 합니다. 요점은 일단 운영체제가 임계 구역에 관여한다면 오래 기다려야 한다는 것입니다.

12.4.4 락 전달 피하기

락 전달lock convoy은 많은 스레드가 자원이나 임계 구역에서 보류하면서 동기화할 때 발생합니다. 이 스레드들은 하나씩 진행하도록 만들어졌는데 수송대처럼 모두 한번에 진행하려고 하기 때문에 혼잡을 야기합니다.

단순한 경우에 놀란 양 떼 현상이 계속해서 발생합니다. 뮤텍스를 위해 경쟁하는 스레드는 충분합니다. 많은 스레드가 뮤텍스의 운영체제 시그널에서 대기합니다. 뮤텍스를 붙잡고 있는 스레드가 이를 해제하면 이벤트를 감지하고 보류 중인 모든 스레드는 실행 가능한 상태가 됩니다. 프로세서를 얻는 첫 번째 스레드는 뮤텍스에 다시 락을 겁니다. 결국 나머지 스레드는 프로세서를 가져와서 뮤텍스를 검사해 여전히 락이 걸려있다는 사실을 확인합니다. 그리고 대기 상태로 돌아갑니다. 전반적인 영향은 운영체제가 스레드를 다시 시작하는 데 많은 시간을 소비하지만 대부분의 스레드는 진행되지 않는다는 것입니다. 설상가상으로 모든 스레드는 여전히 동기화되어 있습니다. 일단 다음 스레드가 뮤텍스를 해제하고 나면 모든 스레드가 깨어나고 이 사이클을 반복하게 됩니다.

더 복잡한 경우에 스레드의 놀란 양 떼 현상은 두 번째 뮤텍스를 획득하려 하거나 장치의 물리적 특성 때문에 발생하는 병목 현상 있는 파일의 읽기 등의 작동을 수행하려고 합니다. 스레드는 동기화되기 때문에 모두 동시에 두 번째 자원에 접근하려고 시도합니다. 스레드가 동시에 같은 자원을 요청하기 때문에 직렬화를 야기해 성능이 저하됩니다. 만약 스레드가 동기화되지 않았다면 모두 진행되었을 것입니다.

락 전달은 보통은 잘 작동하는 시스템으로 볼 수 있지만 때때로 한 번에 몇 초 동안 응답하지 않는 것처럼 보입니다. 스레드 수를 줄이거나 스레드가 서로 다른 시간에 시작하도록 스케줄링하면 락 전달 문제를 줄일 수 있습니다. 하지만 다른 장소에서 락 전달 문제가 발생할 위험이 항상 있습니다. 때로는 특정 태스크 그룹이 하드웨어 장치나 다른 병목 현상을 공유하기 때문에 동시에 수행할 수 없다는 점을 단순히 인정하는 것이 최선의 방법입니다.

12.4.5 경쟁 상태 줄이기

멀티스레드 프로그램에서 스레드는 자원을 두고 경쟁할 수 있습니다. 둘 이상의 스레드가 같은 자원을 필요로 하게 되면 임계 구역이 생기고 스레드는 대기 상태가 되어 동시성을 잃습니다.

다음은 경쟁 상태 문제를 해결할 수 있는 몇 가지 기법입니다.

메모리와 I/O가 자원이라는 점을 인지하세요

메모리 관리자가 자원이라는 사실을 모든 개발자가 알고 있지는 않습니다. 메모리 관리자는 멀티스레드 시스템에서 접근을 직렬화해야 합니다. 그렇지 않으면 자료구조가 손상됩니다. 동적 변수들(std::string은 특히 주의가 필요합니다)을 한꺼번에 할당하려는 다수의 스레드는 스레드 수가 증가함에 따라 성능이 갑자기 급격하게 떨어집니다.

파일 I/O는 자원입니다. 디스크 드라이브의 판독 헤드는 한 번에 한 곳에만 있을 수 있습니다. 여러 파일에 동시에 I/O를 시도하면 성능이 갑자기 저하될 수 있습니다.

네트워크 I/O도 자원입니다. 이더넷 커넥터는 비트를 내뿜는 좁은 파이프입니다. 현대의 프로세서는 기가비트 인터넷 케이블조차 포화시킬 수 있습니다. 와이파이 연결은 손쉽게 포화시킬 수 있습니다.

성능 문제가 있을 때는 한 걸음 뒤로 물러서서 스스로에게 '지금 프로그램 전체가 하는 일이 무엇이지?'라고 물어보기 바랍니다. 아무 문제가 없는 상태에서 로그를 기록하면 디스크나 네트워크 인터페이스에서 다른 무언가를 열심히 하고 있을 때 시스템 전체가 느려질 수 있습니다. 이러한 동적 자료구조는 많은 스레드로 확장되지 않을 수 있습니다.

복제 자원

여러 스레드가 공유 맵이나 해시 테이블과 같은 자원을 경쟁하는 대신 테이블을 복제해 각 스레드가 공유되지 않은 복사본을 갖게 하면, 경합 문제를 없앨 수 있습니다. 자료구조 복사본을 2개 유지해야 하기 때문에 작업이 더 많지만 공유 자료구조보다 전체 실행 시간이 줄어들 수 있습니다.

디스크 드라이브와 네트워크 인터페이스 카드와 같은 하드웨어 자원도 복제해 처리량을 높일 수 있습니다.

분할 자원

때로는 여러 스레드가 하나의 자료구조를 위해 경쟁하는 대신 자료구조를 분할해 각 스레드가 작업할 일부 데이터에만 접근할 수 있도록 만들 수 있습니다.

미세한 락 걸기

하나의 뮤텍스로 자료구조 전체에 락을 거는 대신 여러 뮤텍스를 사용해 락을 걸 수 있습니다. 예를 들어 해시 테이블에서 어떤 뮤텍스는 해시 테이블을 수정하는 작업(항목을 삽입하고 삭제하는 등)에 락을 걸 수 있고 다른 뮤텍스는 항목을 수정하는 작업에 락을 걸 수 있습니다. 여기서 읽기/쓰기 락은 좋은 선택이 될 수 있습니다. 스레드는 해시 테이블 항목에 접근하기 위해 읽기 락을 사용하고 항목에 읽기 락이나 쓰기 락을 사용합니다. 스레드는 항목을 삽입하거나 삭제하기 위해 쓰기 락을 사용합니다.

락프리 자료구조

해시 테이블과 같은 락프리 자료구조를 사용하면 상호 배제의 필요성을 줄일 수 있습니다. 이는 미세한 락 걸기를 사용할 수 있는 궁극적 범위입니다.

자원 스케줄링

하드 드라이브처럼 일부 자원은 복제나 분할에 영향을 받지 않습니다. 그러나 디스크 활동을 스케줄링해서 모든 작동이 한꺼번에 발생하지 않게 하거나 디스크의 인접 부분에 접근하는 작동을 함께 수행하도록 만들 수 있습니다.

운영체제는 읽기와 쓰기를 미세한 수준으로 스케줄링할 수 있지만 프로그램은 모든 작동이 동시에 발생하지 않도록 구성 파일 읽기와 같은 작업의 순서를 정할 수 있습니다.

12.4.6 싱글 코어 시스템에서 바쁜 대기를 하지 마세요

개발자는 C++ 동시성 기능을 통해 바쁜 대기를 하는 고성능 동기화 장치를 구현할 수 있습니다. 하지만 바쁜 대기가 항상 좋지는 않습니다.

싱글 코어 프로세서에서 스레드를 동기화하는 유일한 방법은 운영체제의 동기화 장치를 호출하는 것입니다. 바쁜 대기는 어처구니없게도 효과가 없습니다. 실제로 바쁜 대기는 스레드에 할당된 시간을 낭비하게 만듭니다. 뮤텍스를 붙잡고 있는 스레드는 대기 중인 스레드가 프로세서를 포기할 때까지 실행할 수 없어서 임계 구역을 완료할 수 없기 때문입니다.

12.4.7 영원히 대기하지 마세요

무조건 이벤트를 대기하는 스레드는 어떻게 될까요? 프로그램이 정상적으로 실행된다면 아무 일도 일어나지 않을 것입니다. 하지만 사용자가 프로그램을 멈추려고 하면 어떻게 될까요? 사용자 인터페이스는 종료되지만 여전히 실행 중인 스레드가 있기 때문에 프로그램은 멈추지 않습니다. main()이 대기 중인 스레드에 조인하려고 하면 **행**hang이 걸립니다. 대기 중인 스레드가 분리되면 main()이 종료됩니다. 그 다음에 무슨 일이 일어날 것인지는 스레드가 어떻게 대기하는가에 따라 달라집니다. 플래그가 설정되기를 기다리고 있다면 영원히 대기합니다. 운영체제 이벤트에서 기다리고 있다면 영원히 대기합니다. C++ 객체에서 기다리고 있다면 일부 논블로킹된 스레드가 객체를 삭제하는지에 따라 크게 달라집니다. 대기 중인 스레드가 종료될 수도 있고 종료되지 않을 수도 있습니다.

영원히 대기하는 것은 오류 복구의 적입니다. 이것이 바로 대부분 작동하지만 때로는 신뢰할 수 없는 프로그램과 사용자를 안심시키는 견고하고 신뢰할 수 있는 행동을 하는 프로그램의 차이점입니다.

12.4.8 사용자 정의 뮤텍스 사용은 효과적이지 않을 수 있습니다

다른 스레드가 원자적 변수를 갱신할 때까지 바쁜 대기 상태인 뮤텍스 역할을 하는 단순 클래스를 코드로 작성하는 것은 그다지 어려운 일이 아닙니다. 이러한 클래스는 경쟁 상태가 약하고 임계 구역이 짧다면 시스템이 제공하는 뮤텍스보다 더 빠를 수 있습니다. 그러나 운영체제와 함께 제공되는 뮤텍스는 종종 운영체제에 대한 비밀과 성능을 개선하거나 특정 운영체제에서 우선순위 역전 문제를 피하는 태스크를 스케줄링하는 방법을 알고 있습니다.

강력한 뮤텍스의 설계는 반드시 실행해야 하는 운영체제의 설계에서 영향을 받습니다. 사용자 정의 뮤텍스를 사용하는 건 최적화로 가는 길이 아닙니다.

12.4.9 생산자 출력 큐의 길이 제한하기

생산자/소비자 프로그램에서 생산자의 처리 속도가 소비자의 처리 속도보다 더 빠를 때마다 생산자와 소비자 사이의 큐에 데이터를 축적합니다. 이 상황은 문제가 많은데 그중 일부는 다음과 같습니다.

- 생산자는 프로세서, 메모리 할당자, 다른 자원을 위해 경쟁합니다. 게다가 소비자를 느리게 만들고 문제를 악화합니다.

- 생산자는 결국 모든 시스템 메모리 자원을 소비해 프로그램 전체가 갑자기 종료되도록 야기할 수 있습니다.

- 프로그램이 예외에서 복구되도록 설계되었다면 프로그램을 다시 시작하기 전에 대기 중인 모든 데이터를 처리해야 하므로 복구 시간이 길어집니다.

이 상황은 특히 생산자를 얼마나 자주 실행할지 제한하는 값이 최대치인 상태에서 스트리밍 소스에서 입력을 받거나, 파일처럼 고정된 소스에서 연속적으로 입력을 받아 생산자가 계속 실행되는 환경에서 발생할 가능성이 높습니다.

해결책은 큐의 크기를 제한하고 큐가 가득 차면 생산자를 막는 것입니다. 소비자의 성능 변화를 원활하게 하기 위해서는 큐가 충분히 커야 합니다. 필요한 항목이 몇 개밖에 안 되는 경우도 종종 있습니다. 추가 큐 항목은 생산자를 더 먼 곳으로 나아가도록 할 뿐이며 동시성에 기여하지 않고 자원 소비량을 증가시킵니다.

12.5 동시성 라이브러리

동시성 라이브러리에는 잘 알려진 것이 많이 있습니다. 동시성의 메시지 전달 방법을 구현하려는 개발자는 다음 도구 중 하나를 사용하는 게 좋습니다. 특히 스레딩 빌링 블록은 아직 C++ 표준에 포함되지 않은 동시성을 위한 몇 가지 기능을 제공합니다.

Boost.Thread[14]와 Boost.Coroutine[15]

Boost.Thread 라이브러리는 표준 스레드 라이브러리에 추가될 것으로 기대되고 있습니다. 이 중 일부분은 실험적입니다. Boost.Coroutine도 실험적입니다.

----

14 http://bit.ly/b-thread
15 http://bit.ly/b-coroutine

POSIX 스레드

POSIX 스레드(pthread)는 스레드와 동기화 장치들로 이뤄진 크로스 플랫폼 라이브러리로 동시성에서 가장 오래되었고 가장 널리 사용합니다. pthread는 전통적인 기능을 제공하는 C 스타일 함수 라이브러리입니다. 광범위하게 문서화되어 있으며 리눅스 배포판과 윈도우(*http://sourceware.org/pthreads-win32/*)에서 사용할 수 있습니다.

스레딩 빌딩 블록[16]

스레딩 빌딩 블록threading building block(TBB)는 템플릿을 사용하며 문서화가 잘 되어 있는 C++ 스레드 API입니다. 반복문, 태스크 및 스레드 풀, 동시 컨테이너, 데이터 흐름 메시지 전달 클래스, 동기화 장치를 병렬로 제공합니다. TBB는 멀티 코어 마이크로프로세서의 효과적인 사용을 촉진시키기 위해 인텔에서 개발했습니다. 지금은 오픈 소스이고 적어도 한 권의 좋은 책[17]을 포함해 광범위하게 문서화되어 있으며 윈도우와 리눅스에서 실행할 수 있습니다.

0mq(ZeroMQ)[18]

0mq는 메시지 전달 프로그램을 연결하기 위한 통신 라이브러리입니다. 다양한 통신 패러다임을 지원하고 효율성과 절약성에 매진합니다. 필자는 이 라이브러리를 사용했던 적이 있는데 매우 만족했습니다. 0mq는 오픈 소스로서 잘 문서화되어 있으며 적극적으로 지원하고 있습니다. 또한 0mq를 재구상한 라이브러리인 nanomsg(*http://www.nanomsg.org*)가 있는데 0mq에 있던 문제 일부를 해결한 것으로 알려져 있습니다.

메시지 패싱 인터페이스[19]

메시지 패싱 인터페이스message passing interface(MPI)는 분산 컴퓨터 네트워크에서 메시지를 전달하기 위한 API 규격이며 C 스타일 함수 라이브러리로 구현되었습니다. MPI는 캘리포니아의 로렌스 리버모어 국립 연구소에 기원을 두고 있습니다. 참고로 이 연구소는 오래 전부터 슈퍼 컴퓨터 클러스터와 붐을 일으키는 고에너지 물리학에 연관되어 있습니다. MPI는 구식인 1980년대 DoD 스타일로 잘 문서화되어 있습니다. 리눅스와 윈도우에는 부스트(*http://bit.ly/*

---

16 *http://www.threadingbuildingblocks.org/*
17 『인텔 스레딩 빌딩 블록』(지앤선, 2009)
18 *http://zeromq.org/*
19 *http://computing.llnl.gov/tutorials/mpi/*

b-mpi)를 포함해 구현체가 있지만 규격 전체를 충족하지 않습니다.

OpenMP[20]

OpenMP는 'C/C++과 포트란으로 구현된 멀티 플랫폼 공유 메모리 병렬 프로그래밍'을 위한 API입니다. 개발자는 API 사용 중에 병렬 작동을 정의하는 #pragma로 C++ 프로그램을 장식합니다. OpenMP는 수치 계산에 중점을 둔 정교한 동시성 모델을 제공하며 GPU 프로그래밍으로 발전하고 있습니다. OpenMP는 리눅스에서는 GCC와 Clang를 통해, 윈도우에서는 비주얼 C++을 통해 사용할 수 있습니다.

C++ AMP[21]

C++ AMP는 GPU 장치에서 병렬 데이터 계산을 수행하도록 설계된 C++ 라이브러리의 개방 규격입니다. 마이크로소프트 버전은 DirectX 11 호출을 해결합니다.

12.6 마치며

- 멀티스레드 C++ 프로그램은 경쟁이 없는 경우 순차적으로 일관성이 있습니다.

- 강경한 입장을 취하는 영향력 있는 일부 커뮤니티는 명시적인 동기화와 공유 변수가 나쁜 아이디어라고 생각합니다.

- 임계 구역에서 I/O를 수행하면 최적의 성능을 이끌어내지 못합니다.

- 실행 가능한 스레드 수는 프로세서의 코어 수보다 작거나 같아야 합니다.

- 임계 구역을 짧게 만들기 위해 경쟁하는 스레드의 이상적인 개수는 2개입니다.

---

20 *http://openmp.org*
21 *http://bit.ly/cpp-accel*

CHAPTER 13

메모리 관리 최적화

효율성이란 과거에 했던 것을 더 잘하는 것입니다.

— 피터 드러커, 경영학자

메모리 관리자는 동적 변수의 메모리 할당을 감독하는 C++ 런타임 시스템의 함수 및 자료구조 집합입니다. 메모리 관리자는 많은 요구 사항을 충족해야 하는데 이러한 요구를 효율적으로 충족시키는 것은 연구 과제로 남아 있습니다. 많은 C++ 프로그램에서 메모리 관리자의 함수는 아주 많이 실행됩니다. 메모리 관리자의 성능을 향상할 수 있다면 프로그램 전반에 영향을 줄 것입니다. 이런 이유로 메모리 관리자는 자연스럽게 최적화의 대상이 됩니다.

하지만 필자는 성능 향상을 위해 다른 곳부터 먼저 찾아봐야 한다고 생각합니다. 그게 메모리 관리자를 고치는 것 보다 훨씬 생산적일 것입니다. 메모리 관리자는 최적화할 여지가 많은 코드이기 때문에 이미 최적화가 많이 진행되어 추가로 최적화를 할 여지가 거의 없습니다. 하지만 프로그램 전체를 실행하는 시간에서 메모리 관리가 차지하는 부분은 아주 일부에 불과합니다. 암달의 법칙은 개발자가 메모리 관리 비용을 0으로 만들 수 있다고 하더라도 성능 전체를 향상하는 데는 한계가 있다고 말합니다. 한 연구에 따르면 대규모 프로그램에서 메모리 관리자를 최적화해 향상된 성능은 무시할 수 있는 수준부터 약 30%까지 다양했습니다.

C++ 메모리 관리자는 풍부한 API로 사용자 정의가 가능합니다. 많은 프로그래머는 이 API를 사용하지 않아도 되지만, 메모리 관리자 API는 성능을 최적화하는 많은 방법을 제공합니다. 몇 가지 고성능 메모리 관리자는 C 함수인 malloc()과 free()를 대체해 C++에 연결할 수 있습

니다. 또한 개발자는 자주 실행되는 클래스와 표준 라이브러리 컨테이너를 특수화된 메모리 관리자로 대체할 수 있습니다.

13.1 C++ 메모리 관리 API

동적 변수를 관리하기 위한 C++ 툴킷은 '6.2절 C++ 동적 변서 API 복습'에서 설명했습니다. 이 툴킷에는 **new**와 **delete 표현식**, 메모리 관리 함수, 표준 라이브러리 할당자 템플릿 클래스로 구성된 메모리 관리자에 대한 인터페이스가 포함되어 있습니다.

13.1.1 동적 변수의 생명 주기

동적 변수의 생명 주기는 5단계로 나눌 수 있습니다. **new 표현식**은 **할당**allocate 단계와 **배치**place 단계를 수행합니다. **사용**use 단계 후 **delete 표현식**은 **파괴**destroy 단계와 **해제**free 단계를 수행합니다. C++은 각 단계를 개별적으로 관리할 수 있는 기능을 제공합니다.

할당

프로그램은 메모리 관리자에게 연속적인 메모리 영역을 가리키는 포인터를 반환하도록 요청하는데, 포인터는 적어도 지정된 수만큼의 타입이 없는 메모리 바이트를 포함하고 있어야 합니다. 메모리를 사용할 수 없는 경우 할당을 실패할 수 있습니다. C 라이브러리 함수 malloc()과 C++ 함수 operator new()의 다양한 오버로드가 할당 단계를 관리합니다.

배치

프로그램은 할당된 메모리에 값을 저장해 동적 변수의 초깃값을 설정합니다. 만약 변수가 클래스 인스턴스라면 클래스의 생성자 중 하나가 호출됩니다. 변수가 단순 타입이라면 선택적으로 초기화됩니다. 생성자가 예외를 던질 경우 메모리 관리자에게 할당된 저장 공간을 반환해야 하므로 배치를 실패할 수 있습니다. **new 표현식**이 이 단계에 포함됩니다.

사용

프로그램은 동적 변수의 값을 읽고 동적 변수의 멤버 함수를 호출하며 동적 변수에 값을 씁니다.

파괴

변수가 클래스 인스턴스라면 프로그램은 클래스의 소멸자를 호출해 동적 변수에 대한 최종 작동을 수행합니다. 파괴는 동적 변수가 갖는 시스템 자원을 반환하고 정리를 완료한 뒤 마지막 말을 남긴 채 작별 인사를 준비할 기회입니다. 소멸자가 자신의 본문에서 처리되지 않은 예외를 던질 경우 파괴를 실패할 수 있습니다. 이런 일이 발생하면 프로그램이 무조건 종료됩니다. **delete 표현식**은 이 단계를 관리합니다. 소멸자를 명시적으로 호출하면 저장 공간을 해제하지 않고 변수를 파괴할 수 있습니다.

해제

프로그램은 이전에 파괴된 동적 변수에 속하는 저장 공간을 메모리 관리자에게 반환합니다. C 라이브러리 함수 `free()`와 C++ 함수 `operator delete()`의 다양한 오버로드가 해제 단계를 수행합니다.

13.1.2 메모리를 할당하고 해제하는 메모리 관리 함수

C++은 C의 `malloc()`과 `free()`를 대신하는 메모리 관리 함수를 제공합니다. 이 함수는 다음 절에서 설명하는 **new 표현식**의 작동을 다채롭게 제공합니다. `operator new()`의 오버로드는 모든 타입의 인스턴스 하나를 위한 저장 공간을 할당합니다. `operator new[]()`의 오버로드는 모든 타입의 배열을 위한 저장 공간을 할당합니다. 이 책에서는 두 함수가 같은 방법으로 작동하는 경우 `operator new[]()`가 똑같은 작동을 한다는 조건 하에 `operator new()`로 설명합니다.

operator new()는 할당을 구현합니다

new 표현식은 `operator new()`의 여러 버전 중 하나를 호출해 동적 변수를 위한 메모리를 얻거나 `operator new[]()`의 여러 버전 중 하나를 호출해 동적 배열을 위한 메모리를 얻습니다. C++은 두 종류의 연산자를 위한 기본 구현을 제공합니다. 또한 묵시적으로 선언하므로 `<new>` 헤더를 포함하지 않고도 프로그램에서 호출할 수 있습니다. 원한다면 프로그램에서 자체적으로 구현해 기본 구현을 재정의할 수 있습니다.

`operator new()`는 최적화 목적으로 조사하는 것이 중요합니다. 기본 메모리 관리자의 비용

이 크기 때문입니다. 프로그램은 경우에 따라 특수화된 구현을 제공해 메모리를 매우 효율적으로 할당할 수 있습니다.

C++은 operator new()의 여러 오버로드를 정의합니다.

void* ::operator new(size_t)

기본적으로 operator new()의 여러 버전 중 하나인 이 오버로드를 호출하면 동적으로 할당된 변수에 메모리를 할당합니다. 이때 할당할 최소 바이트 수를 지정하는 인수를 받습니다. 이 오버로드의 표준 라이브러리 구현은 메모리가 부족해 요청을 수행할 수 없을 경우 std::bad_alloc 예외를 던집니다.

나머지 operator new() 오버로드의 표준 라이브러리 구현은 모두 이 오버로드를 호출합니다. 프로그램은 컴파일 단위에서 ::operator new(size_t)의 정의를 제공해 메모리 할당 방법을 전역적으로 변경할 수 있습니다.

C++ 표준에서는 이 오버로드의 구현 방법을 지정하고 있지 않습니다. 표준 라이브러리는 보통 malloc()을 호출하는 방법으로 구현합니다.

void* ::operator new[](size_t)

이 오버로드를 호출해 배열을 할당합니다. 표준 라이브러리 구현은 ::operator new(size_t)를 호출합니다.

void* ::operator new(size_t, const std::nothrow_tag&)

Foo* p = new(std::nothrow) Foo(123);과 같은 **new 표현식**은 operator new()의 예외를 던지지 않는 오버로드를 호출합니다. 이 오버로드는 메모리가 부족할 경우 std::bad_alloc 예외를 던지는 대신 nullptr을 반환합니다. 표준 라이브러리 구현은 operator new(size_t)를 호출하고 던지는 예외를 모두 잡습니다.

void* ::operator new[](size_t, const std::nothrow_tag&)

이 오버로드는 예외를 던지지 않는 operator new() 오버로드의 배열 버전입니다.

new 표현식은 첫 번째 인수가 size_t 타입인 임의의 시그니처와 함께 operator new()를 호출할 수 있습니다. 이러한 operator new() 오버로드들을 메모리 지정 operator new()[1]라고 부릅니다. **new 표현식**은 메모리 지정 매개변수의 인수 타입과 사용 가능한 operator new() 함수 시그니처를 똑같이 만들어 어떤 함수를 사용할지 결정합니다.

표준 라이브러리는 메모리 지정 operator new()의 두 오버로드를 제공하며 묵시적으로 선언 됩니다. 이들은 메모리를 할당(동적 변수의 생명 주기 중 첫 번째 단계)하지 않고 프로그램이 이미 할당한 메모리를 가리키는 포인터를 허용하는 인수를 추가로 포함합니다. 두 오버로드는 다음과 같습니다.

void* ::operator new(size_t, void*)

변수를 위한 메모리 지정 operator new()입니다. 메모리를 가리키는 포인터를 두 번째 인수 로 받고 해당 포인터를 반환합니다.

void* ::operator new[](size_t, void*)

메모리 지정 operator new()의 배열 버전입니다. 메모리를 가리키는 포인터를 두 번째 인수 로 받고 해당 포인터를 반환합니다.

메모리 지정 operator new()의 두 오버로드를 메모리 **지정 new 표현식 new(p) type**이라고 합니다. 여기서 p는 유효한 저장 공간을 가리키는 포인터입니다. C++ 표준은 개발자 코드로 두 오버로드를 대체할 수 없다고 규정하고 있습니다. 만약 오버로드를 대체했는데 포인터 인수 를 반환하는 작동이 아닌 다른 작동을 한다면 표준 라이브러리의 상당 부분이 정상적으로 작동 하지 않을 것입니다. 여러분이 이 사실을 꼭 알아야 하는 이유는, C++ 컴파일러 중 일부는 오 버로드를 대체하는 것을 허용하기 때문입니다. 다시 말해서 오버로드를 **교체할 수 있다**는 것입 니다. 예를 들어 진단을 출력하는 코드로 말이죠.

여기에 나열된 메모리 지정 operator new()의 두 오버로드 외에 다른 메모리 지정 operator new() 오버로드도 정의된 의미를 갖지 않으며 개발자가 사용할 수 있습니다.

operator delete()는 할당된 메모리를 해제합니다

delete 표현식은 operator delete()를 호출해 동적 변수에 할당된 메모리를 런타임 시스템

---

1 옮긴이_ 줄여서 메모리 지정 new라고 합니다. 또는 placement new라고 부르기도 합니다.

에 반환하거나 operator delete[]()를 호출해 동적 배열에 할당된 메모리를 런타임 시스템에 반환합니다.

new 연산자와 delete 연산자는 메모리 할당과 해제를 위해 늘 함께 사용됩니다. 만약 프로그램이 특별한 메모리 풀에서 메모리를 할당하거나 특별한 방법으로 메모리를 할당하는 operator new()를 정의한다면 동일한 범위에서 operator new()와 일치하는 operator delete()를 정의해 메모리를 할당한 풀로 반환해야 합니다. 그렇지 않으면 정의되지 않은 작동을 합니다.

C 라이브러리의 메모리 관리 함수

C++은 메모리를 할당하는 C 라이브러리 함수 malloc(), alloc(), realloc()과 더는 필요하지 않은 메모리를 반환하는 C 라이브러리 함수 free()를 제공합니다. 이 함수들은 C 프로그램과의 호환성을 위해 제공됩니다.

void* malloc(size_t size)는 동적 변수의 생명 주기 중 할당 단계를 구현하는데 size 바이트를 저장하기에 충분한 저장 공간을 가리키는 포인터를 반환합니다. 만약 저장 공간이 부족하다면 nullptr을 반환합니다.

void free(void* p)는 해제 단계를 구현하는데 p가 가리키는 저장 공간을 메모리 관리자에게 반환합니다.

void* calloc(size_t count, size_t size)는 동적 배열의 할당 단계를 구현합니다. 이 함수는 배열의 요소 개수인 count와 각 요소의 바이트 크기인 size를 곱해 전체 요소의 바이트 크기로 변환한 뒤 malloc()을 호출해 결과로 반환된 값을 반환합니다.

void* realloc(void* p, size_t size)는 메모리 블록의 크기를 바꾸고 필요에 따라 블록을 새 저장 공간으로 옮깁니다. 기존 블록의 내용은 새 블록 크기와 기존 블록 크기의 최솟값까지 새 블록에 복사됩니다. realloc()은 매우 조심해서 사용해야 합니다. 때로는 포인터가 가리키는 블록을 옮기고 기존 블록을 삭제합니다. 이렇게 하면 기존 블록을 가리키는 포인터가 무효화됩니다. 때로는 요청된 크기보다 큰 기존 블록을 재사용하기도 합니다.

C++ 표준에 따르면 malloc()과 free()는 '힙heap'이라고 하는 메모리 영역에서 작업을 수행하며 주며 operator new()와 operator delete()는 '자유 공간free store'이라고 하는 메모리 영역에서 작업을 수행합니다. 표준에서 신중하게 정한 용어는 라이브러리 개발자에게 두 함

수 집합을 서로 다르게 구현할 수 있는 옵션을 제공합니다. 즉 C와 C++은 메모리 관리에 관한 요구 사항이 서로 비슷합니다. 컴파일러에서 아주 유사한 작동을 하는 두 함수 집합이 서로 다르게 구현된다면 합리적이라고 보긴 힘들 것입니다. 필자가 아는 모든 표준 라이브러리는 operator new()가 malloc()을 호출해 저장 공간을 할당하도록 구현합니다. 프로그램은 malloc()과 free()를 대체해 메모리 관리 방법을 전역적으로 변경할 수 있습니다.

13.1.3 new 표현식은 동적 변수를 생성합니다

C++ 프로그램은 **new 표현식**을 사용해 동적 변수나 동적 배열의 생성을 요청합니다. **new 표현식**은 키워드 new와 뒤이어 나오는 타입 그리고 **new 표현식**으로 반환된 값을 가리키는 포인터를 포함합니다. 또한 **new 표현식**에는 변수나 각 배열 요소의 초깃값을 설정할 수 있는 이니셜라이저를 포함할 수 있습니다. **new 표현식**은 C++의 operator new()나 C의 메모리 관리 함수에서 반환된 초기화되지 않은 저장 공간을 가리키는 단순 void 포인터가 아닌 완전히 초기화된 C++ 변수나 배열을 가리키는 타입이 있는 포인터를 반환합니다.

new 표현식의 문법은 다음과 같습니다.

::선택 사항 new (메모리 지정 매개변수)선택 사항 (타입) 이니셜라이저선택 사항

또는

::선택 사항 new (메모리 지정 매개변수)선택 사항 타입 이니셜라이저선택 사항

두 문법의 차이는 type을 둘러싸고 있는 소괄호의 유무인데 컴파일러가 복잡한 type의 시작과 메모리 지정 매개 변수(placement-params)의 끝 또는 initializer의 시작과 type의 끝을 구별하기 위해 소괄호가 필요한 경우가 있습니다. C++ 레퍼런스 페이지(*http://en.cppreference.com/w/cpp/language/new*)에 가면 **new 표현식**과 관련해 훨씬 더 많은 정보가 있습니다.

type을 배열로 선언할 때 상수가 아닌 표현식으로 배열의 가장 높은 차원[2], 즉 가장 왼쪽에 있는 차원을 나타낼 수 있는데 이를 통해 런타임에 배열의 크기를 지정할 수 있습니다. C++에서

---

2 C++에서 *n*차원 배열은 *n-1*차원 배열의 배열입니다. 따라서 가장 왼쪽에 있는 차원이 가장 높은 차원입니다.

선언문이 가변 크기를 갖는 유일한 곳이 바로 여기입니다.

new **표현식**은 동적 변수나 동적 배열의 첫 번째 요소를 가리키는 우측값 포인터를 반환합니다 (이 포인터가 우측값이라는 사실이 중요합니다. 자세한 내용은 '6.6절 이동 문법 구현하기'를 참고하세요).

new **표현식**의 모든 버전은 operator new() 함수를 호출해 저장 공간을 할당하는 것 이상의 기능을 수행합니다. 만약 operator new()를 성공적으로 호출했다면 배열이 아닌 버전은 type 객체를 생성합니다. 만약 생성자가 예외를 던진다면 멤버와 베이스는 파괴되고 operator delete()를 호출해 할당된 메모리를 반환합니다. 이때 operator delete()의 시그니처는 메모리 할당에 사용한 operator new() 함수와 일치합니다. 만약 일치하는 operator delete()가 없다면 메모리 관리자에게 메모리를 반환하지 않으므로 잠재적으로 메모리 누수가 발생할 수 있습니다. new **표현식**은 포인터를 반환하거나, 잡은 예외를 다시 던지거나, 예외를 던지지 않는 new **표현식**인 경우 nullptr를 반환합니다.

배열 new **표현식**은 같은 방법으로 작동하지만 어느 생성자라도 예외를 던질 수 있다는 복잡성이 추가되었습니다. 이에 따라 배열 new **표현식**은 성공적으로 생성된 모든 인스턴스를 파괴하고 예외를 반환하거나 다시 던지기 전에 메모리를 자유 공간에 반환해야 합니다.

new **표현식**이 두 종류(배열을 위한 표현식 하나, 인스턴스를 위한 표현식 하나)인 이유는 무엇일까요? 배열 new **표현식**은 배열 자체에 할당된 공간뿐만 아니라 배열 요소의 수만큼 저장할 공간을 할당할 수 있습니다. 그런 식으로 배열 delete 표현식은 이 값을 제공할 필요가 없습니다. 반면 단일 인스턴스는 오버헤드가 추가로 들지 않습니다. 이러한 C++ 작동은 메모리가 오늘날보다 훨씬 더 귀중했던 시기에 고안되었습니다.

던지지 않는 new

placement-params가 std::nothrow 태그로 구성되었다면 new **표현식**은 std::bad_alloc을 던지지 않습니다. 그 대신 객체를 생성하지 않고 nullptr을 반환합니다.

과거에는 많은 C++ 컴파일러가 예외 처리를 제대로 구현하지 못했습니다. 구식 컴파일러에서 작성하거나 C에서 포팅한 코드는 메모리가 부족할 때 NULL을 반환하는 할당 함수가 필요했습니다.

항공 우주 산업이나 자동차 산업에서는 예외를 던지는 것을 금지하는 코딩 표준을 제정했습니다. 이런 경우 **new 표현식**이 메모리가 부족하여 오류를 던지면 문제가 생깁니다. 따라서 예외를 던지지 않는 **new 표현식**을 사용해야 합니다.

대부분의 개발자는 예외 처리가 느리므로 예외를 던지지 않은 **new 표현식**은 더 빨라야 한다는 통념을 갖습니다. 그러나 현대의 C++ 컴파일러는 예외를 던지는 경우를 제외하면 예외 처리 메커니즘을 매우 낮은 런타임 비용으로 구현하므로 우리가 알고 있는 통념은 컴파일러에 따라 달라질 수 있습니다. 예외 처리 비용에 대한 자세한 내용은 '7.4.3절 비용이 들지 않는 예외 처리를 사용하세요'를 참고하기 바랍니다.

메모리 지정 new는 할당 없이 메모리를 지정합니다

placement-params가 기존의 유효한 저장 공간을 가리키는 포인터라면 **new 표현식**은 메모리 관리자를 호출하지 않고 포인터가 가리키는 위치에 **type**만 지정합니다. 이때 포인터는 **type**을 저장할 만큼 충분한 저장 공간을 가리켜야 합니다. 메모리 지정 **new**를 사용하는 방법은 다음과 같습니다.

```
char mem[1000];
class Foo {...};
Foo* foo_p = new (mem) Foo(123);
```

이 예제는 클래스 Foo의 인스턴스를 배열 mem 위에 배치합니다. 메모리 지정 new는 클래스의 생성자를 호출해 클래스 인스턴스의 초기화를 수행합니다. 기본 타입의 경우 생성자를 호출하는 대신 초기화를 수행합니다.

메모리 지정 new는 저장 공간을 할당하지 않으므로 상응하는 메모리 지정 delete는 없습니다. 메모리 지정 new를 통해 mem 위에 배치된 Foo의 인스턴스는 mem이 범위를 벗어나더라도 자동으로 파괴되지 않습니다. 클래스의 소멸자를 명시적으로 호출해 메모리 지정 new로 생성된 인스턴스를 적절하게 파괴하는 것은 전적으로 개발자의 몫입니다. 실제로 Foo의 인스턴스를 Bar의 인스턴스로 선언된 저장 공간에 배치하면 Bar의 소멸자를 호출해 정의되지 않은 작동을 하며 보통 비참한 결과를 초래합니다. 따라서 메모리 지정 new는 operator() new에서 반환된 메모리나 char 배열 또는 다른 기본 타입으로 채워진 메모리에서 사용해야 합니다.

메모리 지정 new는 이전에 할당되었지만 사용되지 않은 메모리에 클래스 인스턴스를 배치해야 하는 표준 라이브러리 컨테이너의 템플릿 매개변수 Allocator에 사용합니다. 자세한 정보는

'13.4절 사용자 정의 표준 라이브러리 할당자 제공하기'를 참고하기 바랍니다.

사용자 정의 메모리 지정 new: 형태를 반쯤 갖춘 할당

placement-params가 std::nothrow나 단일 포인터가 아닌 다른 것이라면 **new 표현식**은 **사용자 정의 메모리 지정 new**를 호출합니다. C++은 사용자 정의 **메모리 지정 new 표현식**에 어떤 의미를 부여하지 않습니다. 개발자는 이를 지정되지 않은 방법으로 저장 공간을 할당하는 데 사용할 수 있습니다. 사용자 정의 **메모리 지정 new 표현식**은 첫 번째 인수가 size_t와 일치하고 이후 인수들이 표현식 목록의 타입들과 일치하는 operator new() 또는 operator new[]()의 오버로드를 검색합니다. 만약 동적 객체의 생성자가 예외를 던지면 **메모리 지정 new 표현식**은 첫 번째 매개변수가 void*이고 이후 인수들이 표현식 목록의 타입들과 일치하는 operator delete() 또는 operator delete[]()의 오버로드를 검색합니다.

메모리 지정 new는 프로그램이 동적 변수를 생성하거나 메모리 관리자 진단 루틴을 위해 인수를 전달하는 메커니즘을 둘 이상 설정해야 하는 경우에 유용합니다.

사용자 정의 **메모리 지정 new**의 문제는 일치하는 '사용자 정의 메모리 **지정 delete 표현식**'을 지정할 수 있는 방법이 없다는 것입니다. 따라서 객체의 생성자가 **new 표현식**에서 예외를 던질 때 operator delete()의 다양한 메모리 지정 오버로드가 호출되는 반면 **delete 표현식**은 이 오버로드들을 호출할 수 없습니다. 표준에 따르면 operator delete()가 동적 변수를 할당한 operator new()와 일치하지 않으면 정의되지 않은 작동을 한다고 되어 있기 때문에 개발자는 난관에 봉착합니다. 객체의 생성자가 예외를 던진다면 **new 표현식**에서 operator delete()를 호출하므로 반드시 일치하는 메모리 지정 operator delete()를 선언해야 합니다. **delete 표현식**에서 operator delete()를 호출할 수 있는 방법은 없습니다. 그러나 표준 위원회는 이 문제를 향후 C++ 표준에서 해결하기 위해 노력하고 있습니다.

가장 간단한 해결책은 화려한 메모리 지정 operator new()가 평범한 operator delete()와 호환된다면, 작동이 정의되지 않은 상태에서는 예상한 대로 정상이라는 점을 아는 것입니다. 또 다른 해결책은 **delete 표현식**이 너무 복잡하거나 마법 같진 않기 때문에 메모리 할당을 해제하는 함수를 원하는 대로 코딩할 수 없다는 점을 아는 것입니다.

클래스 한정 operator new()는 할당을 세부적으로 제어할 수 있습니다

new 표현식은 타입이 만들어지는 범위 내에서 operator new()를 검색합니다. 따라서 클래스 한정 operator new()를 구현하면 해당 클래스의 할당을 세부적으로 제어할 수 있습니다. 만약 클래스 한정 operator new()를 정의하지 않으면 전역 범위의 연산자를 사용합니다. 클래스 한정 operator new() 대신 전역 범위 operator new()를 사용하고 싶다면 다음과 같이 **new 표현식**에 전역 범위 연산자 ::로 지정하면 됩니다.

```
Foo* foo_p = ::new Foo(123);
```

클래스 한정 operator new()는 해당 함수를 정의하는 클래스의 인스턴스를 할당하는 경우에만 호출됩니다. 다른 클래스와 관련된 new 표현식을 포함하는 클래스의 멤버 함수는 만약 다른 클래스에서 정의된 operator new()가 있다면 그 연산자를 사용하고 아니라면 기본적으로 전역 범위의 operator new()를 사용합니다.

클래스 한정 operator new()는 단일 크기의 객체를 할당하므로 효율적일 수 있습니다. 따라서 첫 번째 자유 블록을 항상 사용할 수 있습니다. 만약 클래스가 여러 스레드에서 사용하지 않는다면 클래스 한정 operator new()는 내부 자료구조를 스레드 세이프하게 만드는 오버헤드를 생략할 수 있습니다.

클래스 한정 operator new()는 정적 멤버 함수로 정의됩니다. operator new()는 모든 인스턴스에 저장 공간을 할당하기 때문입니다.

클래스가 사용자 정의 operator new()를 구현할 경우 해당 operator delete()를 구현해야 합니다. 그렇지 않으면 전역 operator delete()를 호출해 정의되지 않은 작동을 하며 원치 않은 결과가 나오게 됩니다.

13.1.4 delete 표현식은 동적 변수를 없앱니다

프로그램은 delete 표현식을 사용해 동적 변수가 사용하는 메모리를 메모리 관리자에게 반환합니다. **delete 표현식**은 동적 변수의 생명 주기에서 변수를 파괴하고 이전에 사용하던 메모리를 해제하는 마지막 두 단계를 처리합니다. delete 표현식은 키워드 delete와 뒤이어 나오는 삭제할 변수를 가리키는 포인터를 생성하는 표현식을 포함합니다. delete 표현식의 문법은 다음과 같습니다.

```
::선택 사항 delete 표현식
```

또는
```
::선택 사항 delete [] 표현식
```

delete 표현식의 첫 번째 형태는 **new 표현식**을 사용해 만들어진 동적 변수를 삭제합니다. 두 번째 형태는 **new[] 표현식**으로 만들어진 동적 배열을 삭제합니다. 일반 변수와 배열에 대해 **delete 표현식**이 서로 다른 이유는 배열이 일반 변수와 다른 방법으로 만들어질 수 있기 때문입니다. 대부분의 구현에서는 할당된 배열 요소의 수에 따라 저장 공간을 추가로 할당해 소멸자를 올바른 수만큼 호출합니다. 동적 변수에 잘못된 delete 표현식을 사용하면 C++ 표준에서 '정의되지 않은 작동'이라는 혼돈을 초래합니다.

13.1.5 소멸자를 명시적으로 호출하면 동적 변수를 파괴합니다

delete 표현식을 사용하는 대신 소멸자를 명시적으로 호출하면 저장 공간을 해제하지 않고 동적 변수의 파괴 작동만 수행할 수 있습니다. 소멸자의 이름은 클래스의 이름 앞에 물결표(~)를 붙이면 됩니다.

```
foo_p->~Foo();
```

소멸자를 명시적으로 호출하는 위치는 메모리 지정 new를 호출하는 위치와 같습니다. 표준 라이브러리의 템플릿 Allocator는 파괴와 해제가 별개로 일어납니다.

생성자를 명시적으로 호출할 방법이 있을까

C++ 표준 문서 13.1섹션을 보면 "생성자는 이름이 없습니다"라고 나와 있습니다. 따라서 프로그램은 생성자를 직접 호출할 수 없습니다. 생성자는 **new 표현식**을 사용해 호출됩니다. C++ 표준은 생성자에 대해 좀 까다로운 편인데 클래스 인스턴스에서 사용하는 메모리는 생성자 이전에는 초기화되지 않은 저장 공간이고 생성자 이후에는 인스턴스이기 때문입니다. 이 마법같은 변화를 설명하기는 어렵습니다.

하지만 그렇게 어려운 건 아닙니다. 만약 프로그램이 이미 생성된 클래스 인스턴스에서 생성자를 명시적으로 호출하려고 한다면 메모리 지정 new 문법은 매우 간단합니다.

```
class Blah {
public:
    Blah() {...}
    ...
};

Blah* b = new char[sizeof(Blah)];
Blah myBlah;
...
new (b) Blah;
new (&myBlah) Blah;
```

물론 링커는 Blah의 생성자의 이름이 Blah::Blah( )라는 사실을 아주 잘 알고 있습니다. 다음 코드는 비주얼 C++에서 성공적으로 컴파일되고 Blah의 생성자를 호출합니다.

```
b->Blah::Blah();
```

이는 이 책을 무시무시한 전설의 C++ 책 중 하나로 만드는 코딩 호러입니다. 리눅스 C++ 컴파일러인 GCC는 표준을 좀 더 준수하므로 오류 메시지를 출력합니다. 생성자는 메모리 지정 new를 통해 호출되어야 합니다.

13.2 고성능 메모리 관리자

기본적으로 저장 공간의 모든 요청은 ::operator new( )를 거쳐 가고 해제된 저장 공간은 ::operator delete( )를 거쳐 갑니다. 이러한 함수들은 C++의 기본 메모리 관리자를 형성합니다. C++의 기본 메모리 관리자는 여러 가지 요구 사항을 충족해야 합니다.

- 자주 실행될 가능성이 있으므로 효율적인 성능을 발휘해야 합니다.

- 멀티스레드 프로그램에서 올바르게 작동해야 합니다. 기본 메모리 관리자에서 자료구조에 접근하는 작동이 직렬화되어 있어야 합니다.

- 목록 노드처럼 크기가 같으면서 개수가 많은 객체들을 효율적으로 할당해야 합니다.

- 문자열처럼 크기가 다르면서 개수가 많은 객체들을 효율적으로 할당해야 합니다.

- I/O 버퍼, 요소의 개수가 100만 개인 int 배열처럼 매우 큰 자료구조와 단일 포인터처럼 작은 자료구조를 할당해야 합니다.

- 효율성을 극대화하려면 포인터, 캐시 라인, 가상 메모리 페이지, 최소한 더 크게 할당된 메모리 블록에 대한 맞춤 경계alignment boundaries를 알고 있어야 합니다.

- 시간이 지나면서 런타임 성능이 저하되어서는 안 됩니다.

- 반환된 메모리를 효율적으로 재사용해야 합니다.

C++ 메모리 관리자의 수많은 요구 사항을 충족시키는 것은 학술 연구를 촉발하며 계속 발전하는 문제입니다. 컴파일러 제작사들은 최신 기술을 모두 고르게 추구하지 않습니다. 상황에 따라 메모리 관리자가 이러한 요구 사항을 모두 충족할 필요는 없을 수도 있는데, 이는 개발자가 최적화를 할 수 있는 기회를 제공합니다.

대부분의 C++ 컴파일러에서 제공하는 ::operator new()는 C 함수 malloc()을 래핑한 함수입니다. C++ 초기의 malloc()은 앞에서 봤던 C++ 프로그램의 여러 요구 사항이 아니라 소수의 동적 버퍼에 대한 C 프로그램의 비교적 단순한 요구 사항을 충족하도록 구현되었습니다. 컴파일러 제작사들이 제공하는 단순한 malloc()을 정교한 메모리 관리자로 교체한 결과 매우 성공적으로 최적화되어서 개발자들은 한 번의 간단한 주문으로 마법사의 명성을 쌓을 수 있었습니다.

이를 토대로 기본 메모리 관리자보다 성능상 이점이 상당하다고 주장하는 메모리 관리자 라이브러리들이 등장했습니다. 프로그램이 문자열과 표준 컨테이너를 포함해 동적 변수를 많이 사용하는 경우, malloc()을 만병통치약으로 바꿔서 링커 변경 한 번으로 프로파일링을 간단하게 하고 어디서나 성능을 향상할 수 있다는 말은 굉장히 솔깃하게 들립니다. 그러나 최신 메모리 관리자가 뛰어난 성능을 제공하더라도 라이브러리를 바꿨을 때의 이점을 성급하게 자랑하지 않는 데는 다음과 같은 이유가 있습니다.

- 물론 최신 메모리 관리자들이 간략한 malloc() 구현보다 성능이 상당히 향상되었지만, 성능을 비교할 때 기준이 되는 메모리 관리자가 무엇인지 명확하게 나타내지 않으면 비현실적인 허수아비가 될 수 있습니다. 필자는 최근 윈도우와 리눅스가 최신 메모리 관리자로 성능을 향상했다는 소문을 들었습니다. 따라서 리눅스는 3.7 버전 이후, 윈도우는 7 이후부터 메모리 관리자를 바꾸더라도 성능이 거의 향상되지 않을 수 있습니다.

- 더 빠른 메모리 관리자는 동적 변수의 할당 및 해제가 프로그램 실행 시간을 좌우할 경우에만 성능 향상에 도움이 됩니다. 프로그램이 1,000억 개의 노드 자료구조를 할당하더라도 이 구조의 수명이 길다면 암달의 법칙 때문에 할당 작동의 성능을 향상해 얻는 이점은 제한적입니다(3.1.4절 암달의 법칙 참고). 메모리 관리자 코드 자체는 기본 메모리 관리자보다 3~10배 더 빠를 수 있지만 **연구에 따르면 몇몇 대규모 오픈 소스 프로그램에서 성능 향상은 무시할 정도에서 30%까지 다양했습니다.**

- 6장에서 설명했던 방법대로 메모리 관리자를 호출하는 횟수를 줄이면 할당자의 속도와 관계없이 성능을 향상할 수 있으며 프로파일러를 사용해 많이 실행하는 코드를 최적화할 수 있습니다.

- 최신 메모리 관리자는 성능을 향상하기 위해 다양한 캐시 및 자유 블록 풀에 메모리를 상당량 소비합니다. 하지만 제약 조건이 있는 환경에서는 메모리를 추가로 사용할 수 없을지도 모릅니다.

구형 운영체제와 임베디드 개발을 위해 malloc()을 대체할 수 있는 고성능 라이브러리는 다음과 같습니다.

Hoard[3]

Hoard는 텍사스 대학에서 만든 멀티 프로세서 메모리 할당자의 상용화 버전입니다. malloc()보다 성능이 3배~7배 향상되었다고 주장합니다. 상업적으로 사용하려면 라이선스가 필요합니다.

mtmalloc[4]

mtmalloc은 솔라리스에서 고도의 멀티스레드 방법인 워크로드를 대체하기 위한 malloc()입니다. 최적 적합 할당자를 사용합니다.

---

3 *http://www.hoard.org/*
4 *http://bit.ly/mtmalloc*

ptmalloc(glibc malloc)[5]

ptmalloc은 리눅스 3.7 버전 이후에서 함께 제공되는 `malloc()`입니다. 여기에는 멀티스레드 프로그램에서 경합을 줄이기 위해 스레드마다 아레나가 있습니다.

TCMalloc(Thread-Caching malloc())[6]

TCMalloc은 `gperftools` 패키지에 있으며 구글에서 만든 `malloc()` 대체 라이브러리입니다. 여기에는 크기가 작은 객체를 위해 특수화된 할당자와 대규모 블록을 관리하기 위해 신중하게 설계된 스핀락이 있습니다. 설계자에 따르면 `glibc`의 `malloc()`보다 더 잘 작동한다고 합니다. `tcmalloc`은 리눅스에서만 사용할 수 있습니다.

작은 임베디드 프로젝트에서는 여러분만의 메모리 관리자를 구현할 수도 있습니다. 인터넷에서 '최적 적합 메모리 할당fast-fit memory allocation'이라고 검색하면 구현을 시작하는 데 도움이 되는 여러 링크를 찾을 수 있습니다. 필자는 임베디드 프로젝트에서 최적 적합 메모리 관리자를 구현해 좋은 결과를 얻은 적이 있습니다. 하지만 완전히 일반화된 멀티스레드 메모리 관리자를 설계하는 것은 또 다른 책을 써야 할 정도로 심도 있는 주제입니다. 메모리 관리자를 구현하는 사람들은 모두 전문가입니다. 프로그램과 프로그램을 실행할 환경이 복잡할수록 여러분이 직접 만든 메모리 관리자가 성능이 뛰어나고 버그가 없을 가능성은 줄어듭니다.

13.3 클래스 한정 메모리 관리자 제공하기

사실 최신 `malloc()` 함수도 정확히 말하자면 최적화할 기회를 만드는 일종의 타협안입니다. `operator new()` 또한 클래스 수준에서 재정의할 수도 있습니다(13.1.3절에서 고정된 크기의 블록을 갖는 메모리 관리자의 성능 참고). 클래스의 인스턴스를 동적으로 생성하는 코드가 자주 실행된다면, 클래스 한정 메모리 관리자로 성능을 향상할 수 있습니다.

만약 클래스가 `operator new()`를 구현한다면 클래스의 인스턴스를 할당할 메모리를 요청할 때 전역 범위의 `operator new()`를 호출하는 대신 이 함수를 호출합니다. 클래스 한정

5 *http://bit.ly/1VFcqux*
6 *http://bit.ly/tcmalloc*

operator new()는 기본 버전에서 사용할 수 없는 부가적인 지식을 활용할 수 있습니다. **특정 클래스의 인스턴스를 할당할 메모리를 요청할 때 요청하는 바이트 수가 모두 똑같습니다. 특히 똑같은 크기를 요청하는 메모리 관리자는 쉽게 만들 수 있고 효율적으로 실행되는데 그 이유는 다음과 같습니다.**

- 고정된 크기의 블록을 갖는 메모리 관리자는 반환된 메모리를 효율적으로 재사용할 수 있습니다. 똑같은 크기를 요청하기 때문에 파편화가 발생하지 않습니다.

- 메모리 오버헤드가 낮거나 아예 없는 고정된 크기의 블록을 갖는 메모리 관리자를 구현할 수 있습니다.

- 고정된 크기의 블록을 갖는 메모리 관리자는 메모리 소비량의 상한값을 보장할 수 있습니다.

- 메모리를 할당하고 해제하는 고정된 크기의 블록을 갖는 메모리 관리자의 함수는 내부적으로 매우 간단하므로 효율적으로 인라인화할 수 있습니다. 기본 C++ 메모리 관리자의 함수는 인라인화할 수 없습니다. 개발자가 재정의해서 대체할 수 있어야 하기 때문입니다. 똑같은 이유로 C 메모리 관리 함수인 malloc()과 free()는 일반 함수여야 합니다.

- 고정된 크기의 블록을 갖는 메모리 관리자는 캐시 작동이 좋습니다. 마지막으로 해제한 노드가 다음에 할당할 노드일 수 있습니다.

클래스 한정 메모리 관리자를 본 개발자는 그리 많지 않습니다. 필자는 그 이유가 만들어야 하는 부분이 많아서 학습 곡선이 가파르기 때문이라고 생각합니다. 대규모 프로그램이더라도 최적화로 이득을 볼 수 있는 클래스는 일부일 뿐입니다. 주어진 프로그램에서 메모리 관리자를 여러 번 수행할 필요는 없습니다.

13.3.1 고정된 크기의 블록을 갖는 메모리 관리자

[예제 13-1]은 고정된 크기의 블록을 갖는 메모리 관리자를 정의합니다. 이 메모리 관리자는 **아레나**arena라고 하는 정적으로 선언된 저장 공간의 조각에서 블록을 할당합니다. 이러한 유형의 고정된 크기의 블록을 갖는 메모리 관리자는 임베디드 프로젝트에서 자주 볼 수 있는데, 자유 공간에서 할당하는 방법의 대안으로 사용합니다. fixed_block_memory_manager의 내부 구조는 매우 간단합니다. 단지 사용 가능한 메모리 블록의 단일 연결 리스트만 있습니다. 이 간단한

설계는 13장에서 여러 용도로 사용됩니다. 좀 더 자세히 살펴봅시다.

예제 13-1 고정된 크기의 블록을 갖는 메모리 관리자

```
template <class Arena> struct fixed_block_memory_manager {
    template <int N>
        fixed_block_memory_manager(char(&a)[N]);
    fixed_block_memory_manager(fixed_block_memory_manager&)
        = delete;
    ~fixed_block_memory_manager() = default;
    void operator=(fixed_block_memory_manager&) = delete;

    void* allocate(size_t);
    size_t block_size() const;
    size_t capacity() const;
    void clear();
    void deallocate(void*);
    bool empty() const;
private:
    struct free_block {
        free_block* next;
    };
    free_block* free_ptr_;
    size_t block_size_;
    Arena arena_;
};

# include "block_mgr.inl"
```

[예제 13-2]에 정의된 생성자는 인수로 C 스타일의 char 배열을 받습니다. 이 배열은 메모리 블록을 할당할 아레나를 형성합니다. 생성자는 템플릿 함수로 배열의 크기를 템플릿 매개변수로 캡처할 수 있습니다.

예제 13-2 fixed_block_memory_manager의 생성자 정의

```
template <class Arena>
    template <int N>
        inline fixed_block_memory_manager<Arena>
        ::fixed_block_memory_manager(char(&a)[N]) :
            arena_(a), free_ptr_(nullptr), block_size_(0) {
```

```
    /* 비어 있음 */
}
```

[예제 13-3]의 멤버 함수 `allocate()`는 사용 가능한 블록이 있는 경우 빈칸 목록에서 블록을 꺼낸 뒤 반환합니다. 만약 빈칸 목록이 비어있다면 `allocate()`는 아레나 관리자에서 새 자유 블록의 목록을 얻으려고 시도합니다. 이에 대해서는 추후에 설명하겠습니다. 만약 아레나 관리자가 더 할당할 메모리가 없다면 `nullptr`을 반환하고 `allocate()`는 `std::bad_alloc`을 던집니다.

예제 13-3 fixed_block_memory_manager의 allocate() 정의

```cpp
template <class Arena>
    inline void* fixed_block_memory_manager<Arena>
                ::allocate(size_t size) {
    if (empty()) {
        free_ptr_ = reinterpret_cast<free_block*>
                    (arena_.allocate(size));
        block_size_ = size;
        if (empty())
            throw std::bad_alloc();
    }
    if (size != block_size_)
        throw std::bad_alloc();
```

```
        auto p = free_ptr_;
        free_ptr_ = free_ptr_->next;
        return p;
    }
```

멤버 함수 deallocate()는 매우 간단합니다. 블록을 빈칸 목록으로 밀어넣습니다.

```
template <class Arena>
    inline void fixed_block_memory_manager<Arena>
                    ::deallocate(void* p) {
        if (p == nullptr)
            return;
        auto fp = reinterpret_cast<free_block*>(p);
        fp->next = free_ptr_;
        free_ptr_ = fp;
    }
```

다음은 나머지 멤버 함수의 정의입니다. C++11 문법을 사용해 클래스 정의에서 메모리 관리자의 복사 및 대입을 사용할 수 없도록 설정했습니다.

```
template <class Arena>
inline size_t fixed_block_memory_manager<Arena>
                    ::capacity() const {
        return arena_.capacity();
    }

template <class Arena>
    inline void fixed_block_memory_manager<Arena>::clear() {
        free_ptr_ = nullptr;
        arena_.clear();
    }
```

13.3.2 블록 아레나

fixed_block_memory_manager의 유일한 복잡성은 처음에 빈칸 목록을 만드는 방법에서 발생합니다. 이 복잡성은 별도의 템플릿 클래스로 반영하는데 이름은 fixed_arena_controller이며 [예제 13-4]에 정의되어 있습니다. **아레나**는 여기에서 사용한 것처럼 어떤 활동이 일어나는 밀폐된 공간을 의미합니다. fixed_arena_controller는 고정된 크기의 노드를 할당할 수 있는 단일 정적 메모리 블록을 제공합니다.

예제 13-4 고정된 크기를 갖는 메모리 관리자를 위한 블록 아레나

```cpp
struct fixed_arena_controller {
    template <int N>
        fixed_arena_controller(char(&a)[N]);
    fixed_arena_controller(fixed_arena_controller&) = delete;
    ~fixed_arena_controller() = default;
    void operator=(fixed_arena_controller&) = delete;

    void* allocate(size_t);
    size_t block_size() const;
    size_t capacity() const;
    void clear();
    bool empty() const;

private:
    void* arena_;
    size_t arena_size_;
    size_t block_size_;
};
```

fixed_arena_controller 클래스의 목적은 메모리 블록 목록을 만드는 것입니다. 모든 메모리 블록의 크기는 같으며 allocate()를 처음 호출할 때 설정합니다. 각 메모리 블록은 요청한 바이트 수를 저장할 수 있을 만큼 충분히 커야 하며, 동시에 블록이 빈칸 목록에 있을 때 사용하는 포인터를 저장할 수 있을 정도로 충분히 커야 합니다.

생성자 템플릿 함수는 fixed_block_memory_manager의 아레나 배열을 인자로 받으며 배열의 크기와 시작 주소를 가리키는 포인터를 저장합니다.

```cpp
template <int N>
    inline fixed_arena_controller
            ::fixed_arena_controller(char (&a)[N]) :
    arena_(a), arena_size_(N), block_size_(0) { /* 비어 있음 */
}
```

멤버 함수 allocate()는 할당 작업을 수행하는 곳입니다. fixed_block_memory_manager의 멤버 함수 allocate()는 빈칸 목록이 비어있을 때 이 함수를 호출합니다. 이러한 상황은 첫 번째 할당 요청이 발생했을 때 일어납니다.

fixed_arena_controller는 할당할 단일 메모리 블록을 갖습니다. 만약 해당 블록을 모두 사용했다면 allocate()를 다시 호출하고 오류를 나타내는 값, 여기서는 nullptr를 반환합니다. 예를 들어 ::operator new()를 호출해 획득한 큰 메모리 블록을 서로 다른 종류의 아레나 컨트롤러에서 분리할 수 있습니다. 다른 아레나 컨트롤러에서는 allocate()를 두 번 이상 호출하는 것이 좋습니다.

allocate()를 처음 호출할 때 블록의 크기와 블록 단위의 용량을 설정합니다. 실제로 빈칸 목록을 만드는 것은 타입이 없는 메모리 바이트를 타입이 있는 포인터로 재해석하는 작동입니다. char 배열은 끝에서 끝까지 연결해놓은 블록 집합으로 해석됩니다. 각 블록의 첫 번째 바이트는 다음 블록을 가리키는 포인터입니다. 마지막 블록의 포인터는 nullptr로 설정합니다.

fixed_arena_controller는 아레나 배열의 크기를 제어할 수 없습니다. 여기서 배열 끝부분의 몇 바이트는 한 번도 할당하지 않고 사용하지 않을 수 있습니다. 자유 블록 포인터를 설정하는 코드는 예쁘지 않습니다. C++의 타입 시스템을 벗어나 구현에 따라 정의된 작동을 하는 영역으로 들어가면서 계속해서 한 타입의 포인터에서 다른 타입으로 재해석해야 합니다. 이는 일반적으로 메모리 관리자에게 해당되는 내용이며 피할 수 없습니다.

fixed_arena_controller의 할당 및 해제 코드는 간단합니다. 생성자에게 제공된 저장 공간 위에 사용 가능한 노드 목록을 중첩하게 만들고 목록의 첫 번째 요소를 가리키는 포인터를 반환합니다. 코드는 다음과 같습니다.

```
inline void* fixed_arena_controller
              ::allocate(size_t size) {
    if (!empty())
        return nullptr; // 이미 아레나가 할당되어 있습니다.

    block_size_ = std::max(size, sizeof(void*));
    size_t count = capacity();

    if (count == 0)
        return nullptr; // 아레나의 용량이 항목 하나의 크기보다 작습니다.
```

```
    char* p;
    for (p = (char*)arena_; count > 1; --count, p += size) {
        *reinterpret_cast<char**>(p) = p + size;
    }
    *reinterpret_cast<char**>(p) = nullptr;
    return arena_;
}
```

다음은 fixed_arena_controller의 나머지 부분입니다.

```
inline size_t fixed_arena_controller::block_size() const {
    return block_size_;
}

inline size_t fixed_arena_controller::capacity() const {
    return block_size_ ? (arena_size_ / block_size_) : 0;
}

inline void fixed_arena_controller::clear() {
    block_size_ = 0;
}

inline bool fixed_arena_controller::empty() const {
    return block_size_ == 0;
}
```

13.3.3 클래스 한정 operator new() 추가하기

[예제 13-5]는 클래스 한정 operator new()와 operator delete()가 있는 매우 간단한 클래스입니다. 또한 '13.3.1절 동적 변수의 생명 주기'에서 설명한 고정된 크기의 블록을 갖는 메모리 관리자인 정적 멤버 mgr_도 포함하고 있습니다. operator new()와 operator delete()는 mgr_의 멤버 함수 allocate()와 deallocate()에 요청 사항을 전달하는 인라인 함수입니다.

예제 13-5 클래스 한정 operator new가 있는 클래스

```
class MemMgrTester {
```

```
    int contents_;
public:
    MemMgrTester(int c) : contents_(c) {}

    static void* operator new(size_t s) {
        return mgr_.allocate(s);
    }
    static void operator delete(void* p) {
        mgr_.deallocate(p);
    }
    static fixed_block_memory_manager<fixed_arena_controller> mgr_;
};
```

mgr_를 public으로 선언했으므로 mrg_.clear()를 호출해서 빈칸 목록을 다시 초기화할 수 있습니다. 이를 통해 성능 테스트를 쉽게 작성할 수 있습니다. 만약 mrg_이 프로그램을 시작할 때 한 번 초기화하고 나서 다시 초기화할 필요가 없다면 private 멤버로 선언할 수도 있습니다.

이렇게 재설정할 수 있는 메모리 관리자를 풀pool 메모리 관리자라고 하며 이를 제어하는 아레나를 **메모리 풀**memory pool이라고 합니다. 풀 메모리 관리자는 자료구조를 생성, 사용, 파괴하는 경우에 유용합니다. 메모리 풀 전체를 빠른 속도로 다시 초기화할 수 있다면 프로그램은 자료구조를 노드마다 해제하지 않아도 됩니다.

mgr_는 클래스 BlockTester의 정적 멤버로 선언됩니다. 따라서 프로그램 어딘가에는 정적 멤버를 정의해야 합니다. [예제 13-6]에 그 정의가 있습니다. 이 코드는 메모리 아레나와 mgr_을 정의합니다. 이때 생성자는 아레나를 인수로 받습니다.

예제 13-6 메모리 관리자 초기화하기

```
char arena[4004];
fixed_block_memory_manager<fixed_arena_controller>
    MemMgrTester::mgr_(arena);
```

방금 보여드린 예제 코드는 배열에 저장 공간을 할당하는 클래스 한정 operator new[]()를 정의하지 않습니다. 고정된 크기의 블록을 갖는 메모리 관리자는 정의에 따라 요소의 개수가 다룰 수 있는 배열에서는 작동하지 않습니다. 프로그램에서 MemMgrTester 배열을 할당하려고 하면 new 표현식은 전역 operator new[]()을 사용합니다. 클래스 한정 operator new[]()가 정의되지 않았기 때문입니다. 고정된 크기의 블록을 갖는 메모리 관리자로 각 인스턴스를 할당하며 배열은 malloc()을 사용합니다.

13.3.4 고정된 크기의 블록을 갖는 메모리 관리자의 성능

고정된 크기의 블록을 갖는 메모리 관리자는 매우 효율적입니다. 할당 및 해제 코드는 고정된 비용을 가지며 코드를 인라인화할 수 있습니다. 그렇다면 malloc()보다 얼마나 더 빠른 걸까요?

필자는 클래스 한정 operator new()의 성능을 테스트하기 위해 두 가지 실험을 수행했습니다. 첫 번째 테스트에서는 BlockTester 인스턴스를 100만 개 할당했습니다. 클래스 한정 operator new()와 고정된 크기의 블록을 갖는 메모리 관리자로 할당한 결과 4밀리초가 걸렸습니다. 반면 malloc()을 사용하는 전역 operator new()로 할당한 결과 64밀리초가 걸렸습니다. 테스트 결과 고정된 크기의 블록을 갖는 메모리 관리자가 malloc()보다 15배 더 빠릅니다. 이 결과는 실제 프로그램에서 향상할 수 있는 성능보다 과장되었을 수 있습니다. 암달의 법칙은 할당 사이에 계산을 더 많이 할수록 할당 작동의 속도 향상으로 얻는 성능의 이점은 더 적어지는 것을 의미합니다.

두 번째 테스트에서는 BlockTest를 가리키는 포인터를 100개 저장하는 배열을 만들었습니다. BlockTester 인스턴스를 100만 개 생성해 각 인스턴스를 배열의 무작위 위치에 할당하고 이미 있는 인스턴스는 모두 삭제했습니다. 고정된 크기의 블록을 갖는 메모리 관리자를 사용한 결과 25밀리초가 걸렸습니다. 반면 기본 전역 메모리 관리자를 사용한 결과 107밀리초가 걸렸습니다. 테스트 결과 고정된 크기의 블록을 갖는 메모리 관리자가 3.3배 더 빠릅니다.

13.3.5 고정된 크기의 블록을 갖는 메모리 관리자의 변형

고정된 크기의 블록을 갖는 메모리 관리자의 기본 구조는 매우 간단합니다. 이 구조를 변형해 다음 목록에서 최적화 작업 중인 프로그램에 더 적합한 게 있는지 확인해 볼 수 있습니다(다음 내용은 인터넷에서 메모리 관리자라고 검색해도 찾을 수 있을 것입니다).

- 빈칸 목록이 비어있을 때 고정된 크기를 갖는 아레나로 시작하는 대신 `malloc()`을 사용해 메모리를 할당할 수 있습니다. 해제된 메모리 블록은 빠르게 재사용할 수 있도록 빈칸 목록에 캐시됩니다.

- 아레나가 고정된 크기를 갖는 대신 `malloc()`이나 `::new`를 호출해 만들 수 있습니다. 필요하다면 할당할 수 있는 작은 블록의 개수에 제한이 없도록 아레나 블록 체인을 유지할 수 있습니다. 고정된 크기를 갖는 메모리 관리자는 가끔 `malloc()`을 호출하더라도 속도와 소형의 이점을 그대로 유지합니다.

- 만약 클래스의 인스턴스를 잠시 사용한 뒤 모두 버린다면 고정된 크기의 블록을 갖는 메모리 관리자는 메모리 풀로 사용할 수 있습니다. 메모리 풀에서 할당은 정상적으로 진행되지만 메모리는 전혀 해제되지 않습니다. 프로그램이 클래스의 인스턴스들과 함께 끝나면 정적 아레나를 다시 초기화하거나 동적으로 할당된 아레나를 시스템 메모리 관리자에게 반환해 모든 인스턴스를 한꺼번에 수집합니다. 모든 인스턴스를 한번에 회수하더라도 할당된 블록은 소멸자를 호출해 삭제해야 합니다. 인터넷에 있는 모든 풀 할당자들은 이 작지만 중요한 세부 정보를 언급하지 않습니다.

일반 메모리 관리자는 서로 다른 아레나에서 서로 다른 크기 요청을 처리하고 서로 다른 크기 요청을 서로 다른 빈칸 목록으로 반환하도록 설계할 수 있습니다. 만약 모든 크기 요청을 2의 거듭제곱으로 반올림하면 '최적 적합' 메모리 관리자가 됩니다. 일반적으로 최적 적합 메모리 관리자는 객체를 특정 최대 크기까지만 할당해 기본 메모리 관리자에게 요청을 더 많이 보냅니다. 최적 적합 할당자의 구현 코드는 이 책에 싣기에는 너무 깁니다. 인터넷에서 검색하면 구현 코드가 많이 나오니 참고해서 사용하시길 바랍니다.

부스트 라이브러리에는 풀(*http://www.boost.org/doc/libs/release/libs/pool/*)이라는 고정된 크기의 블록을 갖는 메모리 관리자가 있습니다.

13.3.6 스레드 세이프하지 않은 메모리 관리자는 효율적입니다

고정된 크기의 블록을 갖는 메모리 관리자가 효율적인 이유 중 하나는 스레드 세이프하지 않기 때문입니다. 스레드 세이프하지 않은 메모리 관리자가 효율적인 이유는 두 가지입니다. 첫째, 임계 구역을 직렬화하는 동기화 메커니즘이 필요하지 않습니다. 동기화는 매우 느린 메모리 펜스[7]가 모든 동기화 장치의 중심에 있기 때문에 비용이 큽니다. 일반적으로 하나의 스레드에서 메모리 관리자를 호출하더라도 동기화처럼 비용이 큰 명령은 작업 전체를 느리게 합니다.

둘째, 스레드 세이프하지 않은 메모리 관리자는 동기화 장치를 사용하지 않으므로 효율적입니다. 만약 프로그램이 메모리 관리자를 호출하는 스레드를 여러 개 갖는다면 스레드들 사이에 메모리 관리자를 자원으로 사용하기 위한 경합이 발생합니다. 시스템에 스레드가 많을수록 경합이 커지고 할당자에게 접근하는 횟수가 많아져 스레드의 활동을 직렬화합니다.

클래스가 클래스 한정 메모리 관리자를 구현했다면 프로그램 전체가 멀티스레드더라도 주어진 클래스를 하나의 스레드에서만 사용한다면 기다릴 필요가 없습니다. 반면에 기본 메모리 관리자를 호출하면 멀티스레드 프로그램에서 하나의 스레드에서만 사용하는 객체에 대해서도 경합이 발생합니다.

또한 스레드 세이프하지 않은 메모리 관리자는 스레드 세이프한 메모리 관리자보다 훨씬 쉽게 만들 수 있습니다. 임계 구역을 최소화해 메모리 관리자를 효율적으로 실행할 수 있기 때문입니다.

13.4 사용자 정의 표준 라이브러리 할당자 제공하기

C++ 표준 라이브러리의 컨테이너 클래스들은 동적 메모리를 많이 사용합니다. '13.3.1절 고정된 크기의 블록을 갖는 메모리 관리자'에서 설명한 사용자 정의 메모리 관리자를 포함해 최적화할 방법을 찾는 것은 어찌 보면 당연한 일입니다.

하지만 문제가 있습니다. std::list<T>에서 동적으로 할당된 변수는 사용자가 제공한 타입 T가 아닙니다. 동적으로 할당된 변수는 listitem<T>처럼 보이지 않는 타입이며 페이로드 타입 T뿐만 아니라 이전 리스트 항목 및 다음 리스트 항목을 가리키는 포인터를 포함하고 있습니다. std::map<K, V>의 동적으로 할당된 변수도 treenode<std::pair<const K, V>>처럼 또 다른 숨겨진 타입입니다. 이러한 클래스 템플릿은 컴파일러가 제공한 헤더 파일에 파묻혀 있습니다. 따라서 클래스 한정 operator new()와 operater delete()를 추가할 수 없습니다.[8] 게

---

7 12.1.6절에서 상호 배제에 의한 원자성, 12.2.7절에서 메모리 펜스 참고
8 '아, 물론 할 수 있을 거에요. 그냥 /usr/include로 들어가서...'라는 말도 안 되는 생각은 하지 말아주세요.

다가 템플릿은 일반화되어 있습니다. 개발자는 모든 프로그램의 모든 인스턴스가 아닌 특정 프로그램에서 일반화된 템플릿의 특정 인스턴스에 대해서만 메모리 관리자를 변경하고 싶어 합니다. 다행히 C++ 표준은 각 컨테이너에서 사용하는 메모리 관리자를 정의하는 메커니즘을 제공합니다. 표준 라이브러리 컨테이너는 클래스 한정 operator new()와 동일한 방법으로 메모리 관리를 사용자가 지정할 수 있도록 인수 Allocator를 받습니다.

Allocator는 메모리를 관리하는 템플릿 클래스입니다. 할당자는 기본적으로 세 가지 일을 합니다. 메모리 관리자에서 저장 공간을 검색하고, 저장 공간을 메모리 관리자로 반환하고, 연관된 할당자를 복사 생성합니다. 간단한 일이어야 하지만 그렇지 않습니다. '13.4.2절 C++98 할당자의 추가 정의'에서 다루겠지만 할당자에는 길고도 아픈 역사가 있습니다. 영향력 있는 개발자 중 일부는 할당자가 C++에서 가장 문제가 있는 부분이라고 생각합니다. 하지만 코드가 많이 실행되고 더 다루기 쉬운 노드 기반의 컨테이너(std::list, std::forward_list, std::map, std::multimap, std::set, std::multiset) 중 하나라면 사용자 정의 할당자를 구현해 성능을 향상할 수 있습니다.

할당자의 구현 난도는 간단한 것부터 완전히 지루하고 복잡한 것까지 다양합니다. 기본 할당자인 std::allocator<T>는 ::operator new()를 둘러싸는 래퍼입니다. 개발자는 기본 할당자가 아닌 다른 작동을 하는 할당자를 제공할 수 있습니다.

할당자의 기본 종류에는 두 가지가 있습니다. 가장 간단한 종류는 **상태가 없는**stateless 할당자입니다. 즉 정적 상태가 아닌 할당자 타입을 말합니다. 표준 라이브러리 컨테이너의 기본 할당자인 std::allocator<T>는 상태가 없는 할당자입니다. 상태가 없는 할당자는 다음과 같은 특성을 갖습니다.

- 상태가 없는 할당자는 기본 생성할 수 있습니다. 따라서 상태가 없는 할당자의 명시적 인스턴스를 만들어 컨테이너 클래스의 생성자에게 전달할 필요가 없습니다. std::list<myClass, myAlloc> my_list;는 상태가 없는 할당자 myAlloc으로 할당된 myClass 인스턴스의 목록을 생성합니다.

- 상태가 없는 할당자는 컨테이너 인스턴스의 공간을 차지하지 않습니다. 표준 라이브러리 컨테이너 클래스 대부분은 할당자에서 상속받으며 빈 기본 클래스 최적화empty base class optimization(EBCO)[9]를 활용해 0바이트 기본 클래스를 만듭니다.

- 상태가 없는 할당자 my_allocator<T>의 두 인스턴스를 구별할 수 없습니다. 즉 어떤 상태가 없는 할당자에서 할당한 객체를 다른 상태가 없는 할당자에서 해제할 수 있다는 것입니다. 이를 통해 std::list의 멤버 함수 splice()와 같은 작업을 수행할 수 있습니다. 또한 **항상은 아니지만** AllocX<T>와 AllocX<U>처럼 서로 다른 타입을 갖는 상태가 없는 할당자가 똑같을 수 있는 경우도 있습니다. 예를 들어 std::allocator가 그렇습니다.

- 또한 똑같다는 것은 이동 대입과 std::swap()을 효율적으로 수행할 수 있음을 의미합니다. 만약 두 할당자가 같지 않으면 대상 컨테이너의 할당자를 사용해 원본 컨테이너의 내용을 깊은 복사해야 합니다.

- 참고로 AllocX<T>와 AllocY<U>처럼 전혀 관련이 없는 할당자 타입의 인스턴스도 서로 똑같을 수 있지만 가치가 없습니다. 컨테이너의 타입은 할당자의 타입을 포함합니다. std::list<int>를 std::list<string>으로 이어 붙일 수 없듯이 std::list<T, AllocX>를 std::list<T, AllocY>에 이어 붙일 수 없습니다.

물론 상태가 없는 할당자의 주요 단점은 장점과 같습니다. 상태가 없는 할당자의 모든 인스턴스는 그 특성상 원래 똑같은 메모리 관리자에서 메모리를 얻습니다. 이 메모리 관리자는 전역 자원이며 전역 변수에 의존합니다.

내부 상태가 있는 할당자는 만들고 사용하기가 더 복잡한데 그 이유는 다음과 같습니다.

- 지역 상태를 갖는 할당자는 대부분의 경우 기본 생성할 수 없습니다. 할당자를 생성한 다음 컨테이너의 생성자에게 전달해야 합니다.

```
char arena[10000];
MyAlloc<Foo> alloc(arena);
std::list<Foo, MyAlloc<Foo>> foolist(alloc);
```

- 모든 변수에 할당자의 상태를 저장해야 하므로 크기가 증가합니다. 이는 std::list와 std::map처럼 많은 노드를 생성하는 컨테이너에 치명적입니다. 그러나 이 컨테이너들은 프로그래머들이 사용자 정의로 가장 만들고 싶은 컨테이너입니다.

---

9 *https://en.wikibooks.org/wiki/More_C%2B%2B_Idioms/Empty_Base_Optimization*

- 똑같은 타입을 갖는 두 할당자가 똑같은지 비교하지 못할 수도 있습니다. 내부 상태가 다르므로 해당 할당자 타입을 사용하는 컨테이너에서의 작업 중 일부는 수행할 수 없으며 나머지는 작업이 매우 비효율적이기 때문입니다.

그러나 상태가 있는 할당자는 전역 메모리 관리자를 통해 모든 요청을 처리하지 않아도 되는 경우 여러 종류의 메모리 아레나를 다양한 용도로 더 쉽게 만들 수 있다는 장점이 있습니다.

사용자 정의 할당자를 만들어 성능을 향상하려는 개발자는 얼마나 많은 클래스를 처리할 것인지에 따라 지역 상태가 있는 할당자와 없는 할당자 중 하나를 선택해야 합니다. 최적화할 정도로 자주 사용되는 클래스가 하나뿐이라면 상태가 없는 할당자가 더 간단합니다. 개발자가 최적화하려는 클래스가 둘 이상이라면 지역 상태가 있는 할당자가 좀 더 유연할 것입니다. 그러나 개발자는 필요성을 증명하기 위해 프로파일링 실행을 들먹이는 데 어려움을 겪을 수도 있습니다. 많은 컨테이너를 위한 사용자 정의 할당자를 만들면 개발자의 시간 투자 대비 수익이 나지 않을 수도 있습니다.

13.4.1 미니멀한 C++11 할당자

만약 개발자가 운이 좋아서 C++11을 지원하는 컴파일러와 표준 라이브러리를 갖고 있다면 몇 가지 정의만 필요한 미니멀한 할당자를 제공할 수 있습니다. [예제 13-7]은 std::allocator에서 수행하는 작업을 대략적으로 나타낸 할당자 코드입니다.

예제 13-7 미니멀한 C++11 할당자

```
template <typename T> struct my_allocator {
    using value_type = T;

    my_allocator() = default;

    template <class U> my_allocator(const my_allocator<U>&) {}

    T* allocate(std::size_t n, void const* = 0) {
        return reinterpret_cast<T*>(::operator new(n*sizeof(T)));
    }

    void deallocate(T* ptr, size_t) {
```

```
            ::operator delete(ptr);
        }
    };

    template <typename T, typename U>
        inline bool operator==(const my_allocator<T>&,
                                const my_allocator<U>&) {
        return true;
    }

    template <typename T, typename U>
        inline bool operator!=(const my_allocator<T>& a,
                                const my_allocator<U>& b) {
        return !(a == b);
    }
```

미니멀한 할당자는 다음 몇 가지 함수를 포함하고 있습니다.

allocator

기본 생성자입니다. 만약 할당자에 기본 생성자가 있다면 개발자는 인스턴스를 명시적으로 생성해 컨테이너의 생성자에게 전달할 필요가 없습니다. 보통 상태가 없는 할당자에는 기본 생성자의 본문이 비어 있으며 정적 상태가 아닌 할당자에는 기본 생성자가 없습니다.

template <typename U> allocator(U&)

이 복사 생성자를 사용하면 allocator<T>를 allocator<treenode<T>>처럼 연관되어 있는 private 클래스의 할당자로 변환할 수 있습니다. 이 복사 생성자가 중요한 이유는 대부분의 컨테이너가 T 타입의 노드를 할당하지 않기 때문입니다.

보통 상태가 없는 할당자에는 복사 생성자의 본문이 비어 있지만 정적 상태가 아닌 할당자에서는 상태를 복사하거나 복제해야 합니다.

T* allocate(size_type n, const void* hint = 0)

이 함수는 n바이트를 저장할 수 있는 충분한 저장 공간을 할당한 뒤 저장 공간을 가리키는 포인터를 반환하거나 std::bad_alloc을 던집니다. hint는 '지역성'과 관련해 지정되지 않은 방법으로 할당하는 것을 돕기 위한 인수입니다. 참고로 필자는 hint를 사용해 구현한 코드를 본 적이 없습니다.

void deallocate(T* p, size_t n)

이 함수는 이전에 allocate()에서 반환했던 저장 공간을 해제한 뒤 메모리 관리자에게 반환합니다. 여기서 인수 p는 저장 공간을 가리키며 n은 차지하는 바이트를 나타냅니다. n은 p가 가리키는 저장 공간을 allocate()을 통해 할당했을 때 넣었던 인숫값과 같아야 합니다.

bool operator==(allocator const& a) const
bool operator!=(allocator const& a) const

두 함수는 똑같은 타입의 두 할당자 인스턴스가 서로 같은지를 검사합니다. **만약 두 인스턴스가 똑같다면 하나의 할당자 인스턴스에서 할당된 객체를 다른 할당자 인스턴스에서 안전하게 해제할 수 있습니다.** 이는 두 인스턴스가 똑같은 저장 공간에서 객체를 할당한다는 것을 의미합니다.

'똑같다'가 갖는 의미는 큽니다. 이는 예를 들어 두 리스트가 똑같은 할당자 타입을 가지며 두 할당자 인스턴스가 똑같은 경우에만 std::list 항목들을 하나의 리스트에서 다른 리스트로 이어 붙일 수 있다는 것을 의미합니다. 할당자 타입은 컨테이너 인스턴스 타입의 일부이므로 할당자가 서로 다른 타입을 갖는다면 똑같은 저장 공간을 비밀리에 공유하는지 여부는 중요하지 않습니다.

상태가 없는 할당자는 똑같은지 검사할 때 무조건 true를 반환합니다. 정적인 상태가 아닌 할당자는 똑같은지 검사할 때 할당자의 상태를 비교하거나 false를 반환해야 합니다.

13.4.2 C++98 할당자의 추가 정의

C++11은 컨테이너 클래스를 복잡하게 만드는 비용으로 할당자를 더 쉽게 만들 수 있도록 상당한 노력을 기울입니다. C++11 이전에 표준 라이브러리 컨테이너의 할당자를 만들어야 하는 개발자라면 그 이유를 알 것입니다.

할당자는 원래 메모리 관리를 위한 것, 아니 적어도 메모리만을 위한 것이 아니었습니다. 할당자 개념은 1980년대에 발전했습니다. 그 당시 마이크로프로세서와 개발자는 16비트 주소 공간의 한계를 벗어나기 위해 고군분투하고 있었습니다. 오늘날의 PC는 세그먼트 레지스터에서 주소를 구성했고 거기에 오프셋을 더했습니다. 각 프로그램은 포인터가 작동하는 기본 방법을 설명하는 **메모리 모델용**으로 컴파일되었습니다. 당시에는 많은 메모리 모델이 있었습니다. 일부 메모리 모델은 효율적이었지만 프로그램이나 데이터가 차지할 수 있는 메모리 양을 제한했습니다. 다른 메모리 모델은 메모리를 더 많이 사용할 수 있었지만 속도가 느렸습니다. 오늘날의 C 컴파일러는 추가 타입 한정자로 확장되어 개발자가 얼마나 많은 메모리에 접근하기를 원하는가에 따라 각 포인터를 **가깝게** 또는 **멀리** 선언할 수 있습니다.

할당자는 본래 엉망진창인 메모리 모델을 풀기 위한 의도로 만들어졌습니다. 그러나 C++에 할당자가 도입됐을 때 하드웨어 제조업체들은 이미 수천 명의 C 개발자들의 불만을 듣고 세그먼트 레지스터가 없는 균일한 메모리 모델을 구현했습니다. 게다가 할당자 해결책은 오늘날의 컴파일러를 사용하는 데 쓸 수 없을 정도로 비효율적이었습니다.

C++11 이전에 모든 할당자는 미니멀한 할당자에 있는 모든 함수뿐만 아니라 다음 함수들을 추가로 포함하고 있었습니다.

value_type
할당할 객체의 타입

size_type
이 할당자가 할당할 수 있는 최대 바이트 수를 저장할 수 있을 정도로 충분히 큰 정수 타입

표준 라이브러리 컨테이너 템플릿에서 매개변수로 사용하는 할당자의 경우 `typedef size_t size_type;`으로 정의되어 있어야 합니다.

difference_type
두 포인터 사이의 최대 차이를 저장할 수 있을 정도로 충분히 큰 정수 타입

표준 라이브러리 컨테이너 템플릿에서 매개변수로 사용하는 할당자의 경우 `typedef ptrdiff_t difference_type;`으로 정의되어 있어야 합니다.

pointer
const_pointer
`(const)` T를 가리키는 포인터의 타입

표준 라이브러리 컨테이너 템플릿에서 매개변수로 사용하는 할당자의 경우, 두 타입은 다음과 같이 정의되어 있어야 합니다.

```
typedef T* pointer;
typedef T const* const_pointer;
```

다른 할당자의 경우, pointer는 포인터를 역참조하는 operator*()를 구현한 포인터와 비슷한 클래스일 수 있습니다.

reference
const_reference

(const) T를 가리키는 참조 타입.

표준 라이브러리 컨테이너 템플릿에서 매개변수로 사용하는 할당자의 경우, 두 타입은 다음과 같이 정의되어 있어야 합니다.

```
typedef T& reference;
typedef T const& const_reference;
```

pointer address(reference)
const_pointer address(const_reference)

(const) T를 가리키는 참조가 주어졌을 때 (const) T를 가리키는 포인터를 생성하는 함수.

표준 라이브러리 컨테이너 템플릿에서 매개변수로 사용하는 할당자의 경우, 두 함수는 다음과 같이 정의되어 있어야 합니다.

pointer address(reference r) { return &r; }
const_pointer address(const_reference r) { return &r; }

두 함수는 메모리 모델을 추상화하기 위한 것입니다. 하지만 불행하게도 두 함수는 표준 라이브러리 컨테이너와의 호환성을 방해하고 있습니다. 실제로는 T*가 **되기** 위해서는 pointer가 필요합니다. 그래야 임의 접근 반복자와 이진 검색을 효율적으로 수행할 수 있습니다.

이러한 정의에는 표준 라이브러리 컨테이너에서 사용하는 할당자를 위한 고정값들이 있음에도 불구하고 정의가 필요합니다. C++98의 컨테이너 코드에서 사용하기 때문입니다. 예를 들자면 다음과 같습니다.

```
typedef size_type allocator::size_type;
```

어떤 개발자들은 **std::allocator**에서 할당자 템플릿을 파생시켜 템플릿을 만들지 않은 채 정의를 얻습니다. 그러나 이 관행에는 논란의 여지가 있습니다. **std::allocator**는 언젠가 바뀔 수도 있습니다. 초기에는 많이 바뀌었고 C++11에서 다시 바뀌었습니다. 그래서 또 다시 바뀔지도 모른다는 두려움을 가지는 것이 당연합니다. 또 다른 접근법은 다음과 같이 정의에서 가장 변하지 않는 부분을 간단하게 뽑아내는 방법입니다.

```
template <typename T> struct std_allocator_defs {
    typedef T value_type;
    typedef T* pointer;
    typedef const T* const_pointer;
    typedef T& reference;
    typedef const T& const_reference;
    typedef size_t size_type;
    typedef ptrdiff_t difference_type;

    pointer address(reference r) { return &r; }
    const_pointer address(const_reference r) { return &r; }
};
```

논리적인 결론에 따라 이 정의를 특성 클래스로 만들 수 있습니다. 이 특성 클래스는 인터넷에 있는 더 복잡한 할당자 템플릿의 일부입니다. 또한 C++11의 미니멀한 할당자가 수행하는 작업이며 특성 클래스만 역방향으로 작동합니다. 특성 클래스는 할당자 템플릿을 살펴보고 정의가 있는지 확인하고 할당자가 없을 경우 표준 정의를 제공합니다. 그런 다음 컨테이너 코드는 다음과 같이 할당자가 아닌 **allocator_traits** 클래스를 참조합니다.

```
typedef std::allocator_traits<MyAllocator<T>>::value_type value_type;
```

보일러플레이트 코드[10]를 처리했으니 이제 중요한 정의를 살펴볼 때입니다(바로 앞 절에서 설명했던 미니멀한 할당자의 정의도 포함하고 있습니다).

void construct(pointer p, const T& val)

이 함수는 메모리 지정 new를 사용해 T의 인스턴스를 복사 생성합니다.

```
new(p) T(val);
```

C++11에서는 이 함수를 정의해 인수 목록을 T 생성자에게 제공할 수 있습니다.

```
template <typename U, typename... Args>
    void construct(U* p, Args&&... args) {
        new(p) T(std::forward<Args>(args...));
}
```

void destroy(pointer p);

이 함수는 p->~T();를 호출해 T가 가리키는 포인터를 파괴합니다.

rebind::value

구조체 rebind의 선언은 할당자의 핵심입니다. rebind는 보통 다음과 같은 구조를 갖습니다.

```
template <typename U> struct rebind {
    typedef allocator<U> value;
};
```

rebind는 allocator<T>에서 새 타입 U를 위한 할당자를 만드는 방법을 제공합니다. 모든 할당자는 이 방법을 제공해야 합니다. 이것이 바로 std::list<T>와 같은 컨테이너가 std::list<T>::listnode<T>의 인스턴스를 할당하는 방법입니다. 중요한 사실은 대부분의 컨테이너에서 타입 T의 노드가 할당되지 않는다는 점입니다.

[예제 13-8]은 [예제 13-7]의 미니멀한 C++11 할당자와 똑같은 C++98 스타일 할당자의 전

---

10 옮긴이_ 상용구 코드. 수정을 하지 않거나 최소한으로만 수정해서 여러 곳에서 사용하는 코드를 말합니다. 자세한 내용은 다음 문서를 참고하세요. *https://en.wikipedia.org/wiki/Boilerplate_code*

체 코드를 보여줍니다.

예제 13-8 C++98 할당자

```
template <typename T> struct my_allocator_98 :
    public std_allocator_defs<T> {
    template <typename U> struct rebind {
        typedef my_allocator_98<U, n> other;
    };

    my_allocator_98() {/* 비어 있음 */}
    my_allocator_98(my_allocator_98 const&) {/* 비어 있음 */}

    void construct(pointer p, const T& t) {
        new(p) T(t);
    }
    void destroy(pointer p) {
        p->~T();
    }
    size_type max_size() const {
        return block_o_memory::blocksize;
    }
    pointer allocate(
        size_type n,
        typename std::allocator<void>::const_pointer = 0) {
        return reinterpret_cast<T*>(::operator new(n*sizeof(T)));
    }
    void deallocate(pointer p, size_type) {
        ::operator delete(ptr);
    }
};

template <typename T, typename U>
    inline bool operator==(const my_allocator_98<T>&,
                           const my_allocator_98<U>&) {
    return true;
}

template <typename T, typename U>
    inline bool operator!=(const my_allocator_98<T>& a,
                           const my_allocator_98<U>& b) {
    return !(a == b);
}
```

개발자는 인터넷에서 할당자 코드를 검사할 때 타입을 다양한 철자로 나타낸다는 사실을 보게될 것입니다. 극도로 신중하고 일관된 개발자는 allocate() 함수의 시그니처를 다음처럼 만듭니다.

```
pointer allocate(
    size_type n,
    typename std::allocator<void>::const_pointer = 0);
```

반면 덜 신중한 개발자는 표준 라이브러리 컨테이너와 함께 사용하기 위해 할당자에 대해 똑같은 시그니처를 만듭니다.

```
T* allocate(size_t n, void const* = 0);
```

첫 번째 시그니처는 기술적으로 가장 표준을 따르는 반면 두 번째 시그니처는 성공적으로 컴파일되며 간결하다는 장점이 있습니다. 이것이 바로 템플릿이라는 야생에서 일이 돌아가는 방법입니다.

인터넷에 있는 할당자 코드와 관련된 또 다른 문제는 요청을 수행할 수 없는 경우 allocate()가 std::bad_alloc을 던진다는 점입니다. 예를 들어 malloc()을 호출해 메모리를 할당하는 다음 코드는 표준을 따르지 않습니다. malloc()이 nullptr을 반환할 수 있기 때문입니다.

```
pointer allocate(
    size_type n,
    typename std::allocator<void>::const_pointer = 0) {
    return reinterpret_cast<T*>(malloc(n*sizeof(T)));
}
```

13.4.3 고정된 크기의 블록을 갖는 할당자

표준 라이브러리 컨테이너 클래스 std::list, std::map, std::multimap, std::set, std::multiset은 모두 여러 개의 노드에서 자료구조를 만듭니다. 이 클래스들은 '13.3.1절 고정된 크기의 블록을 갖는 메모리 관리자'에서 설명한 고정된 크기의 블록을 갖는 메모리 관리자를 사용해 구현된 간단한 할당자를 활용할 수 있습니다. [예제 13-9]는 두 함수 allocate()와

deallocate()의 정의를 보여줍니다. 나머지 함수의 정의는 [예제 13-8]에서 보여준 표준 할당자의 정의와 동일합니다.

예제 13-9 고정된 크기의 블록을 갖는 할당자

```
extern fixed_block_memory_manager<fixed_arena_controller>
    list_memory_manager;

template <typename T> class StatelessListAllocator {
public:
    ...

    pointer allocate(
        size_type count,
        typename std::allocator<void>::const_pointer = nullptr) {
        return reinterpret_cast<pointer>
                (list_memory_manager.allocate(count * sizeof(T)));
        }
    void deallocate(pointer p, size_type) {
        string_memory_manager.deallocate(p);
    }
};
```

앞에서 설명했듯이 std::list는 T 타입의 노드를 할당하려고 시도하지 않습니다. 대신 std::list는 템플릿 매개변수 Allocator를 사용해 list_memory_manager.allocate(sizeof(<listnode<T>>))를 호출해서 listnode<T>를 생성합니다.

리스트 할당자는 이전에 정의했던 메모리 관리자를 바꿔야 했습니다. 마이크로소프트 비주얼 C++ 2015와 함께 제공되는 std::list는 다른 리스트 노드와 크기가 다른 특별한 센티넬 sentinel 노드를 할당합니다. 센티넬 노드는 일반 리스트 노드보다 작기 때문에 고정된 크기의 블록을 갖는 메모리 관리자가 작동할 수 있도록 약간 수정했습니다. 수정된 버전은 [예제 13-10]에 나와 있습니다. 무엇을 바꿨냐면 allocate()가 현재 요청한 크기가 저장된 블록 크기와 똑같은지를 검사하는 대신 저장된 블록 크기보다 크지 않은지만 검사하도록 바꿨습니다.

예제 13-10 수정된 allocate() 함수

```
template <class Arena>
```

```
inline void* fixed_block_memory_manager<Arena>
            ::allocate(size_t size) {
    if (empty()) {
        free_ptr_ = reinterpret_cast<free_block*>
                        (arena_.allocate(size));
        block_size_ = size;
        if (empty())
            throw std::bad_alloc();
    }
    if (size > block_size_)
        throw std::bad_alloc();
    auto p = free_ptr_;
    free_ptr_ = free_ptr_->next;
    return p;
}
```

고정된 크기의 블록을 갖는 할당자의 성능

필자는 고정된 크기의 블록을 갖는 할당자의 성능을 테스트하는 프로그램을 만들었습니다. 프로그램은 1,000개의 정수를 저장하는 리스트를 만든 다음 삭제하는 작동을 반복하는 루프입니다. 기본 할당자를 사용했을 때는 76.2마이크로초가 걸렸습니다. 블록 할당자를 사용했을 때는 11.6마이크로초가 걸려 약 5.6배 더 빨랐습니다. 물론 괄목할 만한 성과이지만 의심을 가지고 살펴봐야 합니다. 이 최적화는 오직 리스트의 생성과 삭제에만 도움을 줍니다. 리스트를 처리하는 프로그램에서 향상되는 성능은 훨씬 더 적을 것입니다.

또한 1,000개의 정수 키를 저장하는 맵도 만들었습니다. 맵을 만들고 삭제하는 데 기본 할당자를 사용했을 때는 142마이크로초가 걸렸고 블록 할당자를 사용했을 때는 67.4마이크로초가 걸렸습니다. 약 110%의 성능이 향상되어 리스트보다 낮은 결과가 나왔는데 이는 프로그램에서의 추가 작동(여기에서는 맵의 내부 트리를 재조정하면서 발생합니다)이 블록 할당자를 통해 향상된 성능에 미치는 영향을 보여줍니다.

13.4.4 문자열에 대한 고정된 크기의 블록을 갖는 할당자

std::string은 동적으로 할당된 char 배열에 내용을 저장합니다. 문자열의 길이가 길어질수록 배열을 더 큰 크기로 재할당하기 때문에 이전 절에서 봤던 단순한 고정 크기의 블록을 갖는 할당자는 적합하지 않아 보입니다. 하지만 때로는 이러한 한계도 극복할 수 있습니다. 프로그램에서 문자열이 취할 수 있는 최대 길이를 아는 개발자는 항상 최대 길이의 고정된 블록을 생성하는 할당자를 만들 수 있습니다. 이런 상황은 매우 흔합니다. 문자열의 길이가 백만인 프로그램은 얼마 없기 때문입니다.

[예제 13-11]은 문자열에 대한 고정된 크기의 블록을 갖는 할당자의 일부를 보여줍니다.

예제 13-11 문자열에 대한 고정된 크기의 블록을 갖는 할당자

```
template <typename T> class NewAllocator {
public:
    ...
    pointer allocate(
        size_type /*count*/,
        typename std::allocator<void>::const_pointer = nullptr) {
        return reinterpret_cast<pointer>
                (string_memory_manager.allocate(512));
    }

    void deallocate(pointer p, size_type) {
        ::operator delete(p);
    }
};
```

이 할당자의 중요한 기능은 allocate()가 요청한 크기를 완전히 무시한 채 고정된 크기의 블록을 반환한다는 것입니다.

문자열 할당자의 성능

필자는 4장의 [예제 4-1]에 있는 remove_ctrl()에 문자열 할당자를 테스트해보기로 했습니다. 이 함수는 std::string을 비효율적으로 사용해 임시 문자열을 많이 만들었습니다. [예제 13-12]는 수정된 함수를 보여줍니다.

예제 13-12 고정된 크기의 블록을 갖는 문자열 할당자를 사용한 remove_ctrl()

```
typedef std::basic_string<
    char,
```

```
    std::char_traits<char>,
    StatelessStringAllocator<char>> fixed_block_string;

fixed_block_string remove_ctrl_fixed_block(std::string s) {
    fixed_block_string result;
    for (size_t i = 0; i<s.length(); ++i) {
        if (s[i] >= 0x20)
            result = result + s[i];
    }
    return result;
}
```

기존 remove_ctrl()으로 실험한 결과 2,693밀리초가 걸렸습니다. [예제 13-12]의 향상된 코드로 동일한 실험을 수행한 결과 1,124밀리초가 걸려 약 1.4배 더 빨랐습니다. 성능이 꽤 많이 향상되었지만 4장에서 본 것처럼 다른 최적화 기법이 더 나은 결과를 보여줍니다.

사용자 정의 메모리 관리자나 할당자를 만들면 효과적일 수 있지만, 메모리 관리자를 호출하는 코드를 모두 제거하는 최적화 기법과 비교하면 얻는 이점이 적습니다.

13.5 마치며

- 메모리 관리자보다 성능을 향상할 수 있는 좋은 장소가 있을지도 모릅니다.

- 몇몇 대규모 오픈 소스 프로그램에서 기본 메모리 관리자를 교체한 결과 성능 향상은 무시할 정도부터 30%까지 다양했습니다.

- 특히 똑같은 크기를 요청하는 메모리 관리자는 쉽게 만들 수 있고 효율적으로 실행됩니다.

- 특정 클래스의 인스턴스 할당을 요청할 때 요청하는 바이트 수가 모두 똑같습니다.

- operator new()는 클래스 수준에서 재정의할 수 있습니다.

- 표준 라이브러리 컨테이너 클래스 std::list, std::map, std::multimap, std::set, std::multiset은 모두 똑같은 여러 노드에서 자료구조를 만듭니다.

- 표준 라이브러리 컨테이너는 클래스 한정 `operator new()`와 동일한 방법으로 메모리 관리를 사용자가 지정할 수 있도록 인수 `Allocator`를 받습니다.

- 사용자 정의 메모리 관리자나 할당자를 만들면 효과적일 수 있지만, 메모리 관리자를 호출하는 코드를 모두 제거하는 최적화 기법과 비교하면 얻는 이점이 적습니다.

INDEX

INDEX

INDEX

INDEX

INDEX

INDEX